LA VIGNE

L'auteur et les éditeurs déclarent réserver leurs droits de traduction et de reproduction à l'étranger.

Cet ouvrage a été déposé au ministère de l'intérieur (section de la librairie) en novembre 1877.

LA VIGNE

VOYAGE
AUTOUR DES VINS DE FRANCE

ETUDE PHYSIOLOGIQUE, ANECDOTIQUE
HISTORIQUE, HUMORISTIQUE ET MÊME SCIENTIFIQUE

PAR

BERTALL

PARIS
E. PLON ET Cie, IMPRIMEURS-ÉDITEURS
RUE GARANCIÈRE, 10
1878
Tous droits réservés

AVANT-PROPOS

Pourquoi la vigne? me dira-t-on. Pourquoi cette course inattendue par toutes les routes, à travers tous ces pays dont on ne se soucie guère et qui nous envoient, sans se faire prier, tout ce que nous pouvons leur demander?

Pourquoi? Le voici. En cherchant à noter pour *la Vie hors de chez soi* le côté particulier de la vie moderne qui se déplace périodiquement et uniformément suivant les saisons, et, grâce aux chemins de fer, pour aller dans les mêmes endroits, tombés dans la banalité à force d'être connus, boire les eaux ou s'y plonger suivant la mode ayant cours, j'ai été frappé de ceci, c'est que l'on ne connaît pas la France.

C'est que l'on pourrait la connaître. C'est qu'il y a autre chose en France que des eaux sulfuro-iodiques, ou ferrugineuses; c'est que les vins valent bien les eaux; c'est que les pampres de la vigne sont le plus bel et le plus riche ornement de la couronne française. C'est que les vins de France vont porter au loin son nom et sont moins discutés et plus éloquents pour sa gloire que ses autres enfants, quels qu'ils soient. C'est que les pays où la

AVANT-PROPOS

Pourquoi la vigne? me dira-t-on. Pourquoi cette course inattendue par toutes les routes, à travers tous ces pays dont on ne se soucie guère et qui nous envoient, sans se faire prier, tout ce que nous pouvons leur demander?

Pourquoi? Le voici. En cherchant à noter pour *la Vie hors de chez soi* le côté particulier de la vie moderne qui se déplace périodiquement et uniformément suivant les saisons, et, grâce aux chemins de fer, pour aller dans les mêmes endroits, tombés dans la banalité à force d'être connus, boire les eaux ou s'y plonger suivant la mode ayant cours, j'ai été frappé de ceci, c'est que l'on ne connaît pas la France.

C'est que l'on pourrait la connaître. C'est qu'il y a autre chose en France que des eaux sulfuro-iodiques, ou ferrugineuses; c'est que les vins valent bien les eaux; c'est que les pampres de la vigne sont le plus bel et le plus riche ornement de la couronne française. C'est que les vins de France vont porter au loin son nom et sont moins discutés et plus éloquents pour sa gloire que ses autres enfants, quels qu'ils soient. C'est que les pays où la vigne pousse pour la réjouissance et le bien-être du monde entier, sont admirables, variés de forme, d'aspect, de coutume, de types et d'histoire. C'est que l'on ne sait pas comment, et par qui, et par quoi tout cela se fait, et que cela m'a vivement intéressé de le voir et de le savoir.

C'est que rien ne me paraît plus séduisant que de faire, le crayon à la main, le rapide inventaire des trésors que la France possède et dont la plupart d'entre nous ignorent jusqu'à l'existence.

C'est que..... je n'en finirais plus.

En tout cas, voici mon livre, chers lecteurs; j'ai été religieusement visiter toutes ces bienfaisantes vignes chez elles, et je n'ai décrit ou dessiné que ce que j'ai vu.

Puissent ces richesses, enviées de tous les pays du monde, ne point être taries par l'ennemi qui les menace !

Buvons avec ses vins à la santé de la vigne.

C'est boire à la santé de la France !

PREMIÈRE PARTIE

LA VIGNE

Les Grecs à Bacchus.

On l'a plantée, on l'a chantée de tout temps.

Suivant la Genèse, le premier soin de Noé, sauvé de ce déluge où il s'était versé tant d'eau, fut de planter la vigne pour y trouver de bienfaisantes compensations.

Les Égyptiens attribuent cette gloire à Osiris.

* *

Le Bacchus indien, jeune beau rayonnant, couronné de pampres, debout dans un char traîné par les panthères tachées de pourpre et d'or, entouré de bacchantes qui dansent en chantant l'hymne au dieu triomphant, personnifie la puissance victorieuse de ce jus divin, tiré de la vigne, célébré par tous les poëtes, depuis Anacréon, depuis Horace jusqu'à ceux de nos jours.

Évohé!... Évohé!...

Le rayonnant Bacchus, parti de la Grèce où il fut élevé par les Muses, a non-seulement conquis les Indes, mais encore l'Asie Mineure, les îles de la Méditerranée, la Sicile, Rome, l'Italie tout entière, l'Ibérie, les Espagnes et la Gaule.

Il semble que partout où se dresse le thyrse éclatant qui est le sceptre du dieu, il sorte de ses pampres baignés de soleil comme un fanal lumineux destiné à éclairer les peuples qu'il visite et comme un foyer d'art, d'éloquence et d'esprit.

La vigne, le dieu Bacchus l'a semée sur les collines et sur les coteaux d'Athènes, de Rome, de Florence et de Paris.

Et c'est là que visiblement elle a fructifié le plus heureusement pour l'expansion des dons heureux qui sont la gloire de l'humanité.

* * *

Brillat-Savarin, dans son remarquable livre *la Physiologie du goût*, a formulé cet aphorisme :

Dis-moi ce que tu manges, et je te dirai ce que tu es.

Il est encore plus juste et plus vrai d'écrire :

Dis-moi ce que tu bois, et je te dirai ce que tu es.

Ce que l'on boit exerce évidemment plus d'action que ce que l'on mange sur le cerveau, sur l'organisation tout entière. Le phénomène de l'ivresse est le point culminant de cette action, dont l'excès, à force de surexciter le cerveau, en trouble momentanément les facultés.

Depuis l'influence cordiale et réchauffante jusqu'à l'ivresse, il existe une gamme ascendante et chromatique dont chaque note et chaque demi-ton ont leur valeur précise.

L'usage répété d'une boisson prise avec modération et d'une façon usuelle produit dans la constitution et dans l'équilibre général des facultés une action indiscutable qui accentue ou modifie les caractères essentiels d'une race et d'un peuple.

Il est facile de voir que les peuples buvant la bière, le porter, l'hydromel, le gin, le wiskey, etc., etc., présentent de sensibles différences avec ceux qui boivent le vin et ses dérivés.

**

Le savant qui a prétendu que le génie était une sorte de névrose, pouvait en grande partie dire avec plus de raison que les qualités de l'esprit général chez un peuple pourraient être dues à une influence assidue sur la substance médullaire et sur le cerveau. Et ce n'est pas pour rien que cette merveilleuse et intelligente langue française a donné le nom d'esprit à l'essence mère que fournit la concentration des forces vitales du vin, ainsi que le nom d'eau-de-vie à la chaleureuse et vivifiante liqueur qui en résulte.

**

Le vin a de tout temps été célébré comme la boisson de premier ordre. Les poëtes, depuis Horace et avant lui, l'appelaient la divine liqueur et

chantaient sa gloire en couronnant leur coupe de vers et de fleurs. Mais que sont devenus ces crus célèbres chantés par les anciens? Qu'est devenu le cécube? où est le falerne? qui nous donnera des nouvelles du samos et du chio? Tous ces coteaux, illustres jadis, où la grappe mûrit encore, ne donnent plus des produits dignes de l'admiration du présent, comme ils l'ont été du passé.

Leur histoire s'éteint tristement dans le vide, et nous savons à peine quels étaient leur caractère, leur couleur, et sur quels endroits précis poussaient les vignes généreuses qui aiguisaient l'esprit et la poésie d'Horace.

Maintenant la France est le pays béni du ciel où croît par excellence cette bienfaisante moisson.

Le vin est là comme un sang fécond et généreux qui circule dans tous ses membres, les réchauffe, les aiguise, les met en gaieté, en art, en esprit et en harmonie. Si parfois une ivresse passagère vient troubler et déranger de précieuses facultés, qui ne pardonne quelques folies en considération de tant de réjouissantes et laborieuses sagesses?

Le vin est le sang de la France.

C'est sa richesse, sa joie, son expansion généreuse et féconde.

On lui envie partout ces bienfaits du Créateur, origine de tant d'autres richesses; et de tous les côtés du monde on vient apporter son or en échange de ces vins, promesse de poésie, d'esprit et de gaieté.

* * *

Ce sont ces richesses et ces joies que nous avons entrepris de décrire, en nous promenant partout où elles se récoltent, depuis les splendides châteaux du Médoc, où s'élabore pieusement la divine liqueur, jusqu'aux merveilles de la côte d'Or, aux coteaux savoureux du Rhône, du midi de la France, des Charentes, de l'Anjou, et à ces opulentes régions de la Champagne qui produisent et expédient par le monde entier comme la pétillante expression de l'esprit français.

On l'a dit et répété souvent, les Français ne connaissent pas ou connaissent peu la France.

Ces richesses et ces dons précieux dont ils jouissent, la plupart ne savent ni d'où ni comment ils viennent. Insouciants de ce qui fait, pour ainsi dire, leur rayonnement au dehors, ils vivent accrochés tranquillement au sol, buvant les chaudes effluves du terroir et s'imprégnant des rayons du soleil sans s'inquiéter de ce qui se passe au loin ou à côté.

Les chemins de fer, les canaux, les moyens si perfectionnés de transport ont eu peine à vaincre cette atonie. Les Français sont toujours restés parmi les peuples qui voyagent le moins, même dans leur propre pays.

C'est tout au plus si, à certains moments, ils se déplacent pour courir les eaux ; il nous a paru intéressant, après avoir visité ces eaux, dont l'action est si restreinte, d'aller voir sur place toutes ces régions bénies où croissent ces vignes et où leur vin précieux s'exprime pour la satisfaction du genre humain tout entier.

La vigne, en France, nous la trouvons presque partout ; elle est pour ainsi dire partie intégrante de notre histoire et de notre sol.

Quel beau voyage à faire que celui qui promène le curieux, le touriste, l'historien lui-même, au milieu de ces pays si charmants, si riches ou si pittoresques, où elle étend les sarments vainqueurs à travers toutes ces populations aux types variés qui lui donnent leurs soins !

Quel intérêt à suivre le développement, l'histoire et la physionomie de tous ces vignobles, et les procédés si curieux, si divers, employés pour en tirer ces vins si divers eux-mêmes !

* *
*

Nos vins français, grâce aux nouvelles idées économiques, grâce aux canaux, aux chemins de fer et aux navires de toute sorte, voyagent beaucoup plus que nous autres Français.

Certes, ils plaident eux-mêmes victorieusement leur cause, mais ils ne racontent ni leur origine, ni leur histoire, ni leur berceau, ni ceux qui les ont élevés et les ont lancés dans le monde.

Les dilettanti, qui sous les brumes ou les glaces du Nord se plaisent à boire, pour ainsi dire, les rayons du soleil bienfaisant que ces vins ont accumulés dans leur sein, se plaisent aussi à savoir d'où ils viennent, comment ils viennent, et quel dieu leur a fait ces loisirs et ces plaisirs.

Aussi rencontre-t-on dès maintenant, au moment si délicieux des vendanges, nombre de voyageurs étrangers ou non qui font ces pèlerinages.

Mais le nombre de ceux qui le peuvent ainsi est bien restreint.

Ce que les vins ne peuvent raconter, ce que la plupart des curieux ne peuvent regarder, c'est à nous de le raconter et autant que possible de le décrire et de le faire voir.

Que Bacchus nous protége !

* *
*

Jusqu'ici ces vins, malgré l'envie qu'ils excitent, n'avaient que des adeptes, des admirateurs et des amis.

Hélas! il a fallu qu'ils subissent la loi commune ; un ennemi terrible leur est survenu, ennemi qui, suivant les désespérés, menace de tarir la source de leur puissance et de leur vie.

Espérons que l'on trouvera les armes suffisantes et que l'ennemi sera vaincu.

Malgré tout, on pourra dire encore : *Dieu protége la France!*

DE LA SOIF

L'EAU ET LE VIN

Trois choses distinguent particulièrement l'homme des autres animaux, à ce que disent certains savants : l'absence de l'inquiétude de l'avenir, la faculté d'aimer en toutes saisons et celle de boire sans soif en tous moments.

Nous n'insisterons point sur les deux premières, bien que notamment la prudence du renard, qui enterre ses victimes pour son repas du lendemain, les voyages des oiseaux à la recherche de plus doux climats, les ruches des abeilles, les édifices des fourmis, les bâtisses des castors, etc., indiquent certainement la pensée prévoyante de ce qui sera plus tard.

Nous insisterons encore moins sur le second point, qui pourrait nous entraîner trop loin. Nous nous contenterons du troisième, qui nous concerne spécialement : la soif.

***

L'eau semble être la boisson la plus naturelle et celle qui apaise réellement et infailliblement la soif, et c'est pour cela, sans nul doute, que l'on ne peut en boire qu'une faible quantité. Aussi est-il certain que si l'homme s'était contenté de l'eau, il ne se serait pas distingué sur ce point des autres animaux, et l'on n'aurait pas dit qu'un de ses priviléges était de boire sans avoir soif.

Mais depuis les temps les plus reculés, l'homme n'a pas voulu se contenter

de ce breuvage si naturel, et nombre de gens sont comme le fameux chanoine Fabri chanté par Boileau,

    Qui de l'eau dans son vin ne sut jamais l'usage.

De tout temps, un goût, une appétence particulière ont porté les hommes à la recherche des boissons toniques, vigoureuses et fortes. A l'état civilisé, à l'état sauvage, sous quelque latitude que ce soit, ils ont toujours trouvé moyen, soit en faisant aigrir le lait de leurs troupeaux, soit en faisant fermenter le miel de leurs abeilles, le contenu de leurs grains, le suc de leurs fruits ou de leurs racines, de se procurer quelqu'une de ces boissons qui organisent les forces digestives et exercent leur influence sur le sang et sur le cerveau.

De toutes ces boissons, la plus aimable, la plus bienfaisante, la première sans contredit, est le jus fermenté du raisin, c'est le vin.

Le vin est à la fois rafraîchissant, réparateur et vivifiant ; il développe les facultés du corps et de l'esprit, illumine le cerveau jusqu'à l'instant où l'excès le trouble et l'altère.

Au moment où la soif naturelle serait éteinte par la quantité de liquide correspondant au volume d'eau suffisant pour la faire disparaître, commence cette soif factice que, chez certains sujets, rien ne peut éteindre, si ce n'est la raison, lorsqu'elle-même ne s'est altérée ou n'a pas disparu dans le conflit.

Contenu dans les limites justes et raisonnables, l'usage du vin exerce visiblement une influence majeure sur toutes les manifestations de l'intelligence, du courage, de l'initiative et de l'esprit.

Mais les anciens ne faisaient pas de réserve sur ce point : Δεῖ πίνειν ἀτρέπτως, il faut boire sans mesure, disaient les enfants d'Anacréon; et voici ce que dit Horace en célébrant l'ivresse :

> *Quid non ebrietas designat! Operta recludit,*
> *Spes jubet esse ratas, ad prælia trudit inertem,*
> *Sollicitis animis onus eximit, addocet artes.*
> *Fecundi calices quem non fecere disertum?*
> *Contracta quem non in paupertate solutum!*

Pour les dames qui ne savent point le latin :

Quels ne sont pas les effets d'une heureuse ivresse? Elle fait découvrir des splendeurs inconnues, elle donne des formes réelles aux chimères de l'espérance, elle arrache l'esprit à ses tristesses, elle l'élève jusqu'aux arts. Qui n'a puisé l'éloquence au fond de sa coupe féconde? Qui n'y a pas trouvé l'oubli de ses maux et de sa pauvreté?

Telles étaient les heureuses influences de la divine liqueur, lorsque Horace buvait gaiement avec ses amis le falerne récolté, trente années auparavant, sous le consulat de Manlius, *consule Manlio*.

Depuis le poëte du premier siècle de notre ère, les avis n'ont pas varié sur ce chapitre.

> Nos pères beurent bien et vuidarent les pots !
> Net net à ce piot !

disait Rabelais, en homme convaincu, à ses buveurs aimés et très-précieux

* * *

« *Gargantua, soudain qu'il fust né, ne cria comme les autres : Mies!* « *mies! mies! Mais à haulte voix s'écrioit : A boyre! à boyre! comme invi-* « *tant tout le monde à boyre, si bien qu'il fut ouy de tout le pays de Beusse* « *et de Bibaroys.* »

* * *

De nos jours, le vin est encore placé en première ligne et chanté sur tous les tons par les musiciens et les poëtes, unis dans le même enthousiasme, continué sans interruption à travers les siècles.

> Le vin, le jeu, le jeu, le vin, les belles,
> Voilà, voilà, voilà mes seuls amours !
>
> Vive le vin, l'amour et le tabac !

Si Dieu nous défendait de boire, aurait-il fait le vin si doux ?

Il n'est pas d'opéras, pas d'opérettes qui ne contiennent des hymnes à Bacchus, des chœurs de buveurs, ou tout au moins de joyeuses chansons à boire.

La Société du Caveau a réuni, depuis près d'un siècle, les plus gais poëtes du temps pour célébrer les qualités et les charmes de ce jus précieux.

Enfin, et pour faire son dernier éloge, ne dit-on point, avec une conviction profonde : *In vino veritas*, la vérité est dans le vin, par opposition à la fable qui montre la Vérité tristement confinée au fond d'un puits où il ne se trouve que de l'eau.

La vigne mérite qu'on la regarde en notre pays de France.

Voici ce que nous raconte madame la Statistique :

« La vigne occupait en France, en 1788, environ un million trois cent « quarante-six mille hectares.

« Elle a envahi le terrain de plus en plus. Aujourd'hui sa superficie s'est

ACTEURS ET ACTRICES. 1.   COSTUMES ET VISAGES.

PREMIÈRE BOISSON

— Faut dire que le petit n'est pas dégoûté ! Et puis c'est le bon bourgogne qui fait le bon lait, n'est-ce pas, Catherine ?

« accrue au point d'atteindre près de deux millions cinq cent mille hectares,
« plus de la moitié de l'étendue totale des vignes *à vin* cultivées dans les cinq
« parties du monde, la vingt et unième partie de tout le territoire français et
« la seizième partie de son sol cultivable.

« Le produit brut des vignobles de France s'élève à plus d'un milliard
« cinq cents millions de francs. Leur culture occupe et entretient un million
« cinq cent mille familles de vignerons, c'est-à-dire six millions d'habitants;
« plus de deux millions de fournisseurs industriels, transporteurs et com-
« merçants, constituant ensemble le cinquième au moins de notre population
« totale et représentant une production et une consommation de plus de
« deux milliards ! »

UN PEU D'HISTOIRE

Le vin, depuis les temps les plus reculés, est en honneur dans notre bon pays de France. Laissons un instant la parole à l'un de nos vieux auteurs, qui vous dira ce que l'on pensait de lui vers l'an 1580 :

« Toute la France, l'Italie, la Sicile, l'Es-
« pagne et tous autres pays qui sont esloignez
« du septentrion se plaisent au vin, sauf la
« nation turquoise, laquelle, ou insensée de la superstition de Mahomet,
« ou stimulée par l'ancienne coustume des Turqs, abhorre du tout le vin et
« use d'hydromel.

« L'Angleterre, l'Écosse, la Dalmatie, la Polongne, la Salmatie et autres
« pays septentrionaux usent en partie des vins amenez d'ailleurs, en partie
« de bière, de façon que de tant plus que les régions sont froides, d'autant
« plus sont adonnez au vin et à yvrongnerie. Tesmoin en est non-seulement

« l'Allemaigne, mais aussi la Frise, la Dalmatie, la Flandre, lesquels pays,
« les habitants, non-seulement combattent à qui boira le mieux et exaltent
« jusqu'aux cieux l'yvrongnerie, mais aussi se mocquent de sobriété et con-
« temnent de telle sorte les gens sobres et temperans qu'ils les estiment du
« tout indignes de leur aillance et compagnie. Or, encores que tant de sortes
« de boissons soient venues en usaige au lieu de l'eau en plusieurs pays, si
« est-ce que le vin me semble tenir le premier rang, entre icelles, comme
« le plus plaisant, plus agréable et plus excellent breuvage qui se puisse
« trouver, *ny excogiter.*

« Les Hébreux et lettres sainctes tesmoignent que Noé a été le premier
« autheur du vin. Nécander Colophonius dit en ses carmes que le vin est
« appelé en grec Οἶνος, d'un personnage qui s'appelait Oënus, lequel premier
« exprima le moust du raisin dans sa tasse. Austres escrivent que Icarus en
« fut le premier inventeur, et que bien tost après qu'il fut inventé, en fut
« puny, d'autant qu'il fut tué de ses vignerons enivrés.

« Athenæus dit que la vigne fut premièrement trouvée près la montaigne
« d'Ethna; qu'un chien, se pourmenant par là, arracha un rameau de terre,
« et que Oresteus, fils de Deucalion, qui régnoit en ceste contrée, fist
« replanter dans terre ce rameau, dont plusieurs rejestons de vigne sortirent,
« lesquels il appela Oënas, du nom du chien qui avoit arraché ce rameau de
« terre, dont aussi les anciens Grecs appeloient les vignes Oënas.

« Les Latins disent que la vigne est appelée *vitis*, quasi *vita*, parce que le
« vin restaure soudainement les esprits vitaux dissipés, et conforte, répare,
« augmente et fortifie la chaleur naturelle débiletée, qui est le principal
« instrument de vie, tellement que par l'usage du vin il ᵉ rendu plus
« gaillard qu'auparavant à toutes les actions nécessaires à la vie. »

* * *

Comment la vigne fit-elle son apparition dans les Gaules? Voici ce que racontent les historiens.

Rome était encore barbare, lorsque des vaisseaux phocéens jetèrent sur les côtes de la Provence les navigateurs qui fondèrent Marseille et plantèrent les premières vignes cultivées dans les Gaules.

Les Phocéens apprirent aux gens du pays à tailler la vigne et à exprimer le vin de la grappe. De la Provence, la vigne gagna les provinces voisines. Lorsque César conquit la Gaule, il trouva des vignobles dans plusieurs contrées, et il nota que ceux de Marseille et de Narbonne ne le cédaient en rien à ceux de la Grèce et de l'Italie.

Les progrès de la vigne furent si rapides que Domitien, prétextant d'une disette de blé et d'une trop grande abondance de vin, ordonna d'arracher tous les vignobles de Gaule.

Cet édit ne pouvait être qu'incomplétement exécuté, et l'empereur Probus, mieux avisé, révoqua l'édit de Domitien et enjoignit à ses légions de replanter les vignobles arrachés précédemment.

En 316, saint Martin de Tours apporta aux habitants de la vallée de la Loire l'Évangile et la vigne. En 330, l'empereur Julien favorisa sa culture aux environs de Paris.

Vers le milieu du même siècle, Antonius vante les huîtres que la mer laisse sur les rivages du Médoc; coquillages aussi estimés, dit-il, sur la table des empereurs, que les vins qu'ils tiraient d'Aquitaine (actuellement pays de Bordeaux et Gironde).

Ainsi, au quatrième siècle, la vigne fleurissait, comme aujourd'hui, dans les bassins du Rhône, de la Garonne, de la Loire et de la Saône.

* * *

La culture en fut libre et même protégée jusqu'à Charles IX et Henri III, qui, toujours dans l'espoir de favoriser la culture du blé, firent arracher une grande quantité de vignes dans tous les terrains jugés propres à la culture des céréales.

Henri IV et Louis XIV enlevèrent les entraves imposées à la culture; mais Louis XV, à la suite d'une famine, fit reparaître de nouveau ces prescriptions restrictives, notamment par un édit daté du 5 juin 1732, condamnant à trois mille francs d'amende quiconque planterait des vignes sans permission du Roi.

Le roi Louis XVI, la République française, l'Empire et la Restauration restituèrent toute franchise et toute liberté aux cultivateurs de cette vigne qui s'était si puissamment et si heureusement implantée sur le vieux sol gaulois, qu'elle donnait des produits de plus en plus estimés supérieurs par le monde entier.

La révolution économique qui date du dernier Empire a fini par donner le plus puissant essor à la culture, à la production et au commerce extérieur des vins français, réputés de plus en plus les vins par excellence.

C'est alors que les viticulteurs entrèrent dans la période culminante de la production et de la richesse, à partir de ce moment où les moyens si multipliés de transport ne firent plus craindre les années stériles en céréales que l'on pouvait dorénavant remplacer sûrement par les moissons du dehors, et permettaient de livrer à la culture de la vigne tous les terrains qui lui étaient propres, certain qu'on était de pouvoir remplacer avantageusement avec son produit le blé qui aurait pu manquer à la consommation.

Les fortunes dans les pays vinicoles, notamment ceux du Midi, prirent dès ce moment des proportions inconnues jusqu'alors, et une prospérité inouïe vint régner dans toutes ces régions.

Cette prospérité ne saurait manquer de continuer, si toutefois l'ennemi, un ennemi terrible et jaloux de la France, le phylloxera, le permet.

QUELS ÉTAIENT LES CRUS LES PLUS ESTIMÉS JADIS

Les classifications des différents vins de France n'ont point été l'œuvre d'un jour, et l'opinion a varié en France au sujet des vins, comme elle a varié et variera sur toutes choses; il est fort intéressant de voir, en trois siècles de distance, quels étaient les favoris et sur quels coteaux se récoltaient les vins en réputation.

Néanmoins, voici ce que nous dit à ce sujet, en 1582, le docteur Jean Liébault, en son livre dédié au marquis de Crussol, duc d'Uzès :

« Les plus excellents de tous et sur tous les vins françois sont les vins de
« *Coussy*, dédiez aux rois; puis ceux de *Sèvre*, tous deux rouges ou clairets,
« puissants, généreux ou vineux, très-commodes et convenables à ceux qui
« sont du tout affaiblis et quasi dénaturez, qui tombent aussi souvent en
« faillances ou syncopes, pour s'estre trop emancipez au jeu des dames
« rabbatins, ou, par trop grande veille, ou, en quelque façon que ce soit,
« ont enduré quelque grand affaiblissement.

« Les vins de *Vanves*, d'*Argenteuil*, de *Montmartre* et autres vins qui
« croissent en terroir sablonneux, ès environs de Paris, sont des plus
« salubres.

« Entre les vins de Bourgongne, les vins de *Beaune* tiennent le premier
« rang, lesquels j'oseroi bien préférer aux vins d'*Orléans* et d'*Ay*, desquels
« on fait si grand cas à Paris, d'autant qu'ils sont de tenue substance, d'une
« couleur d'œil de perdrix, non fumeux ny vaporeux, et par ce donnant
« moins en teste et offençant le cerveau que ceux d'Orléans. Aussi, de tous
« temps, l'on a tenu pour véritable ce carme vulgaire des vins de Beaune :

Vinum Belnense super omnia vina recense.

« Ceux qui goustent fort bien les vins les comparent avec ceux du Roy a
« *Coussy*, desquels les complants ont été apportez jadis de Grèce, tellement
« que les vins de *Coussy* et de *Beaune* approchent de bien près à la bonté et
« perfection des vins de Grèce. Aucuns aussi comparent les vins de *Beaune*
« aux vins qui naissent au clos de vigne du roy de Navarre, qui est à cinq
« lieues de Vendosme, appelé *Prépaton*, ainsi nommé, parce que les com-
« plans de ce clos de vigne ont esté choisis et pris partout. Le vin est clairet,
« d'œil de perdrix, de terme substance, d'un goust plaisant et délicat à
« boire si aucun vin y a.

« Toutes ces trois sortes de vins de *Coussy*, de *Beaune* et de *Prépaton* ont
« les vins les plus excellents qui soient par toute la France, et ce d'autant
« qu'en bonne ou mauvaise année sont trouvez bons par dessus tous autres
« et les plus prêts à boire que pas un.

« Entre les vins de Beaune, les vins de Dijon doivent être nombrez, ceux
« qui naissent au clos du Roy à *Chenone*, à *Fontaine*, à *Plombière*, à *Talent*.

« Les vins d'*Ay* sont clairets et fauvelets, subtils, délicats et d'un goust
« fort agréable au palais; pour en causer, souhaitez pour la bouche des roys,
« princes et grands seigneurs, et cependant *oligophores*, c'est-à-dire si
« délicats, qu'ils ne portent l'eau qu'en petite quantité.

« Les vins de la haute Normandie approchent aucunement aux vins fran-
« çois, non plus que ceux qui croissent à Compiègne et autres pays de la
« Picardie ou voisins de la Picardie.

* * *

« Le pays de Guienne nous envoie diversitez de vins. Les meilleurs sont
« ceux du terroir de *Nérac*, lesquels approchent fort à la bonté des vins

« françois de *Coussy*, lesquels, à la raison de la couleur de rosette, sont
« appelez au pays *Rosetiques*, et, comme iceux, sont désirez et requis ès
« tables des grands seigneurs.

* * *

« Concluons donc qu'entre tous les vins dont nous usons à Paris : Quant
« aux rouges, les meilleurs sont ceux de *Coussy*, de *Suresne*, de *Vanves*, de
« *Meudon*. Quant aux blancs, ceux d'*Argenteuil*, puis ceux d'*Ay*, d'*Vsancy*,
« de *Beaune*, en Bourgogne, bien murs.

« Et après ceux d'*Orléans*.

« Quant aux blancs, les vins de *Longjumeau*, de *Palezau*, de *Massy*, de
« pont d'*Anthoiny*, puis ceux de *Bar-sur-Aube*, d'*Anjou* et autres qui nous
« sont apportés d'*Arbois*, de *Gascogne* et de *Languedoc*.

« Les vins de certains terroirs aux environs de Paris, comme de *Villejuif*,
« *Vitry*, *Ivry*, qui sont blancs; de *Fontenay* et de *Montreuil*, qui sont
« rouges, ne doivent être beaucoup prisez, à raison qu'ils sont verdelets et
« d'un goust mal plaisant.

« Les vins de *Gascogne* sont, sans comparaison, plus chauds et plus secs
« que les vins d'*Orléans*; toutefois ils ne sont si vaporeux et ne donnent si
« fort en teste, ainsi que je l'ai expérimenté, que les vins d'*Orléans*. »

CLASSIFICATION DES VINS

On a classifié les vins de bien des façons différentes. La plus simple nous paraît celle-ci :

Les vins de France se partagent en trois grandes catégories :

Les vins blancs;

Les vins bleus;

Les vins rouges.

Le bleu, le blanc, le rouge, trois couleurs nationales et françaises.

Les vins blancs sont généralement les vins de luxe et d'exception dans la vie ordinaire, depuis le petit Chablis et le petit Saumur, qui arrose les huîtres, égaye les fins déjeuners, qui met en goguette, jusqu'au grand Champagne qui pétille dans les coupes aux dîners de fête, jusqu'au grand Sauterne qui fait briller son ambre doré dans les festins de haute lice.

Le vin blanc est le vin des riches.

Les vins rouges sont les vins français par excellence, les vins d'usage et de grand goût. Ce sont ceux qui plus particulièrement réjouissent le cœur et le cerveau, dilatent l'esprit, et, comme disait Désaugiers, savent faire voir tout en rose; à eux la couleur chaude et transparente, le bouquet élégant, fin et savoureux.

Les vins bleus sont les vins du pauvre, les vins de l'ouvrier, les vins du travailleur, et aussi les vins de ceux qui préfèrent ne pas travailler. C'est le vin chaud à l'estomac, âpre au gosier, qui réveille la vigueur et les sens s'il est pris modérément, exaspère les forces vitales et détruit le jeu de la pensée s'il est pris en excès.

Fécond ou dévastateur suivant la nature de ceux qui cherchent à y puiser l'énergie ou qui lui demandent l'ivresse.

LE BLANC

ACTEURS ET ACTRICES. 3. COSTUMES ET VISAGES.

LE ROUGE

ACTEURS ET ACTRICES. 4.   COSTUMES ET VISAGES.

LE BLEU

DE LA MESURE

LA GAIETÉ ET L'IVRESSE

Le vin est l'ami de l'homme.

Cependant il en est de cette amitié comme de bien d'autres, il ne faut pas s'y fier complétement, ni avec excès.

L'excès en tout est un défaut, surtout en fait de vin.

Cet excès prend alors le nom d'ivrognerie.

Parmi les préceptes de l'école de Salerne, se trouve celui-ci :

Bonum est inebriari semel in uno mense.

Il est bon de s'enivrer une fois dans le mois. Les gens sages n'attachent point d'importance à ce précepte. Il est vrai de dire que certains autres se plaisent malheureusement à le dépasser. L'être soi-disant raisonnable ne doit pas chercher à perdre, si peu de temps que ce soit, la faculté qu'il appelle raison.

Après cela, les raisonneurs sont-ils vraiment ceux qui sont le plus doués de raison ?

***

Un sage disait que ceux qui raisonnent le plus sont ceux qui ont le moins de bonnes raisons à leur service.

***

Quoi qu'il en soit, il est toujours bon de conserver le peu de bonne raison que l'on a, et se garder de faire comme les anciens, qui disaient avec Épicure :

Il faut boire sans mesure (Δεῖ πίνειν ἀτρόπως).

L'homme sage devra donc bien étudier sa mesure personnelle et connaître la gradation et l'échelle du buveur :

On est bien.

On est gai.

On est lancé.

DE LA MESURE.

On est parti.

On est rond.

On est piqué. Dans les classes souffrantes, on dit : Je me suis piqué le nez dimanche, et j'ai mal aux cheveux lundi.

On est gris.

On est soûl, on a son jeune homme, on a son casque, on a son plumet.
On est pochard.

On est dans les brindzingues.

On est paf.
Les mesures varient suivant les individus.
Il en est qu'un verre de vin égaye, et qui sont partis dès le second.
Il en est d'autres que l'absorption de plusieurs bouteilles ne parvient pas à émouvoir. Quelle que soit leur capacité en ce genre, les hommes prudents s'arrêtent toujours au moment où ils vont être lancés et ne sont point encore partis.
On connaît l'histoire du maréchal de Bassompierre qui faisait verser dans sa botte douze bouteilles de bourgogne pour boire à la santé des douze cantons de la Suisse, et les buvait sans sourciller et sans que son calme subît la moindre atteinte.
Un ami de Brillat-Savarin, le général Besson, qui buvait chaque jour huit bouteilles de vin à son déjeuner, n'avait pas l'air d'y toucher; il avait un plus grand verre que les autres, et le vidait plus souvent, mais on eût dit qu'il n'y faisait pas attention, et, tout en humant ainsi seize litres de liquide, il n'était

ACTEURS ET ACTRICES. 5.   COSTUMES ET VISAGES.

— Eh ben! quand on se s'rait un peu trop rincé le goulot, oùs qu'est le mal?

ACTEURS ET ACTRICES. 6.   COSTUMES ET VISAGES.

— M. le comte est éméché... Faites avancer la voiture de M. le comte.

— Ces dames sont un peu parties. Quant à ces messieurs, ils sont arrivés.

— Elle a son jeune homme.

— Vois-tu, Phémie, moi, je suis carré, et je ne crains pas de le dire
Ça me donne de l'agrément quand je suis rond.

pas plus empêché de plaisanter et de donner des ordres que de boire un carafon.

« J'ay veu, dit Montaigne, un grand seigneur de mon temps, personnage
« de haultes entreprinses et fameux succès, qui, sans effort et au train de
« ses repas communs, ne beuvoit guères moins de cinq lots de vin, et ne
« se montroit au sortir de là que trop sage et advisé aux despens de nos
« affaires. »

De nos jours, ces prouesses sont plus rares. On rencontre cependant çà et là des gens privilégiés — si toutefois cela est un privilége — de façon à boire des quantités considérables de vin, sans que le cerveau soit non-seulement troublé, mais ébranlé le moins du monde.

Tel était Thomas l'Ours, dont je vais vous raconter l'histoire.

THOMAS L'OURS

Grandeur et décadence

SOUVENIRS D'ATELIER

Tous les modèles ne sont point des prix Monthyon, comme ce brave Dubosc, qui, toute sa vie, a économisé sur ses dîners, ses déjeuners et sa toilette, pour laisser *deux cent mille francs* aux jeunes artistes qui se destinent à être membres de l'Institut et à devenir de grands peintres, la plupart suivant une tout autre voie et cultivant plutôt la barrière, les caboulots et les marchands de vin que la Caisse d'épargne. D'aucuns ont eu la vie mêlée d'accidents curieux : telle fut celle du modèle que nous avons tous connu sous le nom de *Thomas l'Ours*. Je vais vous raconter quelque chose de ses misères et de ses splendeurs.

C'était en février 1848.

Thomas l'Ours était de semaine à l'atelier Drolling, rue de Sèvres, où nous étions rapins, et, si mes souvenirs sont fidèles, sa pose était celle de Samson décrochant les portes de Gaza, pose ingénieuse, due à l'initiative de Chaplin, Breton, ou Henner, ou Baudry, je ne sais plus au juste, grâce à laquelle il faisait saillir les muscles des jambes, développait largement les biceps et les deltoïdes, et découvrait le jeu formidable des pectoraux et des dentelés.

Thomas l'Ours était donc modèle. C'était un être gigantesque de cinq pieds huit ou dix pouces de hauteur, aux formes violentes et heurtées, une sorte de Cimbre ou belluaire à figure sauvage et bestiale, doux et simple comme un enfant du reste, mais terrible d'attitude et d'aspect.

Vu sur la table du modèle, il était splendide ; vêtu, comme je le vois encore, de son affreux paletot grisâtre à boutons de corne placés au milieu du dos, d'un pantalon flottant de couleur impossible, et la tête surmontée d'une sorte de bonnet hérissé, dont le ton roussâtre s'accordait avec les colorations violentes de sa face, de ses sourcils et de sa barbe, il était épouvantable et semblait féroce.

Ancien cavalier de la légion étrangère, où ses notes, du reste, étaient excellentes, il avait été congédié comme *insatiable* et possesseur de cette infirmité qu'on appelle la *fringale* ou la *boulimie*. Il lui fallait douze portions pour arriver à peu près à ne pas mourir de faim. Le gouvernement, forcé par économie de renoncer à ses services, l'inonda d'excellents certificats, et le mit bravement à la porte.

Depuis lors, Thomas l'Ours, dont la force égalait l'appétit, vivait comme il pouvait, de la curiosité qu'inspiraient ses qualités exceptionnelles. Il posait dans les ateliers, chez les peintres et les sculpteurs. Parfois, lorsqu'il se plaignait par trop de la soif ou de la faim, on se cotisait à l'atelier pour lui payer un pain de quatre livres et dix litres de vin, qu'il s'engageait à avaler consciencieusement en un quart d'heure, et sans qu'il en résultât pour lui le moindre inconvénient.

Il eût volontiers recommencé une heure après, mais nous étions convaincus, et nous ne poussions pas plus loin nos prodigalités.

Quand Thomas l'Ours n'avait pas de vin pour arroser son petit déjeuner, il se contentait philosophiquement de l'eau de la fontaine, et en absorbait une cruche entière. L'eau comme le vin étaient, chez lui, une pure question de remplissage, et n'avaient pas plus d'action l'un que l'autre sur cette nature étrange.

Quand la pose dans les ateliers n'allait pas, il se montrait dans les foires, où généralement on lui faisait lever d'énormes grappes de poids en hors-d'œuvre, pour arriver ensuite à le faire lutter avec un gros ours musclé, qu'il prenait à bras le corps et mettait sur le dos, au bout de trois minutes, aux applaudissements d'un public idolâtre.

Thomas l'Ours — on voit d'où lui venait son nom — prenait alors les airs les plus gracieux, envoyant des baisers à l'assistance, et rentrait, lui et l'ours, dans son bouge, en prenant des poses académiques. Tel était Thomas l'Ours.

* *

Cette semaine, il posait donc chez nous, à l'atelier Drolling, le 24 février au matin; c'était un jeudi, la semaine était avancée, mais les figures n'avançaient pas. Il y avait de la poudre dans l'air, on entendait résonner le tambour, la veille et l'avant-veille les pavés s'étaient soulevés, quelques omnibus avaient été dételés, et les bruits révolutionnaires circulaient et troublaient jusqu'à la rue de Sèvres.

Au repos de dix heures, d'un commun accord, on rentra le papier dans les cartons, les brosses et les palettes dans les boîtes; on retourna les toiles. Thomas l'Ours enfila son pantalon, passa son affreux paletot, coiffa son bonnet de fourrure et partit se balançant sur ses longues jambes et faisant gaiement tournoyer sa lourde trique à la façon des tambours-majors.

* * *

Chacun aussi s'en fut de son côté. A mesure que nous avancions du côté de la Croix-Rouge, le mouvement s'accusait davantage; les gardes nationaux affairés couraient çà et là, les voitures avaient cessé de circuler, et l'on commençait à rencontrer des soldats sans armes, donnant le bras à des ouvriers qui les entraînaient chez le marchand de vin.

On continuait, dans le quartier, à crier : Vive la réforme ! à bas Guizot ! ce qui était le cri de ralliement de la veille.

La politique, nous ne savions guère ce que c'était alors; mais le bruit et le mouvement attiraient notre curiosité : nous voulions voir.

Avec un de mes camarades d'atelier, nous allions donc devant nous, curieux et le cœur un peu serré, mais ne voulant point manquer au spectacle étrange qui se déroulait sous nos yeux.

Arrivés place de l'Abbaye, nous trouvons une grande foule. On ne criait plus : A bas Guizot ! ni : Vive la réforme ! on criait : Vive la République ! vive la ligne ! Un régiment fraternisait, comme on disait alors, avec le peuple et donnait les armes à qui voulait les prendre. Des gamins de douze ou treize ans portaient des fusils et des sabres abandonnés par les troupiers.

C'était triste ! quelques gens en redingote noire, décorés de ceintures ou rouges ou tricolores, haranguaient la foule. Aux Tuileries ! aux Tuileries ! vociférait-on de toutes parts.

A bas Philippe ! Le roi est parti ! aux Tuileries !

La foule allait en avant, armée de toutes façons; nous marchâmes avec la foule.

Le long de la rue Dauphine, elle allait toujours en augmentant de plus belle; on voyait sortir de toutes les ruelles ces figures étranges et patibulaires qui ne se montrent que dans ces moments, où tout ce qui grouille dans les bas-fonds remonte à la surface.

Au pont Neuf, c'était comme une mer de têtes sur laquelle se dressaient çà et là de rares drapeaux et quelques baïonnettes. Midi venait de sonner à l'horloge de Saint-Germain l'Auxerrois. De l'autre côté du quai, quelque chose marchait au milieu de la foule affolée : c'étaient les carrosses du Roi que traînaient des voyous hurlant la *Marseillaise*. Ils en faisaient un feu de joie, et les carcasses des voitures dorées pétillaient au milieu des flammes.

Nous marchions toujours; les Tuileries sont au pouvoir du peuple, disait-on autour de nous. Philippe a abdiqué, il est parti; la république est proclamée à l'hôtel de ville.

* * *

La foule allait toujours en avant, le démon de la curiosité nous empêchait de retourner en arrière.

Sur le quai, le spectacle commençait à devenir hideux. En effet, les Tuileries étaient au pouvoir du peuple; on commençait à rencontrer des gens avinés, portant des jambons volés dans les cuisines du château et piqués, en guise de trophée, au bout des baïonnettes.

Quelques-uns portaient des bouteilles; d'autres, pressés d'en boire le con-

tenu, en avaient brisé le goulot, et leurs lèvres, blessées par le tranchant du verre, buvaient à la fois leur sang et le vin, qui redoublaient leur ivresse.

— Cela commence à devenir moins drôle, me dit mon ami; mais allons toujours, il faut tout voir.

D'ailleurs, la foule toujours croissante nous entraînait avec elle.

On entendait au loin crépiter les coups de fusil, et bien que le dégoût et l'horreur commençassent tout à fait à nous prendre, nous ne voulions point, par respect humain, avoir l'air d'avoir peur.

Sur la place du Carrousel, le mouvement était énorme. Les grilles étant largement ouvertes, on avait arboré de grandes inscriptions : Propriété nationale, et des écriteaux sur lesquels on lisait en gros caractères : *Mort aux voleurs!* Des personnages à grandes ceintures rouges disaient à la masse de sots comme nous-mêmes : Entrez, citoyens, vous êtes chez vous.

* * *

Nous entrâmes, suivant la foule, qui entrait là comme à un spectacle. Des meubles gisaient à terre précipités par les fenêtres, des papiers maculés de sang et de boue jonchaient la terre au milieu de débris de tentures et de fouillis de toute sorte. Des feux étaient allumés çà et là, autour desquels dansaient des hommes, des femmes et des gamins. Des citoyens en blouse ou en bourgeron, armés de fusils, montaient la garde aux portes, et l'on circulait dans les appartements comme à une exhibition de tableaux.

Quelques détonations se faisaient encore entendre en signe de réjouissance, ou bien partaient toutes seules des mains de citoyens à moitié ivres.

* * *

Nous étions parvenus dans une grande salle, ornée de plusieurs tableaux de l'école espagnole. Un *Saint Pierre* d'un vigoureux ton, d'une solide couleur, parfaitement reconnaissable à son coq, se remarquait au milieu d'autres toiles.

— Saint Pierre, un jésuite! il n'en faut plus! dit une voix avinée. Un coup de fusil retentit, saint Pierre était troué par une balle en pleine poitrine.

— Je ne veux pas qu'on touche à la peinture! cria une voix terrible, et un formidable coup de poing abattit le citoyen, qui vint rouler tout étourdi au beau milieu de la salle.

C'était Thomas l'Ours qui avait allongé ce maître coup.

— Vous ne toucherez pas à la peinture, que je vous dis! répéta-t-il en regardant autour de lui, de façon à commander ainsi une déférence prudente pour les arts.

Et il faisait de ses grands bras, armés d'une sorte de masse d'armes antique, un moulinet magistral qui écartait respectueusement le public.

Thomas l'Ours était superbe ainsi, dans son rôle de protecteur des arts.

ACTEURS ET ACTRICES. 10. COSTUMES ET VISAGES.

THOMAS L'OURS.

Sa grande taille paraissait encore plus gigantesque. Ses yeux lançaient des éclairs, et sa barbe de Cimbre féroce se hérissait comme la crinière d'un lion en furie.

— C'est vrai, il a raison, crièrent avec déférence plusieurs voix de citoyens, qu'il dominait évidemment par la terreur qu'inspiraient sa taille, sa force exceptionnelle et son terrible aspect.

Il prit d'une main le coupable par la ceinture et le jeta dehors, aux applaudissements du peuple. Thomas l'Ours était devenu une puissance.

* * *

C'est alors que Thomas l'Ours nous reconnut. Il semblait fier de son succès vis-à-vis de nous, et il vint immédiatement nous donner la main, que nous ne pouvions avoir le courage de lui refuser.

— Ceux-là, c'est des artistes, c'est des amis, dit-il en roulant des yeux terribles autour de lui. Et l'on nous considéra tout de suite avec une visible bienveillance.

J'avoue que nous étions peu fiers de la reconnaissance, mais il fallut faire bonne contenance.

— C'est égal, nous dit-il en se penchant à mon oreille, moi, ça me connaît; mais, à votre place, je ne resterais pas là, et je me cavalerais tout de suite. On ne sait pas ce qui peut arriver; tous ces gaillards-là sont dans les brindezingues!

Nous ne le lui fîmes pas répéter deux fois, et il dit deux mots à un grand escogriffe qui nous escorta jusqu'aux grilles.

* * *

Comment Thomas l'Ours avait-il conquis cette situation prépondérante ? Nous le sûmes plus tard.

En quittant l'atelier, il avait enfilé la rue du Bac, il avait trouvé sur sa route je ne sais quel oripeau qu'il s'était mis en bandoulière, avait cueilli en même temps sur son passage un sabre de cavalerie qu'un gamin avait obtenu d'un dragon fraternisant avec le peuple, plus une sorte d'énorme hallebarde qu'un autre avait volée dans quelque boutique d'armurier.

Ainsi paré, il avait suivi tout le long de la rue du Bac en vociférant d'une façon terrible. Une vingtaine de chenapans s'étaient mis à sa suite, recrutés sur la route par son aspect épouvantable et son héroïque prestance.

La vue des bouteilles et des victuailles portées en trophée par les premiers vainqueurs avait présenté un but à ses aspirations et allumé plus spécialement son courage.

Arrivé devant la grille des Tuileries, qui n'étaient plus défendues, il avait de sa main puissante rompu et arraché des barreaux; puis, enfonçant les portes et suivi de sa troupe, il était entré l'un des premiers dans les salles du château.

Son premier mouvement avait été de s'emparer de l'office et des cuisines. Ses hommes, naturellement, l'avaient suivi avec une ardeur qu'il récompensa de son mieux en se servant copieusement, à lui et aux autres, tout ce qu'il trouva de meilleur dans les caves et parmi les provisions destinées à la famille du Roi; ce fut tout d'abord, comme on le pense, une joyeuse et héroïque ripaille.

Les bouteilles avaient succédé aux bouteilles, les flacons aux flacons. Thomas l'Ours en avait bu plus que tous les autres, et cependant il avait comme d'habitude conservé l'exercice complet de toutes ses facultés, toute sa vigueur et toute sa puissance. Cette extraordinaire supériorité le mit tout de suite hors pair, et inspira l'admiration et le respect parmi les gens moins bien doués.

Dès lors Thomas l'Ours devint une autorité, et il eut, par suite, des courtisans et des amis. Quels ennemis il eut? je n'en sais rien, mais ils redoutaient trop ce gigantesque bonhomme, sa hallebarde et ses poings d'Hercule, pour en laisser percer quelque chose.

* * *

Sa force exceptionnelle trouva son compte dans cet avénement inespéré; il avait naturellement choisi la place de chef supérieur des approvisionnements. On sait que sept ou huit cents vainqueurs s'étaient installés aux Tuileries et n'en voulaient point déguerpir. Il fut un des chefs de ceux-là.

Chaque jour, accompagné d'une partie des chenapans dépenaillés qui s'étaient groupés autour de lui, il allait aux provisions, qu'il payait en bons sur le gouvernement provisoire, faisant des rafles superbes, même chez Chevet, son voisin, pour l'approvisionnement de sa propre bouche et de ses gardes.

Cela dura un mois. Un beau jour, les deux hommes de confiance placés par lui à une grille qu'il se conservait prudemment pour sa rentrée, car il avait le mépris des hommes, croyait à l'envie et redoutait quelque trahison, un beau jour, dis-je, ces deux dignes acolytes, qu'on avait enivrés à dessein, furent enlevés de leur poste et remplacés par d'autres. La consigne était de tirer sur lui et ses hommes s'ils faisaient mine de vouloir rentrer de force. Il fut obligé de se retirer devant la force. Les autres *peuples souverains* qui gardaient comme lui le palais furent écartés peu après, à l'aide de je ne sais plus quel subterfuge.

* * *

A quelques jours de là je rencontrai, sur la place du Palais-Royal, Thomas l'Ours, qui semblait errer comme une âme en peine autour de ce paradis qu'il avait perdu.

Il n'avait plus cet air de domination et de victoire qui avait fait sa puissance et sa gloire, et il vint me saluer avec empressement.

— Eh bien! Thomas, lui dis-je, vous n'êtes donc plus en place?

— Ah! mon Dieu, non, monsieur; c'est mes ennemis qui ont fait ça, mais je les repincerai.

— Vous aviez l'air très-bien cependant avec tout le monde là dedans.

— Mais oui, avec moi fallait pas broncher; mais il y en avait qui me détestaient au fond parce que, quand j'y suis, je cogne dur. C'est égal, c'était le bon temps; je n'ai jamais si bien mangé, si bien bu que pendant le mois où j'ai été aux Tuileries. Aujourd'hui je suis bien heureux de rencontrer monsieur, car je n'ai pas mangé depuis hier, et si monsieur voulait me faire le plaisir d'un morceau de pain... Après avoir été comme j'étais, en être venu là, c'est triste.

— Que voulez-vous, mon pauvre Thomas l'Ours, on ne peut pas toujours rester au pouvoir!

J'entrai chez un boulanger qui fait le coin de la rue des Bons-Enfants, et je lui achetai un gros pain de quatre livres.

Il me remercia avec effusion, et je le vis partir brisant son pain, qu'il pressait amoureusement sous son bras, et le dévorant miche à miche, avec la voracité d'une bête féroce.

* * *

Il s'arrêta près d'une fontaine de la place du Palais-Royal, mit sa large bouche au goulot et but à longs traits; puis, raffermi sur ses longues jambes, il prit la rue Richelieu, et je le vis s'éloigner du côté du boulevard, où l'on entendait des bruits de tambour, avec cette attitude superbe et ces airs victorieux qui avaient un moment si bien servi sa fortune.

.*.

Deux ans après, un jour, à la foire de Saint-Cloud, j'entrai dans une baraque : Thomas était revenu à ses premiers exploits; il lançait des poids en l'air toujours avec la même vigueur, et portait comme jadis des essieux à bras tendu. Il finit la cérémonie aux applaudissements du public, en jetant par terre le petit ours muselé, dont les griffes écorchaient son sordide maillot chair et rayaient de lignes rouges les attaches de ses robustes épaules et de ses bras.

Mais quand il faisait ses révérences et envoyait des baisers au public, il n'avait plus ce sourire du temps passé : il y avait comme un nuage de tristesse qui passait sur ce sourire.

Il me reconnut.

— Eh bien, Thomas l'Ours? lui dis-je.

— Eh bien, monsieur voit, j'ai repris mon travail; c'est dur, et puis on ne mange guère et l'on boit encore moins; il y a aussi ce petit ours-là qui est quelquefois rageur, et il me donne du mal.

— Ah! ce n'est pas comme aux Tuileries.

— Dame! monsieur, c'était là le bon temps. Après ça, comme vous me disiez, on ne peut pas toujours être au pouvoir.

Et il s'en alla avec les autres hercules recevoir à la porte les trois sous réglementaires payables à la sortie.

.*.

Depuis ce temps, je n'ai pas revu Thomas l'Ours. On m'a raconté, je ne sais si c'est vrai, qu'un jour l'ours avec lequel il se livrait depuis si longtemps à la lutte courtoise s'était fâché sérieusement, et l'avait si bien serré entre ses pattes puissantes qu'il lui avait brisé les reins.

Thomas l'Ours, m'a-t-on ajouté, serait mort le lendemain à l'hôpital.

Il est à croire qu'il n'a pas laissé, comme Dubosc, un legs de deux cent mille francs aux jeunes artistes.

Sa faculté de boire sur l'heure si facilement et sans danger une douzaine de litres de vin lui avait coûté trop cher, mais en revanche elle avait du moins servi un moment à son élévation et à sa fortune.

LES FLACONS ET LES VERRES

BOURGOGNE ET BORDEAUX

Il est un proverbe connu de tous :

L'habit ne fait pas le moine.

Rien de plus vrai; mais il n'est pas moins vrai que le vulgaire se laisse bien facilement prendre à l'habit.

Notre pays, qui, malgré tout, est un pays où l'imagination règne en souveraine maîtresse, a le goût de l'habit porté au suprême degré. Chez nous, l'uniforme, quel qu'il soit, est une livrée nécessaire, et ses splendeurs sont des plus enviées. Un autre proverbe non moins usité que le premier :

Quand on prend du galon, on n'en saurait trop prendre,

a particulièrement été créé pour l'usage du peuple français.

Nous l'avons vu surabondamment sous le règne de la Commune, alors que les plus purs parmi les soi-disant égalitaires entassaient galons sur galons, et que le flot des festons dorés envahissait les manches jusqu'au coude, débordant avec magnificence jusqu'au sommet des képis.

*_**

Le vin, lui aussi, demande à être bien mis

*_**

L'habit dont il est revêtu, celui dans lequel on emprisonne sa vertu, sa chaleur bienfaisante, sa force et son esprit, c'est ce vase transparent que l'on appelle le flacon, ou la bouteille, ou le verre.

*_**

On a chanté de toute façon, en prose et en vers,
Ces précieux engins destinés à renfermer ce à quoi tant d'êtres en ce monde aspirent ardemment,
La gaieté, la joie, la tendresse ou l'oubli,
Toutes les formes diverses de l'ivresse.

*_**

Voici, entre autres, comment l'un et l'autre ont été chantés et dessinés par le joyeux Panard, un de nos buveurs très-précieux et très-spirituellement gais du dernier siècle :

Nous ne pouvons rien trouver sur la terre
Qui soit si bon ni si beau que le verre
Du tendre amour berceau charmant,
C'est toi, champêtre fougère,
C'est toi qui sers à fuire
L'heureux instrument
Où souvent petille,
Mousse et brille
Le jus qui rend
Gai, riant,
Content.
Quelle douceur
Il porte au cœur !
Tôt,
Tôt,
Tôt,
Qu'on m'en donne,
Qu'on l'entonne ;
Tôt,
Tôt,
Tôt,
Qu'on m'en donne,
Vite et comme il faut :
L'on y voit, sur ses flots chéris,
Nager l'allégresse et les ris.

Que mon
Flacon
Me semble bon!
Sans lui
L'ennui
Me nuit,
Me suit;
Je sens
Mes sens
Mourants,
Pesants.
Quand je le tiens,
Dieux! que je suis bien!
Que son aspect est agréable!
Que je fais cas de ses divins présents!
C'est de son sein fécond, c'est de ses heureux flancs
Que coule ce nectar si doux, si délectable,
Qui rend tous les esprits, tous les cœurs satisfaits.
Cher objet de mes vœux, tu fais toute ma gloire;
Tant que mon cœur vivra, de tes charmants bienfaits
Il saura conserver la fidèle mémoire.
Ma muse à te louer se consacre à jamais.
Tantôt dans un caveau, tantôt sous une treille,
Ma lyre, de ma voix accompagnant le son,
Répétera cent fois cette aimable chanson :
Règne sans fin, ma charmante bouteille,
Règne sans fin, mon charmant flacon!

La forme de cet habit exerce son action indiscutable sur l'imagination.

La forme d'une bouteille ou d'un flacon n'est point indifférente.

Il y a des bouteilles élancées comme des jeunes filles, d'autres vigoureuses et trapues comme des hommes d'armes, d'autres majestueuses et élégantes comme des reines. Il en est aux formes fantastiques, au goulot capricieux ou imposant; d'autres sont couronnées d'or ou d'argent et coiffées d'étranges turbans.

L'élégance ou la bizarrerie d'une forme appellent et surexcitent le goût, tandis que la lourdeur ou la vulgarité d'un contour le repoussent violemment.

Un litre de château-laffitte servi dans ces horribles bouteilles en usage chez les *mastroquets,* et versé dans ces verres grossiers à transparence trouble, à fond épais, lourd et bourbeux, perd les trois quarts de son goût et de sa vertu.

Tous les sens sont pour ainsi dire complices de celui qui est particulièrement mis en action.

Si la bouteille dans laquelle est présenté le breuvage choisi est choisie elle-même avec soin, si une poussière vénérable couvre ses flancs, si le bouchon, que l'on enlève avec une sorte de précaution jalouse, est long, élégant, d'une couleur douce et fine, marqué sur ses flancs d'un sceau indiscutable; si le verre dans lequel on le verse doucement et avec respect est d'un cristal brillant, si léger et si transparent que le rubis et l'or de la liqueur y prennent l'éclat de pierres précieuses liquides, alors l'œil a son régal et sa caresse. Le parfum et le bouquet se dégagent avec suavité et réjouissent l'odorat. La main se plaît à tenir les contours délicats du verre, et l'oreille elle-même est séduite par le son cristallin que le choc le plus léger fait naître.

C'est alors que le goût, éveillé par tout cet ensemble qui conspire en sa faveur, est appelé à faire son office, et que le gourmet reconnaissant remercie le Créateur des dons précieux qu'il a bien voulu déverser sur ses créatures.

* * *

Tous ces soins, tous ces préliminaires ont plus d'importance qu'on ne le pense. S'ils ajoutent puissamment au charme ressenti par ceux qui sont aptes à juger et à connaître, il en est d'autres pour lesquels ils sont pour ainsi dire la chose essentielle et unique.

VOYAGE DE LA CAVE A L'OFFICE

Ces bourgeois, ça vous a des idées. Faut pas remuer les vins... Des bêtises!

DE L'OFFICE A LA TABLE

— Ma enant qu'il a bien dansé, il va bien dormir cinq minutes dans son panier. Méfiez-vous de ne pas le réveiller, mademoiselle Justine. Faut-il que les maîtres soient jobards!

Combien de gens ne jugent que sur l'étiquette, et n'établissent leur opinion que sur l'habit! Pour ces gens, à coup sûr, l'habit seul fait le moine.

C'est pour eux principalement que se confectionnent les miroitantes étiquettes, les bouchons historiés, les verres à armoiries, les flacons de cristal ciselé.

C'est pour eux que les sommeliers placent avec un soin religieux dans de petits paniers en forme de berceau les bouteilles qu'ils viennent de chercher à la cave, et qu'ils ont secouées et fait danser sans vergogne, de la façon la plus sceptique, tout le long de la route, en montant l'escalier du caveau.

C'est pour eux qu'on apporte ces paniers, à pas lents, pieusement, comme des reliquaires, pour ne pas avoir l'air de déranger par un mouvement intempestif les précieuses molécules laissées en repos depuis de longues années.

Le consommateur, ébloui par cette mise en scène, trouve dans son imagination même la récompense attendue.

* * *

Ces hommes-là ne sont pas rares. Ils sont, au contraire, ceux que l'on rencontre partout et à tout instant.

Les gens de goût, eux, sont rares sur tous les chemins, quels qu'ils soient.

Ceux dont nous parlons ici constituent ce qu'on appelle la majorité en toutes choses, majorité respectable à notre époque, comme toutes les majorités, mais avec laquelle il faut nécessairement compter.

Parmi ces gens, ceux qui achètent de la peinture payent trente mille francs un Delacroix dont ils n'avaient pas voulu jadis pour cent écus, parce que le nom est en bas du tableau et que l'étiquette a pris de la valeur sur la place. Ils reconnaissent un Corot, un Diaz, un Troyon, un Rousseau, à la signature qui miroite en bas de la toile. Il leur serait impossible de reconnaître quelque valeur à un tableau qui, suivant l'habitude du temps passé, ne porterait point la signature de l'auteur.

Ici, c'est la signature et le cadre qui remplacent l'habit.

* * *

Il n'en est pas moins vrai qu'il faut compter sérieusement avec ces gens-là, et qu'on doit s'en préoccuper et les ménager suivant leur intelligence et leur aptitude.

Brillat-Savarin, notre maître, qu'il faut toujours citer lorsque l'on débat de telles questions, a lancé plusieurs aphorismes qui sont le résumé de la sagesse gourmande et sont de mise indispensable en ce chapitre. Nous prenons parmi ces aphorismes ceux qui ont rapport à la question qui nous occupe spécialement, et nous les livrons à l'appréciation de la maîtresse de maison.

* *

Convier quelqu'un, c'est se charger de son bonheur pendant tout le temps qu'il est sous notre toit.

* *

Celui qui reçoit ses amis et ne donne aucun soin personnel au repas, n'est pas digne d'avoir des amis.

* *

L'ordre des boissons est des plus tempérées aux plus fumeuses et aux plus parfumées.

Prétendre qu'il ne faut pas changer de vins est une hérésie; la langue se sature; après le troisième verre, le meilleur vin n'éveille plus qu'une sensation obtuse.

* *

Enfin, et ceci est pour les invités,

Ceux qui s'indigèrent ou qui s'enivrent ne savent ni boire ni manger.

SIMPLES CONSEILS A LA MAITRESSE DE MAISON

La maîtresse de maison ne saurait trop méditer ces consultations du maître :

* * *

Il faut donc, puisqu'elle se charge du bonheur de ses invités, qu'elle cherche à réunir habilement toutes les conditions de nature à réjouir non-seulement ces majorités obtuses avec lesquelles il faut compter, mais ces minorités savantes et délicates qui finissent malgré tout par faire loi et entraîner les autres. Il s'agit ici d'un grand dîner.

L'œil doit être tout d'abord flatté par la mise en scène de la table. L'éclat du linge blanc, de l'argenterie et des cristaux doit être agréablement relevé par des fleurs habilement choisies, comme combinaison d'harmonie et de ton, mais ne s'élevant pas trop haut, de façon que le regard ne soit pas intercepté du côté opposé à l'invité, et qu'il ne puisse être privé de la vue de ces autres fleurs vivantes, comme dirait Demoustier, qui doivent s'entremêler aux tristesses inévitables des habits noirs.

Devant chaque convive, six ou sept verres doivent être rangés en bataille :
Le grand verre ordinaire ;
Le verre à madère ;
Le verre à bordeaux ;
Le verre à bourgogne ;
Le verre à grands vins ;
Le verre ou la coupe à champagne ;
Le verre à vin du Rhin.

Ces verres, sauf le verre à vin du Rhin, qui est vert et d'une forme spéciale, doivent être d'un cristal transparent, sans fioritures et sans arabesques gênantes pour l'œil, qu'elles empêcheraient de saisir les nuances vermeilles ou dorées des liqueurs. Un chiffre ou des armoiries gravées légèrement suffisent pour donner à ces cristaux, parure essentielle d'une table convenablement servie, le côté de recherche et de personnalité nécessaires pour qu'on ne puisse confondre l'aspect du service avec le service banal des hôtels ou des restaurants.

LE SERVICE

PROPRIÉTAIRE PRUDENT. Opère lui-même.

Le service des vins doit donc être combiné avec soin pour suivre les préceptes raisonnés du maître.

Il est inutile, je crois, de recommander ceci tout d'abord :

Ne pas monter sans précaution les bouteilles de vin vieux, en les transportant de la cave à l'office.

* * *

On connaît l'histoire de Baptiste, auquel son maître demandait avec inquiétude s'il n'avait pas secoué le vin précieux qui dormait depuis vingt ans dans sa cave, et dont il voulait étonner un ami de choix. Baptiste lui répondait avec empressement :

— Non, monsieur, pas encore !

Et il le secouait consciencieusement à tour de bras.

* * *

Il faut, au contraire, le lever soigneusement de sa couche dans la position où il était endormi, le porter avec calme, le déboucher sans secousse et le décanter *dolce, dolce amoroso,* c'est-à-dire le verser délicatement dans une carafe de pur cristal, de façon que les dépôts amassés sur la paroi inférieure de la bouteille ne viennent pas se mêler de nouveau à la liqueur transparente et reposée.

* * *

Les vins de Bourgogne réclament plus particulièrement ces salutaires précautions.

* * *

Quant aux vins de Bordeaux, le préjugé veut qu'ils aient un peu de chaleur pour que leur arome se volatilise et que le bouquet se dégage.

Certains en concluent qu'il est essentiel de les réchauffer soit au bain-marie, soit en les approchant du foyer.

* * *

Les amateurs, gourmets ou dégustateurs de bordeaux, vous diront en chœur que cela est une hérésie.

M. de Gernon, un maître en dégustation, nous racontait qu'ayant été invité un jour chez sir Richard Wallace, qui avait retrouvé dans les caves de son père de vénérables bouteilles de grands crus oubliées derrière les fagots, désirait savoir au juste ce qu'elles contenaient. Il arriva avec la dignité d'un professeur pour procéder au déjeuner et à la dégustation. Il s'enquit tout d'abord, naturellement, des pièces du délit.

Les bouteilles étaient précieusement rangées en escadron sur le poêle de l'office.

Il recula épouvanté, comme s'il eût assisté à la perpétration d'un sacrilége.

— Je ne peux souffrir le bischoff! dit-il dans son indignation. Et il fit monter d'autres bouteilles de la cave.

Chez sir Richard Wallace, depuis ce temps, on ne chauffe plus le bordeaux.

— La meilleure bouteille, ajoutait M. de Gernon, est la dernière montée de la cave.

Il ne faut pas exagérer ce précepte. Le bordeaux, pour avoir tout son bouquet et tout son parfum, veut avoir été monté avec soin quelques heures avant le repas, afin d'être à la température du lieu où il se sert.

Si l'on ajoute à cette précaution celle de le décanter une demi-heure avant le repas, c'est la perfection, si toutefois la perfection est de ce monde.

Voici l'ordre et la marche des vins en usage général pour la stratégie d'un grand repas :

Après le potage, il est d'habitude de servir le madère ou xérès sec.

* * *

Avec les huîtres ou *hors-d'œuvre,* on sert au choix les vins blancs de Graves, Barsac ou Sauterne, des vins de Bourgogne, les châblis, meursault ou montrachet.

* * *

Au premier service, les saint-émilion et bas médoc.
Au second service, les bourgogne et médoc grands bourgeois.
Aux entremets, les grands vins blancs de Château-Yquem, la Tour-Blanche ou clos Saint-Robert, et les vins du Rhin.
Au rôti, les saint-estèphe, saint-julien et pauillac, deux et trois crus, tels que mouton Rothschild, léoville, château d'issan et château-beychevelle.
Au pâté de foies gras, les grands crus, en Bordeaux les château-laffitte, château-margaux, château-latour, haut-brion ; en Bourgogne les clos-vougeot et romanée-conti, des côtes-du-Rhône, l'ermitage ou côte-rôtie.
A la fin du repas, champagne frappé des meilleures marques : moët, cliquot, rœderer ou pommery. Vins de Rivesaltes, de Banyuls ou d'Espagne, liqueurs.

* * *

Un dîner conduit de telle sorte, au point de vue des vins, est un dîner de grand style et de premier ordre, et fera le plus grand honneur à la maîtresse de maison.

La carte d'échantillon de tous ces vins est comme un résumé de la carte de France. Tout y passe, le Bordelais, la Bourgogne, le Midi, la Champagne, et, pour finir, la Charente. Un pareil dîner est un hymne savoureux à la France, et il se chante ainsi sur toutes les grandes tables du monde entier.

Le maître d'hôtel ou les maîtres d'hôtel chargés de verser les vins auront soin de prononcer distinctement le nom de chaque cru proposé au convive.

Il sera bon de désigner l'année, ce qui n'est point une vaine formalité ; le chiffre de 48, 64 ou 70, appliqué à un cru, en double ou triple la valeur aux yeux de l'adepte et miroite puissamment à l'imagination de celui qui, sans être un fin gourmet, sait les choses et connaît leur valeur.

* *

Le maître d'hôtel doit être choisi avec soin, d'une prestance imposante s'il est possible, cravaté de blanc, habit noir, gilet discret, tenue de diplomate ou de magistrat, le visage impassible et grave; il doit entendre sans

rien écouter, à la façon des diplomates, et comprendre à demi-geste les intentions du maître ou de la maîtresse de maison.

* *

Ses études au point de vue de la prestidigitation doivent avoir été poussées le plus loin possible. Une goutte qui viendrait tomber inopinément et maculer la blancheur de la nappe ou la robe d'une invitée serait une faute des plus graves et des plus irrémissibles.

Il est un délicat tour de main qui prévient habilement ces désastres. Le maître d'hôtel émérite doit s'en servir utilement et ne jamais s'en départir.

* *

Quelques-uns, mais c'est le petit nombre, sont devenus gourmets et connaisseurs en vins. Ceux-là savent profiter d'une conversation devenue générale et intéressante, au moment où les mots qui se croisent et l'entrain font passer plus légèrement sur le reste, pour verser adroitement des vins de second ordre, en conservant au culte de l'office les grands crus ainsi épargnés.

Mais cette préoccupation, il faut le dire, est rare chez ces messieurs. Les vins de premier ordre ont généralement l'avantage de ne pas flatter le goût de l'office, et ils ont une préférence indiscutable et avouée pour le vin qui gratte et qui se sent passer, le vin au litre, celui du *mannezingue* et du *mastroquet*, le vin bleu.

LE VIN ET LA BIÈRE

CAFÉS, CABARETS, CABOULOTS ET MANNEZINGUES

Qui oserait prétendre que nous valons mieux que nos ancêtres? Lorsque Rabelais pantagruélisait et buvait sec le petit vin aigrelet de la Touraine et le bon vin de la Bourgogne, il faisait d'autre besogne à coup sûr que ceux qui maintenant s'abreuvent de lourde bière et de stupéfiante absinthe. Rabelais ne dédaignait pas le cabaret, et le *cabaret de la Pomme de pin*, où il rencontrait ses amis et buveurs très-précieux, est, grâce à lui, devenu célèbre.

Molière, la Fontaine, Chapelle, Boileau, Bachaumont, Lulli, Racine, etc., se réunissaient chez *Crenet,* qui tenait alors un cabaret à la mode chez les gens d'esprit.

Ils y mettaient de la recherche et n'étaient pas des ignares en dégustation ; ils savaient signaler à leur cabaretier de choix

> Ces Auvernats fameux qui, mêlés de lignage,
> Se vendaient chez Crenet pour vin de l'Ermitage.

Crenet ne se fût pas permis de vendre à ces beuveurs émérites ces douloureux mélanges qu'ils reconnaissaient si bien ; il les réservait soigneusement pour d'autres à la gueule moins fine, comme dirait Rabelais.

La mode était donc alors aux cabarets.

Les cafés n'étaient pas encore inventés.

Le café ne commençait qu'à faire son entrée dans le monde ; il la faisait timidement, entouré de détracteurs.

Certains envieux disaient alors : Racine passera comme le café. Ils n'ont passé ni l'un ni l'autre.

Tous deux ont fait leur chemin, le café peut-être plus encore.

* * *

Mais, ainsi que me le disait l'autre jour un membre du Caveau (il en est encore quelques-uns), suivez la malheureuse progression du café, des cafés, et de ce qu'ils entraînent avec eux, le tabac, la pipe et la bière, en constatant parallèlement l'amoindrissement des facultés intellectuelles, poétiques, artistiques et littéraires.

L'usage énervant du café, les fumées abrutissantes du tabac, et les lourdes pesanteurs de la bière, cette boisson que n'a pas mûrie le soleil, ont appesanti forcément les facultés que l'usage du vin aiguisait avec une si vivifiante chaleur.

Julien l'Apostat, cet empereur romain qui aimait tant le séjour de Lutèce, ses jardins, ses treilles, et ses vins qui furent si longtemps appréciés, avait déjà vu se glisser timidement ce goût parmi les gens qui se promenaient alors sur ce qui fut plus tard nos boulevards, le boulevard Saint-Michel entre autres, près duquel les Thermes qui portent son nom attestent encore sa présence.

« D'où viens-tu, disait-il dans son apostrophe aux buveurs de bière, d'où
« viens-tu, faux Bacchus ? Tu ne viens pas des régions aimées et visitées par

« le soleil. Tu viens du pays des Celtes et des Germains. Tu sens l'orge
« pourrie et l'avoine fermentée. Non, tu n'es pas Bacchus. »

Il ne faut pas chercher ailleurs l'amoindrissement de la gaieté et de l'esprit français et gaulois que dans l'abus de ces importations étrangères à notre sol.

On ne chante pas le houblon comme on chante le jus de la treille. Les gaietés flamande et tudesque sont de grosses et épaisses gaietés qui, lorsqu'elles s'exaspèrent, ne se révèlent que par des bancs brisés et des têtes fêlées à coups de cruchon de bière, comme dans les tableaux de Téniers et Ostade.

La mode et l'habitude ont si bien fait que, dans les endroits dits cafés, on ne se réunit plus que pour introduire en son for intérieur toute une série de fâcheuses boissons d'origine exotique.

La dive bouteille, cette dive bouteille gauloise, si acclamée, si célébrée jadis, semble en être résolûment exclue.

Dans tous ces établissements qui peuplent les grandes promenades et les boulevards de Paris, on se fait verser la noire liqueur de la terre arabe, l'absinthe, ce poison vert de la Suisse, le vermout de Turin, la bière d'Allemagne, de Flandre, le curaçao de Hollande, la liqueur de Madère ou d'Espagne, etc., et rien de la France.

Voyez où cela nous conduit.

* *

Les cabarets du temps de la grande verve et de la grande littérature française ne livraient point aux consommateurs d'autres produits que la généreuse liqueur qui naît au grand soleil sur nos coteaux.

Et, ma foi, les œuvres des buveurs s'en ressentaient amplement.

* * *

L'histoire a conservé le nom de ces joyeux cabarets; après les célébrités de la *Pomme de pin* et de la *Croix de Lorraine*, on a conservé le souvenir du *Cormier fleuri*, près de Saint-Eustache; du *Gaillard Bois*, près de l'hôtel de ville; de la *Fosse aux lions*, rue du Pas-de-la-Mule; de l'*Écu*, près de l'Arsenal; de la *Corne*, place Maubert; du *Pressoir d'or*, rue Saint-Martin; des *Deux Faisans*, rue Montorgueil, etc.

Qui ne connaît les célébrités du *Grand* et du *Petit Ramponeau*, du *Puits sans vin* et du *Banquet d'Anacréon?*

Un des derniers cabarets à succès fut celui de la mère Saguet, rue de Sèvres, où se rencontraient Charlet, le gros chansonnier Billion, celui que l'on

reconnaît dans les dessins du maître à son œil couvert d'un taffetas noir, David d'Angers, le père Rude, Delacroix, les Deveria, Traviès, toute la bande gaie des artistes de 1830. C'est de là que sortirent les grosses gaudrioles et la fameuse légende de l'illustre bossu Mayeux, le type du bourgeois envieux, sceptique et jaloux, qui précéda la bêtise de Joseph Prudhomme.

* * *

Hélas! que sont devenus les cabarets de nos jours? Ils n'ont plus la valeur en partage : ils s'appellent débits de vins, *bouchons, caboulots, mastroquets, mannezingues*, et ils dédaignent le nom de cabarets.

Mais aussi que livrent-ils parfois au buveur bénévole sous prétexte de vin? Un liquide menteur à qui le nom seul de vin est resté, dans lequel le bois de campêche se combine traîtreusement à la litharge, à la fuchsine, aux baies de sorbier et de sureau.

Ceux qui les fréquentent ne s'appellent plus Chapelle, ni Molière, ni Boileau. Les Boileau, les Molière et les Chapelle de nos jours sont au cercle, où ils boivent du café d'Asie ou du thé de Chine, et, au lieu de deviser de choses artistiques et littéraires, remuent sans relâche autour d'une table verte des morceaux de carton et des pièces d'or ou d'argent.

A moins qu'ils ne soient tout bonnement à l'estaminet à boire de la bière et à fumer des pipes.

* *

Comme souvenir du temps passé, les gens de haute lice, et les grandes dames en goguette qui veulent se livrer à une excentricité de régime, vont au café Anglais, chez Bignon, ou à la Maison Dorée, et disent encore : Ce soir, nous dînons au cabaret.

C'est un hommage.

À la brasserie.

LE CAVEAU

Au siècle dernier, une société se forma pour entraver, s'il se pouvait, la marche du fléau que l'on voyait s'avancer à pas lourds et pesants : c'était la Société du Caveau.

Les disciples de Bacchus, les amis du jus de la treille et de la dive bouteille, se réunissaient pour boire gaiement à la ronde et chanter avec le plus d'entrain qu'ils pouvaient les dons précieux du Créateur :

> Francs buveurs que Bacchus attire
> Dans ces retraites qu'il chérit,
> Avec nous venez boire et rire.
> Plus on est de fous,
> Plus on est de fous,
> Plus on rit.

Tout ce qui alignait, avec la vieille gaieté française, de la prose et des vers, répondait joyeusement à cet appel.

Le cabaret tenu par Landelle, et situé au carrefour Bucy, fut, dès 1729, le siége de cette société, qui reçut le nom de Société du *Caveau*. Piron, Collé, Panard, Gallet, Saurin, Fuzelier fils, furent les premiers fondateurs de ce Caveau, qui ne devait accueillir que des vins de France, et proscrire honteusement toute espèce de liqueurs étrangères.

Le plus célèbre président du Caveau, Piron, né à Dijon, avait du pomard, du nuits et du chambertin dans les veines; cela se voyait bien à ce qu'il contait, à ce qu'il écrivait, à ce qu'il chantait, disait Panard, qui, en sa qualité de natif de Nogent-le-Rotrou, s'inclinait devant le spirituel Bourguignon.

Disons en passant que Piron, si connu pour son épitaphe satirique,

> Ci-gît Piron, qui ne fut rien,
> Pas même académicien,

fut non-seulement président du Caveau, ce qui est le plus gai de tous les titres, mais fut de plus académicien, et nommé comme tel en 1753. Que le Roi ait ou non ratifié, il n'en fut pas moins élu, et il eut le temps de se refaire une autre épitaphe, car il mourut seulement en 1773.

Le Caveau était une société chantante et gastronomique; la chanson française devait y avoir son jovial épanouissement. Piis, Barré, Désaugiers, Brazier, Laujon, Armand Gouffé, suivirent avec bonheur la tradition de leurs prédécesseurs, et se plurent à chanter sur tous les tons, à l'imitation de maître Adam de Nevers, les bienfaits et les joyeusetés de la douce liqueur. Il est resté dans le souvenir de tous des chefs-d'œuvre de bonne humeur et de gaieté gauloise dus à cette émulation de gens de bon appétit, de bonne soif et de joyeux esprit. La tradition s'est continuée, mais péniblement, jusqu'à nos jours, grâce à quelques poëtes obstinés, à quelques vaudevillistes et à quelques buveurs convaincus. Clairville, l'aimable vaudevilliste, est, nous dit-on, le président du Caveau actuel. Ce Caveau, par malheur, ne fait pas le bruit que faisait l'ancien. Le retentissement ne dépasse plus guère les portes du Caveau, quelque joyeux et vivants que soient ses flonflons.

Et c'est un malheur.

Peut-être la conviction complète manque-t-elle à la plupart, et il ne m'est pas bien prouvé que, les jours de dîner et de réunion, malgré les traditions, quand arrive la fin, on ne fume pas des londrès, et que l'on ne boive pas des chopes de bière.

DE LA PRÉÉMINENCE DES VINS

Cher président, disait un jour une maîtresse de maison à son voisin de table, l'un de ces magistrats diserts, gourmands, fins et spirituels à la façon de Brillat-Savarin, dites-nous donc un peu lequel vous préférez, du bourgogne ou du bordeaux.

— Madame, lui répondit le magistrat de sa voix la plus grave, c'est là un procès qui me préoccupe depuis longtemps et que je désirerais pouvoir résoudre; mais j'éprouve tant de plaisir à en visiter les pièces, que je remets toujours la cause à huitaine.

* * *

La querelle du bourgogne et du bordeaux n'est pas nouvelle.

Elle passionne depuis longtemps, sinon les consommateurs, tout au moins les viticulteurs et les propriétaires des crus célèbres appartenant à l'une des deux régions.

— Vos vins sont des vins de malade, de simples tisanes, disent les Bourguignons.

— Vos vins sont des casse-tête, reprennent les Bordelais.

— Les nôtres voyagent impunément, s'écrient les premiers.

— Les nôtres vieillissent merveilleusement, répondent les seconds.

Les véritables gourmets sont éclectiques, comme le président dont nous venons de parler. Ils ne s'occupent pas des querelles de clocher.

Ils s'inclinent avec respect devant le château-latour et le château-yquem, comme devant le romanée, le montrachet ou le château-grillet.

Le cliquot, le moët, le pommery, le G. H. Mumm, trouvent chez eux une cordiale réception, et ne font pas de tort à l'ermitage, au châteauneuf et au saint-péravy.

Comparaison n'est pas raison, dit le proverbe.

Toutes ces bouteilles variées ont leur mérite individuel et personnel, comme les œuvres des grands littérateurs et des grands artistes.

Une bibliothèque composée uniquement des sonnets les plus réussis déplairait peut-être par sa monotonie, comme un harem uniquement meublé de blondes.

La grande question des blondes et des brunes ne nous paraît pas avoir fait beaucoup de progrès depuis qu'elle est posée.

Adhuc sub judice lis est,

Comme dirait notre spirituel président, qui, j'en suis sûr, remettrait de plus en plus son jugement à huitaine. D'autant plus qu'il est tout d'abord des réserves à faire pour le châtain clair, cette nuance intermédiaire qui réunit la solidité de la brune à l'éclat de la blonde, et pour ce roux puissant et chaud, qui fut si cher aux Véronèse et aux Titien.

Pourquoi donc se prononcer sur de pareilles questions, qui demandent l'étude consciencieuse et répétée de toute une vie?

Nous ferons comme le président, nous ne prononcerons pas plus sur une des questions que sur l'autre.

L'ART DE LA DÉGUSTATION ET LES DÉGUSTATEURS

Gouter le vin, pour en déterminer le mérite ou les défauts, est un art plus difficile qu'on ne saurait croire.

Peu d'hommes arrivent à la délicatesse et à la sûreté de sensation qui permettent d'apprécier avec certitude le liquide qui leur est soumis.

Les dégustateurs de Bordeaux passent pour être les premiers du monde; le nom de MM. Merman est aussi connu dans le monde vinicole que ceux de Lamartine, Balzac, Musset et Victor Hugo dans le monde des lettres.

Tout le monde peut donner son avis sur l'excellence, la médiocrité ou la platitude d'un vin; mais le vrai dégustateur peut seul se prononcer avec quelque certitude sur ses propriétés et son caractère réel.

Il faut donc allier la perfection des sens à la mémoire exacte des sensations, et céder précédemment à l'appréciation intelligente et raisonnée des liquides soumis à l'expérience.

*   *

Trois de nos sens concourent à cette appréciation :

1º *La vue.* Voir si le vin est limpide, si sa couleur est brillante, si elle ressort tout entière, si elle possède des reflets purpurins, ou ambrés, ou dorés; si quelque léger trouble n'indique pas la suspension de quelque matière non soluble dont l'influence peut déterminer un état de fermentation qui pourrait amoindrir sa valeur.

2° *L'odorat.* Il sert à distinguer le bouquet ou parfum, qui caractérise les vins des différents territoires ou vignobles. Selon le degré de température où se trouve le liquide examiné, son âge ou sa finesse, le bouquet se dégage plus ou moins intense, et il est plus ou moins persistant.

3° *Le goût.*

C'est le juge en dernier ressort, et le plus important à coup sûr. Il faut non-seulement que le liquide baigne avec soin la langue, siége plus spécial du goût, qui se charge de le retourner, diviser et macérer, mais aussi qu'il se promène doucement partout, le long des joues, et pénètre à l'arrière-bouche, où les fosses nasales viennent apporter le concours le plus précieux en analysant le parfum dégagé.

L'ensemble de toutes ces sensations successives détermine le jugement définitif.

Ce qui étonne tout d'abord le spectateur, c'est de voir le juge, après avoir promené suffisamment le liquide dans sa bouche, le rejeter sur le sol.

Il est clair que le dégustateur n'a pas ainsi la dernière sensation, le complément, celle de la déglutition, qui donne certainement un indice de plus, celui du bouquet final, de la caresse dernière du liquide au passage, et de la chaleur plus ou moins bienfaisante qu'il développe.

Mais les facultés de l'estomac et celles du cerveau ne pourraient suffire à la répétition continuelle de tels exercices, et le jugement perdrait de sa sûreté et de sa valeur. Il a donc fallu prendre ce parti, sans lequel le juge ne pourrait arriver à rendre ses arrêts.

* * *

Ceux qui ne sont que gourmands ou gourmets ont la sensation entière.

Quand le vin est dans la bouche, dit Brillat-Savarin, on est agréablement, mais non parfaitement impressionné; ce n'est qu'au moment où l'on cesse d'avaler qu'on peut véritablement goûter, apprécier et découvrir le parfum particulier à chaque espèce, et il faut un petit intervalle de temps pour que le gourmet puisse dire : Il est bon, passable ou mauvais! Peste, c'est du chambertin! Oh! mon Dieu, c'est du suresnes!

On voit par là que c'est conséquemment aux principes, et par suite d'une pratique bien entendue, que les vrais amateurs sirotent leur vin; car, à chaque gorgée, quand ils s'arrêtent, ils ont la somme de plaisir qu'ils auraient éprouvée s'ils avaient bu leur verre d'un trait.

Ce sont les indignes qui avalent gloutonnement, sans goûter et sans siroter, la liqueur précieuse qu'on leur sert. Sans compter qu'ils font à l'amphitryon, doublé parfois d'un propriétaire de grand cru, une de ces injures que l'on a peine à oublier.

* *

Théophile Gautier ne passait pas pour un gourmet bien expérimenté; mais, en sa qualité d'artiste et de coloriste, il aimait à faire miroiter la chaude et brillante couleur d'un excellent vin dans sa corolle de cristal ; il se plaisait à en respirer le bouquet et prenait une véritable satisfaction à boire à tout petits coups.

Dans un de ces grands dîners princiers où tout était de choix et où il était invité avec un de ses amis, littérateur de talent comme lui, celui-ci buvait tout bonnement, et sans y faire plus d'attention, son laffitte ou son château-margaux, à pleines rasades, sans se donner seulement un temps pour en découvrir le parfum ou le goût.

— Mon pauvre ami ! comme tu jettes ça dans le plomb ! lui dit tristement Théophile Gautier.

* *

Les dégustateurs, lorsqu'ils ne travaillent pas de leur état, savent aussi, pour leur plaisir, boire et avaler respectueusement les produits des grands crus; et quand ils invitent, car ce sont dans le pays de grands et riches personnages, on trouve à leur table fort hospitalière un choix raisonné de ce qu'il y a de plus excellent et de plus recherché, et ils en prennent honorablement leur part.

* *

Le rôle des dégustateurs est fort important partout où il se fait de grands vins, et à Bordeaux surtout. Ce sont eux qui, à une époque donnée, voyagent dans toutes les grandes propriétés, goûtent les récoltes nouvelles, vérifient les anciennes, déterminent la supériorité ou la faiblesse d'une année, décrètent les prix et servent de guide à toutes les grandes opérations commerciales. Les grands dégustateurs de Bordeaux sont des personnages.

* * *

Certains hauts faits de dégustateurs sont passés à l'état légendaire.

Deux des plus célèbres étaient un jour conviés pour faire contradictoirement une expertise au sujet de certaine barrique dont le contenu devait être vérifié.

En présence de nombreux intéressés et de *dilettanti* curieux, ils procédèrent gravement à la dégustation, la tasse classique d'argent en main.

Le tonnelier enleva prestement une petite cheville, donna le coup de marteau sur le fond de la futaille; un jet purpurin sortit et vint faire briller son chaud rubis dans les deux tasses d'argent taillées à oves et à facettes.

Les deux tasses furent remuées savamment, les deux nez pompèrent en cadence et d'un même mouvement les effluves odorantes qui s'échappaient du liquide. Une gorgée fut aspirée dans les deux bouches et rejetée presque aussitôt sur le sol.

— Brâne Cantenac! dirent ensemble les deux voix et d'un commun accord scandé comme les ensembles de vaudeville.

— Brâne Cantenac, premier second cru, bonne année, repétèrent-ils en chœur.

Une seconde gorgée fut prise et rejetée de nouveau comme la première.

— Bonne année, dirent-ils ensemble et d'une voix égale et ferme. Année 64.

Les assistants goûtèrent à leur tour et opinèrent respectueusement du bonnet.

— Brâne Cantenac 64! C'est bien cela.

— Juste ce que nous supposions, firent les intéressés.

— Bon vin, dit un d'eux. Pièce de choix. Cependant, dit-il en dégustant une troisième gorgée, je trouve un léger goût de fer.

— Un goût étranger, je suis de cet avis, reprit le second; mais ce n'est pas un goût de fer, c'est un goût de cuir.

— Un goût de fer!

— Un goût de cuir! vous dis-je.

La discussion devenait sérieuse. Dans l'assistance, on prenait parti qui pour l'un, qui pour l'autre. Des paris énormes furent proposés et tenus.

Comment sortir de cette impasse ? Il fut convenu d'en référer à une réunion des premiers dégustateurs afin de décider la question, et l'on promit de s'en rapporter à l'opinion de la majorité.

On se sépara ; l'assistance était partagée en deux camps rivaux.

Sur ces entrefaites, on vida la pièce pour la soutirer. Les intéressés revinrent pour surveiller l'opération.

Au fond de la futaille, on trouva, baignée dans les dernières lies, une toute petite clef de fer attachée à un mignon ruban de cuir.

Les paris étaient gagnés et perdus de chaque côté. Chacun fut satisfait, et la gloire de chacun des héros fut portée à son comble, ce qui profita singulièrement au succès de leurs affaires.

**
*

Les détracteurs et jaloux, il est vrai — il y en a toujours — prétendirent que ces messieurs s'étaient entendus entre eux, et que la mystérieuse petite clef enrubannée de cuir avait été tout bonnement jetée dans la pièce par la bonde la veille du conflit.

Il est des gens qui ne savent rien respecter.

**
*

Voici, d'autre part, l'anecdote qui nous a été racontée pour prouver l'infaillibilité des grands dégustateurs émérites de la bonne ville de Bordeaux.

M. X..., qui passait pour le plus remarquable dégustateur de l'endroit, se faisait fort de désigner le cru et l'année de n'importe quel vin classé de la Gironde. Ses arrêts étaient des articles de foi. Nul n'eût pu l'accuser de s'être trompé. Cette science avait tourné à la monomanie ; ce n'était plus un homme, c'était un odorat et un goût ; il ne vivait pas, il dégustait.

Un jour, sa victoria, traînée par un cheval de sang, accroche un lourd tombereau. M. X..., précipité contre une borne, reste étendu sur le pavé, le crâne fendu.

On le transporte dans une maison voisine, et, en attendant l'arrivée d'un médecin, quelqu'un propose de laver la blessure avec du vin vieux.

Le maître de la maison court à sa cave et revient avec une bouteille poudreuse. On imbibe un linge; un sillon de vin court le long de la joue du mourant et vient se perdre dans un coin de sa bouche.

M. X... était toujours sans connaissance.

Tout à coup, ses narines frémissent, ses lèvres s'agitent faiblement.

On s'approche, on prête l'oreille pour recueillir ses dernières volontés, et l'on entend une voix déjà râlante murmurer ces mots :

Cos d'Estournel, 48 !

Le dernier mot de X... était le couronnement de toute une vie; c'était le mot de la fin, il avait dit juste.

CONSEILS AUX BUVEURS

L'École de Salerne, que nous avons citée précédemment, dit bien :

Bonum est inebriari semel in uno mense.

Il est bon de s'enivrer une fois par mois.

Il ne faut pas prendre à la lettre le conseil des sages de l'ancien temps.

S'enivrer est de trop, un bon dîner exceptionnel suffit, modérément arrosé de vins dont la générosité est reconnue.

Un vin généreux sait, en raison de cette qualité, ménager ceux qui l'aiment.

Il est bon de s'arrêter à propos; la modération est à la fois une précaution et une vertu.

Il est, du reste, un signe extrême pour lequel la nature est prudemment avertie de l'instant où il est bon de s'arrêter.

Ce signe, qui marque comme un compteur quel est le moment où finit pour chaque nature la limite extrême, et commence l'excès à redouter, a son siége favori sur la partie généralement la plus en vue au milieu du visage.

Ce signe a élu domicile sur le nez du consommateur.

Il est je ne sais quel lien mystérieux ou canal dissimulé qui transporte de l'estomac dépositaire des flacons amoureusement vidés, jusqu'au nez de celui qui en est propriétaire, la couleur vermeille du vin, pour en colorer, rougir, illuminer, enflammer les contours.

Au premier glacis rosé qui vient s'asseoir sur ce nez placé en éclaireur au milieu du visage, il est bon de s'arrêter dans ses exploits de gourmet, de gourmand et de buveur, et de se reléguer aux eaux de Contrexéville ou de Vichy.

Sinon, cette aurore rougit peu à peu, s'allume et s'enflamme; le nez s'additionne d'effervescences qui gonflent et se transforment peu à peu en bulles et en tubercules. Le bleu, le violet et l'écarlate s'emparent de la situation, et l'indiquent clairement au public, témoins irréfutables de libations trop souvent répétées.

Claudite jam rivos, pueri, sat prata biberunt.

Voyez les effets et les causes :

Champagnes et crus chics.

Bourgogne et charentes.

Bordeaux et bourgogne grands crus.

Tous les crus assortis.

Vin bouché et débouché.

Petit bleu au litre, fil en quatre.

CONSEILS AUX BUVEURS.

Mais le plus souvent il n'est plus temps alors de fermer les canaux, le mal est fait.

Un de nos amis, ami très-cher aussi de la dive bouteille, avait conquis peu à peu, grâce à de fréquentes dévotions au dieu Bacchus, un nez si éclatant et si enflammé, qu'il brillait dans l'obscurité comme une véritable escarboucle, si bien qu'un soir qu'il était en omnibus tout au bout de la voiture, le conducteur, trompé par cette lueur incandescente, après lui avoir fait quelques signaux sans résultat, lui cria avec un ton d'impatient reproche :

— Hé, là-bas, monsieur ! éteignez donc votre cigare !

Ce fut pour lui comme une sorte d'avertissement, que la goutte, du reste, vint compliquer. Ce nez incandescent fut soigné enfin comme il devait l'être ; mais il fallut quatre années d'eaux de toute sorte pour arriver à l'éteindre.

Parfois la flamme ne se borne pas au nez, elle gagne tout le reste, et la combustion instantanée du corps tout entier s'ensuit. Heureusement la chose est rare. Tout cela prouve que le mal, en cette vie, est trop souvent proche du bien.

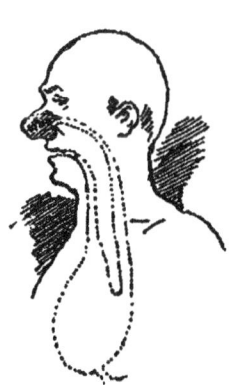

Buveurs, méfirz-vous!!!

La rose de la fortune en France.

PERSONNAGES DE LA PIÈCE

S'il est de par le monde une pièce à succès dont l'éloge soit dans toutes les bouches, dont les auteurs soient le plus universellement acclamés, c'est à coup sûr celle dont nous racontons l'histoire aujourd'hui.

Avant de pénétrer plus avant dans le sujet, nous allons offrir tout d'abord à notre ami lecteur le tableau des principaux personnages, à la fois acteurs et auteurs applaudis, qui s'agitent et travaillent pour le succès commun. Mais ce que nous ne pourrons montrer, c'est ce tout-puissant collaborateur qui s'est plu à donner avec profusion à la France les riches coteaux, les vignes précieuses, le soleil vivifiant qui les féconde et les mûrit, et la scène merveilleuse où se développe l'œuvre pour le bien-être, la joie du pays et du monde entier.

Devant celui-ci, il n'y a qu'à s'incliner avec reconnaissance et à dire : Merci.

ACTEURS ET ACTRICES. 13.   COSTUMES ET VISAGES.

LE VIGNERON

ACTEURS ET ACTRICES. 14.   COSTUMES ET VISAGES.

VENDANGEURS ET VENDANGEUSES

ACTEURS ET ACTRICES. 15. COSTUMES ET VISAGES.

LE FOULEUR

ACTEURS ET ACTRICES. 16. COSTUMES ET VISAGES.

LE MAITRE DE CHAI

ACTEURS ET ACTRICES. 17. COSTUMES ET VISAGES.

LE DÉGUSTATEUR

ACTEURS ET ACTRICES, 18. COSTUMES ET VISAGES.

LES PROPRIÉTAIRES

ACTEURS ET ACTRICES. 19.   COSTUMES ET VISAGES.

LE VOYAGEUR

ACTEURS ET ACTRICES. 20.   COSTUMES ET VISAGES.

MON VIN!!!

ACTEURS ET ACTRICES. 21. COSTUMES ET VISAGES.

PROPRIÉTAIRE ET NOTABLE COMMERÇANT

LE MASTROQUET

ACTEURS ET ACTRICES, 23.   COSTUMES ET VISAGES.

LE MANNEZINGUE

ACTEURS ET ACTRICES. 24.   COSTUMES ET VISAGES.

LE RESTAURATEUR

ACTEURS ET ACTRICES. 25.   COSTUMES ET VISAGES.

CONSOMMATEUR

Deo gratias

DEUXIÈME PARTIE

VOYAGES, IMPRESSIONS ET DÉCOUVERTES

A Monsieur Arthur Z..., rue du Faubourg-Saint-Honoré, Paris.

Tu sais, mon bon ami, que, comme tout le monde, j'ai couru les eaux et les bains de toute sorte; si bien que j'ai la satiété de Trouville, de Boulogne et de Biarritz; que Vichy m'exaspère, et que Luchon, Aix, Cauterets et compagnie me portent horriblement sur les nerfs.

Rien de plus monotone que de revoir tous les ans, partout, à la même place, les mêmes messieurs blonds, châtains ou gris, porteurs de la même jaquette taillée sur la mode du jour, du même chapeau, du même pantalon d'uniforme; les mêmes demoiselles ou dames sanglées dans leurs corsets; les mêmes couples dansant, dans les mêmes costumes, les mêmes polkas au son de la même musique!

Parisiens et Parisiennes en rupture de boulevard, population fatigante et fatiguée, s'amusant du bout des lèvres, promenant un ennui prétentieux et bruyant, blasée sur toutes les plages, et ne pensant partout qu'à Paris, son seul et véritable cadre, car elle n'est réellement bien qu'à Paris.

Pourquoi donc ne pas varier un peu? me suis-je dit un beau matin; je ne vois pas pourquoi l'on s'obstine à décrire perpétuellement le même circuit, à la façon des promeneurs du concert des Champs-Élysées, de Mabille ou des chevaux du Cirque.

N'est-il pas autre chose en France que ces perpétuelles redites, et ces eaux, qui ne sont la plupart du temps que des prétextes à déplacements, ne peuvent-elles être remplacées?

* * *

C'était l'autre jour, dans un de ces aimables et élégants cabarets que l'on ne trouve qu'à Paris et sur le boulevard, nous étions trois, un charmant Danois, un très-aimable Russe et moi.

Je dois le dire, j'ai rencontré peu de gens de ces deux nations qui ne m'aient plu complétement et qui ne m'aient été tout d'abord entièrement sympathiques. On pourrait vraiment croire que dans leur pays il se fait un choix de sujets spécialement destinés à l'exportation.

Bref, nous étions trois, le déjeuner était fin, les vins correspondaient au déjeuner.

— Délicieuse chose que ces vins de France! disait Ivan, en regardant à la clarté du jour les joyeux globules qui s'élançaient du fond de sa coupe pour pétiller à la surface.

— Quelle douce chaleur, quelle dilatation du cœur et du cerveau, quelle gaieté féconde et communicative! N'est-ce point l'esprit du sol et sa joyeuse bonne humeur qui veulent se répandre et se révéler en nous?

— Ce musigny, c'est la Bourgogne; ce sauterne et ce laffitte, le Bordelais; ce pommery, la Champagne; dans ce verre mignon, cet ambre doré, ce sont les Charentes.

— Un résumé de toute la France sur cette table.

— Le résumé le plus éloquent.

— Et le moins bavard.

— Que vous êtes heureux, vous autres Français, de pouvoir visiter à votre aise ces endroits bénis où naissent et croissent ces vertus de votre sol!

— Quels nouveaux pèlerinages de reconnaissance, sans doute, pour contempler ces terres qui produisent et distillent ce charme que l'on ne trouve pas ailleurs!

— Eh bien! non, chers amis, ai-je été forcé de dire. Nous autres gens du monde, nous autres Parisiens, nous aimons, nous apprécions comme vous ces dons précieux que le ciel a bien voulu répandre sur notre bonne terre de France; mais je dois vous l'avouer en toute humilité, nous savons à peine quelques mots de ce qui les concerne.

Moi qui vous parle, j'aime ce pommery dont le suave petillement vous ravit comme moi-même; mais je suis comme le singe de la fable, Pommery, est-ce un nom de pays, est-ce un nom d'homme? je l'ignore complétement. Comme vous, comme le voisin, je sais que Musigny est Bourgogne, mais la Bourgogne est grande : où prendre Musigny dans la Bourgogne? Sauterne ne me renseigne pas plus que Musigny; je sais que le château-laffitte, comme lui, n'est pas loin de Bordeaux; et je n'ai jamais mis le pied dans les Charentes.

Comment le vin arrive-t-il sur cette table? j'avoue ne m'en être jamais préoccupé. Y a-t-il quelque part en Champagne un arbre précieux comme ceux des contes, sur les branches duquel poussent et mûrissent à l'envi ces fruits aimables qu'on appelle bouteilles, capsulés d'argent ou d'or, et gonflés de ce jus qui réjouit? C'est possible; je l'ignore.

Ce fruit varie de forme suivant les régions où il se récolte, s'élance comme la taille d'une nymphe dans le Bordelais, devient lourd et trapu dans le Midi, élargit sa base en Bourgogne. Cela, je le vois; mais comment cela se fait-il? je n'en sais rien.

— Mais c'est horrible, mais c'est affreux, mais cette ignorance est inconvenante. Songez donc à ceci : non-seulement ce vin vous réjouit et réjouit les vôtres, mais il s'en vend chaque année pour deux milliards, mais il rapporte 350 millions à l'impôt, mais sans lui votre budget, dont vous êtes si fier, ne se tiendrait pas droit sur ses pieds. Mais... vous mériteriez de ne boire que de la bière.

— C'est vrai, vous avez raison; que voulez-vous, j'ai un château en Normandie, où poussent les blés, les bœufs et les pommes; quand je veux du vin pour mes amis et pour moi, il en vient dans ma cave; c'est le camion du chemin de fer qui me l'apporte; il arrive si facilement à moi, pourquoi troublerais-je mon repos pour aller à lui? J'aime à jouir des bienfaits du Créateur sans m'exténuer à m'en rendre compte. Le soleil, lui aussi, me réjouit et m'éclaire : je ne cherche pas à savoir qui l'allume et qui l'entretient.

— C'est là une douce philosophie, certainement, mais vous allez bien visiter régulièrement ces endroits où certaines eaux affublées de certains mérites coulent à travers les rochers et les pierres, ou au milieu de la poussière des promenades et du gazon ratissé parmi les promenades hérissées de becs de gaz, tandis que chez maints marchands, à Paris, vous trouvez enfermées aussi, dans des bouteilles, à votre portée, ces eaux que vous allez regarder et boire chez elles.

Je suis sûr qu'il y aurait plus de charme, plus d'inattendu, plus de poésie à voyager dans ce beau pays de France, que vous semblez connaître si peu, à la recherche de toutes ces contrées célèbres qui ne se sont révélées à vous que par le papier qui décore de leur nom les fioles qui contiennent leur essence. Moi, si je pouvais connaître la main qui allume la splendeur du firmament, j'aimerais à la contempler et l'adorer; mais je peux voir le sol où germent ces précieuses richesses, je peux voir les mains qui les travaillent et les apprêtent, je peux me réjouir à la vue de ces paysages variés et féconds, de ces végétations diverses, des types différents qui s'y montrent. Pourquoi ne céderai-je pas au plaisir de faire toutes ces découvertes? Le chemin de fer complaisant saura maintenant nous mener partout : pourquoi ne pas faire le curieux et reconnaissant pèlerinage en même temps que cette séduisante étude?

— Nous avons tous été persuadés; nous avons vidé une dernière coupe à la santé et au bien-être de la France, et nous sommes partis à la découverte.

Voilà pourquoi je suis maintenant à Bordeaux, et pourquoi, mes amis et moi, nous parcourons en ce moment ce charmant pays de France, pour vous faire part, tour à tour, de ce que nous avons vu partout en ce moment précieux des vendanges, si toutefois vous voulez bien, chers lecteurs et aimables lectrices, nous regarder et nous lire. A. D'A.

— Allons, messieurs, en route!

BORDEAUX

Me voici donc à Bordeaux, la capitale des vins; le temps de déjeuner à Tours, de lire deux journaux du matin, de fumer une paire de cigares en regardant passer Poitiers et Angoulême, et l'on arrive pour dîner, puis aller au théâtre le soir. C'est charmant.

Nous sommes loin du temps où Bordeaux était si loin de Paris que, pour vaincre la distance, on employait clandestinement des escouades de pigeons voyageurs destinés à porter en quelques heures les cours de la Bourse qui n'arrivaient par la malle-poste que deux jours après.

Un procès célèbre eut même lieu à cette époque, une combinaison ayant été faite pour prendre ainsi à coup sûr les numéros gagnants à la loterie de Paris, combinaison fondée sur ceci, que, vu la distance, on pouvait prendre à Bordeaux les numéros jusqu'à la veille de l'arrivée de la malle, soit un jour plus tard que Paris.

En ces temps naïfs où le chemin de fer, le télégraphe électrique surtout, n'existaient pas même à l'état d'utopie, les gens habiles de Bordeaux avaient des ressources sur lesquelles maintenant il ne faut plus compter. Excepté en temps de guerre où tout est ressources, les pigeons maintenant sont relégués parmi les inventions inutiles et démodées; on varie seulement la façon de les plumer, et on les réserve plus spécialement à la crapaudine et à l'union finale avec les petits pois.

*

La première impression ressentie par le voyageur qui arrive à Bordeaux est l'impression de la grandeur, du confortable et de la prospérité; les voitures de place marchent grand train, les omnibus se croisent avec vitesse de tous côtés avec les pesants camions, avec les innombrables voitures d'hôtel et les coupés des commerçants, les calèches ou landaus des riches commerçantes, pendant que les locomotives sifflent, que les panaches de vapeur et de fumée se mêlent sur le fleuve aux forêts de mâts qui garnissent les bâtiments et aux énormes grues qui font crier leurs palans chargés de fardeaux. Une population affairée circule dans toutes les rues, et des flâneurs cossus se promènent le long des magasins, ou sont assis sur le devant des cafés en renom, pendant que les toilettes claires et recherchées fleurissent le long des vastes rues et des larges boulevards.

Bordeaux a eu son Haussmann bien avant Paris. Et elle en est fière.

Il n'y a pas de danger que l'on cherche à débaptiser les allées de Tourny, comme on cherche à débaptiser à Paris le boulevard Haussmann. Les Bordelais semblent avoir plus de mémoire reconnaissante que les Parisiens.

Après cela, est-ce bien parmi les Parisiens que se recrute le conseil municipal? Cela est à examiner.

*

Toujours est-il que le baron Haussmann n'a pas eu le mérite de l'invention. Le chevalier Aubert de Tourny l'a précédé d'un bon siècle; il a percé la ville de magnifiques boulevards et de larges rues; il y a taillé des places publiques prodigieuses d'étendue, des quais d'une largeur énorme.

Aussi a-t-il sa statue sur une de ces places, au milieu de ces boulevards, et personne à Bordeaux ne pense à la porter au garde-meuble ni à gratter son nom sur les exergues.

Bordeaux est fière non-seulement de son chevalier Aubert de Tourny, de ses boulevards, de ses places, mais aussi de son théâtre, bâti par l'architecte parisien Louis, et qui passe pour l'un des plus remarquables parmi les théâtres connus. Et elle n'a pas tort, bien que du côté de la façade il paraisse un peu enterré dans le sol, et, par suite, manque d'élégance à l'abord; mais il est surtout entendu à merveille comme distribution, comme dégagement et comme ensemble.

Un beau et magnifique jardin est le Jardin des Plantes, qui rappelle avec plus d'étendue la distribution du parc Monceaux, par ses larges pelouses mouvementées, ses cultures de choix et son merveilleux entretien.

De plus qu'au parc Monceaux, non pas une pièce d'eau, mais une petite rivière qui circule et se contourne à travers les gazons et les plantes rares, et sur laquelle s'ébattent des flottilles de canards étranges, d'oies bizarres et de cygnes éblouissants.

Mais avant tout Bordeaux est la ville du vin; les camions chargés de barriques, de caisses de toutes sortes, portant sur leurs flancs toutes les suscriptions connues pour tous les pays du monde entier, se succèdent incessamment et sillonnent la ville pour charger les bâtiments qui s'apprêtent au départ le long de tous ces quais dont la Gironde est bordée.

Si l'on prête l'oreille aux discours des passants, il n'est question que de ce qui se rattache à lui par une corde quelconque, récolte, qualité, dégustage, courtage, commission, emmagasinement, expédition, etc., toute la phraséologie commerciale et vinicole.

— Parbleu! mon cher monsieur, me dit un de ces bons et aimables Bordelais, qui vous accueillent à merveille et se font comme une gloire de vous bien traiter, quand ce ne serait que pour affirmer une fois de plus le rayonnement de la précieuse Gironde, parbleu! mon cher monsieur, cela ne doit pas vous étonner; nous ne disons pas, comme là-bas : Si Paris avait la Cannebière, ce serait un petit Marseille. Nous ne sommes pas assez Marseillais pour cela; ce que nous disons, c'est que le vin est pour nous la chose nécessaire et vitale. Sans le vin, point de Bordeaux, pas de port, pas de bâtiments, pas de commerce.

Demandez à M. Féret, il vous prouvera, livre en main, que Bordeaux est la capitale de la Gironde, que la Gironde possède 150,000 hectares de vignoble, dont le produit net est de 150 millions, et le produit brut de 225 millions de francs, sans compter que tout ou presque tout le commerce de vins du sud-ouest ou du centre de la France vient affluer à Bordeaux, qui tire de tout cet ensemble son immense prospérité.

Étonnez-vous donc après cela que nous ne pensions qu'au vin, que nous ne parlions que de lui, de ses vertus, de ses qualités et même de ses défauts ! Vous seriez certainement beaucoup plus surpris si nous parlions bière ou betterave, ou mousseline de laine, ou calicot; nous laissons généralement cela à d'autres. A tous les points de vue, pour nous, le vin, c'est plus gai!

* *

Rien à dire à cela qu'à s'incliner, ce que nous avons fait.

Et nous avons été visiter le quartier des Chartrons, où se concentrent d'une manière plus spéciale tout le commerce et le travail des vins.

Voir Bordeaux sans visiter un ou plusieurs chaix, ce serait un crime de lèse-majesté, ce serait visiter Paris sans voir les boulevards, le Louvre, la marmite des Invalides, Notre-Dame et l'escalier de l'Opéra. Loin de nous l'idée d'un pareil manque de convenance.

Nous avons donc été visiter les chaix.

* *

Chai est une expression particulière au terroir, c'est un souvenir de la langue d'oc. A proprement parler, c'est une cave gigantesque, ou plutôt une série de caves disposées par étages inférieurs. Là se trouvent réunis les vins nouveaux, les vins jeunes, les vins adultes, les vins mûrs, les vins vieux. Tout cela par centaines, par milliers de tonneaux et barriques, par centaines de milliers de bouteilles; chaque chose avec son extrait de naissance, sa valeur première, sa valeur présente et sa valeur future, suivant la qualité de l'année et la chaleur du soleil qui aura mûri plus amoureusement la vendange

Une armée de gens vigoureux, tonneliers et consorts, décorés de tabliers noirs, font des futailles, les roulent, les déplacent, les transportent, les décantent, soignent les jeunes vins en remplissant les vides qui se font par évaporation dans les pièces, constatent en temps utile que les vins ainsi de temps en temps *ouillés* (c'est là l'expression) sont propres à être mis en réserve, mettent les vins en bouteilles, les bouchent, les cachettent, font les

VISITE AU CHAI

caisses et les chargent sur ces lourds camions qui les transportent aux chemins de fer et aux bâtiments dont la mission est de les livrer aux destinataires de France, d'Europe et du monde entier.

C'est ainsi que m'est apparu le premier chai que j'ai parcouru, tenant à la main un de ces grands bougeoirs en bois remis dès le seuil au visiteur que l'on promène dans les galeries mystérieuses où sont rangées par ordre les théories innombrables de pièces et de bouteilles de toute provenance. M. Landau, mon aimable guide, que je m'empresse ici de remercier, est à la fois propriétaire d'un cru dans le Médoc, propriétaire et directeur de ce chai, et fait en même temps que le commerce de son vin et de son cru le commerce de tous les vins, grands et petits, qui mûrissent sur le sol précieux de la Gironde.

Sur un signe du maître, quelques ombres s'agitent dans les galeries, puis subitement, comme par un coup de baguette magique, la lumière éclate au loin et se propage, le gaz brille à une série de becs régulièrement espacés, des montagnes de tonneaux superposés se baignent dans cette lumière et se continuent au loin dans des perspectives de profondeur étrange, pour se noyer dans les ombres du fond. On tourne, ce sont d'autres interminables galeries, où les bouteilles en rangs pressés semblent regarder curieusement les visiteurs qui viennent pour un instant troubler le sommeil de ces belles au bois dormant.

Voici les galeries où l'on vient soigner les jeunes vins pour ainsi dire à la mamelle, en leur donnant régulièrement à boire, afin qu'ils ne puissent

s'aigrir ou se piquer dans les tonneaux par suite des vides produits par l'évaporation. Les soins ainsi donnés à ces bébés altérés sont indispensables pour donner aux vins les qualités voulues. On les tient ainsi pendant deux ans en nourrice et pour ainsi dire au biberon.

Pendant tout ce temps ils sont rangés par ordre, *bonde dessus*, c'est-à-dire

disposés de façon que la bonde puisse s'enlever facilement, afin qu'ils reçoivent aisément l'addition de vin nécessaire à remplir les vides dangereux pour leur santé.

Ce temps d'épreuves et d'éducation une fois passé, le vin contenu dans ces tonneaux est, en quelque sorte, devenu majeur; il n'a plus besoin qu'on continue à l'*ouiller* et, pour ainsi dire, à lui donner à teter. On le sèvre, on ferme la bonde avec soin, et l'on retourne tout doucement la pièce, de façon à la mettre *bonde de côté*, ce qui signifie à l'œil de l'acheteur que l'éducation du vin est faite, qu'il est comme livré à lui-même, qu'il se recueille en silence,

et n'a plus à s'améliorer que par la réflexion et la concentration personnelle de ses propres facultés, que le temps lui permet de perfectionner et de mûrir.

Dès lors il est prêt pour tous les voyages, pour toutes les parties de plaisir ou pour tous les exils, partout où il est des gosiers altérés ou délicats qui attendent sa venue.

Il y a dans ce chai de M. Landau environ quatre mille pièces de vin de toute sorte, et trois ou quatre cent mille bouteilles de vin enrégimentées dans des cases disposées *ad hoc*.

Nous étions confondu devant une pareille accumulation. — C'est quelque chose, en effet, nous répondit notre hôte; mais nombre de chaix sont à peu près approvisionnés de même quantité; vous en verrez presque autant chez beaucoup d'autres de mes amis et mes confrères.

Si vous voulez voir le chef-d'œuvre du genre, il faut aller visiter avec moi le chai de MM. Johnston, les frères de l'ancien député, l'heureux propriétaire de ce bon vin qui pousse dans le canton de Saint-Julien Médoc, et connu sous le nom de château *Ducru-Beaucaillou*.

En effet, nous y sommes allé. Ce chai, que nous avons parcouru, ressemble aux autres par sa disposition et par ses aménagements intérieurs; mais les galeries de trois étages *sousperposés* sont de plus en plus interminables; elles semblent s'étendre à l'infini, tournent en spirale, décrivent des volutes immenses; ce sont des labyrinthes sans fin, où il faudrait le fil d'Ariane pour se retrouver, si l'on n'était conduit par les tonneliers qui vivent dans ces catacombes et connaissent ces pièces, ces flacons, ces bouteilles comme les bergers connaissent leurs moutons.

— Nous avons ici, nous disait le tonnelier en chef, — un vieux militaire, — quelque chose comme dix-huit mille pièces de vin toujours présentes au bataillon, un véritable corps d'armée qui se renouvelle sans cesse par suite des départs et des recrues.

Pour vous donner une idée du travail qui se fait ici, sachez que seulement pour *ouiller* les pièces de vin jeune dont nous faisons l'éducation, nous vidons en une année dix-huit cents pièces de vin!

Nous avons aussi une armée de huit cent mille bouteilles remplies qui s'en vont peu à peu, et sont au fur et à mesure remplacées par d'autres.

Notez, ajoutait mon guide, que cette énorme quantité de vin sans cesse renouvelée est destinée presque exclusivement à l'Angleterre, que les crus les plus célèbres et les plus coûteux s'y trouvent représentés continuellement par des quantités considérables, et qu'en raison des commandes faites au goût des acheteurs étrangers, ces vins sont mélangés entre eux ou additionnés d'une légère quantité d'alcool. Tout cela se fait dans le chai, et par suite nécessite cette population affairée qui circule sans cesse dans ces labyrinthes sombres comme les abeilles dans leurs ruches ou les fourmis dans leur galerie souterraine.

* *

On comprend que dans une pareille ville, où depuis des centaines d'années les préoccupations sont les mêmes, se concentrent sur un même objet et tendent à peu près toutes vers le même but, la question d'art vinicole tienne invinciblement le premier rang; les autres sont forcément reléguées à des places inférieures. Chose étrange, mais qui pour l'observateur se conçoit du reste, en raison des aptitudes de la population confisquée et absorbée dans un seul sens, pas un artiste, pas un poëte remarquable ou remarqué n'a vu le jour à Bordeaux depuis le poëte-consul Ausone, au troisième siècle. Bordeaux ne cite à son avoir en ce sens que Montesquieu, l'auteur de l'*Esprit des lois* et des *Lettres persanes*, et Berquin, l'Ami des enfants; pas un sculpteur, pas un peintre, sauf deux ou trois qui se sont enfin décidés à pousser aujourd'hui.

Les statues de Montesquieu et de Montaigne, qui ornent la place publique, — *ornent* est de l'euphémisme, — sont d'un Italien doué de plus de bonne volonté que de sculpture; la statue de M. de Tourny ne vaut guère mieux.

Or, Michel Montaigne était Périgourdin; mais il fut maire de Bordeaux, et il a fait ainsi sa confession dans ses *Essais* :

« Il n'est point une âme si inepte et si ignorante que la mienne de plusieurs
« choses vulgaires, et qui ne se peuvent sans honte ignorer.

« Ainsi, je n'entends pas seulement les noms des premiers utils du mes-
« nage, ny les plus grossiers principes de l'agriculture, et que les enfants
« sçavent; moins aux arts meschaniques, en la traficque, et en la cognois-
« sance des marchandises, diversité et nature des fruicts, de vins, de viandes,
« et puisqu'il me fault faire la honte tout entière, il n'y a pas un mois qu'on
« me surprint ignorant de quoy le levain servoit à faire du pain, et que c'étoit
« que faire cuver du vin. »

Il faut avouer que pour le premier magistrat de Bordeaux c'était chose étrange et inouïe. Et cependant, pour la rareté et l'étrangeté du fait, les Bordelais, qui sont gens d'esprit, ne lui ont pas porté rancune, tout au contraire, puisqu'ils ont voulu, pour ainsi dire, confisquer à leur profit ce merveilleux philosophe et écrivain en lui élevant une statue qui fait vis-à-vis à leur compatriote Montesquieu, sur la grande place.

Il est vrai que les Bordelais connaissent l'œuvre du maître et qu'ils y ont lu ceci en son chapitre *Du vin et de l'yvrongnerie*.

Après avoir raconté que Caton, le censeur et correcteur des autres, réchauffait sa vertu à « longuement et largement boyre », et que les stoïciens eux-mêmes conseillaient de s'enivrer parfois pour « relascher l'âme », il ajoute :

« Mon goust et ma complexion est plus ennemie de ce vice que mon
« discours; car oultre que je captive aisément mes créances sous l'autorité
« des opinions anciennes, je le trouve bien un vice lasche et stupide, mais
« moins malicieux et dommageable que les aultres, qui chocquent quasi
« touts, de plus droict fil, la société publicque. Et si nous ne pouvons nous
« donner du plaisir qui ne nous couste quelque chose, comme ils tiennent,
« je treuve que ce vice couste moins à notre conscience que les aultres;
« oultre ce, qu'il n'est point de difficile apprest ni malaysé à treuver : consi-
« dération non méprisable.

« Platon deffend aux enfants de boire vin avant dix-huit ans et avant qua-
« rante de s'enyvrer; mais à ceux qui ont passé les quarante, il pardonne de
« s'y plaire, et de mesler un peu largement en leurs convives l'influence de
« Dionysius, ce bon dieu qui redonne aux hommes la gayeté, et la jeunesse
« aux vieillards, qui adoucit et amollit les passions de l'âme, comme le fer
« s'amollit par le feu; et en ses loix, treuve telles assemblées à boyre utiles
« pourveu qu'il aye un chef de bande à les contenir et régler; l'yvresse estant,
« dict-il, une bonne espreuve et certaine de la nature d'un chascun, et,
« quand et quand, propre à donner aux personnes d'aage le courage de

« s'esbaudir en danses et en la musique ; choses utiles et qu'ils n'osent entre-
« prendre en sens rassis ; que le vin est capable de fournir à l'âme la tempé-
« rance, au corps la santé. »

Enfin, la ville de Bordeaux a pris plaisir à adopter Montaigne, et elle a bien fait.

* *

Nous avons demandé à voir le musée de la ville. Après avoir bien cherché, nous avons fini par découvrir dans un coin délaissé du Jardin des plantes un petit bâtiment bien humble, bien discret, bien dissimulé. Dans une série de petites salles grandes comme la main, se trouvent placés, à peu près au hasard, une série de tableaux des plus remarquables, parmi lesquels plusieurs admirables esquisses de Véronèse une *Vierge* de Pérugin, une *Vénus*, du Corrége, l'*Uranie*, de Lesueur, quatre Rubens, deux Van Dyck, deux Titien, de premier ordre, des Ribera, un Ruysdael splendide, le tableau si connu de *Tintoret peignant sa fille morte*, par Léon Coignet, un des meilleurs Baudry connus, etc., etc.

Personne pour regarder cette série de chefs-d'œuvre, personne pour les étudier ; on est trop occupé dans la ville pour penser à ces chefs-d'œuvre que l'on sait là, et qui se conservent et vieillissent tranquillement sans exiger qu'on s'en occupe.

Heureusement, il y a les étrangers qui viennent parfois troubler le silence de ces cryptes, et ceux-là ne peuvent s'empêcher de penser que dans une si belle ville, où on loge si bien les vins, on devrait bien réserver un chai pour loger les chefs-d'œuvre des maîtres. Un Bordelais très-aimable, et qui vient pour la première fois, grâce à nous, visiter cette collection dont il ne connaissait pas le prix, nous annonce que l'on s'occupe maintenant de construire un chai pour la recevoir.

A la bonne heure.

* *

Le sang maure qui jadis est venu se promener dans la vieille Aquitaine y a laissé partout, et surtout à Bordeaux, des traces vivantes de son passage. Les yeux noirs frangés de velours, surmontés de sourcils finement dessinés, les cheveux aile de corbeau se rencontrent à chaque pas dans les rues, sur les places de la ville, et brillent ardemment derrière les vitrines des magasins.

Il y a longtemps que les grisettes de Bordeaux sont célèbres, pour toutes

GRISETTE DE BORDEAUX

les qualités ci-dessus inventoriées, par la chaude pâleur de leur teint, la grâce et le charme de leurs allures.

Il n'y a plus de grisettes maintenant, choisissez un autre mot, à votre guise, pour dépeindre cette coquette tournure, cette mise accorte et avenante et cette fine délicatesse des extrémités qui rappelle les chevaux de sang de la race arabe; toutes les fillettes qui circulent portant des cartons, des fleurs et des paquets à travers les rues et les promenades semblent avoir été choisies par un intelligent impresario bordelais, comme les comparses d'une agréable et riche mise en scène.

Il n'est pas jusqu'à ce petit parler accentué et musical qui n'ajoute quelque chose de piquant à leur physionomie, au lieu de nuire à leur charme, comme par exemple l'accent provençal nuit aux jeunes beautés marseillaises.

Un regret à noter, c'est de voir que l'ancien costume tend à disparaître. Quelques-unes ont encore assez de goût pour conserver cet élégant foulard bordelais, rouge, blanc, bleu, clair, ou semé de fleurs, qui s'accroche si coquettement sur le chignon, et prête à leur aspect une allure si originale et si finement provocante; mais, par malheur, la plupart abandonnent cette coquette coiffure pour le chapeau bête, chargé de fleurs et de rubans que les modes nouvelles apportent tous les ans, et dont elles s'ingénient à bouleverser la forme, pour aiguiser la curiosité et la bourse des femmes.

Les fillettes de Bordeaux s'exercent ainsi maladroitement à perdre quelque chose de leur physionomie et de leur caractère, pour ressembler davantage aux femmes des propriétaires, des commerçants et des courtiers.

Elles ont déjà perdu quelque chose à délaisser leur ancien corsage et leur ancien cotillon, pour prendre les confections du *Louvre* et du *Bon Marché*, comme toutes les dames de tous les chefs-lieux possibles et imaginables.

Heureusement, elles ne sont pas encore parvenues à perdre leurs jolis yeux, leurs cheveux noirs, l'éclat de leurs dents blanches et la vivacité fine de leur tournure.

Pourvu qu'on ne leur persuade pas un jour qu'en perdant tout cela, elles se mettront tout à fait à la mode!

* * *

Somme toute, la population bordelaise est agréable à regarder, les grisettes comme les jeunes filles et comme les dames de la bourgeoisie; il n'est pas jusqu'aux hommes, dont quelques-uns sont fort bien tournés, qui n'aient dans leur manière d'être une rondeur bienveillante et une gaieté communicative qui les rendent sympathiques.

Est-ce le bon vin qui circule partout ici et dont l'influence règne en aimable maîtresse, qui produit ces heureux résultats? Cela est possible. En tout cas, il fait assurément la prospérité de l'endroit, et rien n'adoucit aimablement les contours et n'arrondit les angles comme la prospérité.

* *

Chose étrange! en ce pays privilégié du vin, peu de gens en abusent. Les marchands de vin au détail, les caboulots, mastroquets, mannezingues, sont plus rares ici que partout ailleurs, et vers le soir, le samedi, à l'heure où les *bons zigs* de Paris festonnent dans les rues, battent les murs et s'asseoient dans les ruisseaux, je n'ai pas eu l'occasion de voir quelque naturel du pays se livrer à ce genre de gymnastique.

Un seul m'est apparu un soir sur le quai, à l'extrémité du *Chapeau-Rouge*; il était par terre aux pieds d'une borne, qu'il embrassait tendrement, en lui disant: *Pien cholie, pien cholie!* Il avait les cheveux et la barbe jaune; c'était un Allemand.

* *

Les Bordelais sont gens de ressource. Beaucoup arrivent, par la force des choses, à de magnifiques situations; quelques-uns trouvent des combinaisons bizarres et originales pour taquiner la fortune.

On a connu ce Bordelais qui, tout jeune et point du tout médecin, s'avisa un beau jour de créer un *Courrier médical*. A la fin du journal se lisait naturellement la liste des décès. En regard de chacun d'eux se trouvaient le nom et l'adresse du médecin qui avait soigné le malade. Les docteurs dont les noms étaient ainsi couronnés, comme aux distributions des prix de collége, pour la cinquième ou sixième fois, inspiraient par cela même une terreur profonde à leur clientèle, et la voyaient infailliblement diminuer. Ils furent d'abord atterrés, puis ils crièrent comme des brûlés, puis ils finirent par chanter. Ce fut le seul moyen de conjurer l'orage. C'était ce que voulait l'impresario du journal. Il gagna de la sorte quelques bonnes petites sommes, qui servirent de premières assises à sa fortune.

* *

On vient de me montrer un autre Bordelais, un gros gaillard bien portant, à la taille rebondie, qui a trouvé pour s'enrichir un truc nouveau et qui dénote une étude sérieuse du cœur humain.

Ce truc consiste à lire chaque jour dans les annonces des décès parisiens ou des villes importantes du Nord les noms et demeures des infortunés qui viennent de passer de vie à trépas.

Le jour même part une pièce de vin d'un prix en harmonie avec la situation probable du défunt, en raison de son nom et de son adresse, plus une lettre d'envoi relatant la commande faite soi-disant quelque temps auparavant.

Neuf fois sur dix, la commande et l'envoi se trouvent acceptés.

— Pauvre défunt, se disent les héritiers, cela fait, pour ainsi dire, partie de ses dernières volontés; il savait, du reste, ce qui était bon.

Et puis, n'a-t-on pas toujours besoin de vin?

On conserve le vin, on le paye sur l'héritage, on ne chipote pas sur les prix : le tour est fait.

*
* *

En répétant adroitement cet exercice et en donnant parfois d'excellents vins à des prix raisonnables, le bonhomme s'est arrondi sérieusement, s'est créé une clientèle parmi certains héritiers de bonne humeur, et a fait fortune.

On me l'a montré, du reste, à titre de curiosité.

*
* *

Ainsi que je le disais, ce sont les exceptions qui se livrent à ces fantaisies excentriques qui rapportent plus d'argent que de considération.

D'autre part, le nom de ces habiles et intelligents Bordelais qui, doués du génie des affaires, ont donné un élan exceptionnel au mouvement industriel de la France tout entière, est dans toutes les bouches, je n'ai pas besoin de le rappeler ici.

*
* *

Pour montrer l'ingéniosité et l'esprit de suite qui se rencontrent souvent parmi les gens du bon pays bordelais, je finirai par ce croquis à la plume fait sur nature.

Je viens de voir passer le modèle auprès de moi. — Tenez, m'a dit mon guide, voici, par exemple, un homme d'infiniment d'esprit, fort savant par-dessus le marché, très-habile viniculteur, qui a fait le plus grand bien au pays des environs, où il a ses propriétés et où il habite, et que nous nommerons X... par discrétion.

Voyez sa personne et écoutez son histoire.

Il a une soixantaine d'années, une taille moyenne, l'allure vive et nerveuse, cheveux gris et rares, la physionomie fine et d'une bonhomie un peu rusée; le visage long et maigre, complétement rasé, lui donne un aspect mi-partie prêtre et magistrat. Signe particulier : une cravate blanche dont le nœud est toujours de côté, dérangé par le mouvement perpétuel de son propriétaire.

C'est un type.

Jugez plutôt.

* * *

Il y a une quinzaine d'années, notre héros habitait Bordeaux ; une circonstance de famille, un héritage, je pense, vint l'amener à X... et lui suggéra des intérêts et des ambitions. Il commença par faire du vin, et du meilleur qu'il put, puis il alla trouver résolûment le maire d'alors, le personnage influent entre tous, et lui dit : — Je viens ici travailler à la vigne du Seigneur ; j'ai la prétention de travailler aussi à la prospérité du pays. Par suite, j'ai le dessein et la volonté d'y devenir conseiller municipal et d'avoir ainsi ma part d'influence au milieu de vous.

Or le personnage en question était fort jaloux de son influence à lui. La démarche et l'aplomb ambitieux de ce nouveau venu lui parurent chose inquiétante, surtout au point de vue de l'avenir.

Il reçut froidement l'ouverture : — Allez, répondit-il, vous êtes libre.

Et le nouvel adepte, avec son activité des grands jours, se mit à faire des pieds et des mains, et à travailler l'électeur.

Pendant ce temps, l'autre, dont l'inquiétude prenait de certaines proportions, faisait tous ses efforts du côté opposé.

Les élections survinrent : la défaite du nouveau venu fut complète; il y avait sept cents électeurs, il eut cinq cents voix contre lui.

Or, l'homme en place, qui était médecin, ou, pour mieux dire, simple officier de santé, notez ce point, avait conquis dans le pays son influence, légitime du reste, par de nombreuses visites, qu'il faisait par profession, et qu'il savait au besoin ne pas faire payer. Il guérissait ou achevait les malades le plus souvent gratis, et cela l'avait mis en faveur dans l'endroit. La majorité faisait ce qu'il voulait.

Le jour de la proclamation du vote, dans le triomphe du succès, il eut une parole imprudente. Les candidats heureux et les candidats évincés étaient en présence.

L'homme influent se leva, et, après un discours qui respirait l'odeur de la poudre, frappant sur sa poche gauche, et regardant de haut l'homme terrassé dans la lutte :

— Savez-vous, dit-il, ce que j'ai dans ma poche gauche? Ce sont cinq cents voix, et personne ne passera les portes du conseil municipal sans ma volonté et ma permission.

Le vaincu releva la tête.

— Et moi, savez-vous, dit-il avec conviction, ce que j'ai dans ma poche droite?

— Non, et je m'en soucie peu, répliqua l'autre.

— Eh bien, ce que j'ai dans ma poche droite, c'est un *médecin!*

L'officier de santé reçut le coup en pleine poitrine, une sueur froide vint baigner ses tempes; il sentit, à l'aspect et à l'allure résolue de son rival, qu'il n'y aurait ni merci ni pardon; il comprit sa défaite future.

En effet, le père X... se mit immédiatement en route. Ce médecin qu'il disait avoir dans sa poche, il ne l'avait pas, mais il s'était dit : Je le trouverai. Pendant six mois, il courut le pays, la lanterne de Diogène à la main; il ne cherchait pas un homme, il cherchait un médecin. C'était chose difficile de trouver ce qu'il voulait : un homme jeune, actif, doué à la fois de volonté et d'obéissance, et ne craignant pas de s'enfouir dans un petit théâtre quelque peu distant des grands centres.

Mais le chercheur infatigable avait sous la main à la fois un aide et un appât précieux. Il possédait une fille âgée de quinze à seize ans, agréable, fine, douée des jolis yeux noirs en vigueur dans le pays. Il trouva un jour, dans une des stations balnéaires après Bordeaux, un jeune homme tout près de passer son dernier examen. Ce jeune homme, qui n'avait pas manqué de regarder sur la plage les beaux yeux de la jeune fille, fut amené à comprendre qu'un avenir conjugal se combinerait volontiers un jour avec son avenir médical, s'il choisissait pour ses débuts cette petite ville dont il entendait parler à peu près pour la première fois.

Bref, il alla passer son dernier examen et fut reçu docteur.

Pendant ce temps, l'opinion avait marché; les feuilles publiques du voisinage, tout en faisant l'éloge du dévouement personnel de l'officier de santé, déploraient que la vie des habitants d'une agglomération importante fût à la merci d'un homme remarquable par son bon cœur, à coup sûr, mais insuffisant du côté de la science, et elles réclamaient un véritable et authentique docteur.

Lorsque le jeune médecin, trouvaille de l'aspirant conseiller, arriva enfin à Z.., le terrain était préparé. Tous les malades vinrent à l'envi vers le nouveau venu, et délaissèrent complétement le malheureux officier, qui desséchait sur place.

Le nouveau docteur, soutenu par son futur beau-père, faisait encore moins payer ses visites que son ancien rival ; toutes les voix électives passèrent dans la poche dudit beau-père.

Maintenant, ledit beau-père est non-seulement conseiller municipal, mais il est maire, il est président du conseil de l'arrondissement, bientôt conseiller général. Cela ne m'étonnerait pas qu'il fût un jour député. Et le petit docteur est son gendre. Il est bon, il tolère le vainqueur d'hier, le vaincu d'aujourd'hui, dans la position effacée de conseiller municipal. L'officier de santé, qui ne fait plus guère de visites, en reçoit encore moins.

Ne dirait-on pas un petit tableau détaché de la collection de Balzac ?

LE MUSÉE GREMAILLY

Mais si vous voulez voir quelque chose d'intéressant, et que tout le monde connaît ici, nous dit notre aimable Bordelais, allez donc voir le musée Gremailly.

Ici, point de Titien, point de Van Dyck, point de Lesueur, ni de Léon Cogniet, etc.; il y en a partout ailleurs; mais ce que vous ne verrez point ailleurs qu'ici, c'est ce musée de fioles célèbres et connues. Ce ne sont pas les grands maîtres de la peinture qui meurent et qui s'en vont, laissant leur œuvre, admirable si vous voulez, mais sujette aux épreuves et aux injures des temps, si bien qu'on ne connaît plus que de nom Apelles, Zeuxis et Parrhasius. Ce sont les dons du Créateur récoltés avec soin par la main des hommes, ce sont des morceaux choisis de ces crus célèbres, poëmes éclos aux rayons du soleil français, que l'effort bienfaisant de la nature renouvelle sans cesse pour le plus grand bien de l'humanité, et que le chœur des nations reconnaissantes chante dans un hymne toujours enthousiaste, depuis une série de siècles, en l'honneur de la France.

M. Gremailly est un enthousiaste, lui aussi, un gourmet convaincu et convaincant. C'est un artiste en son genre, et son musée un chef-d'œuvre dans le sien. Pas une célébrité ne passe à Bordeaux sans faire connaissance de Gremailly et de son musée.

Ce musée est une sorte de bibliothèque aux rayons nombreux et savamment disposés. Dans ces rayons illustrés des armoiries de chaque cru célèbre reposent couchées les fioles qui contiennent, par ordre, par âge, par année, les produits les plus victorieux dont on ait gardé le souvenir.

Tous les grands crus y sont représentés par leurs années les plus merveilleuses et les plus rares, avec le prix auquel les bouteilles exceptionnelles ont été achetées à l'enchère dans les ventes remarquables où elles ont figuré.

En tête des chefs-d'œuvre dus au sol français se distingue en première ligne le château-laffitte, onze bouteilles connues par le monde vinicole tout entier, année 1811, année de la comète, et qui ont été acquises au feu des enchères pour le musée Gremailly, à la vente de Château-Laffitte, après la mort du comte Duchâtel, le 26 novembre 1868.

Voici, du reste, le récit de cette cérémonie digne de mémoire, d'après un journal du temps.

* * *

La propriété de Château-Laffitte, dépendant de la succession Duchâtel, a été vendue à M. le baron de Rothschild 4,500,000 francs. Les héritiers avaient réservé, en dehors de ce prix, les meubles et les vins en cave, et lundi la vente en a été opérée aux enchères publiques, sur le domaine, par le ministère de M⁰ Buffard, greffier de la justice de paix de Pauillac, et Charlot, commissaire-priseur à Bordeaux, assistés de MM. Tastet et Merman, courtiers.

Les conditions de la vente étaient celles-ci :

Les vins seront livrés tels quels, et ne donneront lieu à aucune réclamation ni réfaction.

La livraison aura lieu dans les caves particulières de Château-Laffitte ; elle se fera dans la huitaine qui suivra le jour de la vente, et les vins seront payés comptant, sans escompte.

Les adjudicataires seront en outre tenus d'acquitter 5 pour 100 en sus du prix de vente.

Les vins en bouteilles seront vendus sur simple étiquette et sur la présentation qui en sera faite par les courtiers-experts susdésignés, sans dégustation préalable.

Nous allons donner, dit la *Gironde,* à qui nous empruntons ces détails intéressants, la nomenclature exacte des vins en bouteilles, leur année, la quantité vendue, le prix. La série commence à l'année 1797 pour finir à

1864. Il est presque inutile de dire qu'une pareille collection était certainement unique au monde, qu'aucune cave n'a jamais contenu, sinon plus riche, au moins plus introuvable trésor.

De tous les points du Médoc, les notabilités vinicoles étaient accourues : propriétaires de crus, gourmets, négociants, l'aristocratie de la richesse, du palais, du commerce et du nom.

Des ordres nombreux avaient été envoyés de l'étranger. On va voir à quelle hauteur vertigineuse la concurrence a porté les enchères.

Les prix ci-dessous indiqués sont les plus forts atteints par chaque année ; le minimum n'est jamais descendu bien bas. L'échelle va de 7 francs, pour les 1826 et 1863, à..... nous hésitons à l'écrire, et l'on aurait peine à le croire si l'enchère n'avait pas été publique, *cent vingt et un francs* la bouteille pour le vin de 1811, le vin de la comète ! Entre les deux, citons les 1798, 16 francs; 1815, 31 francs; 1825 et 1858, 36 francs; 1846, 27 francs; 1848, 65 francs; 1823, 60 francs; 1834, 70 francs. Le vin de 1865 a été vendu de 2,850 à 3,000 francs la barrique de 228 litres.

Le vin de la comète, le vin vendu 121 francs la bouteille, a été naturellement le gros incident de la journée. Les courtiers avaient ouvert l'enchère à 20 francs, et aussitôt Delhomme, du café Anglais de Paris, et Gremailly, de l'hôtel des Princes, à Bordeaux, ont commencé une sorte de steeple-chase autour duquel tous les autres assistants firent galerie. Delhomme offrit d'un saut 50 francs ; les surenchères allèrent largement et sans intermédiaires à 60, 80, 90, 100, 110, 120 et 121 francs. L'adjudication s'arrêta là, au profit de Gremailly, et des bravos girondins applaudirent à cette conquête de notre hôtel des Princes et de la Paix.

On peut calculer qu'avec les frais additionnels, l'adjudication a porté le vin de la comète à 34,925 francs la barrique bordelaise, et 139,700 francs le tonneau.

Les enchères ont été terminées en trois heures.

Voici le détail de la vente :

Dans le caveau.

				La bouteille.
7 bouteilles	grand vin	1797...............		12 fr.
9	—	—	1798...............	16
13	—	—	1799...............	12
8	—	—	1801...............	10
6	—	—	1802...............	11

			La bouteille.
69 bouteilles	grand vin	1803............................	13 fr.
147	— —	1805............................	10
65	— —	1806............................	10
9	— —	1807............................	12
24	— —	1808............................	10
17	— —	1810............................	10
21	— —	1811............................	121
27	— —	1814............................	13
35	— —	1815............................	31
37	— second vin	1815............................	12
32	— grand vin	1819............................	22
69	— —	1820............................	16
47	— —	1822............................	16
33	— —	1823............................	60
96	— —	1825............................	36
98	— —	1826............................	7
51	— —	1827............................	20
117	— —	1830............................	9
58	— —	1831............................	13
128	— —	1832............................	13
47	— —	1834............................	70
107	— —	1838............................	10
131	— —	1844............................	12
265	— —	1846............................	26
191	— —	1848............................	65
224	— —	1854............................	18
65	— —	1857............................	15
195	— —	1858............................	36
283	— Carruades	1859............................	12
274	— grand vin	1864............................	20
274	— second vin	1864............................	10

Dans la grande cave.

			La bouteille.
288 bouteilles	grand vin	1846............................	27 fr.
727	— —	1861............................	9
141	— —	1863............................	7
817	— —	1864............................	18

Vins en fûts (barriques de 2 hectolitres 28 litres chacune environ).

6 barriques grand vin 1865, de 2,850 à 3,000 francs la barrique.

Les vins du Médoc, dit M. Gremailly, sont divisés en crus paysans, artisans, bourgeois et grands crus. Chacune de ces catégories reçoit des subdivisions.

Les grands crus sont divisés en cinq classes, sous les noms de 1er, 2e, 3e, 4e et 5e crus.

Les bourgeois sont divisés en bourgeois supérieurs, bons et ordinaires.

Les artisans et les paysans sont divisés selon leurs communes classées supérieures, ordinaires ou bas Médoc.

Nous donnons la nomenclature des grands crus classés suivant le Syndicat des courtiers de 1855.

CLASSIFICATION DES GRANDS VINS ROUGES DU MÉDOC.

PREMIERS CRUS.

Château-Laffitte.	Pauillac.	Barons Alphonse, Gustave et Edmond de Rothschild.
Château-Margaux.	Margaux.	Vicomte O. Aguado.
Château-Latour.	Pauillac.	De Flers. De Beaumont. De Graville. De Courtivron.

DEUXIÈMES CRUS.

Mouton.	Pauillac.	Baron James de Rothschild.
Rauzan-Ségla.	Margaux.	E. Durand.
Rauzan-Gassies.	Id.	Madame veuve Rhoné-Péreire.
Léoville-Lascases.	Saint-Julien.	Marquis de Lascases.
Léoville-Poyféré.	Id.	A. Lalande.
Léoville-Barton.	Id.	Barton.
Durfort-Vivens.	Margaux.	G. Richier et de la Mare.
Lascombes.	Id.	Chaix d'Est-Ange père.
Gruaud-Larose-Sarget.	Saint-Julien.	Baron Sarget.
Gruaud-Larose.	Id.	Ed. et Ch. de Bethmann et Ad. Faure.
Brane-Cantenac.	Cantenac.	Famille Berger et G. Roy.
Pichon-Longueville.	Pauillac.	Baron de Pichon-Longueville.
Pichon-Longueville-Lalande.	Id.	Comtesse de Lalande.
Ducru-Beaucaillou.	Saint-Julien.	Nathaniel Johnston fils.
Cos-d'Estournel.	Saint-Estèphe.	Famille de Errazu.
Montrose.	Id.	Mathieu Dollfus.

TROISIÈMES CRUS.

Kirwan.	Cantenac.	Camille Godard.
Château-d'Issan.	Id.	G. Roy.
Lagrange.	Saint-Julien.	Comtesse Duchâtel.
Langoa.	Id.	Barton.
Giscours.	Labarde.	E. Cruse.
Malescot-Saint-Exupéry.	Margaux.	Bernos, de Boissac, Ch. Couve et Déroulède.
Brown-Cantenac (Boyd).	Cantenac.	Armand Lalande.
Palmer.	Id.	Péreire.
La Lagune.	Ludon.	Piston d'Eaubonna.
Desmirail.	Margaux.	Sipière.
Calon-Ségur.	Saint-Estèphe.	Héritiers de Lestapis.
Ferrière.	Margaux.	Ferrière.
Becker.	Id.	Sznajderski.

QUATRIÈMES CRUS.

Saint-Pierre.	Saint-Julien.	Madame Bontemps du Barry.
Id.	Id.	Madame O. de Luetkens.
Branaire-du-Luc.	Id.	Ducru.
Talbot.	Id.	Marquis d'Aux.
Duhart-Milon.	Pauillac.	Madame Castéja.
Pouget.	Cantenac.	De Chavaille.
La Tour-Carnet.	Saint-Laurent.	Madame O. de Luetkens.
Rochet.	Saint-Estèphe.	Madame Lafon de Camarsac.
Château-Beychevelle.	Saint-Julien.	F. Heine.
Le Prieuré.	Cantenac.	Mesdames Rosset et Pagès.
Marquis de Therme.	Margaux.	Oscar Sollberg.

CINQUIÈMES CRUS.

Pontet-Canet.	Pauillac.	Herman Cruse.
Batailley.	Id.	Constant Halphen.
Grand-Puy-Lacoste.	Id.	Vicomte de Saint-Légier.
Ducasse-Grand-Puy.	Id.	Baron Duroy de Suduiraut.
Lynch-Bages.	Id.	M. et H. Cayrou.
Lynch-Moussas.	Id.	Vazquez.
Dauzac.	Labarde.	Nathaniel Johnston.
Mouton-d'Armailhacq.	Pauillac.	De Ferrand et héritiers d'Armailhacq.
Le Tertre.	Arsac.	Henri Kœnigswarter.
Haut-Bages.	Pauillac.	Madame Libéral.
Belgrave.	Saint-Laurent.	Madame Bruno-Devez.
Camensac.	Id.	Popp.
Cos-Labory.	Saint-Estèphe.	L. Peychaud.
Pédesclaux.	Pauillac.	Madame veuve Pédesclaux.
Clerc-Milon.	Id.	Clerc.
Croizet-Bages.	Id.	Julien Calvé.
Cantemerle.	Macau.	Baronne d'Abbadie de Villeneuve de Durfort.

MM. E. Féret et Th. Malvezin, dans leur ouvrage sur *Bordeaux et le Médoc*, font remarquer avec raison que la classification des vins, comme toutes les choses humaines, est sujette aux lois du temps, et doit être rajeunie et mise au niveau du progrès. Les crus, en changeant de propriétaires, peuvent souvent être modifiés; tel domaine, négligé par un propriétaire insouciant ou obéré, peut donner de meilleurs produits s'il devient la propriété d'un homme intelligent et riche; tel autre cru, mal soigné, perdra sa réputation. D'autres circonstances peuvent aussi modifier en bien ou en mal la qualité du vin, telles que l'emploi des engrais, l'extension donnée à un vignoble par des acquisitions de vignes ou de plantations nouvelles, l'introduction de divers cépages. La classification dont nous avons donné le tableau remonte à 1855, et, depuis vingt-deux ans, bien des modifications apportées dans les grands crus du Médoc et dans les bourgeois réclament la révision de ce travail.

Le commerce et le consommateur y sont aussi intéressés pour maintenir la qualité des vins, que peut l'être le propriétaire désireux d'avancer d'un degré dans la hiérarchie vinicole.

*
* *

On tomberait dans l'erreur la plus complète, si l'on considérait comme dépourvus de qualité les vins qui ne sont pas compris dans la catégorie des grands crus classés. Les vignobles non classés donnent d'excellents vins, quoique moins délicats et moins aristocratiques.

Les prix des bourgeois supérieurs ne s'éloignent pas très-sensiblement de ceux des cinquièmes crus, et la gradation descend jusqu'aux paysans du bas Médoc.

*
* *

M. Gremailly nous communique la liste des récompenses qui ont été accordées aux vins du Médoc par le jury de l'Exposition universelle de Paris en 1867.

En 1855, le jury avait accordé des médailles de première classe aux trois premiers crus : Margaux, Latour, Laffitte, et des médailles de deuxième classe aux seconds crus : Beaucaillou, Larose, Léoville, Cos-d'Estournel, Mouton et Durfort-Vivens. D'autres, Beychevelle, Calon-Ségur, la Tour-Carnet et Palmer, avaient reçu des mentions honorables.

En 1867, un plus grand nombre de crus prirent part au concours.

MÉDAILLES D'OR.

MM.
Héritiers Vanlerberghes (Château-Laffitte).
Vicomte O. Aguado (Château-Margaux).
De Flers
De Beaumont
De Graville } (Château-Latour).
De Courtivron
Marquis de Lascases (Léoville).
Baron de Rothschild (Mouton).

MM.
Martyn (Cos-d'Estournel).
Berger et Roy (Brane-Cantenac).
E. Durand (Rauzan-Ségla).
Bethmann et Favre (Gruau-Larose).
Dollfus (Montrose).
A. Lalande et Erlanger (Léoville-Poyferré).
Nath. Johnston (Ducru-Beaucaillou).

MÉDAILLES D'ARGENT.

MM.
A. Lalande (Brown-Cantenac).
Bontemps-Dubarry (Saint-Pierre).
C. Halphen (Grand-Puy).
Pereire (Palmer).
Pescatore (Giscours).
B. Castaing (Château-Poujeaux).
J. J. Castaing (Chasse-Spleen).

MM.
Célérier (Lalande).
De Georges (l'Ermitage) (Ludon).
De Laveroxe (Morange).
Malvezin (Picourneau).
Baronne d'Abadie de Villeneuve.
De Durfort (Cantemerle).
L. Peychaud (Cos-Labory).

* *

Vous le voyez, rien n'est plus instructif que de visiter les musées.

Nous remercions M. Gremailly, et nous partons pour aller voir chez eux et dans leurs ateliers les artistes qui, Dieu et le soleil aidant, se livrent à la confection de ces objets d'art. Avant d'aller en Médoc, voyons d'abord le pays de Libourne et de Saint-Émilion.

A. D'A.

UN COMICE A SAINT-ÉMILION

A Monsieur Christian de K..., à Dijon (Côte-d'Or).

Saint-Émilion, 24 septembre.

Je parie que vous ne connaissez pas saint Émilion, et cependant saint Émilion est un grand saint, bien qu'il ne figure pas dans le calendrier. Pourquoi n'y est-il pas? je l'ignore, car il le mérite singulièrement, non-seulement pour le précieux produit de la vigne qu'il a baptisé de son nom, mais encore par l'aspect si curieux de la ville où il a vécu, où il est mort, et qui porte son nom comme le vin qu'elle produit.

Or, cette petite ville de Saint-Émilion, campée sur une hauteur qui domine tout le pays, est d'un bout à l'autre un objet d'art du plus singulier intérêt.

Depuis la grotte où le saint vivait, vers le septième siècle, jusqu'à l'église unique en son genre, église *monolithe*, c'est-à-dire creusée en plein dans le roc sur lequel la petite ville est assise, tout est d'une étrangeté et d'un caractère que l'on ne retrouve pas autre part.

La ville, située à quelques kilomètres de Bordeaux, sur les confins de l'ancienne Guyenne, fut mainte et mainte fois en butte aux guerres, aux combats et aux conquêtes. Ville fortifiée jadis, entourée de bastions, de tours et de remparts crénelés, elle a vu successivement ces fortifications, ces remparts, renversés par les guerres et les combats dont elle a été le théâtre et la proie.

Ville abbatiale, et par conséquent religieuse au plus haut degré, elle contenait quantité de monastères, de chapelles et de cloîtres : la ruine a passé sur tout cela, comme sur les fortifications. Tous ces remparts éventrés, ces arceaux brisés, ces cloîtres rompus à demi cachés par les lierres à la verdure sombre et par les arbres déjà presque centenaires qui ont poussé au hasard au milieu des colonnes, des pierres tombales et des ogives, tout cela est d'un effet des plus pittoresques et des plus puissants.

Il y a là pour l'artiste, le dessinateur comme le peintre, une inépuisable mine de sujets saisissants de tournure et de caractère. Mais Bordeaux possède peu ou point d'artistes, et les artistes de Paris comme des autres villes ne connaissent pas Saint-Émilion. Je crois leur faire un cadeau en le leur désignant.

Ajoutons que le sang maure a laissé des traces profondes dans le type de la

population, et que les yeux noirs des jeunes filles du cru viennent encore donner un charme artistique de plus à la physionomie de l'endroit.

* * *

Patronné par un aimable et charmant châtelain de mes amis, j'ai pu assister à la réunion d'un comice vinicole et agricole, à la distribution des prix et au banquet qui a suivi.

Il me semblait assister à une réunion de quelque grande société des amis des arts, et vraiment l'art de faire sortir du sol ce qui en sort dans cet heureux pays est un art qui en vaut bien un autre.

Il y avait là les autorités du département, le cardinal Donnet, le général, de la musique, les discours obligés, naturellement le couronnement des

LA FILLE DU VIGNERON

CRU CADET (SAINT-ÉMILION)

vignerons et cultivateurs qui se sont distingués par l'excellence de leur travail et la perfection de leurs soins.

Dans les discours prononcés, on a dit beaucoup de bien du pays, de ses travailleurs et de ses vins. En revanche, on a dit beaucoup de mal d'un ennemi intime, le phylloxera, et si j'en crois ce que j'ai entendu, on a bien raison.

Ce banquet était une sorte d'exposition artistique; tous les propriétaires importants des environs y figuraient, et chacun avait préalablement fait apporter provision choisie de ses récoltes vinicoles.

Il ne manquait qu'un livret pour se croire au Salon. Chacun faisait exhibition de son vin, et en faisait les honneurs. Rien de curieux à étudier comme ces sourires paternels, ces coups d'œil satisfaits et interrogateurs, cette façon

— Je vous recommande mon soixante-quatre.

— C'est fin, moelleux et corsé.

béate de respirer et sentir comme un bouquet cet enfant chéri du propriétaire, qui est son vin à lui, éclos sur son terrain, avec son soleil à lui, et ses soins personnels de chaque jour.

Au point de vue critique, il est difficile de juger de prime abord et à première vue, ou à première audition, pour ainsi dire, les objets d'art qui composent cette excellente symphonie saint-émilionienne. Quelques noms me sont restés dans le souvenir, comme le cru Cadet, celui du Pommerol, du Beau-Séjour, du Château-Laroque, du Château des Tours, du Cheval blanc, etc., etc. Les autres, et il y en a bon nombre, font à merveille leur partie dans le concert, mais je dois dire, à ma honte, que leur nom m'échappe au grand galop.

A la suite de cette cérémonie, qui naturellement avait amené les châtelains des environs, tous les vignerons à la ronde, en somme tous les gens du pays, un banquet avait été préparé par les soins de délégués du comice agricole. Pour ce banquet on s'est réuni dans le bâtiment occupé maintenant par l'école des Frères; c'était jadis la maison de madame Bouquet, sœur du député girondin Guadet, maison pleine de souvenirs à la fois terribles et touchants.

CHŒUR D'PASQUALE.
Excellent! divin! parfait!

LÉGENDE DE LA MAISON GUADET ET DES ENVIRONS

Le 2 juin 1793, les Girondins, vaincus par les radicaux du temps, avaient été rejetés du sein de la Convention, proscrits et condamnés à mort.

Les députés girondins Buzot, Barbaroux, Pétion, Louvet, Salle, Valazé, Guadet, traqués de tous côtés par Tallien et les comités révolutionnaires de la Réole et de Bordeaux, trouvèrent asile dans cette maison de madame Bouquet.

C'était une grotte creusée dans le roc, et à laquelle on ne pouvait parvenir qu'en se laissant glisser dans un puits jusqu'à la distance de dix mètres environ.

C'est dans cette retraite sombre, privée d'air et de lumière, que les malheureux proscrits vécurent pendant sept mois cachés à tous les yeux, et que Louvet écrivit ses *Mémoires*.

« Ces denrées étaient rares, raconte Louvet, madame Bouquet ne pouvant
« se procurer qu'une livre de pain par jour. Pour ne pas déjeuner, on ne se
« levait qu'à midi; une soupe aux légumes faisait tout le dîner; à l'entrée de
« la nuit, nous quittions doucement notre prison volontaire, nous nous ras-
« semblions auprès d'elle. Tantôt un morceau de bœuf à grand'peine obtenu
« à la boucherie, tantôt une pièce de basse-cour bientôt épuisée, quelques
« œufs, quelques légumes, un peu de lait composaient le souper dont elle
« s'obstinait à ne prendre qu'un peu pour nous en laisser davantage. Elle était
« au milieu de nous comme une mère environnée de ses enfants pour lesquels
« elle se sacrifie. »

Le dévouement de cette courageuse femme ne put parvenir à sauver les malheureux députés; il leur fallut un jour quitter leur retraite devenue impossible. Salle, Guadet et Barbaroux périrent sur l'échafaud, à Bordeaux; les autres, traqués sans pitié dans la campagne, furent trouvés dans un champ de blé morts de fatigue ou de faim et à moitié dévorés par les loups.

Madame Bouquet, Guadet père, son plus jeune fils et toute la famille furent arrêtés, conduits devant le tribunal révolutionnaire de Bordeaux, condamnés et exécutés.

Telle est la légende terrible de Saint-Émilion et de la maison où se réunit le comice agricole et vinicole de l'endroit.

Les Frères de l'école chrétienne ont fait pratiquer un escalier qui permet aux visiteurs de descendre dans ce souterrain illustré par le séjour de ces malheureuses victimes des excès révolutionnaires, sans passer, comme le fai-

saient les pauvres Girondins, par le puits, en s'aidant de la corde de descente. On montre le coin affectionné par Louvet, où il écrivit son *Mémoire* à la clarté d'une petite lampe, devenue depuis la propriété d'un riche étranger, possesseur actuel de ce fameux manuscrit, et aussi de la plume qui servit, dit-on, au charmant conteur lorsqu'il écrivit dans un excès de jeunesse les *Mémoires de Faublas*.

* *

C'est là qu'on est venu nous annoncer que ces messieurs du comice étaient servis, et c'est de cet endroit où les angoisses de toute sorte, le jeûne et la faim avaient élu si longtemps domicile, que l'on nous a conduits à la salle du banquet, où tout était à profusion : victuailles, légumes, fruits, et surtout la réunion la plus complète de ce que la région environnante produit en vins de plus délicat, de meilleur et de mieux réussi.

A la suite de quelques savants et aimables propriétaires et convives, je vais courir un peu le pays, en savoir plus long sur tous ces endroits précieux d'où viennent tous ces bons vins avec lesquels je viens de faire pour la première fois connaissance, qu'on connaît si peu à Paris, et qui, sur ma foi, gagnent tant à être connus.

Maison Lacombe-Guadet.

SAINT-ÉMILION

HISTOIRE ET LÉGENDE.

Saint Émilion est un grand saint, à ce que dit l'histoire.

Il fut aussi un homme de goût, à ce que disent les gens du pays : la preuve, c'est que, né à Vannes, en Bretagne, dans ces pays abandonnés du soleil où il ne se boit que ces tristes et aigres liqueurs connues sous le nom de cidre ou poiré, il est venu vivre et mourir dans ces heureuses contrées arrosées par la Gironde et la Dordogne, où les vins les plus généreux mûrissent pour la joie et le bien-être de l'humanité.

Saint Émilion était de l'ordre de Saint-Benoît.

Or, il est à remarquer que les dons les plus précieux offerts par le Créateur au bon pays de France ont été presque partout mis en œuvre et en lumière par des religieux. La Bourgogne a dû ses vignobles et ses vins les plus célèbres aux moines de Cîteaux; c'est aux moines de l'ordre de Saint-Bernard qu'est due l'excellence du clos-vougeot et du romanée.

Il semble que ces utiles et agréables religieux aient pris à tâche, en même temps qu'ils conservaient, en présence des barbares dévastateurs, le dépôt des sciences et des lettres, de conserver aussi et d'améliorer, *ad majorem Dei gloriam*, ce que chaque région devait à la générosité de la Providence.

La légende de saint Émilion raconte donc qu'il naquit à Vannes et fut élevé par ses parents, humbles artisans, dans la pratique de toutes les vertus chrétiennes.

Sa charité, sa profonde et religieuse sympathie pour les pauvres était tout d'abord le caractère principal de sa personne.

Entré en qualité de serviteur dans la maison du comte de la Ville, il fut un jour accusé d'user, aux dépens de son maître, de trop de libéralité envers les indigents.

Ce jour-là, suivant sa coutume, il allait distribuer des petits pains qu'il dissimulait sous son vêtement; tout à coup le comte l'aborde et lui demande avec colère ce qu'il porte là.

— C'est, répond Émilion, du bois destiné à réchauffer les malheureux.

Et, en effet, écartant ses vêtements, il se trouva qu'il y avait là seulement quelques morceaux de bois.

Puis, au moment où le saint homme se disposait à distribuer ce bois, le bois reprit sa forme primitive et redevint pain.

Un tel miracle ne pouvait rester ignoré. Le comte lui-même, forcé de faire ainsi l'aumône malgré lui, fut pris d'admiration. Tout le pays, instruit des vertus bénies par le ciel de ce saint personnage, vint l'entourer avec tant de ferveur et d'empressement qu'il résolut, pour fuir tant d'honneur, de se réfugier dans un cloître.

Ce fut en Saintonge qu'il s'arrêta, dans un monastère de l'ordre de Saint-Benoît. L'abbé du monastère le retint près de lui et lui fit prendre l'habit de son ordre. Là encore un miracle signala, dit la légende, la vertu de saint

Émilion. Il avait reçu l'office de cellerier, et devait pourvoir aux provisions de bouche.

Il s'acquittait si merveilleusement des soins de sa charge, que les autres frères devinrent jaloux de lui, et, afin de le faire tomber en défaut, ils lui enlevèrent un jour secrètement les instruments qui servaient à cuire le pain.

Le saint homme, comptant sur la protection de Dieu, ne se déconcerta pas pour si peu ; il entra résolûment dans le four brûlant, y disposa les pains de sa main que rien ne garantissait, et n'éprouva du feu aucune atteinte.

Émilion ne séjourna pas longtemps au monastère. Il voulait se retirer dans une forêt loin des hommes et dans la seule contemplation de Dieu.

Il vint alors dans la forêt appelée *a Cumbis*.

On voit encore aujourd'hui la grotte dans laquelle vécut saint Émilion. Elle se trouve maintenant au centre de la ville, vers le fond d'une sorte de vallon formé par la déclivité des deux collines sur lesquelles la ville est bâtie.

La réputation de sa sainteté se répandit dans tout le pays, et Dieu lui accorda la faveur de faire de nouveaux miracles et de guérir des aveugles et des paralytiques.

De tous côtés, on venait recourir à lui pour toutes sortes de consultations, entre autres pour celles de l'agriculture, et des soins à donner aux vignes, qui, célébrées déjà par le poëte-consul Ausone, qui habitait dans ce pays, devinrent de plus en plus, par ses judicieux avis et préceptes, un élément de richesses et de bien-être pour les habitants.

L'oratoire creusé par les mains d'Émilion, dans une caverne de la montagne, devint sans doute la vaste église souterraine qui existe aujourd'hui, et que l'on a regardée comme la plus singulière de France et comme unique au monde.

Saint Émilion, qui mourut en 767, avait donc fondé là un monastère suivant la règle de Saint-Benoît. Autour du monastère s'élevèrent des maisons, des fermes, des celliers, des chapelles et des églises. Cet ensemble forma l'intéressante et curieuse ville de Saint-Émilion.

* *

Saint-Émilion devint donc une ville abbatiale, obligée de se garantir des incursions des voisins et des déprédations, soit des Sarrasins, soit des Normands, soit des Anglais, soit des Français. Elle était ville forte, entourée de murs épais et de fossés profonds, qui maintenant ne sont plus que des ruines majestueuses et à grand caractère.

LA CHAPELLE DES CORDELIERS

(SAINT-ÉMILION)

Vers l'an 1200, la commune de Saint-Émilion s'était organisée et était légalement reconnue. Ville fortifiée, elle passait pour fort importante à conserver aux yeux des ducs d'Aquitaine, des rois d'Angleterre et des rois de France.

Les différentes guerres qui se succédèrent entre les puissances rivales, et dont Saint-Émilion était alternativement la proie, eurent pour résultat principal de détruire ses défenses et fortifications, et d'en faire peu à peu les ruines que l'on admire maintenant. Les guerres religieuses du seizième siècle contribuèrent sans doute encore plus à cette transformation pittoresque, en dévastant les monastères, églises et chapelles qui avaient poussé sur le sol de Saint-Émilion, plus peut-être que partout ailleurs.

Ce qu'il y a de certain, c'est que ces ruines sont une véritable parure pour le pays, et qu'elles méritent de tout point les visites réitérées des voyageurs et des artistes.

* *
*

Au milieu de tous ces bouleversements sociaux et du cataclysme des politiques et des pierres de toute sorte, la vigne, dans son insouciance philosophique, avait continué à pousser ses sarments et à faire mûrir ses raisins au fécond soleil d'Aquitaine.

Les Saint-Émilionnais sont fiers de l'antiquité de leurs crus. Ausone, qui fut consul et surtout qui fut poëte, était né à Bordeaux en 309, et, après avoir fourni une éclatante carrière politique, vint se retirer dans le pays de Saint-Émilion, où il écrivit ses poésies, qui le firent plus connaître que son consulat, et où il mourut en 394.

On montre encore dans le pays la propriété où vécut et mourut Ausone. Il écrivait à son ami Théon :

*Unus domnotoni te littore proferet œstus
Condatum ad portum, si modo deproperes.
Invenies præsto subjuncta petorita mulis :
Villa Lucani mox potieris aco.*
(Aus., *Epist. IV Theoni*.)

Et l'ancien consul célébrait dans ses vers, la coupe en main, la douce et chaude liqueur du pays, comme son illustre prédécesseur Horace chantait le falerne et le cécube récoltés sous le consulat de Manlius. Ausone récoltait lui-même des vins qui figurèrent avec honneur sur la table des empereurs romains, notamment de l'empereur Gratien, dont il avait été le précepteur et l'ami.

*
* *

La vigne était donc en produit et en honneur en ces temps déjà si reculés. On n'a fait depuis qu'en perfectionner la culture. Les rois d'Angleterre Édouard II et Édouard III, suivant de vieux récits, avaient beaucoup d'estime pour ces vins; et les rois de France Charles VII, Louis XII, François Ier et Louis XIV réclamèrent leur présence à leur table royale.

On a conservé le souvenir du cardinal-évêque de Bordeaux Descoubleau de Sourdis, qui, de visite à Saint-Émilion pour la célébration des fêtes de Pâques, recevant l'hommage des jurats de la ville qui lui offraient des vins du cru, se leva, tira son chapeau, en disant :

— Je te salue, ô roi des vins !

Pour un archevêque de Bordeaux, qui devait, par état et conscience, connaître et protéger en qualité d'administrés les grands crus du Médoc et du Sauterne, c'était *roide*. Aussi cette exclamation du prélat fut pieusement recueillie par les gens du pays et dut être profondément contestée par ceux des régions voisines.

Toujours est-il que l'antagonisme s'est accusé de plus en plus entre les Saint-Émilionnais et les autres producteurs de la Gironde.

Les Bordelais n'ont pas voulu consentir à faire figurer les vins de Saint-Émilion sous la dénomination générale de vins de Bordeaux, à quoi ceux de Saint-Émilion ont répondu en faisant héroïquement bande à part à l'Exposition universelle de 1867, et en conquérant la médaille d'or réservée aux grands vins reconnus de premier ordre.

Voici, du reste, la liste des trente-six Girondins qui se sont partagé cette médaille :

Mondot.	S. Exc. le président Troplong.
L'Arrosée.	Requier, conservateur des hypothèques.
Ausone	Cantenat, propriétaire.
Balestard la Tonnelle. . .	Du Courrech, propriétaire.
Beauséjour.	Ducarpe junior, propriétaire.
Bélair, ancien cru de Canolle	Baron de Marignan, propriétaire.
Bellevue	Gaston Lacaze, propriétaire.
Cadet.	Piola (Albert), propriétaire.

CADET.	Duperrieu, propriétaire.
CADET.	Bon (Justin), propriétaire.
CAKON.	Comte de Bonneval, docteur-médecin.
LA CARTE	Martineau, propriétaire.
CHAPELLE-MADELEINE.	Bon Barat, propriétaire.
CLOS FOURTET	Leperche (Émile), propriétaire.
LA CLUSIÈRE	Thibeaud (Amédée), propriétaire.
COTE-BALEAU.	Le commandant Coste-Cotty, propriétaire.
LA COUSPAUDE	Le commandant Lolliot, propriétaire.
DAUGAY	Alezais, propriétaire.
FOMPLÉGADE	Comtesse de Galard, propriétaire.
GAUBERT.	Corre, propriétaire.
LES GRANDES-MURAILLES.	Malen, commissaire de surveillance administrative à la gare.
LARCIS.	Ducasse, propriétaire.
LA MADELEINE	Domecq-Cazaux, propriétaire.
PAVIE.	Pigasse (Adolphe), docteur-médecin.
PEYGENESTOU.	Comte Léo de Malet-Roquefort, propriétaire.
PIMPINELLE.	Fayard, propriétaire.
PIMPINELLE.	Chapus, propriétaire.
SARPES.	Ducarpe l'aîné, propriétaire.
SARPES.	Comte de Carles, propriétaire.
SOUTARD.	Madame Barry-Berthomieux d'Allard, propriétaire.
SAINT-GEORGES.	Gourssies (Henri), propriétaire.
SAINT-JULIEN.	Lacombe-Guadet, propriétaire.
LES TROIS-MOULINS	Duplessis-Fourcaud, propriétaire.
TROTEVIEILLE	Isambert (Georges), propriétaire.
L'ROQUE.	Marquis Maurice de Rochefort-Lavie, propriétaire, représenté par M. Paul Boisard, maire.
FOMBRAUGE.	Ferdinand de Taffard Saint-Germain, propriétaire.
FERRAND.	Fornerod de Mons, propriétaire.

Le médoc n'a pas été converti pour cela. Il persiste à considérer le saint-émilion à peu près de la même façon qu'un gros banquier considère un coulissier de la Bourse, ou qu'une duchesse de vieille race regarde par-dessus l'épaule la femme d'un gros banquier.

Le saint-émilion est furieux, mais il ne se contente pas de lever les épaules et d'élever ses prix!

— Médoc, mon ami, lui dit-il, grand bien vous fasse! vous avez du bouquet, c'est vrai, de la finesse et quelque moelleux, c'est encore vrai, mais pas de chaleur, pas de force, pas de vertu. Votre succès est un succès de mode. La mode passera. Le vrai vin, le vrai vin français, c'est le vin de Bourgogne; malgré toute votre vanité, vous ne sauriez le contester. Nous autres, plus humbles, nous lui rendons hommage. Notre vin, à nous, réunit le bouquet, la finesse, le moelleux du bordelais, au corsé, au vigoureux, à la chaleur du bourgogne; nous sommes la résultante des deux qualités rivales, nous sommes la Bourgogne du Bordelais! Vive la France!

Mais le médoc reste impassible dans sa dignité.

— Mais, disent ceux de Saint-Émilion, l'amateur intelligent et homme de goût sourit et applaudit dans son for intérieur au verre de vin délicat et savoureux qu'on lui soumet, qu'il soit de Léoville ou du cru Cadet, de Saint-Julien ou de Pommerol, ou du Cheval blanc. Ceux qui ne s'y connaissent pas se fient à l'étiquette et au bouchon. C'est la foi qui sauve.

Château des Tours (Ch. Acevedo).

UN COUP D'ŒIL SUR LE SAINT-ÉMILION, LIBOURNE, LUSSAC, ETC.

Château des Tours, 1er octobre 1876.

Le château des Tours est une des habitations les plus intéressantes, les plus réussies et les plus opulentes de cet aimable coin de la France; habitation construite dans le style du treizième siècle, avec des compléments et des raccords dans le style de la Renaissance : une cour d'honneur large,

Château des Tours (cour d'entrée).

bien décorée, fermée de portiques à l'italienne; des tours crénelées et des fossés qui entourent le château tout entier; le tout planté à mi-côte, et dominant de larges pelouses accidentées, semées de bouquets de bois pittoresques, avec un encadrement de vieux chênes, vieux châtaigniers et vieilles futaies. Dans le bas, un cours d'eau qui serpente à travers les roseaux, sous l'ombrage de grands arbres; à l'horizon, les coteaux de la Dordogne qui s'échelonnent derrière les flèches, les arceaux et les murs en ruine de Saint-Émilion.

C'est admirable comme vue, comme situation et comme disposition. Charmant accueil, châtelains des plus aimables; jolis bébés courant gaiement par les allées ombreuses ou sur les gazons fleuris; beaux chevaux, attelages soignés, voitures élégantes pour courir le pays. C'est complet!

Du château et du parc, qui s'étend au loin et se perd dans la verdure du vallon, rien ne révèle l'exploitation vinicole, et cependant cette exploitation se fait là dans une vaste proportion, et avec de très-heureux résultats comme qualité et comme quantité.

Derrière le rideau des grands arbres se dressent les celliers aménagés avec le plus grand soin, les chais bondés de pièces de vin, les pressoirs et les foudres préparés pour recevoir les vendanges; les écuries pour les chevaux et les bœufs, les hangars pour les chariots, les charrues et tout l'outillage des vignerons.

Puis, se prolongeant à perte de vue, les champs plantés de vignes espacées régulièrement qui se dressent à cinq ou six pieds de haut, soutenues par les échalas que l'on nomme ici, me dit-on, des *carassons*.

Chaque pied de vigne, vers le bas du cep, à l'endroit où s'agrafent les branches et les pousses de l'an, est entouré comme d'une ceinture de rudes grappes de ce noir-bleu velouté qui indique la maturité imminente et la vendange prochaine.

Nous admirons cette richesse de production.

— Regardez par ici, nous dit notre hôte en soupirant.

* *

LE PHYLLOXERA

Hélas! le changement de décoration est complet. Ici, la place semble vide : les branchages débiles, et presque dépouillés de leur feuillage maigre et jauni, s'accrochent péniblement aux *carassons* qui se dressent secs et nus au-dessus des tiges, au lieu de se recouvrir comme autre part d'un feuillage vigoureux et des pampres qui se courbent gracieusement à leur sommet.

Quelques rares grappes aux grains chétifs et étiolés se montrent péniblement attachées au bois dénudé de la vigne, quand elles ne font pas complétement défaut. Toutes les vignes dans un rayon déterminé sont ainsi. C'est un cercle

qui fait tache par son aspect désolé au milieu de la végétation si riche tout autour, et çà et là ces cercles se montrent tristement aux yeux.

— Voilà notre ennemi, nous dit notre hôte, l'ennemi de la France, ennemi plus dangereux que tous ceux qu'elle a pu voir dans ses mauvais jours se dresser contre elle; voilà le *phylloxera!*

Et saisissant un de ces vieux ceps de quarante ans d'âge, qui semblaient devoir se cramponner au sol par de puissantes et multiples racines, il tira sans effort la souche que la terre abandonna sans résistance. — Regardez, fit-il, et il nous montra les pauvres racines mutilées, tourmentées, poreuses, réduites à une sorte d'état spongieux, la fibre dévastée, détruite.

Voilà tout ce que nos yeux nous permettaient de voir.

* *

Eh bien! le *phylloxera vastatrix*, le voilà! C'est plus que la défaite, c'est la ruine! D'où vient-il? On ne sait; on pense seulement que, comme toutes les maladies fatales et destructives, il vient de l'Amérique.

Cet ennemi est si ténu, si microscopique, que les yeux ne peuvent le suivre que dans son travail douloureux. Ils sont là par millions, par milliards, ces ennemis de notre richesse et de notre sol; comment arrivent-ils à s'emparer d'une place? je l'ignore; ils vont suivant leur caprice, emportés par le vent, par la fatalité. Deux ou trois de ces êtres créés par la vengeance céleste s'abattent sur un cep et plongent droit vers sa racine; en une semaine, ces nouveaux colons se sont multipliés avec une fécondité cruelle; bientôt ils sont un mille; chacun de ces milliers en enfante d'autres milliers encore. La racine qui sert d'aliment à ces ennemis sans cesse et sans relâche renaissants est attaquée par ces millions de petites bouches avides et insatiables; elle est coupée, hachée, détruite; les branches s'étiolent, les feuilles jaunissent, les raisins ne se gonflent pas et dessèchent, la vie s'éteint, disparaît; le cep est mort. Les ceps environnants, attaqués successivement, succombent à leur tour, et le mal s'étend aux environs, comme un implacable et terrible ulcère.

Voici le travail fait ici où vous voyez ces ronds jaunes dépouillés de branches et de verdure; ici, à côté, où la verdure et la force semblent persister encore, la mort est là sous terre, elle accomplit sa terrible tâche. L'an prochain, ces vignes seront dénudées, lamentables et ruinées comme leurs tristes voisines.

L'an dernier, un quart de récolte a disparu; cette année, la moitié; l'an prochain, les trois quarts; dans deux ans, il ne restera rien que le souvenir, à moins que... Mais jusqu'ici tous les efforts ont été vains, toute la chimie a succombé devant ce chétif et indestructible ciron. L'espoir n'est cependant pas interdit aux condamnés : nous espérons encore.

Venez avec moi : je vais vous montrer, grâce au secours de la science, l'aspect et la forme de ce redoutable tout petit.

Le phylloxera, le voici :

Une famille de phylloxeras, vue au microscope.

Que d'agents chimiques la terre a consommés depuis que ce misérable insecte a fait ses premiers et terribles débuts! que d'essais infructueux de toute sorte! Il avance en dépit de tout, comme un inévitable fléau, capricieux, volontaire, laissant intacts certains parages, sans motif appréciable. Peut-être y a-t-il une loi dans ces apparentes irrégularités, dans ces choix qui paraissent des caprices. Jusque-là cette loi reste cachée; la découvrir, ce serait sans doute découvrir le remède.

Les 300,000 francs promis par l'État à celui qui trouverait un moyen de

Bébé désire savoir si le raisin commence vraiment à être assez sucré.

sauver la situation n'ont encore rien produit. Ce serait, du reste, peu payer un bienfait pareil, si l'on pense aux désastres que produit le fléau.

En ce moment, tout le pays est visité et bouleversé par le terrible insecte. Il est des propriétaires complétement ruinés, auxquels pas un pied de leurs vignes naguère florissantes ne reste intact ou encore quelque peu productif.

Et que mettre dans ces terres maigres, rebelles à toute autre espèce de culture?

Cette décroissance de la fortune publique a profondément ému tous les propriétaires et commerçants de la contrée. Les vignes de l'entre deux mers, cantons de Branne, Pujols, Pellegrue, Targon, Créon, Sainte-Foi-la-Grande, etc., sont presque toutes anéanties.

Dans le Saint-Émilion, le pays de Libourne, de Lussac, de Fronsac, de Puységur, un tiers ou une moitié disparaissent; on tremble pour le reste.

C'est pourtant merveille de voir comme on cherche et comme on se débat contre cet ennemi dont les mouvements tournants sont si cruels et si implacables; ils sont là plusieurs qui cherchent à protéger ce qui reste et s'ingénient à trouver des modes nouveaux de le combattre.

Château Beauséjour (Ducarpe jeune).

M. Ducarpe, le propriétaire du cru *Beauséjour,* un cru délicat et cité parmi les premiers, président de l'Association vinicole et conseiller municipal, se distingue parmi tous pour son activité et ses recherches infatigables, comme il s'était distingué avant l'apparition de l'ennemi pour son zèle à faire donner à son cru, notamment en 1867, lors de la grande Exposition universelle, la place qu'il mérite et que le dédain ou le sentiment de rivalité du médoc bordelais se plaisaient à ne pas lui reconnaître. C'est en partie grâce à lui et à l'activité qu'il a déployée pour réunir le syndicat des viticulteurs du pays qu'est due la médaille d'or décernée alors à cette réunion vinicole, médaille qui constate la valeur réelle du produit.

Il est le principal organisateur de ces réunions, où les propriétaires font montre et se font gloire de ces vins charmants, aimables et trop peu connus qui se cultivent dans ces régions; de ces comices comme ceux auxquels nous venons d'assister, où l'on récompense les vignerons, les ouvriers, où l'on parle des progrès de l'ennemi redouté, où l'on constate les quelques défaites qu'il essuie çà et là, où l'on rend compte des moyens employés pour arriver à ce résultat, et où l'on concentre ses efforts pour les améliorer, les perfectionner et les faire connaître.

Quand on a été chez M. Ducarpe et qu'on a vu ce soin si méticuleux de culture vinicole, de vérification et de conservation des vins; quand on a goûté quelque peu de ces vins, produit des heureuses années;

Domaine du Cadet (Albert Piola).

Quand on fait la même visite chez des gens comme M. Albert Piola, et qu'il vous a fait boire de son cru *Cadet* 1864;

Château Laroque (marquis de Rochefort-Lavie).

Ou au *château Laroque*, chez M. le marquis de Rochefort-Lavie, de ce cru Laroque de la même année, tel que le fait et le soigne M. Paul Boizard, son représentant;

Ou bien encore au cru du *Cheval blanc*;

Ou à celui de *Pommerol*, qui passe pour un des plus fins, des plus

Château-Trotevielle (G. Isambert).

savoureux et des plus suaves de la contrée, on est vraiment douloureusement saisi de la pensée que cette sotte bête peut tarir la source de tant de choses agréables et précieuses; on s'empresse de la maudire, et l'on

comprend le vénérable cardinal Donnet qui, l'autre jour, après avoir trempé à plusieurs reprises et consciencieusement ses lèvres dans les différents breuvages pieusement apportés au banquet par les propriétaires, déclarait en homme convaincu que supprimer de pareilles bénédictions du ciel était un crime; que le cas du phylloxera était un cas pendable, et, suivant la demande de quelques-uns de l'assistance, se demandait s'il ne serait pas bien de l'exorciser.

A. D'A.

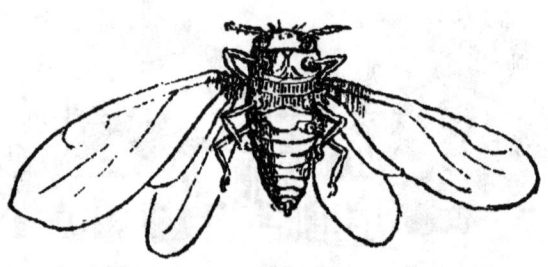

Le phylloxera ailé.

Château Beychevelle (Armand Heine).

UNE VENDANGE EN MÉDOC

4 octobre 1876.

A Mademoiselle E. Louise de P..., au château de X.., près Tain (Drôme).

Je suis arrivée en plein Médoc, en pleine fête, dans un vieux château d'un beau caractère, bâti dans une position des plus heureuses. A droite, à gauche, en arrière, de plantureux vignobles ; devant, des pâturages à l'allure normande où paissent tranquilles des troupeaux de vaches et de bœufs, et d'énormes enclos où galopent en liberté et la crinière au vent les pouliches et les poulains joyeux.

Au fond, la Gironde, qui se détache comme un large ruban de moire argentée ; les côtes du pays de Blaye, qui s'estompent dans la vapeur, et, pour donner encore plus de vie à ce prestigieux décor, les voiles des navires qui piquent l'horizon de taches brillantes de soleil, ou d'un roux doré, pendant que des panaches de fumée montent ou descendent le fleuve, sur cette route vivante qui conduit à Pauillac ou à Bordeaux.

Que dire de cette grâce si aimable et si accueillante qui reçoit les invités, et de cet ensemble séduisant qu'ont su réunir autour d'eux le maître et la maîtresse de céans ?

Tout cela est charmant de tout point, et quand on est assis sur la belle et monumentale terrasse qui domine toute cette séduisante perspective, que les fines anecdotes et les mots aimables et gracieux s'échangent, que les fraîches toilettes des jeunes femmes et des jeunes filles égayent le regard, que le beau soleil colore ces vastes étendues de prairies semées de bouquets d'arbres, au milieu desquels on voit au loin courir follement les troupes de poulains en liberté, c'est une véritable fête pour les yeux et pour l'esprit, et l'on reçoit de ces impressions que l'on ne saurait oublier.

Nous sommes au château Beychevelle, qui appartint jadis aux ducs d'Épernon, dont un portrait se prélasse encore au-dessus de la grande cheminée qui fait face aux fenêtres dans le grand salon.

* *

Un poëte du cru bordelais, dont on me fait lire le poëme pavé des plus généreuses intentions, chante dans des vers reconnaissants ce coin de terre privilégié :

> Le goût le plus exquis, la cordialité,
> Président au banquet de l'hospitalité ;
> Enfin là tout ravit, tout fait de Beychevelle
> Du château de Médoc la gloire et le modèle.

Certes M. Musset, le fin buveur, eût chanté ce château, et il eût trouvé des accents d'un ordre plus poétique, mais il n'y eût pas mis plus de conviction et sans doute moins de connaissance du sujet.

* *

Je pense que tu ne me reprocheras pas un peu d'histoire en passant.

Voici les renseignements que me donne à ce sujet M. Édouard Féret, le savant et consciencieux auteur de la *Statistique de la Gironde*.

Au quatorzième siècle, le château était féodal et l'une des propriétés des comtes de Foix de Candale, d'où il passa dans la maison d'Épernon, dont le chef avait épousé l'héritière de la maison de Foix.

Le nom de Beychevelle (*baisse voile* en patois du pays) vient du salut que faisaient jadis, en signe d'hommage, les bâtiments en passant devant le château seigneurial du duc d'Épernon, alors grand amiral de France.

Le salut se faisait en baissant respectueusement les voiles du navire au passage.

Le dernier duc d'Épernon étant décédé sans postérité, la terre de Beychevelle revint à la couronne, qui la vendit pour payer les dettes du duc d'Épernon.

Ce fut le marquis de Brassin qui fit l'acquisition de cette terre.

M. de Brassin ayant émigré, la nation prit possession de ce domaine et de ses dépendances, qui furent mis en vente. Madame de Saint-Herem, sœur du marquis de Brassin, devint acquéreur du château de Beychevelle et de la terre, qu'elle ne tarda pas à revendre à Jacques Conte, un des armateurs les plus connus de Bordeaux en 1800. Ce dernier les revendit en 1825 à M. Guestier, lequel les revendit il y a quelques années à M. Armand Heine, le propriétaire actuel.

* *

Maintenant que me voilà en règle avec le passé, quel plaisir de m'occuper du présent !

Ainsi que je le disais tout à l'heure, ce présent est quelque chose d'adorable. Nous sommes arrivés, mon père et moi, par le plus délicieux temps du monde; une calèche était au chemin de fer pour nous recevoir à Saint-Laurent-Saint-Julien. Les chevaux trottaient gaiement entre des massifs de vignes alignées avec soin, brillantes d'éclat et de santé. Nous voyions défiler devant nous des bouquets de grappes richement teintes de ce noir bleuâtre chaud et velouté, que colore puissamment le soleil, s'agraffant à la base des ceps alignés comme une savoureuse armée.

Depuis quelques jours, une pluie bienfaisante ayant généreusement arrosé le sol, les grains s'étaient richement gonflés; ensuite, les rayons du soleil avaient accompli leur œuvre, séché et mûri à point les riches grappes.

Le temps des vendanges était indiqué, disaient les vignerons. Il n'y avait plus qu'à recueillir le fruit de toute une année de travail.

Sur la route nous rencontrions des escouades de gens bizarres, mi-montagnards, mi-citadins, les hommes marchant gaiement en suivant la guirlande de rosiers fleuris qui encadrent les vignes, les femmes et les enfants curieu-

sement entassés sur des chariots étranges parmi des sacs de voyage, des malles de couleurs bizarres et des paniers à vendange.

Ce sont les travailleurs recrutés au loin pour les besoins du moment. Ceux du pays ne pourraient suffire à cet excès de travail qui doit se faire en un espace de temps restreint dans tous ces pays du vin où le raisin mûrit en même temps.

* * *

C'est demain, nous a-t-on dit, que la fête commence, et que, dès l'aube, les escouades de vendangeurs et de vendangeuses vont se mettre à la tâche. Aujourd'hui, dans l'après-midi, nous sommes montés en calèche découverte, à l'heure où, à Paris, on va se promener autour du lac : les routes sont, de ce côté du Médoc, soignées comme les allées d'un parc.

N'était les chars traînés mélancoliquement par les grands bœufs fauves habillés de chemises de toile grise, et les vignes encadrées de rosiers fleuris qui bordent la route, on se croirait au bois.

Les voitures élégantes se croisent presque aussi fréquemment que dans les allées du parc Monceaux ou sur les grandes avenues qui conduisent à la cascade. A chaque instant ces messieurs ont à tirer leur chapeau, et ces dames à décocher leurs plus aimables sourires.

A côté de nous passe la calèche de la toute gracieuse baronne Gustave de Rothschild et de son mari, venus pour donner le coup d'œil du maître à cette perle du Médoc, le Château-Laffitte. Ce landau, bourré de charmants blondins et blondines, c'est toute la jolie famille du sympathique

M. Johnston; ces élégantes jeunes femmes et jeunes filles, c'est le bouquet aimable de la famille Errazu. Les jeunes gens suivent, galopant gaiement sur leurs chevaux de sang. Voici les Pereire, le comte et la comtesse Duchâtel, par ici le comte et la vicomtesse Aguado, le prince et la princesse Murat, le baron James de Rothschild, les dames Halphen, les Ségur, les Dollfus, les d'Erlanger; c'est le faubourg Saint-Honoré, ce sont les Champs-Élysées prolongés, c'est Paris.

* * *

Le pays, comme on le voit, est magnifiquement et richement peuplé. On ne peut faire un pas sans se cogner contre quelque million. Parmi les gens heureusement doués de ce côté, depuis plusieurs années la mode est venue de parer sa fortune de la propriété d'un grand cru, comme on pare son hôtel d'une galerie de peintres célèbres, et comme on pare sa femme d'aigrettes et de rivières de diamants.

C'est à la fois une mode et une profitable affaire, d'après tout ce qu'on me dit, car la possibilité de faire de grosses dépenses permet non-seulement d'améliorer, mais d'attendre les plus-value. Les Rothschild, gens de goût, c'est le cas ou jamais de le dire, ont donné l'exemple par l'acquisition de Château-Laffitte et de Brane-Mouton; les Pereire ont suivi par Château-Rozan et Château-Palmer, les Dollfus par Montrose, les Heine par Château-Beychevelle, etc.

Tous les gens qui ont le million facile à Paris ont voulu se donner, à la suite de ces financiers, la satisfaction de le proclamer hautement par l'achat de quelque cru bien posé. Le pays de Bordeaux n'est plus aux Bordelais, les Parisiens l'ont conquis. Quand on danse dans quelque château voisin, on est sûr de trouver quelqu'une de ses danseuses ou quelqu'un de ses danseurs du faubourg Saint-Honoré ou du faubourg Saint-Germain.

* * *

Enfin, voici le jour des vendanges; tout est prêt au château. Les escouades sont prévenues, les celliers consciencieusement nettoyés, les presses, les cuves et les cuviers mis soigneusement en état.

À la première heure du jour, tout cela se met en mouvement. Les pièces à

vendanger ont été désignées par avance. Chaque compagnie de vendangeurs et de vendangeuses, hommes, femmes et enfants, attaque la partie de la pièce qui lui a été confiée, et suit d'un bout à l'autre la ligne tracée par la charrue entre les ceps de vigne soigneusement alignés.

La vendange ne commence que lorsque le soleil, ayant pris quelque peu de force, a séché les buées et les rosées déposées sur les grappes par la fraîcheur de la nuit.

* * *

Je n'avais jamais vu de vendanges, le nom ne m'en était venu que par tradition; je suis ravie maintenant d'être venue les voir dans ce beau et

INVITÉS

— Il est bien bon, n'est-ce pas, petite? C'est bien dommage qu'il soit défendu d'en manger.
— Aussi, madame, je n'en mange jamais... quand on me regarde.

riche pays, au milieu de tous les rêves réalisés de splendeur et de mise en scène.

Quel éblouissant coup d'œil que celui de toute cette armée joyeuse et bigarrée qui se répand çà et là dans la campagne, au milieu de la verdure persistante de la vigne, sous ce beau soleil !

De loin en loin, les bandes de vendangeurs piquent la verdure qui couvre le sol de notes rouges, blanches et dorées qui donnent un brio de plus au tableau qui se déroule sous les yeux; des fusées de rires s'élèvent, des chansons joyeuses éclatent çà et là, et l'on voit de loin le va-et-vient des

paniers emplir les cuves posées sur les chars que traînent les bœufs à demi cachés dans les vignes.

Parfois une victoria, traînée par des chevaux de sang, s'arrête près des

vendangeurs; les toilettes élégantes des jeunes femmes et des jeunes filles petillent et disparaissent au milieu des travailleurs, et des cavaliers, le bouquet à la boutonnière, galopent gaiement dans les allées latérales en recevant les saluts des vendangeurs.

C'est charmant.

* * *

Ah! par exemple, il est bon néanmoins de ne pas regarder de trop près le chœur des vendangeurs et des vendangeuses.

Çà et là se retrouve bien encore quelque joli type de femme, mais en revanche que d'horribles mégères! Et quels hommes! Eh bien, malgré tout, cela fait bien dans le paysage, et, ajoutons-le, c'est honnête. Un des riches propriétaires me disait qu'il n'y avait à réprimer ni un crime, ni un acte

VISITE DU MAITRE.
— Dites donc, mon ami, ils mangent beaucoup de raisin. Ne craignez-vous pas que cela leur fasse mal?

de violence, ni un incendie pendant tout le temps où ces oiseaux de passage s'abattent sur les propriétés pour cueillir et récolter, ce qu'on ne pourrait faire avec les seuls bras de chaque établissement.

C'est une fête et une réjouissance parmi les pauvres de Bordeaux et les paysans des Landes de venir vendanger dans le Médoc. On rit, on mange bien de bonne et succulente soupe aux choux où nagent d'appétissants quartiers de bœuf, on a du bon vin, non pas du laffitte, ou du beychevelle, ou du léoville, etc., mais du vin solide du côté d'Agen. Le soir, on danse au son du flageolet et du violon; on couche après cela sur de bonne paille bien fraîche, et le lendemain on recommence, jusqu'à ce que ce soit fini. Une dizaine de jours environ de liesse, après lesquels on retourne chez soi bien nourri, bien repu, avec un petit magot composé de 2 francs par jour pour les hommes, 1 franc pour les femmes et les enfants. Voilà pourquoi ces petites parties sont si goûtées parmi les pauvres gens des environs.

Mais, sapristi! comme disait mon jeune frère, tu sais, mon cher petit Gontran, sont-ils assez affreux!

Comme ce serait plus charmant avec une série de jolies jeunes filles, comme savent si bien les choisir Offenbach et Koning, court-vêtues, moitié en pages, moitié en nymphes, coupant ces précieux raisins dans des corbeilles dorées, avec un orchestre monté sur des chars à bœufs enguirlandés de fleurs, et chantant des chœurs comme celui-ci :

> Allons donc! buvons donc
> De ce vin le meilleur du monde.
> Allons donc! buvons donc
> De ce vin, car il est bon.

Ou bien celui-là :

> Si Dieu nous défendait de boire,
> Aurait-il fait le vin si bon!

* * *

Ma parole, ce Gontran est impayable avec ses idées parisiennes. Pour moi, je trouve cela charmant tel que c'est, et j'en suis ravie.

Je continue ma description pour ton instruction et ton édification personnelles.

Suivons un de ces chars portant ce qu'on appelle deux charges chacun, et qui se rendent majestueusement et lentement au pressoir.

Le char, arrivé dans la cour du château, recule avec précision devant une de ces larges baies ouvertes sur le grand bâtiment où les cuves sont rangées dans un ordre militaire.

Des hommes vêtus de simples chemises, de pantalons retroussés jusqu'à mi-cuisses, les jambes rouges du jus de la vigne, sont là qui attendent. Ils s'emparent du raisin contenu dans les larges vaisseaux et le versent dans les pressoirs. Ils sont là une douzaine de montagnards vigoureusement taillés, aux mollets saillants et tachés de vin.

C'est le tour des égrappoirs, instruments portés sur des tréteaux, où les

grappes noires sont placées à grand renfort de pelles. Tous à l'envi se placent autour des égrappoirs; ils se précipitent sur les grappes, les pétrissent avec fureur. Le grain mêlé de jus tombe dans le pressoir, le jus tombe par une rigole dans les petites cuves placées en dessous.

Puis tout à coup le signal est donné, le violon fait entendre un trille,

— Si madame et mademoiselle veulent entrer, la musique vient d'arriver, nous allons danser.

comme invitation à la danse, et voilà une douzaine de danseurs dont les pieds

nus, agités comme par le dieu du vin, piétinent la vendange et l'écrasent; ils sont gais, prennent des poses plastiques, tournent et polkent plus ou moins

en mesure sur les flonflons de l'orchestre : le jus coule plus abondant par les rigoles ouvertes.

C'est un jus rose et trouble qui sent la grappe et le fruit. C'est le vin que vous et moi nous boirons avec délices dans quatre ou cinq ans, quand la fermentation aura fait son œuvre, et que le dieu Bacchus aura mûri ses dons.

Je regarde les pieds de messieurs les danseurs; cela, malgré moi, jette un froid dans mon imagination, et au point de vue du passé, et au point de vue de l'avenir. Mais cela, depuis que le monde est monde, a toujours été fait ainsi. La fermentation, m'assure-t-on, a toujours tout purifié.

— C'est égal, reprend mon petit Gontran, quelle différence si l'on pouvait

trier sur le volet quelques séduisantes danseuses, de celles dont on chante les charmes dans les clubs et dans les journaux, des danseuses de choix, aux jambes blanches et rondelettes, ornées de ces petits pieds aux ongles roses, lesquelles pétriraient en cadence ces jolies grappes, et en extrairaient un jus alors doublé de charme et de prix!

Laissons le jeune et poétique Gontran à ses rêves; je préfère, quant à moi, laisser ces donzelles parader en musique devant leurs paysages de carton, et suivons la série des opérations dont le vin et les buveurs très-précieux ne se sont pas plaints jusqu'alors.

Ce vin recueilli dans les pressoirs est porté dans les cuves; on les emplit non-seulement de ce moût dû au premier foulage, mais des débris écrasés du raisin que l'on vient de fouler en cadence.

On ferme hermétiquement la cuve, qui contient généralement quelque chose comme douze tonneaux, c'est-à-dire quarante-huit pièces de vin; c'est maintenant à la chimie supérieure, à celle du dieu des vins, qu'il appartient de faire son œuvre.

DU CUVIER A LA CUVE.

La vendange s'échauffe, elle bout, elle fermente; le bouquet se concentre, l'alcool se forme.

Dans huit jours, il faudra décuver la vendange, remplir les barriques, veiller à ce que chacune n'ait pas de vide, *ouiller* pour qu'elle soit toujours pleine et que l'aigreur ne s'y présente pas.

Deux ans de suite il faudra nourrir et abreuver cette barrique le bec en

l'air comme un bébé altéré, puis le vin se trouvera en mesure d'être vendu, transporté. Mais il faudra trois ou quatre ans encore pour qu'il ait pris ses grades et puisse aller partout, surtout dans les pays les plus froids, porter une part du soleil et des joies de la France.

Tu t'aperçois que j'ai bien regardé et bien interrogé autour de moi. J'aime tant à me rendre compte des choses tant qu'il m'est permis de les connaître. Pour les autres, il faut attendre, n'est-ce pas, chère Louise?

UNE CONSULTATION AUX PRESSOIRS

Au château Beychevelle, ce sont les vieilles habitudes que l'on suit avec le respect complet du passé.

J'ai questionné à ce sujet l'homme essentiel de l'endroit, le régisseur, un brave garçon nommé Laurent, qui me semble être né sur ce vignoble, y avoir les racines comme les vignes d'alentour, et s'être imprégné comme elles non-seulement du terroir et du soleil qui le féconde, mais encore de toutes les coutumes qui ont germé sur ce sol et aussi de tous les préjugés perpétués par la tradition.

C'est comme une sorte d'immeuble par destination appartenant à la propriété. Et si jamais le phylloxera, cet ennemi que l'on commence à redouter, mais que l'on n'a pas encore vu sur ce coin de terre du Médoc respecté jusqu'alors, y fait son apparition, il s'attaquera sans doute à Laurent en même temps qu'à ses vignes, et les anéantira ensemble du même coup.

Ce que Laurent fait, c'est ce que son père a fait avant lui, et avant son père son grand-père, son aïeul, son trisaïeul, et ainsi de suite jusqu'au temps du prince Noir et au delà.

— A quoi bon changer, dit-il, ce que nos pères ont si bien fait? Le mieux que l'on espère n'est-il pas l'ennemi du bien que l'on a? Laurent est un sage : il faudrait, ce me semble, quelques Laurents de plus en France.

— Pourquoi foule-t-on la grappe au son du violon? lui demandions-nous.

— Cela s'est toujours fait ainsi, nous répondit-il, c'est la coutume de Beychevelle; tant que je serai quelque chose ici, on le fera.

— Le fait-on autre part qu'ici?

— C'est probable, mais je n'en sais rien. A Beychevelle, on l'a toujours fait. Les fouleurs y mettent plus de cœur, plus d'harmonie, plus d'ensemble, moins de fatigue; ils le savent si bien qu'ils viennent chaque année ici de la même montagne, des mêmes familles de montagnards. Le jour où l'on supprimerait le violon, ils seraient malheureux, découragés, et ne viendraient

plus. On le sait d'alentour, on vient les voir danser dans la vendange : cela leur plaît, et l'ouvrage ne s'en fait que mieux.

— Et vous croyez que le vin est meilleur et mieux fait?

— Je le crois; nos pères avaient un motif que l'expérience leur avait enseigné. Notre vin était bon de leur temps; grâce à eux, il est encore bon du nôtre.

— Avant de faire fouler, vous faites enlever à la main les grappes du raisin. Fait-on ainsi dans les vignobles voisins?

— Je ne sais pas. Nous ne pouvons pas voir ce qui se fait autre part. C'est le soleil qui donne le signal de la vendange; ce signal est le même pour tous; toutes les vendanges dans ce pays se font en même temps, le même jour, aux mêmes heures. Chacun fait de son côté ce qui est dans la coutume du vignoble, ce qui a été fait l'année précédente et les autres années; nous soignons chacun de notre mieux, suivant la coutume de l'endroit éprouvée par un long usage, et nous ne nous occupons pas du reste.

— Vous ne croyez donc pas au progrès?

— Je crois au soin attentif, à la surveillance assidue, au travail constant, pour laisser toute la valeur ou pour ne pas nuire à la valeur des dons que le Créateur nous a faits. Si ces moyens, qui dépendent de nous, sont un progrès, j'y crois. Autrement, je ne saurais croire que, sans le Dieu qui nous a donné cette terre précaire, ces vignes qui y trouvent leur nourriture, cette bienfaisante rosée qui gonfle les raisins, ce soleil qui les colore, les échauffe et les mûrit, le progrès puisse nous donner quelque chose qui ressemble à notre bon vin de Saint-Julien.

Lorsque l'année est bénie du ciel, que la vigne n'a pas gelé au printemps, qu'elle a fleuri sans accident, qu'il n'y a pas eu de coulure, que la Providence a réparti heureusement dans sa sagesse les jours de soleil et les jours de pluie, qu'il n'est tombé ni grêle ni grêlons, qu'il n'y a pas eu cette sécheresse qui racornit les grains, et, au contraire, une de ces aimables humidités qui les développent; que la vendange se fait de bonne heure par un temps brillant et sec; lorsque enfin toutes ces circonstances auxquelles nous ne pouvons rien, que nous appelons de nos vœux, mais qui dépendent uniquement de la main supérieure qui les dispense, lorsque tout cela est réuni, nous avons une belle, une bonne année, une de ces années dont on parle longtemps, et qui font la gloire et la richesse du vignoble.

N'ayez pas tout cela, fussiez-vous au Château-Laffitte, à Mouton, à Margaux, à Latour, vous avez une mauvaise année, vous récoltez de simple piquette.

Voilà pourquoi je ne crois pas au progrès.

Voilà pourquoi je fais comme mes pères, qui suivaient l'indication du ciel et se disaient entre eux, comme au vieux temps :

Aide-toi, le ciel t'aidera !

Vous voyez bien que ce bon Laurent est un philosophe par le bon côté.

Voilà pourquoi l'on égrappera à la main, et pourquoi l'on dansera toujours au son du violon dans la vendange, aux celliers du château Beychevelle.

* *
*

LA SOIRÉE.

Quand la journée est finie, que les bœufs sont à l'étable, les chariots sous les hangars, que les pressoirs sont vides et les cuves remplies par suite de ce travail commencé dès l'aube, le violon qui a présidé à la danse des fouleurs sur les grappes ruisselantes des raisins préside aux danses du soir.

Vendangeurs et vendangeuses ont quitté leur costume de travail; dans la cour d'honneur, à gauche, est une vaste salle décorée de pampres mêlés à des guirlandes de fleurs; autour, des bancs de bois sont disposés. Et quand résonne le crincrin soutenu par les sons aigus du flageolet, tous ces gens que le travail a courbés pendant le jour trouvent des forces nouvelles pour se

— Et vers le soir, ce bon François sonne du cor, puis Joseph, du château voisin, lui répond. Cela est-il suivant les règles de l'art? je n'en sais rien, mais c'est charmant.

— Fi! que c'est vilain, monsieur le toutou, de ne pas s'intéresser plus que cela à la vendange! Mais vous aimez bien votre petite maîtresse, et puis ici la pâtée est si bonne! N'est-ce pas que ça vous suffit?

démener comme des possédés le soir. Tout cela saute, tourne et vire avec des rapidités vertigineuses; la sueur du plaisir baigne leurs fronts comme

celle du travail. Ce Gontran, qui ne respecte rien, prétend que l'une n'est pas préférable à l'autre, et que les gens qui, dit-on, se nourrissent de la sueur du peuple sont plus à plaindre qu'à blâmer.

Cependant, de temps en temps, quelqu'un des jeunes gens ou des jeunes filles du château donne le bon exemple en esquissant une contredanse, et le maître du château, pour la première soirée, se plaît généralement à ouvrir la série des fêtes avec la maîtresse du logis, ou à son défaut quelqu'une de ses invitées.

Quand les danses s'échauffent, que les fronts commencent à ruisseler et l'atmosphère à s'épaissir, on s'empresse de rentrer au salon, où l'on danse pour son compte, si l'on est en nombre suffisant, ou l'on se livre à quelque saynète ou à quelque charade panachée de musique, lorsqu'il se trouve, comme maintenant, des jeunes filles ou des jeunes femmes d'esprit, et quelques hommes aimables et de bonne volonté.

* * *

Tu vois bien, chère amie, que le temps se passe de la façon la plus gaie, et que j'ai beaucoup vu et beaucoup appris depuis que je suis sous ce toit et sous ce ciel hospitaliers.

* * *

Je sais enfin à peu près comment se fait le vin.

* * *

Ah! par exemple, j'ai eu un certain mécompte. Mon vieil oncle, que tu connais bien, qui fit si gracieusement dans ses bons moments de jolis petits vers et de joviales chansons, a l'habitude d'appeler le vin le jus de la treille. Maintenant que je viens de faire de si consciencieuses études, je sais que cette expression est tout à fait impropre, et ne peut que mettre en erreur les gens bénévoles et confiants.

Le raisin propre à faire le vin, au lieu de pousser sur des treilles, pousse sur des petites vignes qui rasent le sol, et ne viennent guère à plus de hauteur que celle de la ceinture, et l'on ne peut faire de vin en aucune façon avec la sorte de raisin qui pousse et mûrit sous les rares treilles du jardin potager.

Et moi qui avais confiance dans les paroles de cet excellent oncle! Désormais ma confiance est bien ébranlée; il faudra qu'il se conduise bien dans l'avenir pour que je lui pardonne.

Ici, on se lève de bonne heure. Le matin, une promenade à pied ou à

cheval le long des allées bordées de vendangeurs, ou bien du côté des prairies

où paissent tranquillement les bœufs, et celles où les joyeux poulains courent comme des écervelés au milieu des pâturages, pendant que leurs mamans à la panse rebondie broutent tranquillement l'herbe, levant parfois la tête pour donner un coup d'œil à la troupe de la jeunesse ivre d'air, des senteurs matinales et du soleil qui monte à l'horizon.

* *
*

C'est charmant de galoper soi-même au milieu de toute cette fête de la nature; il y a des chevaux des plus aimables dans les écuries du château, et

qui semblent prendre le même plaisir que vous à courir au milieu de tous ces séduisants paysages.

Après le déjeuner, qui réunit tous les hôtes du château autour de la table

hospitalière, on prend le café sur la grande terrasse, d'où l'on voit briller au loin les flottilles des bâtiments qui glissent doucement sur la Gironde pour descendre vers la mer ou gagner Bordeaux; les messieurs fument des havanes tirés, nous dit-on, des grands crus de là-bas, et les femmes les écoutent avec plaisir, quand toutefois ce qu'ils disent en vaut la peine.

LA SOIRÉE.

On va faire ensuite une promenade dans la petite cour des communs, où se fait avec soin la célèbre soupe aux choux, que l'on distribue par portions à la centaine de travailleurs recrutés pour la circonstance.

Excellente soupe au choux, je te jure, avec de magnifiques quartiers de bœuf qui nagent doucement dans l'immense marmite, escortés d'une troupe de légumes qui semblent se réjouir de frétiller tout autour.

Cela sent véritablement très-bon, et nous ne manquons jamais de demander pour le soir, à la table du château, un peu de cette bonne soupe, dont

chaque famille vient à la file réclamer sa part à celle qui, armée de la grande cuiller, pontifie superbement autour de la marmite monumentale.

Cela fait, nous donnons un coup d'œil aux écuries si bien aménagées, nous allons rendre visite à deux magnifiques pères de famille dont, m'a-t-on dit, ce sont les enfants qui courent si gaiement dans les grandes herbes. Ce sont deux chevaux de race anglaise superbes et fins, l'un bai, l'autre d'un noir brillant, dont les naseaux se gonflent avec une ardeur étrange, et qui me rappellent cette page que M. de Buffon écrivait avec ses belles manchettes, et que l'on nous a fait si bien copier et apprendre jadis au couvent.

Notre aimable hôtesse nous a laissés un instant. Où est-elle? Chut! nous dit-on, elle a été visiter les malades, ou les vieillards, ou les tout petits enfants qui viennent de naître; elle prévoit tout. Quelques douceurs, quelques consolations, quelques bons conseils, ce qu'il faut à chacun soit en utiles remèdes, soit en vêtements nécessaires, soit en argent, elle fait cela tout simplement en cachette et discrètement, ne voulant pas être surprise. On ne fait pas semblant de s'en douter, on ne lui en parle même pas, tant on craindrait de toucher, par un froissement quelconque, au secret de ses bonnes actions. A Paris, tu ne lui diras pas que nous savons tout cela, ou du moins une bonne partie.

Vers les trois heures, les chevaux sont prêts, les voitures attelées, tout le monde se réunit dans la grande salle, anciennement la salle des gardes, où les hommes d'armes sont remplacés par une troupe de billards français, anglais, américains, des jeux de toute sorte et des siéges de toute provenance.

Le signal est donné; on monte dans les calèches, qui se meublent de fraîches toilettes, se couronnent d'ombrelles ou roses, ou blanches, ou bleues; et

Que c'est comme un bouquet de fleurs !

dit ce petit gamin de Gontran en parlant du nez comme le bon Berthelier.

Et l'on va regarder le coin où les vendangeurs récoltent ce jour et chargent les compostes pleines de raisin sur les chariots traînés par les bœufs.

Puis, après avoir goûté quelques grappes, avoir joui de ce gai mouvement, de ces riches et aimables tableaux d'une si séduisante couleur, on reprend

Château Ducru-Beaucaillou. (Deuxième grand cru à M. Johnston.)

chaque jour une route différente pour aller visiter quelqu'un des aimables châtelains dont les châteaux et les vignobles brillent dans les environs sous des noms que leurs vins ont rendus célèbres par le monde entier.

•

Hier, on nous a promenés en calèche du côté des graves qui avoisinent le fleuve; nous avons fait une rencontre dont le souvenir me restera longtemps.

Un troupeau de bœufs, de vaches et de chèvres arrivait à l'encontre de nous, soulevant par flots des tourbillons de transparente poussière à travers laquelle s'estompait la silhouette des bestiaux.

Un Troyon qui marche.

Derrière s'avançait un vieil homme perché sur ces longs pilotis qui servaient jadis à parcourir les landes, et dont la tradition se perd chaque année, grâce aux plantations qui sont venues fixer les sables et les couvrir de verdure et d'herbages.

Nous le regardons curieusement. Son visage creusé par les ans a cette teinte de réflexion et de mélancolie profonde que donne l'habitude d'être seul en face de la nature et des grands spectacles de Dieu.

Ses vêtements étranges, composés de haillons chaudement colorés, n'éveillent pas le sentiment de la commisération ni de la souffrance. Ils se placent dans le tableau comme une note juste et nécessaire, et se fondent avec toute la scène environnante dans un ensemble de chaude et vivante harmonie.

Il n'est pas jusqu'au grand chien noir aux oreilles aiguës, au museau et au ventre fauves, dont les yeux clairs interrogent à chaque pas les regards de son vieux maître pendant qu'il court à droite et à gauche du troupeau en marche, qui n'ajoute par sa note vibrante au caractère général de la mise en scène.

En arrivant près de nous, le vieillard découvre respectueusement son front hâlé par le grand air, sillonné de rides profondes, et s'arrête pour nous laisser passer.

Cet homme a quatre-vingt-cinq ans, me dit-on; depuis sa première enfance il est pâtre au service des marquis d'Aux, propriétaires et seigneurs du château de Talbot. Jamais il n'a quitté, pour si peu que ce soit, ce sol qui l'a vu naître.

Il y a plus de soixante-dix ans qu'il se lève chaque matin aux premières lueurs du jour, et que, monté sur ses hautes échasses, il conduit pâturer les bœufs et bestiaux de son maître, puis les ramène à l'étable lorsque le soleil commence à disparaître à l'horizon.

Je ne sais pourquoi cette figure de vieux berger m'impressionne profondément; il me semble voir un de ces patriarches que la Bible nous montre conversant avec le Seigneur, habitués à lire sa volonté dans les astres dont le ciel est semé.

Cet homme qui a vécu plus de quatre-vingts ans, pendant ces années si mouvementées et si tumultueuses de notre siècle, ignorant des bouleversements inutiles qui ont ruiné et ensanglanté la terre, ne voyant que son troupeau, n'étant agité par aucune de ces ambitions stériles qui ont tourmenté notre âge, n'échangeant de pensées qu'avec la nature et avec Dieu, m'inspire un respect dont je ne puis me rendre compte.

Un jour, me dit-on, il s'est marié; il lui est né deux fils : l'un a été tué pour son pays pour une querelle de peuples dont le vieux pâtre ignore jusqu'au nom; il est resté dans la terre de Crimée, où ses ossements ont été ensevelis; l'autre habite au loin, dans une grande ville, d'où il ne donne que rarement signe de vie.

Nous nous sommes arrêtés pour recevoir le salut du vieux pâtre.

— Bonjour, mon bon, dit notre hôte.

— Bonjour, mon bon monsieur.

— Comment va M. le marquis d'Aux?

— Bien, grâce à Dieu; il est bon pour tous, et la volonté du ciel nous le conserve.

— Et vous? et votre femme, mon brave?

— Merci de votre bonté; moi, je vais encore bien, à peu près, mais ma pauvre vieille femme vieillit beaucoup; elle est cassée, elle souffre de quelques douleurs. Nous sommes anciens tous les deux. Songez donc, il y a dix ans, nous avons renouvelé la cinquantaine de notre mariage. M. le marquis, que Dieu assiste, nous a fait l'honneur de venir prier à notre messe.

Ah! c'était un beau jour; mais, depuis ce temps, ma pauvre vieille femme s'affaiblit. Cela m'attriste de la voir peiner à marcher, moi qui vais bien encore. Le bon Dieu, je l'espère, nous appellera bientôt tous les deux; nous irons retrouver notre fils et défunts nos parents qui sont au ciel.

Que Dieu vous garde, mes bons messieurs et mes bonnes dames; voilà e jour qui baisse, il ne faut pas que je m'attarde pour rentrer mes bêtes.

Il nous a salués avec respect, et nous le voyons partir. En quelques enjam-

ACTEURS ET ACTRICES. 36.   COSTUMES ET VISAGES.

LE VIEUX PATRE DU MARQUIS D'AUX

(CHATEAU DE TALBOT)

bées de ses longues échasses, il a regagné les bœufs qui se perdent déjà dans la brume du soir.

Nous restons silencieux et pensifs.

J'ai vu bien des vieux messieurs en habit noir, bardés de cordons, couverts d'ordres, de plaques et de décorations, qui ne m'ont pas laissé un souvenir si doux et si pénétrant que ce vieux berger aux longues échasses.

* * *

A bientôt, chère. Écris-moi tes impressions du Dauphiné.

Bien à toi.

JEANNE DE L...

Château-Laffitte (barons de Rothschild).

CHATEAU-LAFFITTE

Octobre 1876.

A Monsieur Christian de K., à Dijon (Côte-d'Or).

Saluons.
Voici l'un des plus précieux joyaux de la couronne du Médoc.
Que dis-je? de la couronne de France.
Aussi c'est un des rois de la France, un de ceux que les républiques ne renversent pas, un Rothschild qui a coquettement et galamment attaché ce joyau royal à l'écrin ruisselant des baronnes de sa race et de son nom.
Quand on vient de passer à Pauillac, sur ce vaste quai qui borde la Gironde sillonnée de navires de tous pays venus de la haute mer pour remonter vers Bordeaux, ou qui en descendent, on grimpe au galop de ses chevaux une pente douce qui vous conduit au sein de ce pays si fertile en chefs-d'œuvre vinicoles.
On passe devant *Pontet-Canet*, dont le nom est si connu, devant *Brane-Mouton*, devenu *Mouton-Rothschild* depuis 1854.
Nous entrons dans une large et longue avenue bordée de grands arbres,

et nous nous arrêtons devant la grille, à droite. Nous sommes au Château-Laffitte, c'est le moment de la vendange : tout est empressement, mouvement

Presses et cuviers de Château-Laffitte.

fiévreux, dans les vastes bâtiments accolés au château ou bâtis dans les terrains placés sur la gauche ; c'est là que sont placés les cuviers, les

Chai de Château-Laffitte.

presses, les cuves où fermente le jus nouveau, les celliers qui ont reçu le

Celliers de Château-Laffitte.

vin de l'an dernier, puis les chais où se conservent les récoltes vendues ou à vendre.

A chaque instant quelque char traîné par des bœufs apporte la vendange; on voit s'approcher à reculons le char d'une de ces larges baies qui s'ouvrent sur les cuviers et les presses; les travailleurs, les jambes nues, s'emparent du précieux butin, versent dans le cuvier les raisins qui composent la charge, et bientôt les chariots reprennent à vide le chemin du quartier où se fait la récolte.

Les maîtres du château sont là.

C'est une véritable bonne fortune de les trouver et d'être reçu.

C'est le baron et la baronne Gustave de Rothschild qui sont venus cette fois au moment des vendanges donner le coup d'œil du maître à cette terre si affectionnée jadis par le vieux baron, une de ses dernières conquêtes.

Tout Paris connaît cette grâce aimable et spirituelle, cette beauté élégante et fine qui distingue la jeune baronne. Je n'insisterai pas davantage.

* * *

Je me contenterai de raconter ce que j'ai entendu dire à une vieille vendangeuse qui la voyait passer souriante, son ombrelle à la main, suivie de son mari, au milieu des travailleurs occupés à cueillir le raisin.

« Posséder tant de millions et Château-Laffitte, être belle, être jeune, avoir de jolis enfants, un mari qui a l'air de vous aimer, être bonne et gracieuse par-dessus le marché, franchement c'est trop pour une seule !... C'est pas juste ! »

* * *

Le château Laffitte n'a, du reste, rien de princier. C'est une vieille bâtisse qui date de trois siècles environ, d'une architecture douteuse et composite, avec des ajoutures de styles différents, suivant le temps où elles ont été rapportées et les nécessités du moment.

Les premiers seigneurs, qui portaient le nom de Laffitte et de Bécoyran, relevaient de la baronnie de Vertheuil et lui rendaient hommage.

Successivement propriété des barons du Breuil, des Ségur et du président Pichard, qui fut victime de la première Révolution, et dont le domaine fut alors confisqué par l'État, le château Laffitte fut acheté par une compagnie hollandaise qui le paya alors en assignats et le vendit en 1803 à M. Vanlerberghes, associé du fameux fournisseur Ouvrard.

Quand les comptes d'Ouvrard et de Vanlerberghes furent vérifiés, dit dans son livre M. Édouard Feret, M. Vanlerberghes, menacé de restitution, céda Laffitte à sa femme pour la couvrir de ses reprises, et celle-ci le vendit, en apparence du moins, à Sir Samuel Scott, banquier anglais, qui en parut le propriétaire jusqu'à la mort du fils Vanlerberghes.

A cette époque, au grand étonnement du public, on apprit que les ventes avaient été simulées, et les héritiers Vanlerberghes, après avoir transigé avec l'État, leur créancier, firent vendre le domaine aux enchères.

* * *

Le célèbre banquier Aguado, marquis de las Marismas, avait eu l'heureuse fantaisie d'acheter le cru de Château-Margaux et le château lui-même. L'achat de ce premier cru si renommé avait eu lieu en 1836, au prix de treize cent mille francs, inaugurant ainsi la mode qui s'est emparée des grands financiers de posséder quelque morceau de terre sur ce sol généreux et envié du Médoc.

On se le rappelle, lorsque mourut M. Aguado, propriétaire alors du magnifique hôtel où est située maintenant la mairie de la rue Drouot, M. le baron de Rothschild apprenant sa mort et le chiffre de la fortune laissée par lui, qui se montait à une cinquantaine de millions, prit un air attristé et de douce commisération en disant « : Eh bien ! je le croyais plus à son aise. »

L'illustre banquier, le baron de Rothschild, le premier des financiers d'Europe, n'avait pu acheter jusqu'alors, à l'imitation de celui qui était son collègue et passait pour son rival, que le cru de Brane-Mouton, au prix d'un million cent vingt-cinq mille francs, un cru remarquable, il est vrai, mais classé seulement au second rang par les experts et la tradition; on comprend aisément qu'il ne pouvait accepter de se trouver ainsi au second plan dans cette spécialité, lui qui était si à son aise dans toute autre.

Lorsque la vente de Château-Laffitte fut annoncée, le parti du baron fut donc bien vite pris. L'acquisition de Château-Laffitte, le premier grand vin et grand cru du Médoc, rétablissait heureusement les distances.

D'autre part, les gens de Bordeaux s'étaient vivement préoccupés de la chose. Ils étaient jaloux de penser que la parure éminente du Bordelais et du Médoc pouvait passer en d'autres mains que celles des gens du pays.

Un syndicat s'était déjà formé, et six millions avaient été réunis entre les principaux commerçants de la Gironde pour faire face aux besoins de la vente.

M. de Gernon, dégustateur et commerçant émérite, avait été chargé à la fois des fonds et de la poursuite des enchères. La présence du vieux baron de Rothschild l'arrêta net dans son opération. On sut à n'en pas douter que le grand baron, ainsi qu'on l'appelait, poursuivrait jusqu'au bout les exigences de sa fantaisie.

Il y avait, outre le prix brut de la vente, à payer d'énormes droits, celui de la récolte de l'année et de quelques réserves. Arrivé au bout de son mandat, M. de Gernon, essoufflé, s'arrêta ; le baron continua toujours.

« J'avais encore six cent mille francs à consacrer à mon caprice, » dit-il à M. de Gernon, qui dut se retirer avec la conscience d'avoir fait ce qu'il pouvait pour l'honneur du pays, et de n'avoir cédé qu'à la force.

M. de Rothschild avait vu l'adjudication lui être attribuée au prix de quatre millions deux cent mille francs.

Et il avait fait une bonne affaire.

Le produit du vignoble est d'un million à quatorze cent mille francs; l'année exceptionnelle de 1875 en a produit, nous assure-t-on, seize cent mille ; les frais d'exploitation ne dépassent guère cent mille francs. A ce compte-là, la propriété fut bien vite payée. Dès maintenant, tout est bénéfice : l'eau, qui, suivant le proverbe, va toujours à la rivière, va bien plus certainement encore aux fleuves et à la mer.

Vienne maintenant le phylloxera. S'il ose jamais s'attaquer à Château-Laffitte, ce dont on doute, on est prêt ; l'affaire n'a plus rien à perdre, elle a tout payé.

Quant au baron, il a eu la consolation d'être supérieur à son ancien ami Aguado : il a le premier grand cru ; il a vaincu sur toute la ligne.

* * *

Il faut dire que la fantaisie du baron James était depuis longtemps à demeure dans son esprit.

De tous les vins choisis que ses sommeliers accumulaient à grands frais dans ses caves, le laffitte fut toujours celui dont il prisait davantage les qualités et les vertus.

Il se complaisait à son arome, savourait en connaisseur son bouquet et son velouté, saisissait en délicat expert les nuances de ses années et de ses rayonnements particuliers.

Un jour, à la table du baron Haussmann, qui, en sa qualité d'ancien préfet de Bordeaux, prétendait aussi s'y connaître, on versa au baron James un verre de château-laffitte.

Trouvant que le breuvage ne valait pas le nom qu'on lui donnait et l'honneur qu'on lui faisait, le baron James le fit passer de son petit verre dans le grand, et l'additionna d'une bonne rasade d'eau, en disant de ses lèvres railleuses et millionnaires :

« Puisque tu m'as trompé, je vais te tremper à mon tour ! »

Peut-être cette aventure, ou d'autres analogues, maintes fois répétées, l'ont-elles conduit à conclure cette bonne affaire de l'achat du château, ce qui lui a permis en même temps d'être sûr de boire à volonté du laffitte authentique et dûment contrôlé par un propriétaire en qui il pût avoir toute confiance.

Désormais donc le château-laffitte est aux Rothschild; il faudra plus d'une révolution pour les renverser. Je ne sais si les fils ont hérité du goût de leur père; en tout cas, ils ont la possibilité de boire de ce grand cru authentique et sans mélange.

***

Il existe une dynastie d'administrateurs et de curateurs exercés de père en fils à l'heureuse exploitation de ce vignoble exceptionnel.

M. Goudal, le directeur actuel, est le dépositaire intelligent de toutes ces heureuses traditions qui ont mis hors pair ce vin célèbre.

— Pourquoi changer? dit-il en voyant passer certaines innovations qu'il redoute; le mieux n'est-il pas plus ennemi du très-bien qu'il ne l'est du bien? Et il redouble de surveillance et de soin en conservant les errements si glorieux du passé.

M. Goudal est à Laffitte ce que M. Galos est à Mouton-Rothschild, le vignoble voisin qui appartient maintenant au baron James, petit-fils du baron James Ier.

C'est Mouton-Rothschild que le poëte de Bordeaux, M. Biarnez, a chanté ainsi dans ses poésies :

> Qui croirait que Mouton, modeste autant que grand,
> Ne vient qu'après Laffitte et n'est qu'au second rang?
> Cependant le gourmet ne peut le méconnaître :
> Il a même valeur, plus de valeur peut-être,

Et chacun, ébahi, se demande pourquoi
Mouton, le grand Mouton, n'a pas le nom de roi.
C'est qu'au temps reculé, le maître du domaine
Ne sut rien concéder à la faiblesse humaine :
Heureux d'un sol fertile et fier de ses coteaux,
Il ne fit élever ni donjons ni châteaux.

En effet, le vignoble de Mouton n'a qu'une ferme, une sorte de bergerie, accompagnée de pressoirs et de celliers.

Quand le baron James, qui se plaît à revenir de temps en temps à ses moutons, vient rendre visite à son vignoble, il habite la chaumière. Le vin n'en est pas plus mauvais pour cela, et l'affaire n'en est pas moins bonne.

Le dernier de la dynastie Galos soigne donc ce vin avec autant d'amour-propre et d'amour que celui de la dynastie Goudal soigne le vin du Château-Laffitte.

Château-Laffitte n'est pas une chaumière. De la grande terrasse que borde le jardin potager, on découvre un ensemble des plus intéressants : les vignobles renommés de Saint-Estèphe se trouvent en regard ; tout d'abord

Cos d'Estournel, deuxième cru. (Famille Errazu.)

les constructions chinoises de *Cos d'Estournel,* un grand cru qui appartient à la famille Errazu, qui font tableau pittoresque vers le troisième plan; le *Montrose*, qui appartient à M. Dollfus, et le château *Pomys*, aussi à la famille Errazu; puis, au loin, la silhouette du vieux château de Calon, qui appartenait jadis aux sieurs de l'Esparre et aux Ségur.

A gauche du jardin potager, le parc s'étend derrière le château, vers le nord; il est planté de vieux arbres séculaires, d'autant plus respectés qu'ils sont plus rares en ces pays où chaque centimètre de terre a sa valeur éminemment productive.

* *

Le salon dans lequel on est reçu est de plain-pied avec le jardin. Quelques vieux tableaux de l'école italienne et espagnole sont accrochés aux murailles, et des meubles riches du style Louis XV garnissent les panneaux. A côté, un petit salon d'un ton doux et délicat, décoré de peintures françaises et garni de meubles les plus fins du style Louis XVI; c'est un nid aimable et charmant, affectionné principalement par la vieille baronne, qui aimait jadis à y passer tranquillement quelques semaines, lors de la belle saison.

Les jeunes y viennent moins, et seulement à l'époque où nous nous trouvons, l'époque joyeuse de la vendange et des fêtes qu'elle anime.

* *

En ce moment, il y a trois cents vendangeurs ou vendangeuses, petits et grands, qui sont arrivés de partout pour ce grand travail des vendanges. Le Château-Laffitte a beaucoup de succès parmi ces gens qui courent les vignobles à cette époque de l'année; la soupe au bœuf et aux choux a la réputation d'y être excellente, les miches de pain bien lourdes et le vin bon. Ces messieurs et ces dames ne sont pas fâchés de pouvoir dire, de retour dans leur chaumière de la montagne ou leur soupente de la ville : Il y a quinze jours, c'était un mardi, je dînais chez Rothschild.

Population étrange et bizarre que celle-ci! Il y a des gens en veste, ou en blouse et en sabots, avec des bérets des montagnes; il y en a en habit noir, et quel habit! en redingote et en paletot, coiffés de chapeaux à haute forme rougis par les saisons, ou bien de la casquette de soie, comme les vendeurs de contre-marques; des balayeurs et balayeuses de Bordeaux, des vendeurs de contre-marques, des marchands d'oranges ou de poisson. On me montre une grosse femme, énorme, au visage rouge, la lèvre estompée d'une petite

moustache grisonnante; elle est coiffée du foulard bordelais, et pèse cent cinquante kilos. Elle est connue à Bordeaux, où elle vend sur le port, suivant la saison, des poissons ou des oranges, et ne manque pas, chaque année, sa petite promenade au Château-Laffitte. C'est la curiosité de la troupe.

Tout cela arrive, ou à pied, ou en voiture, ou par les bateaux qui viennent du haut pays par la Gironde.

Tous portent dans des sacs leur ménage ambulant, le linge indispensable

Invités au Château-Laffitte pour le temps des vendanges. (*Aller.*)

et les couvertures qui doivent les envelopper pendant leur sommeil dans les granges où ils se logent; les femmes et les enfants qui ne peuvent marcher à pied sont huchés par étages superposés, eux et leurs bagages, sur des charrettes étranges, traînées péniblement par des petits chevaux de montagne.

En huit ou dix jours la vendange est faite. Chaque escouade de douze ou quinze personnes est commandée par un piqueur qui dirige le mouvement

MESSIEURS DE BORDEAUX (PLACE DU GRAND-THÉATRE).
Pas fâchés de donner un petit coup de main d'amitié au baron.

et veille à ce que l'on ne consomme pas trop de raisin, trop de château-laffitte en pilules, comme disait Brillat-Savarin.

Chacun va vider son panier dans les hottes des porteurs, qui vont eux-mêmes à leur tour porter la vendange dans les tonnes, chargées sur les chars à bœufs sans cesse renouvelés.

Pendant ce temps, les presseurs et fouleurs font leur affaire; le vin qui coule dans les bannes est porté successivement dans les cuves, où il est appelé à fermenter avec le moût de la grappe aux trois quarts écrasée.

Invités au Château-Lafitte pour le temps des vendanges. (Retour.)

La dernière grappe cueillie, les vendangeurs partent. Ils ont bien vécu, bien chanté; ils ont dansé le soir, dormi la nuit; ils s'en retournent salis;

faits de ce petit temps de vacances et de répit, avec un petit pécule et de joyeux souvenirs.

Bien que ce public de vendangeurs soit recruté la plupart du temps dans le rebut de la société, il est bien rare qu'il y ait quelque crime ou même quelque violence à signaler. La vendange est comme une trêve que tous ces gens s'imposent, sauf à recommencer leur vie de plus belle après.

* * *

M. Goudal, l'habile ministre de ce petit royaume, nous promena partout dans le domaine confié à ses soins. Nous avons vu ces grands celliers où s'agite autour des cuviers et des vastes cuves un monde affairé de travailleurs.

Ici le raisin est égrappé avec soin, comme dans tout le Médoc, et il est foulé aux pieds. On a bien essayé le foulage mécanique, mais, me dit-on, le foulage aux pieds est encore reconnu le meilleur; le pied n'est pas résistant, il n'a pas l'inflexibilité du fer ou du bois, qui écrasent non-seulement la pulpe, mais broient aussi le pepin, dont le contenu recèle une sorte d'huile empyreumatique de nature à altérer quelque peu le goût et le bouquet du vin.

Ces fouleurs dansent donc dans la vendange à Laffitte et à Mouton comme à Beychevelle; mais on n'y danse pas au son du violon, la tradition ne l'exige pas.

Le vin ne gagne ni ne perd à cela; il a toujours le même parfum, le même velouté, le même bouquet que jadis; il est de plus en plus recherché, et jusqu'ici, grâce à Dieu, disent avec reconnaissance les gourmets et les délicats en vin, le terrible phylloxera n'a pas osé s'attaquer à ses cépages.

Dans les bonnes années, le grand laffitte s'est vendu jusqu'à huit et dix mille francs le tonneau (le tonneau est composé de quatre pièces de deux cent vingt-huit litres), et n'en a pas qui veut.

Comme nous disait en riant le baron, « nous n'avons pas coutume de vendre notre vin au litre. »

Aussi, sauf certaines réserves que se font les opulents propriétaires pour ne pas subir certaines déceptions, la récolte tout entière est achetée en bloc par quelque grand commerçant, et, chose triste, la plupart du temps elle passe toute en Angleterre, chez les grands seigneurs qui en sont violemment épris.

Malgré cela, vous pouvez aller, me dit l'aimable régisseur, demander du laffitte à n'importe quel négociant de Bordeaux, il vous enverra le lendemain ce que vous demandez; mais quel laffitte!

Le miracle de la multiplication des vins se fait à Bordeaux comme jadis celui de la multiplication des pains en Galilée. Le laffitte se multiplie aussi effrontément que la canne de M. de Voltaire. Pour parer à cet inconvénient, les véritables acheteurs de laffitte laissent leurs pièces marquées à leur nom se faire et vieillir dans les énormes et magnifiques chais du château.

Quand le vin est fait, il est mis premièrement en bouteilles dans le chai même, bouché avec religion de bouchons marqués et estampés, avec le nom et le dessin du château Laffitte.

De là il est expédié partout, et voyage pour l'édification des fidèles, qui ne peuvent être trompés sur sa provenance et peuvent boire ainsi en toute sécurité à la santé des hauts barons du lieu et de leur ministre de confiance.

* * *

Cette année, le froid du printemps, la gelée, la coulure, etc., ont nui à la quantité; au lieu de cent quatre-vingt-huit tonneaux récoltés l'an dernier, il y en a eu seulement cent douze. Mais, à ce qu'il paraît, le soleil a bien fait les choses en dernier lieu; le vin sera bon dans quelques années. Nous verrons bien.

Château-Laffitte. (Côté du parc.)

Bâtiments du Clos-Vougeot. (Intérieur de la cour.)

LE CLOS-VOUGEOT

A Monsieur A. d'A., à Pauillac (Médoc).

De Dijon (Côte-d'Or), octobre.

Cher ami, suivant nos conventions, je suis maintenant en plein pays de Bourgogne, pendant que vous vous épanouissez en Bordelais.

Vous me parlez Laffitte, je vais vous répondre Clos-Vougeot, deux chefs-d'œuvre, chef-d'œuvre du Médoc, chef-d'œuvre de la Bourgogne. Nous serons à deux de jeu.

C'était il y a une vingtaine d'années; nous revenions du midi de la France, et nous avions trouvé à Lyon le plus charmant, le plus spirituel et le plus gai comme l'un des meilleurs parmi tous les prélats passés, présents et futurs.

Quelles fines et humoristiques histoires avait dans son sac épiscopal l'excellent Mgr Coquereau, l'aumônier général des flottes françaises! Et vous devez penser s'il en était avare lorsque, dans un compartiment de chemin de

LE CLOS-VOUGEOT.

fer, il trouvait des oreilles bien disposées à les entendre, avec le temps suffisant à les choisir et à les raconter.

De Lyon à Beaune, le trajet avait été raccourci, grâce à lui et aux piquants et gais souvenirs qu'il avait rapportés de tous ses voyages.

Peu avant Dijon, le train filait vivement en laissant sur sa droite une longue côte dorée par le soleil, assez monotone d'aspect, mais soigneusement cultivée. Tout à coup la physionomie si riante d'ordinaire de notre compagnon de voyage prit un caractère d'exceptionnelle gravité; il ôta respectueusement son chapeau.

— Découvrez-vous, nous dit-il.

Nous nous empressâmes de l'imiter. — Mais pourquoi donc?

— Voici la côte d'Or!

— Saluez le Clos-Vougeot, nous dit-il avec componction, le Clos-Vougeot, le plus précieux des dons faits par le ciel à notre pays!

Et il lui donna sa bénédiction.

— Cela ne peut lui faire de mal, et moi, cela me fait grand bien! fit-il avec un soupir de satisfaction. Naturellement, nous joignîmes nos bénédictions à celle du bon prélat, qui savait si bien apprécier les dons de Dieu.

Voilà comment j'ai fait connaissance avec le Clos-Vougeot.

* * *

Il est d'ailleurs, nous a-t-on dit, une coutume déjà fort ancienne.

Lorsqu'un régiment en marche passe sur la route, il est de tradition que le colonel fait battre aux champs et présenter les armes.

En effet, on ne saurait trop rendre hommage à ce produit exceptionnel du sol généreux de la Bourgogne.

A tout seigneur tout honneur.

* * *

Mais il ne suffit pas de saluer et de bénir le Clos-Vougeot du train qui passe comme un éclair sur les rails du chemin de fer, pour l'apprécier et le connaître.

Il faut aller le voir, le parcourir et le visiter avec recueillement. C'est ce que nous avons fait.

De Dijon, avec une bonne voiture, le trajet n'est pas long.

Celui qui fait cette route avec M. Charles Guillemot, l'un des plus importants et des plus accueillants parmi les commerçants de la vieille capitale bourguignonne, ne perd pas son temps.

Les chevaux couraient entre les vignes plantées des deux côtés de la route, et qui, si elles ne donnent pas, comme leurs célèbres voisines, des vins de premier ordre au point de vue de la réputation, n'en donnent pas moins de merveilleux et délicats produits.

Pendant ce temps M. Guillemot, en bon et excellent Bourguignon qu'il est, me montrait avec fierté les différents coteaux et les localités historiques qui ont fait la célébrité de la Bourgogne, et nous racontait l'histoire du Clos-Vougeot, en me montrant les notes à l'appui.

* * *

En Bourgogne, nous disait-il, nous devons un beau cierge aux bons moines bourguignons qui nous ont précédés. Ce sont eux qui ont fondé sur des bases indestructibles la gloire des vins de la Bourgogne.

Ces vieux bâtiments que vous voyez commencer à se détacher au loin sur cette nappe de verdure entourée de murailles, ce sont les bâtiments construits jadis par les moines pour exploi... et travailler les vignes de ce clos qui est le *Clos-Vougeot*.

Vers 1110, Hugues Le Blanc, seigneur de Vergy, et d'autres personnes voisines, firent don aux religieux de Cîteaux d'une partie importante des

terrains qui constituent aujourd'hui le Clos-Vougeot. Ces religieux, déjà possesseurs de plusieurs vignes sur le territoire de Beaune, firent alors construire au sommet du clos le cellier, avec les pressoirs, et les autres bâtiments indispensables à l'exploitation du domaine.

En 1162, le duc de Bourgogne Eudes II confirma à Cîteaux ces donations, et en 1164 le pape Alexandre III prenait sous sa protection les biens de l'abbaye et y comprenait nominativement le cellier de Vougeot.

L'abbé de Cîteaux ayant fait bâtir en 1367, à Gilly, un château fort pour servir de refuge pendant les guerres, le Clos-Vougeot devint une dépendance de la terre de Gilly, où, jusqu'au dix-septième siècle, les vins du clos furent amenés et conservés dans les caves du château, moins les vins de l'année, qui, hors du temps de la vendange, restaient sous la garde d'un moine cellerier.

Ces moines celleriers prirent à cœur de donner les soins les plus assidus à

leurs vignobles. L'abbé de Cîteaux fournissait des vins à la cour romaine, séant à Avignon, durant le quatorzième siècle.

Jean de Bussières, qui d'abbé de Clairvaux le devint de Cîteaux, en 1359, envoya trente pièces de vin de Vougeot à Grégoire XI, qui lui en fit de grands remerciments, et lui promit de se souvenir de ce présent; en effet, quatre ans après, il le nomma cardinal.

Aussi Pétrarque attribue, en 1366, aux vins de Bourgogne l'obstination des cardinaux à ne pas retourner à Rome.

La réputation du clos allait croissant.

En 1551, dom Jean Loisier, abbé de Cîteaux, modifia les anciennes habitations du cellier, en démolit une partie et engloba le reste dans le château qui subsiste aujourd'hui, mais qui demeura inachevé, au moins pour ce qui concerne l'ornementation.

Des améliorations importantes furent données aux plantations et à la fabrication de ce vin, qui prenait de plus en plus de la célébrité en France et au dehors.

Le Clos-Vougeot resta entre les mains des moines Bernardins de Cîteaux jusqu'à la Révolution.

C'est alors que, confisqué et déclaré bien national, il fut adjugé, le 17 janvier 1791, avec la terre de Gilly, les Richebourg, quelques terres et quelques autres vignes, à M. Focard, propriétaire à Paris, moyennant la somme de 1,140,600 fr., non compris le douzième.

De M. Focard il passa à MM. Tourton et Ravel, et de ces messieurs à M. Ouvrard père.

Le Clos-Vougeot est en ce moment resté indivis entre les mains des petits-enfants de M. Ouvrard, MM. de Rochechouart, de Montalembert et de Lagarde, qui ont pour cellerier ou régisseur actuel un excellent homme, très-soigneux, très-expert et très-intelligent, que l'on nomme familièrement dans le pays le père Pignolet.

* * *

Le dernier des Pères celleriers avait un nom prédestiné : il s'appelait dom Gobelet.

Cet illustre gourmet, dit M. le baron de Cussy, forcé, les larmes aux yeux, de quitter les précieuses caves confiées à ses soins, ne voulut pas partir sans emporter un fort échantillon du feu sacré; il le conserva si bien, sans néanmoins l'épargner, qu'il en existait encore en 1813, quand cet estimable religieux passa de vie à trépas à Dijon, sa patrie.

C'est lui qui fit répondre fièrement au jeune Bonaparte, vainqueur en Italie et revenant de Marengo, qui lui faisait demander du vieux vougeot pour sa table : « S'il veut du vougeot de quarante ans, qu'il vienne en boire chez moi ; je n'en vends pas. »

*
* *

En 1803, M. A..., commissaire des guerres, passant à Dijon, fut invité avec un de ses amis à dîner chez dom Gobelet. Après le dîner, que le clos-vougeot des vieilles années avait copieusement et magnifiquement arrosé, M. A..., remerciant et félicitant l'honorable amphitryon, lui proposa de troquer un panier de ce vin contre une bourse renfermant trente louis de vingt-quatre francs.

Cette proposition ne fut pas accueillie, et voici ce qui fut répondu :

« Monsieur, toutes les fois que vous passerez à Dijon, faites-moi l'honneur de venir dîner avec moi ; nous boirons de ce vin tant qu'il vous plaira ; mais pour en vendre une seule bouteille, jamais! »

— Honneur à ce digne gourmet! ajouta le baron de Cussy.

Telle est l'histoire du Clos-Vougeot jusqu'à nos jours.

Les chevaux avaient gravi au petit trot la côte qui conduit aux vieux bâtiments construits par les moines, et qui domine le vaste quadrilatère entouré de murs appelé le Clos-Vougeot.

On s'arrête devant un vieux portail encadré de colonnes Renaissance sur-

Entrée du château.

montées d'une frise délicate : dans la vieille porte massive s'ouvre, au quart de la dimension, une porte qui donne accès aux visiteurs et aux travailleurs habituels.

On passe sous la voûte, et l'on arrive dans une vaste cour, sur les côtés de laquelle sont bâtis les celliers et les halles aux pressoirs.

Ces vieux bâtiments ont un grand caractère et une tournure archaïque des

Le Clos-Vougeot.

plus prononcées; les grands toits surélevés, suivant l'usage du quatorzième et du quinzième siècle, recouvrent les vastes hangars, salles et celliers, où se dressent les foudres à contenir le vin, des légions de futailles et tonneaux garnis ou à garnir, et tous les primitifs et gothiques engins qui, depuis des siècles, ont été consacrés à la fabrication du premier liquide.

En face sont les bâtiments où logeaient les moines, le réfectoire, la chapelle, les dortoirs, les grandes salles du Conseil, mais tout cela, malheureusement, dans un état de délabrement et de vétusté qui fait peur; les grandes cheminées où l'on brûlait jadis des chênes entiers sont maintenant à moitié détruites, et se dressent froides et nues dans les grandes salles démeublées, veuves de boiseries ou de tentures.

Un petit appartement moderne a été découpé dans une des grandes salles pour le brave cellerier actuel, M. Pignolet, et pour sa famille.

Dans la cour, sous le hangar, un vieux puits très-profond, avec un système antique de roue, pour faire monter les vieux seaux remplis.

Le long des portails intérieurs, qui servent d'entrée pour les vestibules et le vaste escalier qui conduit à la salle du Conseil, règnent des ornements assez délicats dans le goût de la Renaissance, mais à moitié détruits par l'œuvre du temps.

* * *

Ce qu'il y a de vraiment remarquable, c'est la halle aux pressoirs.

Sous le vaste toit qui se trouve à la droite de l'entrée, sont encore les vieux engins établis par les abbés de Citeaux.

Énormes madriers, gigantesques pièces de bois reliées entre elles par des arbres entiers, mus au moyen de vis de pressoirs cyclopéennes; immenses machines qui ne peuvent être mises en action que par de puissantes barres de cabestan auxquelles il faut atteler une troupe d'hommes vigoureux.

Le long des galeries qui contiennent aux quatre angles les antiques pressoirs monacaux, se trouvent trente-sept cuves de taille différente. Elles peuvent cuver à la fois quatre cent cinquante pièces; l'épaisseur de leurs parois n'est que de trois centimètres, d'où l'on peut conclure à leur ancienneté; un couvercle, à fond percé d'un seul trou, les recouvre toutes.

C'est là que se fait la fermentation, qui dure de dix à quinze jours, jusqu'au moment où l'on décuve.

Chose particulière, on n'égrappe pas le raisin avant de le mettre au pressoir, c'est-à-dire qu'on ne dépouille pas le raisin du bois de la grappe, et tout se met dans le moût de raisin pendant le temps de la fermentation.

Quand la vendange est apportée dans les bannes et jetée dans les grands cuviers, les madriers gémissent soulevés à force de leviers et de bras, les barres sont passées dans les cabestans; les hommes se mettent à pousser

Le vieux pressoir des moines (Clos-Vougeot).

aux barres et tournent en cadence; l'énorme machine se meut. Les membres s'agitent et crient; le jus empourpré ruisselle.

Tout est mouvement et bruit fantastique dans cette colossale enceinte, et, dans les sombres profondeurs, il semble qu'on voie se mouvoir les ombres des vieux moines qui ont édifié ces monuments, et qui se réjouissent de voir leurs petits-neveux ne pas avoir perdu les traditions du vieux temps.

En effet, vous retrouvez là seulement, nous dit notre aimable guide, toute la vieille fabrication des moines de Citeaux. Quand, par la suite des temps, quand, par l'expérience péniblement acquise, on a trouvé l'excellent, pourquoi changer?

Si par hasard une modification quelconque allait troubler et déranger ces atomes, habitués à s'harmoniser dans une concordance si délicate et si précieuse : pourquoi, sous prétexte de mieux, courir une pareille chance?

Ce sont là, sans doute, les réflexions auxquelles se sont livrés les propriétaires actuels, qui ont néanmoins vu autour d'eux certains de leurs confrères sacrifier sur les nouveaux autels.

Ces réflexions me paraissent satisfaisantes à coup sûr; il sera temps, pensent-ils, de recourir à d'autres moyens lorsque ces puissants engins, toute cette machinerie d'un autre âge, vaincus par le temps, tomberont en poussière et se refuseront définitivement à la besogne qu'ils accomplissent avec tant de perfection depuis plusieurs siècles.

Et il est des plus intéressants pour l'homme qui voyage, qui étudie, qui compare, de voir encore vivants et supérieurs par bien des points ces vieux et puissants vestiges d'un passé auquel tant de gens ne pensent pas, pour le remercier du présent.

* *

Le régisseur ou cellerier actuel, le père Pignolet, n'a sacrifié que bien peu à la mode actuelle. Vigoureux, taillé à coups de large serpe, il a ce bon aspect solidement tranquille des gens du pays, cette bonne face bourguignonne colorée par l'heureuse dégustation des produits du clos; ses sabots aux formes monumentales semblent taillés dans les mêmes arbres druidiques dont les troncs ont fourni les madriers des vieux pressoirs.

Nous eussions aimé, cependant, à voir le père Pignolet revêtu du costume du moine, comme le Père dom Gobelet et ses très-honorables devanciers.

Car son costume actuel ne semble être qu'une tiède concession à notre temps; c'est celui du passé pour lequel il semble construit.

Son accueil est simple et bon; il est comme le grand prêtre du lieu qui préside aux sacrifices, et qui ne dédaigne pas de descendre de l'autel pour ouvrir avec bienveillance les portes du lieu sacré aux dévots et à ceux qui ont la religion de la curiosité.

Le père Pignolet est vraiment beau lorsque, assisté de son fidèle (j'allais dire vicaire), de son fidèle tonnelier, J. Biet, un beau gas de vigoureuse allure, il ouvre solennellement, pour y admettre les visiteurs, ce vieux et célèbre cellier des moines, qui s'étend tout le long du grand bâtiment faisant suite à la halle aux pressoirs.

Deux celliers se développent devant les yeux, l'un de cinq mètres de hauteur, l'autre de trois. Ils ne sont pas voûtés, mais le plafond est chargé de soixante centimètres de terre recouverte d'un carrelage.

Il faut habituer quelques instants les yeux à la demi-obscurité qui y règne avant de pouvoir comprendre l'énorme développement de ces longues galeries, qui peuvent contenir seize cents pièces de vin. La lumière y est distribuée avec parcimonie et réglée à l'aide de volets placés aux larges fenêtres situées tout à l'extrémité, et l'air atmosphérique y est introduit avec mesure par de petites fenêtres à bascule.

Il est reconnu par l'expérience que cet usage de varier et régler la lumière et la température est excellent; cela permet de faire marquer aux thermomètres cinq degrés centigrades en hiver et douze en été, ce qui paraît être la condition la meilleure pour la bonne éducation du vin.

*
* *

Nous sommes entrés respectueusement dans le cellier aux ombres mystérieuses. Les tonneaux y sont rangés par longues files et superposés par étages; un régiment de foudres, les flancs garnis de vins, tout à fait arrière, se dressent comme une garde de géants dans le cellier principal; suivent les pièces de petite dimension contenant la récolte de l'année dernière et la réserve des années précédentes.

Cellier du Clos-Vougeot.

Il y a ainsi, rangés en bataille, soixante-dix-sept foudres; chaque foudre contient douze pièces.

Pour les vins qui sont encore *bonde dessus*, c'est-à-dire non complétement mûrs pour l'avenir, les goûter est facile. Une sorte de petite pompe en métal pénètre dans le tonneau, dont la bonde est un instant enlevée. Une pression du doigt fait descendre le précieux suc dans les petites coupes

LE PÈRE PIGNOLET

Le régisseur et cellerier actuel du Clos-Vougeot.

LE FIDÈLE BRET

Tonnelier du Clos-Vougeot.

d'argent, aux oves creuses, où il brille comme un rubis liquide, laissant s'épanouir le parfum caractéristique du clos.

Mes compagnons, gens experts, étaient naturellement pourvus de cette coupe, compagne obligée des voyages bourguignons à travers les crus célèbres et hospitaliers du pays.

La physionomie du père Pignolet est alors des plus curieuses à observer au moment où la coupe s'approche des lèvres des visiteurs recueillis.

Il y a dans son œil qui cligne avec complaisance, dans sa bouche qui sourit magistralement, une autorité, une confiance, une sécurité paternelle qui réjouissent la vue, car on se sent en présence d'une conviction et d'une foi profondes.

Il ne dit rien, il n'interroge pas. Il attend simplement.

Lorsque le liquide a pénétré dans la bouche du fidèle ou du sceptique, que les papilles nerveuses et olfactives ont été saturées et convaincues, le sourire s'accentue et le clignement de l'œil se répète

— Délicieux, parfait!... s'écrie-t-on invariablement en hochant admirablement la tête d'un commun accord; et le père Pignolet, avec le fidèle Bret, passe à une autre pièce.

Pour celles qui sont *bondé de côté,* c'est-à-dire celles qui sont tout à fait prêtes et parées pour la gloire de l'avenir, un coup de foret, un coup de marteau sur la paroi de la pièce suffisent pour faire sortir un jet brillant qui est reçu dans le verre ou dans la coupe d'argent.

— Voici du 1870, une merveille! du 1864, un chef-d'œuvre! Ce ne sont qu'exclamations admiratives.

— Oh! les bons moines! disions-nous en chœur; oh! l'excellent cellerier dom Gobelet! oh! l'adorable Pignolet! répétions-nous sur tous les tons.

Une chose seule m'étonnait fort et me consternait, je l'avoue.

Les braves Bourguignons, mes compagnons très-précieux et très-aimables de voyage, se contentaient de prendre une gorgée puisée dans leur petite coupe d'argent, la promenaient quelques instants dans leur bouche, qu'ils imprégnaient du goût et du parfum de la liqueur, puis la rejetaient dédaigneusement sur le sol, comme si l'expérience était complète.

Je dois le dire, ce dédain, ce mépris, m'offusquait de la façon la plus entière; il me semblait assister à une profanation, à une sorte de sacrilége ou de crime.

Je n'ai jamais pu me résigner à faire comme eux; j'ai avalé pieusement le breuvage, et je ne m'en suis pas trouvé plus mal, je vous l'assure, bien au contraire

Ces messieurs prétendaient que c'est la seule manière de goûter réellement le vin, et que c'est ainsi seulement qu'on se rend compte des nuances, ajoutant, du reste, que leur cerveau ne résisterait pas à des expériences souvent répétées, s'il leur fallait avaler tout ce qu'ils veulent consciencieusement goûter.

C'est possible; je ne veux pas discuter, je me suis contenté de les plaindre.

*_{*}

Je dois dire, pour la justification de mon aimable guide, M. Guillemot, que depuis plusieurs années il achète tout bonnement la récolte tout entière du Clos-Vougeot, et que par suite il peut en boire chez lui tout à son aise, au lieu d'en goûter avec dédain comme il vient de le faire devant nous.

C'est là son excuse.

*_{*}

Nous n'avons pas voulu quitter ces vieux bâtiments et cet excellent cellerier père Pignolet sans emporter quelques détails sur la culture et les agissements du premier vignoble.

Et voici ce qu'il nous a raconté :

Le clos est planté en *Pinot noir :* c'est un pied de vigne célèbre qui ne réussit qu'en Bourgogne; le *Chardenet* ou *Pinot blanc* s'y trouve dans la proportion d'un cinquième; enfin, cinq ou six cents pieds de *Bureau* ou *Pinot gris* sont disséminés dans le vignoble.

Le clos donne treize hectolitres par hectare en moyenne, quantité un peu inférieure à ce qui s'obtient dans la contrée; il y a 50 hectares, ce qui donne une récolte moyenne annuelle de 650 hectolitres, soit à peu près 300 pièces. Il n'y en a pas pour tous les gourmets, et il est probable qu'il s'en vend à ceux qui ne s'y connaissent pas ou qui prennent mal leurs précautions, plus de dix fois cette quantité de clos-vougeot apocryphe.

Ne troublons pas leur erreur. C'est la foi qui sauve.

*_{*}

Nous avons pris congé du vénérable père Pignolet.

Décidément c'est un grand artiste, et modeste par exemple comme bien peu le sont. — J'ai peu de mérite, nous disait-il, je suis religieusement les traditions, je me sers de ce qui a servi à mes prédécesseurs, je travaille comme ils ont travaillé, je soigne comme ils ont soigné. Qu'ai-je à faire de plus? C'est la terre, le ciel, et le bon Dieu, leur maître, qui ont fait le reste, et ce reste-là est tout, je le crois sans peine.

Aide-toi, le ciel t'aidera,

c'est là ma maxime, et le ciel m'aide, vous voyez bien.

* * *

Brave père Pignolet!

* * *

— Et les propriétaires, ils doivent être ravis, et vous devez les voir souvent?

— Ils sont ravis, je l'espère, et c'est ma satisfaction, mais je ne les vois guère.

M. le comte de Rochechouart est bien loin, m'a-t-on dit, en Perse, en Chine, je ne sais pas au juste, et ne peut venir. Ces dames ne bougent pas de chez elles; il y a deux ans seulement, j'ai aperçu un jour ou deux un charmant jeune homme : c'est le comte de la Garde, un des propriétaires aussi. Il est très-aimable, très-gai, et a trouvé le vin de son goût; il est parti fort content, et je n'ai pas eu le plaisir de le revoir; mais il m'a promis de revenir.

Si vous le voyez, dites-le-lui.

* * *

Nous sommes montés dans notre voiture, qui nous attendait impatiemment, car nous étions restés longtemps à cette visite qui nous avait profondément intéressés. Après une heure et demie de route, nous étions rentrés dans la ville de Dijon.

Quand je serai revenu dans notre bonne ville de Copenhague, et que l'on versera dans mon verre un peu de cette liqueur si appréciée dans notre pays, qui ne saurait en produire, je penserai avec plaisir à cette luxuriante côte d'Or, à ce clos si merveilleux, aux vieux bâtiments, aux gothiques pressoirs, aux abbés de Cîteaux et au vénérable père Pignolet.

Christian DE X...

LES VENDANGES AU CHATEAU DE Z...

A Monsieur Pierre de X..., avenue des Champs-Élysées, Paris.

(Médoc), le 3 octobre.

Cher ami,

J'ai promis de ne pas te dire dans quel château je suis en ce moment. Qu'il te suffise de savoir que nous sommes en Médoc, qu'il y a là charmante et nombreuse compagnie, et que l'on t'attend, si tu veux venir. Devine si tu peux, et ne viens pas si tu l'oses.

* * *

Maintenant que j'ai précieusement gardé le secret demandé, permets que je te fasse part de quelques-unes de mes impressions.
Je garderai pour moi les autres.

* * *

Tout est liesse au château; car nous sommes tous là pour l'instant des vendanges. Le signal vient d'être donné. L'un des jeunes gens de la maison avait été cruellement déçu l'an dernier en voyant à quelles mains sordides, à quels gens hideux et dépenaillés avait été confié le soin de couper les précieuses grappes. Cette année il a voulu se charger du personnel, et, à l'aide du ministre chargé de l'administration de ce petit royaume de Cocagne, il a réussi à former une troupe à peu près convenable de vrais paysans monta-

gnards et de filles ou femmes, parmi lesquelles se trouvent certaines têtes à caractère, douées d'yeux noirs brillants, de teints chaudement colorés, de chevelures à ailes de corbeau et de dents blanches. Quel bon impresario ferait-il, sans doute!

Tout ce monde-là est espacé dans les énormes carrés de vigne, bordés de rosiers en fleur. Çà et là des rouges brillants, des orangés et des blancs lumineux piquent la masse verte du paysage de leurs touches vigoureuses et resplendissantes de soleil. C'est la troupe qui recueille les grappes de distance en distance; les bœufs attelés aux grands chars, le ventre à demi caché dans les pampres, attendent paisiblement dans les allées latérales les charges de raisin que leur apportent incessamment les hottes des porteurs remplies à mesure par les vendangeuses.

* *

De loin en loin, des calèches et des breaks, chargés de jeunes femmes et de jeunes filles aux frais costumes, circulent dans les allées principales. On entend partout des rires et des appels joyeux.

Quelques-unes, descendues des voitures, courent dans les vignes, étoilant de leurs lumineuses ombrelles la verdure du coteau. Des jeunes gens, montés sur des chevaux de sang, galopent dans les contre-allées, et de charmantes petites fillettes trottent bravement sur leurs poneys, qui secouent gentiment leur longue crinière.

C'est vraiment un coup d'œil des plus charmants à voir, et cela pique d'autant plus l'esprit que l'on sait combien ceci n'est pas un vain et vide spectacle, et que de tout ce gai travail, qui semble tout simplement une mise en scène à grande tournure, ressortira quelque chose d'utile, d'excellent, et (ceci, je pense, n'est pas à dédaigner) qui se vendra un bon prix.

**

Quand les bœufs ont leur charge bien complète, ils partent conduits par leurs bouviers; ceux-ci font avec eux d'interminables conversations en patois, et les bœufs marchent, tournent, virent, reculent, s'arrêtent ou repartent, avec une docilité et une intelligence dignes d'être mises en exemple.

**

La vendange est conduite ainsi au pressoir et jetée dans ces grands carrés de bois où se recueille le jus tout d'abord.

Cette année, une innovation, ou peut-être une ancienne tradition reprise, a signalé le château de Z...

Vous savez qu'un usage constant, en vigueur depuis le père Noé et ses enfants, veut que la grappe soit écrasée par le pied du vendangeur. Rien ne remplace le pied, disent les vieux vignerons, le pied qui, grâce à sa flexibilité, respecte les grains verts et ne brise pas les pepins, ce qui donne de la verdure et de l'amertume au vin.

Le vin n'en est que meilleur, dit-on; la fermentation épure la liqueur, on le sait. Il n'en est pas moins vrai que l'imagination n'éprouve aucun plaisir à la pensée de l'orteil d'un monsieur mal mis et mal soigné qui viendrait se tremper dans le verre que l'on va boire.

**

De même qu'on pose en cérémonie la première pierre d'un monument, d'un château ou d'une église avec une truelle d'or ou d'argent, on a prié la fille aînée de la maîtresse de la maison d'écraser de son pied la première grappe arrivée dans le pressoir.

Disons-le tout de suite, c'est une charmante femme, belle à ravir, élégante, et mise avec un brio d'un ordre tout particulier et qui n'appartient qu'à elle. De plus, note importante, elle a le plus joli petit pied du monde. Aussi ne s'est-elle pas fait prier trop longtemps. C'est le jeune général de X..., qui était là en invité, et des plus fêtés, je dois le dire, qui a vaincu les résistances.

Madame de Z... a défait un fin bas de soie gris-perle; puis, montant sur le marchepied couvert d'un tapis que l'on avait été chercher au château, elle s'est avancée vers un bouquet de grappes choisies, placées avec soin sur la plate-forme.

Lorsque ce petit pied d'un blanc rosé, aux doigts fins et transparents, jaillit de la jupe légèrement relevée, et, s'appuyant sur le faisceau de

grappes noires, éclata comme une lumière, ce fut un ouragan d'applaudissements, et de cris joyeux, et de bravos, et de bouquets ou fleurs jetés en l'air.

Un fifre et un violon jouaient et raclaient je ne sais plus quel air qui se perdait joyeusement dans les éclats des rires et des voix.

Le premier jus de la grappe avait coulé dans le pressoir et rougi quelque peu le petit pied blanc de l'héroïne de la fête, qui rougissait presque autant que son pied.

Une femme de chambre, munie d'une aiguière et d'un plat d'argent, trempa le pied dans l'eau, l'essuya avec soin, et remit à sa place le bas de soie gris-perle.

La petite fête était terminée de ce côté, aux applaudissements répétés à nouveau.

— Si ce vin-là aura du succès, je me le demande! disait le petit vicomte de T..., qui excelle à imiter Lesueur et Gil-Pérès.

ACTEURS ET ACTRICES. 39.   COSTUMES ET VISAGES.

COSTUME ENVOYÉ DE PARIS POUR CES DAMES

Refusé pour insuffisance... d'étoffe.

COSTUME MODIFIÉ

et reconnu suffisant par ces dames.

Laissons maintenant messieurs les vendangeurs, les jambes et les pieds nus, succéder à la jolie héritière du château, égrapper les raisins et les fouler en

cadence au son du violon qui les entraîne avec des mesures puisées dans tous les flonflons connus.

Le jus est recueilli dans la petite cuve placée sous le pressoir, et porté dans les grandes cuves. C'est là qu'il est laissé à lui-même, se travaille consciencieusement, et commence à prendre ses grades de vin digne de son cru.

* * *

Huit jours durant continua cette fête toujours renouvelée, mais toujours accidentée de petites et aimables surprises.

* * *

Un beau jour, c'était hier, c'était fini, la dernière grappe avait quitté son cep, les vendangeurs allaient partir, il fallait faire les adieux.

* * *

C'était avant le dîner. On était réuni dans le salon, où rendez-vous général était donné. Tout à coup, sur un signal, les volets du côté du jardin s'ouvrirent avec ensemble. Devant le perron était un char traîné par ces grands bœufs roux garonnais que nous avions toute la semaine vus faire si tranquillement et si majestueusement leur travail. Mais leurs cornes étaient dorées; des guirlandes de roses, de vigne et de pampres couvraient le joug et garnissaient leur poitrail et leurs flancs. Sur les deux sortes de cuves portées sur le char, garnies des derniers raisins cueillis et couvertes de fleurs, un tonneau était attaché, garni, lui aussi, de pampres, de fleurs et de raisins. Assis

sur ce tonneau, un Bacchus armé d'un thyrse, couronné de pampres suivant la tradition de Bacchus, portait un gros bouquet à la main, des guirlandes partout, et une peau de tigre sur le dos : il y a au château de confortables descentes de lit.

Tout le monde était sorti sur le perron et aux fenêtres; la foule des vendangeurs et des vendangeuses, paysans et paysannes, la *foule*, comme on dit en terme de théâtre, suivait et entourait le char.

Sur un signal, Bacchus tendit le bouquet à la maîtresse du château. Ce fut, comme on dit à la Chambre, un tonnerre d'applaudissements.

Puis, le silence se faisant, Bacchus débita quelques vers, d'un ton dramatique et profondément convaincu.

Quels étaient ces vers? je n'en ai pas gardé le souvenir. Je sais seulement qu'ils avaient trait à la générosité, non pas seulement du vin, mais à celle si connue des maîtres du château.

J'ai bien vu tout de suite que cet appel discret n'avait pas été infructueux, et qu'une petite moisson de pièces d'or faisait la réponse désirée.

Le soir, naturellement, Bacchus, les bacchantes, les corybantes, les faunes et les satyres de toute provenance dansaient gaiement dans une salle décorée *ad hoc* et réservée à toute cette joyeuse mythologie.

* *

Pendant ce temps, nous autres, nous dansions, nous valsions avec le plus merveilleux entrain dans les salons du château. On avait voulu donner une couleur particulière à cette petite fête de famille; la question du costume avait été naturellement soulevée par ces dames, et, par suite, j'avais fait venir de Paris un dessin de costume. Il était fort joli suivant moi; ces dames l'ont trouvé trop, comment dirais-je? trop insuffisant. On l'a modifié de façon à le rendre possible.

Il faut bien faire des concessions aux préjugés ayant cours. Le cotillon, toutefois, a été fort gai, et l'on n'a regagné les chambres à coucher qu'aux premières lueurs de l'aube, à cinq heures du matin.

Tout cela m'a suggéré une idée qui me paraît tout à fait rayonnante.

En parcourant cette terre privilégiée du Médoc, hérissée de châteaux de toute sorte, j'ai été frappé de ceci : c'est que tous ces châteaux, toutes les terres, et par conséquent tous les vins précieux et célèbres qui en dépendent, abandonnent successivement les mains bordelaises, et passent avec armes et bagages dans les mains de messieurs les millionnaires, parisiens ou autres.

Toi qui connais celui qu'on appelle à Paris le petit Bich, ce petit banquier aimé des dames, qui possède, dit-on, autant de millions que de cheveux, tu devrais lui inspirer une spéculation qui serait des plus heureuses à mon idée, et qui pourrait compter parmi les plus séduisantes et les plus artistiques que l'on puisse imaginer, spéculation qui de plus serait on ne peut mieux dans ses cordes.

Voici la chose :

Il s'agit tout bonnement d'acheter un joli cru en y mettant le prix; on en trouvera facilement, sinon dans les tout à fait grands crus, du moins dans les seconds ou troisièmes. Le château, les vignes, les celliers, les chais et le reste, on aura tout cela pour une misère, tout au plus un malheureux petit million : la belle affaire ! On trouvera cela tout de suite, quand on voudra, en faisant adroitement miroiter le spectre du phylloxera.

Tout est bien planté, en bons cépages bien aménagés.

Le temps des vendanges arrive. C'est le temps des vacances dans tous les théâtres.

Le propriétaire du château fait bien les choses; lui qui connaît sur le bout des doigts tout le plus joli personnel des théâtres parisiens, il dresse ses invitations en conséquence.

Un train spécial amène ce qu'il y a de mieux à l'Opéra, aux Variétés, au Palais-Royal, au Lyrique, etc.

Des costumes dessinés par les artistes les plus en renom, et confectionnés par les plus habiles tailleurs, attendront au château la gracieuse troupe des invitées.

* *

Le jour fixé pour commencer la vendange, Meilhac et Halévy, accompagnés de leur fidèle Bertrand, distribuent les costumes et les rôles. On se répand sur les croupes où le raisin mûr attend les vendangeurs. A côté des chars traînés par les bœufs aux cornes dorées, enguirlandés de fleurs, se trouve un autre char sur lequel l'orchestre choisi, dirigé alternativement par Gounod, Offenbach, Lecoq ou Delibes, répète tour à tour les morceaux les plus réussis du répertoire amoureux.

Le raisin, récolté dans des corbeilles dorées par toutes ces mains choisies, est porté dans des bannes hissées sur les chars.

* *

La vendange couronnée de fleurs est portée dans le cuvier. Les hommes de peine du château, triés parmi les plus jeunes et les plus beaux gars de la contrée, reçoivent le contenu des bannes et le disposent dans le pressoir.

C'est le moment où les chœurs se font entendre, chœurs choisis parmi les œuvres les plus célèbres, et chantés par les plus jolies choristes des théâtres et du Conservatoire.

L'orchestre, dirigé par quelqu'un des maestri précités, soutient et accompagne les chœurs.

Des airs de ballet les mieux choisis se font entendre.

* *

C'est le moment de fouler la vendange. Mesdames Théo, Judic et Granier, revêtues de costumes charmants et aussi sommaires que possible, montent gracieusement les marches couvertes d'une peau de tigre qui les mènent au cuvier du pressoir, sur le plancher duquel sont amoncelées les grappes.

Leurs jambes sont nues, leurs pieds blancs et fins foulent en cadence le

raisin dont le jus empourpré coule dans les vases d'argent qu'emporte aussitôt, pour les mettre dans les cuves, une troupe de faunes et de satyres, conduite par le joyeux Daubray et Pradeau, en costume de silènes.

Les chœurs reprennent. De nouvelles vendanges sont apportées. Cette fois, ce sont les danseuses les plus élégantes de l'Opéra qui viennent tourbillonner au son du ballet de *Coppélia*, chef d'orchestre Léo Delibes, et font à leur tour couler le jus purpurin dans les bassins d'argent, versés aussitôt après dans une cuve à part.

Puis c'est le tour du Français. Pourquoi n'y aurait-il pas une cuvée foulée par mademoiselle Croizette et mademoiselle Reichemberg, et mademoiselle Lloyd? une cuvée plus dramatique et pour personnes sérieuses foulée par Sarah Bernhardt et mademoiselle Favart?

Ah! si le propriétaire imprésario pouvait obtenir la collaboration des étoiles de première grandeur, et qu'il pût présenter une cuvée Nilsson et une cuvée Patti! Mais nous sommes dans le domaine des rêves.

* *

Toujours est-il que le vin obtenu dans de pareilles conditions serait infailliblement l'objet de la plus grande faveur et obtiendrait facilement des prix insensés.

Ce vin deviendrait à la fois un objet de culte et un objet d'art; ne crois-tu pas que la cuvée Théo, la cuvée Judic, la cuvée Granier, séparées, ou toutes ces trois cuvées réunies, ne seraient pas enlevées avec le plus merveilleux entrain?

Voyez ensuite ce qui pourrait arriver des autres.

* * *

L'affaire, en la considérant uniquement comme affaire, serait splendide. Mettons à un million le prix d'achat du cru :

L'intérêt de l'argent à 5 pour 100 représente	50,000 fr.
Frais d'entretien, de personnel, faux frais largement comptés. . . .	100,000
Frais de la fête, frais de costumes, de transport, cadeaux, rémunérations de toute sorte	350,000
Menus frais imprévus.	100,000
Total.	600,000 fr.

Voilà pour la dépense.

Le produit serait, comme les années précédentes, de 100 tonneaux environ; chaque tonneau se compose de 4 pièces de 228 litres, soit 912 litres, ce qui fait en tout 91,200 litres.

Malgré la différence de contenance entre le litre et la bouteille, ne comptons, pour être plus modéré comme appréciation, que 91,200 bouteilles.

Nous croyons être au-dessous de la réalité en admettant que sur les 91,200 bouteilles, 40,000 bouteilles, soigneusement bouchées d'un bouchon spécial, avec la photographie et la biographie en vers des aimables collaboratrices, et leur griffe authentique, se vendraient facilement à raison d'un louis la bouteille.

Soit 40,000 bouteilles × 20 = ...	800,000 fr.
Les autres, 51,200, seraient enlevées certainement au prix de 10 fr., soit.	512,000
	1,312,000
En faisant la balance de la dépense	600,000
on obtient comme produit net	712,000 fr.

Ainsi, la somme de 712,000 francs serait facilement obtenue, tout bonnement par cette application heureuse de l'art, du charme et de la beauté à la nature et à l'industrie! Et cependant je suis, dans mes prévisions, au-dessous de la réalité.

Plus j'examine ce projet, plus je le trouve merveilleux et à l'abri de toute discussion. Le petit Bich sera certainement dans l'enthousiasme lorsque tu lui feras cette communication.

Je compte sur ton amitié pour faire cela prudemment et ne livrer que peu à peu les détails de la combinaison. Il sera naturel, n'est-ce pas? qu'il me soit fait une part avantageuse, en qualité d'inventeur, dans la répartition des bénéfices; je ne trouve aucune objection à ce que tu réclames aussi la tienne en qualité d'intermédiaire.

Insinue que je ne serais pas fâché d'être chargé, concurremment avec le propriétaire, de quelques négociations avec ces dames. Tu peux lui dire que j'y mettrai toutes les formes et les convenances nécessaires.

*　*　*

Tu vois que j'ai quelque sérieux dans l'esprit, et que j'entends réellement quelque chose aux affaires financières. Une affaire bien raisonnée, étudiée avec soin comme celle-ci, et qui rapporterait écus sur table 71 pour 100 par an, est une affaire de premier ordre.

Sans compter que j'ai vu l'autre jour, à Bordeaux, au musée Gremailly, du château-laffitte de 1811 coté à raison de 150 francs la bouteille. Vois-tu nos bouteilles de *great attraction* atteignant ce prix!!! Ce serait un Pactole.

Mais ne nous montons pas trop la tête, et restons uniquement dans le domaine des sages probabilités.

Enfin, mon ami, tu vois que j'emploie bien mon temps, et comme les voyages sont utiles en développant et en élargissant les idées.

J'ai de plus en plus la conviction que les familles de race comme nous doivent se mêler au mouvement industriel moderne sous peine de déchoir, et que le temps n'est plus où les nobles bretons déposaient leur épée au palais des ducs de Bretagne, à Rennes, pour faire du commerce et de la finance.

Je me sens, moi aussi, de l'aptitude pour travailler des nouvelles couches. Je deviendrais un jour grand financier que je n'en serais pas surpris.

*　*　*

En attendant, je te recommande mon affaire; soigne-la comme la prunelle de tes yeux. Je vais partir d'ici lorsque les vendanges seront terminées partout aux alentours. J'irai tourmenter un peu la dame de pique à Luchon et à Cauterets, où nous nous trouverons encore en nombre pour faire une partie, puis j'irai chasser le sanglier dans les forêts de Reims, et je reviendrai à Paris quand il y aura du monde. Mais surtout soigne mon affaire. Écris poste restante.

Bien à toi.

Gontran de R..

Château d'Issan (Gustave Roy).

AU CHATEAU D'ISSAN

Cantenac, octobre.

Mon cher Christian,

J'approuve de tout point votre enthousiasme pour le Clos-Vougeot, le joyau de la Bourgogne, dont vous nous donnez avec tant de soin l'exacte description. Vous le savez, je suis éclectique, et, comme le président dont nous parlions naguère, je me plais à savourer les délicatesses du clos-vougeot sans croire faire le moindre tort au château-laffitte, au château-margaux, au château-latour et même au château-d'issan, avec lequel je viens de faire la plus aimable connaissance aujourd'hui.

J'ai la persuasion que, pour la confection de ces petits chefs-d'œuvre, chers aux gourmets, la main d'en haut a plus d'action que la main de l'homme, et que les conditions de terrain, d'exposition et de température priment toutes les autres.

Néanmoins, le vieil adage : Aide-toi, le ciel t'aidera, conserve toujours ses droits imprescriptibles, et l'habileté humaine, qui consiste à condenser et à présenter sous leur jour et de la façon la plus favorable les dons de Dieu, ne doit pas s'arrêter dans le travail d'amélioration qui concourt à leur donner toute leur valeur.

Toute l'habileté des moines de Cîteaux et du grand saint Émilion lui-même n'eût pas suffi pour donner à un cru placé sur les coteaux de Rouen ou d'Alençon la valeur du plus petit vin de la Côte-d'Or ou du Médoc.

L'art est le choix, l'art vinicole comme les autres, et il sera toujours bon de ne pas chercher à demander au pommier de porter du raisin, à la vigne de porter des pommes, pas plus que d'exiger de la foule imbécile et moutonnière une invention quelconque ou un chef-d'œuvre quel qu'il soit.

***

Un bon vieux missionnaire, le Père Bourdin, me racontait jadis avoir évangélisé de son mieux de bons nègres sur la côte de Sierra-Leone.

Il montrait un jour à l'un de ses jeunes et noirs catéchumènes, qu'il instruisait à la fois dans l'agriculture et la religion, un champ de maïs en pleine prospérité.

— Vois, lui disait-il, comme il faut remercier le bon Dieu ! c'est lui qui fait pousser ce bel et bon maïs, et qui vous le donne.

— T'en fouti, pé Boudin, répliqua tout de suite le négrillon déjà libre penseur; si moi li pas semer, li pas veni.

***

L'observation du bon petit nègre n'est évidemment pas sans valeur, et le bon Dieu ne semble pas avoir trop d'exigence en demandant qu'on sache s'aider soi-même pour profiter fructueusement de ses dons.

La récompense des recherches et des travaux incessants de l'homme est dans l'utilisation la meilleure possible des dons qu'il a reçus du Créateur.

Avant Archimède, qui inventa le levier et la vis à pressoir, les moyens de tirer le jus de la vigne étaient plus simples, plus élémentaires, mais aussi beaucoup moins abondants en produits.

Le père Noé se contentait, sans doute, de presser la grappe dans ses mains de patriarche, et d'en exprimer le jus dans les vases primitifs de terre séchée au soleil. On a retrouvé, gravés sur les anciens monuments d'Égypte, les vieux engins destinés à presser le raisin.

C'étaient, comme on le voit, des espèces de sacs, composés de grosses

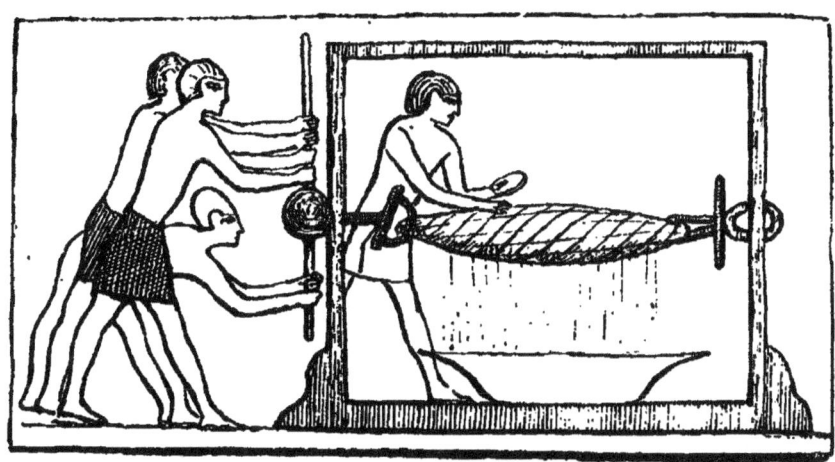

toiles avec fils largement espacés, ou des filets à mailles assez serrées, dans lesquels on mettait la vendange.

Le sac ou filet, gonflé de raisin, était suspendu entre deux poteaux, l'un à point fixe, auquel il était accroché, l'autre percé d'un trou par lequel passait l'extrémité opposée. On attachait à cette extrémité une sorte de barre, que l'on tournait à force de bras, de façon à serrer vigoureusement le sac ou filet, comme une vis, et à comprimer ainsi la grappe qui abandonnait tout son jus, laissant dans l'étoffe les parties solides.

Le vin obtenu par ce procédé ne devait certainement pas être sans mérite, si, comme on peut le croire, les Égyptiens, disciples de Bacchus en Dieu, savaient le faire fermenter et cuver à propos.

Mais il devait y avoir grande perte de temps et grande dépense de main d'œuvre.

**

La vis et la presse d'Archimède sont venues bientôt améliorer les procédés d'extraction, et, depuis ce recommandable inventeur, on n'a pas trouvé mieux.

Mais il n'est pas défendu de rendre plus pratique et d'améliorer, à l'aide de tous les moyens modernes, la vieille invention du Nestor de la science.

Aussi nous regardons certainement avec un vif intérêt les gigantesques engins et les pressoirs babyloniens des vieux moines de Cîteaux et du Clos-Vougeot, ces poutres colossales, ces énormes madriers, ne pouvant être mis en mouvement que par une troupe de moines aux bras vigoureux, assujettis par la règle à ces pénibles travaux, et dont la présence et l'action ne pouvaient être réclamées autre part. Mais cela n'a plus qu'un intérêt de curiosité archaïque, et l'on comprend que ces respectables monuments du temps passé doivent faire place aux simplifications et aux exigences du temps présent.

*_**

Sur le territoire de Lamothe-Cantenac s'élevait jadis un château alors connu sous le nom de château Théobon, qui était dès lors le siége d'une des baronnies importantes de la contrée. Après avoir appartenu aux familles de Noalhan, des Mayrac, des Ségur-Pardailhan, des Salignac, des Lanta et des Escodera de Boysse, cette seigneurie passa à la famille d'Essenault ou d'Issanault, qui fit abattre le vieux château Théobon et fit bâtir un nouveau château fortifié, qui devint le château d'Issan. Ceci se passait au quatorzième siècle, et le château d'Issan a tous les caractères de cette époque.

Lorsque les Anglais, chassés de la Guyenne par le beau Dunois en 1451, furent obligés de quitter le pays et notamment le château d'Issan, qu'ils occupaient depuis nombre d'années, ils ne voulurent pas partir sans garder un souvenir du cru dont la célébrité était déjà grande dans le pays anglais. De nombreux chariots, attelés de bœufs, emportèrent les tonneaux en réserve dans les celliers du château, et les navires anglais vinrent les chercher à Pauillac pour les transporter en Angleterre.

Les seigneurs qui avaient servi en France buvaient avec délices ce vin qui leur rappelait leurs années de conquêtes, et les rois anglais se plaisaient à le faire paraître sur leurs tables, justifiant ainsi la devise qui rayonne en exergue au fronton du portail du vieux château : *Regum mensis, arisque deorum* (Pour la table des rois et pour les autels).

Depuis ce temps, le goût s'est perpétué par tradition. Aussi, presque tous les produits de ce cru délicat et fin font le voyage d'Angleterre et n'en reviennent pas; ils ont entraîné en même temps, dit-on, bon nombre de leurs voisins, entre autres ceux de Brane-Cantenac, qui mûrissent au même soleil, sur un sol analogue et sous la direction des mêmes propriétaires.

Le comte de Foix, vainqueur des Anglais, avait reçu en récompense la baronnie et le château d'Issan; sa famille conserva longtemps cette propriété, qui passa à celle de Castelnau, puis à M. Justin Duluc, puis à M. Blanchy, qui le céda en dernier lieu à M. Gustave Roy; ce dernier, un homme de goût et de science, apporta tous ses soins à l'amélioration du domaine, et introduisit dans la fabrication du précieux produit du sol toutes les modifications nouvelles et une remarquable machinerie destinée à simplifier économiquement le travail de la main humaine, tout en développant dans une notable proportion les qualités inhérentes du vignoble.

Ce vieux château, l'un des plus anciens, sinon le plus ancien du Médoc,

Porte d'entrée (château d'Issa:).

avait jadis, au service de ses vignes célèbres, encloses de murs, fortifiées comme le château lui-même, château entouré de fossés et de petits fortins, des pressoirs de vieux style qui pouvaient peut-être lutter de dimension et d'ampleur avec les vieux pressoirs des moines bourguignons.

Il fallait des bras en quantité pour mettre en mouvement ces vieux engins du temps passé, et soit incurie, soit défaut d'argent, les derniers possesseurs du château d'Issan avaient laissé dépérir si bien tout ce que la tradition avait laissé de souvenirs, d'outillage et de moyens d'action, que la qualité elle-même du vignoble semblait aussi dépérir, et que sa vieille réputation en éprouvait un réel dommage.

Lorsque M. Gustave Roy apparut, ce fut comme un changement à vue. Les vieux bâtiments vermoulus disparurent, les poutres monumentales, les antiques cuviers aux ais péniblement rejoints, les gigantesques vis, mus à force de bras par les lourds et grossiers cabestans, tout cela tomba sous la hache et le marteau.

Il est curieux de constater que le plus ancien peut-être des châteaux du Médoc, et celui dont le caractère de vétusté est le plus intéressant et le plus authentique à coup sûr, est précisément celui qui a pris l'initiative des combinaisons les plus modernes.

L'ombre des vieux barons d'Issan doit s'étonner de ne plus entendre grincer et gémir les vieilles poutres patriarcales sous les efforts des vassaux en troupes nombreuses, et de voir trois ou quatre hommes faire aisément leur besogne, grâce au secours de machines étranges et bizarres dont ils n'avaient et ne pouvaient avoir jadis la moindre notion.

* * *

Des traditions et des expériences du passé, l'intelligent propriétaire actuel a gardé pieusement tout ce qui était de nature à conserver au cru les caractères spéciaux qui constituaient sa valeur particulière. Mais il n'a pas craint d'appeler à son secours la science et les combinaisons nouvelles de machinerie pour les mettre plus facilement, plus économiquement et plus rapidement en action.

* * *

Dans son vaste enclos de quarante-cinq hectares, entouré de toutes parts de vieux murs d'un caractère assorti au style du château, sont cultivés traditionnellement, et avec le soin le plus éclairé et le plus attentif, les cépages reconnus depuis des siècles comme le mieux appropriés au sol et au climat de la région de Cantenac, les mêmes qui ont depuis si longtemps déterminé le caractère particulier des château-margaux, des brane-cantenac et des crus environnants.

C'est merveille de voir le soin qui règne dans cette culture et comme tout y est bien aménagé, depuis les petites maisons saines et proprettes où logent les vignerons, les laboureurs et leurs familles, jusqu'aux étables à bœufs et aux petites maisons portatives destinées aux poulets chargés de faire, à la suite des charrues qui ouvrent les sillons au milieu des vignes, la chasse aux insectes et aux vers destructeurs.

Maisons portatives de mesdames les poules et messieurs les poulets.

Quand le vigneron a terminé son œuvre, que la taille de la vigne a été faite à propos, que les trois labours de rigueur ont été convenablement donnés, que les alternatives heureuses de soleil et de pluie ont conduit le raisin à sa maturité convenable, et que le Créateur enfin a bien voulu favoriser les efforts du cultivateur, vient le moment de mettre en œuvre la précieuse vendange.

Nous avons vu d'autre part comment se conduit la dernière opération, qui est celle destinée à donner au fruit cette suprême transformation qui le rend si précieux.

Voici comment cette dernière opération se passe au château d'Issan, où se trouvent groupées les plus récentes et les plus ingénieuses applications de l'industrie moderne à la vinification, toutes choses qui font du château de M. Roy un type nouveau des plus intéressants, et qui dès maintenant sert de modèle partout où les installations de la culture vinicole sont à créer ou à renouveler.

La vendange ne saurait se faire de deux façons différentes; le raisin, recueilli par les troupes de vendangeurs ou de vendangeuses dans de petits paniers de bois, est versé dans les hottes des hommes, qui les versent à leur tour dans les bannes chargées sur les chariots à bœufs.

Les bœufs, une fois chargés, amènent la vendange au pressoir. C'est là que commence à se montrer la différence entre les procédés anciens et les procédés nouveaux.

Au lieu de se trouver au rez-de-chaussée comme à Laffitte, à Mouton, à Château-Margaux, etc., etc., les pressoirs sont situés au premier étage.

Les bœufs se rangent avec leur charge sous une large baie percée au premier étage dans le mur de la construction. Un système de grues et de palans s'avance par la baie largement ouverte, accroche les bannes, les enlève, et vient les poser doucement sur le parquet du pressoir, composé de madriers supportés par des roues qui se meuvent sur des rails posés d'un bout à l'autre de la construction, et permettent ainsi à l'appareil tout entier de se déplacer suivant les besoins de la cause. Deux hommes suffisent parfaitement pour mettre en mouvement tout l'appareil.

Un égrappoir, mis en action par un ouvrier qui tourne une manivelle à engrenages, dépouille de sa grappe le raisin qui répand son jus dans le pressoir sans que le pied du fouleur vienne, si peu que ce soit, se promener dans la vendange.

* *

Les cuves destinées à recevoir le jus et le moût du raisin sont placées au

LE DOYEN DES LABOUREURS

Cinquante ans de labour au château d'Issan.

rez-de-chaussée et ouvrent leur orifice au niveau du parquet du premier étage.

Le pressoir mobile glisse sur les rails et se déplace à mesure, versant successivement par son déversoir latéral le jus obtenu dans les cuves préalable-

Cuves au rez-de-chaussée (château d'Issan).

ment frottées à l'intérieur de fine eau-de-vie. A mesure qu'une cuve est remplie, le pressoir mobile se déplace et passe à une autre.

* *

Ainsi se trouve économisé le travail long et fatigant, demandant un personnel nombreux, qui consiste à transporter du pressoir aux grandes cuves, en montant péniblement sur des échelles, le jus que l'on veut obtenir.

* *

Propreté, célérité, économie de personnel et de manutention, tout se trouve donc réuni dans cette combinaison nouvelle.

* *

Ainsi se fait le premier grand vin. Quand, suivant la température qui règne ou le caractère particulier de l'année, la fermentation est venue agir un temps déterminé, qui varie de cinq à dix jours, on décuve, suivant l'expression reçue.

C'est-à-dire que l'on reçoit, dans des tonneaux placés sur un petit chariot et munis d'une sorte d'entonnoir qui épouse la forme du tonneau, une part semblable du liquide contenu dans chaque cuve, calculée de façon à rendre le vin égal, chaque cuve ayant reçu successivement le résultat de la vendange

de certaines pièces de terre dont la nature est différente de certaines autres.

Ce mélange successif a pour résultat certain de donner de l'uniformité à la récolte tout entière.

Cette opération terminée, à l'aide des grues et des palans on remonte les résidus et on les presse à nouveau, procédant comme en premier lieu pour remplir nouvellement les cuves du rez-de-chaussée.

C'est ainsi qu'on obtient le second vin.

La décuvaison se fait ensuite comme la première fois. Le vin ainsi obtenu est placé dans les chais aménagés avec le plus grand soin qui sont voisins du pressoir.

* * *

Une fois arrivé à ce degré, le vin se soigne suivant la coutume du Médoc, avec les précautions et la sollicitude usitées partout ailleurs quand il est question de crus recherchés.

Le vin placé bonde dessus est ouillé de même vin à mesure que l'évaporation établit un vide dans le tonneau, puis on le décante, ou le transvase, on le laisse dormir et livré à ses réflexions en le mettant bonde de côté, c'est-à-dire étant assez fait pour se passer des soins maternels du tonnelier.

Puis enfin, quand il est tout à fait grand garçon et qu'on peut l'envoyer faire son tour du monde sans crainte de faiblesse ou de sottises, on le laisse partir dans son tonneau, à moins qu'on ne préfère, ce qui est plus authentique à la fois et plus sûr pour le consommateur, le mettre dans des bouteilles marquées du sceau de la maison, bouchées précieusement avec des bouchons estampés de la même marque, le tout contenu dans des caisses *ad hoc*. La chose ainsi préparée, on est sans d'inquiétude pour l'avenir de l'enfant, qui n'a plus qu'à faire ses visites *regum mensis arisque deorum*, et à recevoir des félicitations sur la route.

* * *

Voici d'un bout à l'autre la fabrication telle que l'a merveilleusement combinée M. Roy, l'aimable et savant propriétaire de ce cru, jusqu'ici enrégimenté dans la troupe du Médoc seulement au troisième rang. Le général X..., avec lequel nous passions dernièrement une consciencieuse revue, prétendait qu'il avait droit à l'avancement, à la faveur et à l'ancienneté.

En tout cas, l'exemple donné par M. Roy commence à être suivi au point de vue de la fabrication, et il est à croire que, au fur et à mesure que les vieux engins seront frappés de décrépitude, ils seront remplacés successivement par l'outillage nouveau si bien aménagé par le propriétaire du château d'Issan.

* * *

Si vous avez jamais la satisfaction de visiter ce château, si curieux à tous les titres, vous serez tout d'abord charmé du séduisant accueil réservé aux visiteurs et des observations utiles qu'il vous sera donné de faire.

Puis, quand vous aurez la bonne fortune de vous asseoir à la table des Roy

regum mensis,

comme disent les armes parlantes du vieux château, et qu'on vous servira du premier grand vin des bonnes années récolté au château d'Issan, vous verrez que ses qualités tout à fait supérieures ne sont pas dues à l'usage invétéré des vieux et encombrants procédés, et que l'on peut, grâce aux procédés nouveaux, diminuer la somme du travail de l'homme et par conséquent des frais nécessaires, tout en conservant non-seulement, mais encore en améliorant les qualités éminentes du produit.

Bien à vous, mon cher Christian.

Avez-vous vu le Chambertin, et le Musigny; et le Beaune?

Allez donc vite les voir, et dites-leur mille choses gracieuses de ma part.

J'attends votre prochaine lettre.

   Votre

         A. D'A.

Château Haut-Breton Larigaudière (Landau
CRU BOURGEOIS SUPÉRIEUR.

CE QUE C'EST QU'UN CRU BOURGEOIS

En revenant à Bordeaux pour visiter ce précieux coin de terre de Pessac, qui est pour ainsi dire un faubourg de Bordeaux, quelque chose comme Auteuil est à Paris, et pour y être promené dans le grand cru si recommandable de Hautbrion, j'ai retrouvé M. Landau, cet aimable guide qui m'avait si bien montré sous toutes ses faces vinicoles cette belle et séduisante capitale du pays girondin.

— Maintenant, dit-il, avant que vous ayez vu tous les sommets, je tiens à vous montrer aussi les collines. Nous autres, nous ne sommes pas les grands seigneurs; plus modestes, nous sommes ce que l'on apelle ici les grands bourgeois.

Invoquer les principes modernes de l'égalité pour prétendre que nous valons les Laffitte, les Hautbrion, les Latour et les Château-Margaux, ce serait montrer une audace que nous n'avons ni ne voulons avoir. Mais il ne nous est pas défendu de faire constater notre valeur personnelle, et de prétendre que les vieilles classifications, qui datent de plus d'un siècle, pourraient parfois être utilement revisées, si l'occasion et la nécessité s'en présentaient un jour.

D'ailleurs, n'est-il pas utile de laisser germer dans les esprits cet espoir qui tend à piquer l'émulation des propriétaires viticulteurs et à amener des améliorations de toute sorte qui profitent aux consommateurs et au véritable public?

Allons donc, si vous voulez bien, voir le château Haut-Breton Larigaudière; vous verrez ce que c'est qu'un cru bourgeois, et vous verrez en même temps nos vendanges.

— Allons, et de grand cœur, avons-nous répondu.

Et nous sommes partis.

— Pourvu que le temps ne nous amène pas un peu de pluie, comme dernièrement, et que le raisin ne se mette pas à pourrir! disait mon hôte en jetant un regard inquiet sur quelques nuages échelonnés à l'horizon.

***

Sur le chemin de fer du Médoc, immédiatement après la station de Margaux, entre Margaux et Saint-Julien, si célèbres tous deux pour les plus grands crus du Médoc, se trouve Soussans. C'est là qu'on s'arrête.

Une victoria, attelée d'un beau cheval correctement conduit, vous mène en quelques tours de roues au château, basé à mi-côte, couronné et entouré de grands arbres à ombrages touffus. Pour entrer dans la grande cour, la voiture décrit un large arc de cercle et nous conduit au perron.

Un délicieux bouquet d'enfants gracieux, aux yeux noirs et veloutés, aux

cheveux bouclés et d'un brun puissant, se forme immédiatement autour de nous. Quel charmant échantillon de ce bon pays! Toute une gamme privilégiée, depuis le petit bébé qui sourit au sein de sa mère, jusqu'aux belles et élégantes jeunes filles, aux séduisantes mamans et aux tantes qui ne leur cèdent en rien.

Nous avons déjà eu précédemment l'occasion de dire, à peu près avec Brillat-Savarin, ce mot qui a sa valeur :

Dis-moi ce que tu bois, et je te dirai ce que tu es.

En effet, nous sommes au milieu d'une fraction des plus gracieuses appartenant aux descendants du vieil Israël.

** *

Une simple réflexion. Comment se fait-il que ces femmes, que ces jeunes filles ici soient si séduisantes, que ces bébés soient si charmants, avec des yeux si noirs et si profonds, des traits fins et délicats, des teints d'un blanc si doré, des cheveux d'un brun si vigoureux et si brillant, tandis que les descendants du même vieil Israël, vivant à Francfort et dans les contrées allemandes sont, à certaines exceptions près, doués de visages étranges et parfois grotesques, aux nez bizarres et monumentaux, aux larges lèvres lippues, aux yeux saillants et fantastiquement boursouflés, encadrés de sourcils et de cils qui semblent déteints, le tout couronné de cheveux jaunes?

Ici, ce qu'ils boivent est brillant, chaud, généreux; c'est le vin qui roule des paillettes de pourpre et d'or, le jus, vivant héritage précieux de leur père Noé, soleil condensé, fluide rayonnant qui contient les forces vives de la nature. C'est lui qui colore les yeux, les cheveux et l'épiderme, assouplit les contours, corrige les lignes en leur donnant la finesse et la délicatesse des formes.

Ce qu'ils boivent là-bas, c'est la bière, boisson lourde, épaisse, dont l'usage abolit la couleur des cheveux, de la barbe et des yeux, affadit le ton de l'épiderme, empâte ses contours, gonfle les tissus et affaisse les lignes qui fléchissent et se boursouflent sous le poids.

Et cependant, malgré tout, ils conservent entre eux des caractères généraux de ressemblance, et si, victimes de leur régime, les uns perdent sensiblement la beauté plastique, ils n'en ont pas moins toujours, indépendamment de la forme, gardé les aptitudes merveilleuses de leur race, qui les guident sûrement là où se trouvent le succès, la fortune et l'avenir.

A preuve, cette présence des enfants d'Israël partout où ces trois éléments l'indiquent, et là principalement en Médoc, coin de terre privilégié dans le monde entier, que les nouvelles idées de facilité commerciale rendent si petit pour le nombre des consommateurs qui en réclament les produits.

Les vieux châteaux habités jadis par les seigneurs ont passé successivement dans leurs mains. A leur tête on compte tous les Rothschild, les Pereire, les Dollfus, les Halphen, etc., etc., et Bordeaux est en grande partie peuplé de commerçants bruns ou blonds, venus du Nord ou du Midi, mais appartenant à la même souche.

C'est depuis qu'ils règnent à Bordeaux, m'assure-t-on, que les vins, presque consommés jadis sur place ou en Angleterre, qui avait conservé le souvenir de ses anciennes conquêtes, se sont mis à faire le tour du monde et à se répandre partout, grâce au mouvement que les fils d'Israël ont su leur imprimer.

* * *

Cette parenthèse fermée, revenons au château.

L'accueil est charmant et cordial.

— Soyez le bienvenu, dit gracieusement la maîtresse de la maison, vous êtes ici chez vous.

Mon ami, dit-elle à son mari, les escouades sont prêtes, nous vendan-

geons demain. Les pluies dernières nous avaient fait craindre que les graines pourrissent, le beau soleil qui les a suivies a conjuré le dommage, mais il est temps.

VENDANGEUSES

(SOUSSANS, MÉDOC)

Ne demanderaient pas mieux que d'être un peu dérangées : ça jette toujours un peu de gaieté.

VENDANGEUSE

(SOUSSANS, MÉDOC)

Au moins, celle-là, on ne la dérangera pas de son ouvrage. C'est toujours ça de gagné.

ACTEURS ET ACTRICES. 41. COSTUMES ET VISAGES.

PORTEUR DE BASTES

(SOUSSANS, MÉDOC)

LE VIEUX CHEF DE PRESSOIR

(CHATEAU HAUTBRION)

Nous visitons les écuries, les celliers, les chais et les cuviers. Tout est bien disposé, combiné avec un soin pratique et une méthode parfaite. Cela n'est pas grand comme dans les vastes propriétés, mais tout est habilement conçu dans la mesure qui convient. Les vignes sont à portée du château, qu'elles entourent de toutes parts, moins le parc aux grands arbres et les pelouses qui s'étendent derrière l'habitation. Un puits artésien abondant a fourni l'eau qui faisait défaut, et vient donner de la force aux ombrages et de la verdure aux gazons.

Les vignes sont vigoureuses, bien disposées sur leurs cavassons, propres, vivantes, labourées avec soin. On comprend que l'œil du maître est souvent là, plus perspicace à coup sûr que l'œil de l'amant, quoi qu'en dise le bon la Fontaine; les ceps sont richement garnis à la base, et le hideux phylloxera n'est pas, évidemment, venu s'abattre en dévastateur sur leurs racines.

Le matin, vendangeurs et vendangeuses sont à leur poste; les charrettes, attelées de vigoureux chevaux, attendent dans les contre-allées :

l'opération se passe sous l'œil vigilant des maîtres de la maison, avec le soin le plus attentif. Comme dans les plus vastes châteaux, on égrappe, on écrase le raisin dans le pressoir, et l'on porte le jus et le moût dans les cuves.

Quand vient le soir, la légendaire soupe au bœuf et aux choux, née sous l'œil de la maîtresse du logis, remplit les marmites. Puis, après le repas du soir, vendangeurs et vendangeuses dansent au son du flageolet ou du violon, pour recommencer le lendemain.

En quatre ou cinq jours, les soixante ou quatre-vingts vendangeurs ont terminé leur tâche, et sont partis pour plaire à de nouveaux climats.

— C'est maintenant, me dit M. Landau, à l'homme pratique de faire ce qui convient pour que la récolte acquière son summum de réussite.

Vous comprenez bien que le soleil, pour nous, est le même que celui qui brille au Château-Margaux, à une demi-heure d'ici, au Château-Rauzan, au Château-Palmer, au Château-Laffitte, à Mouton, etc., etc., qui sont à une heure ou deux heures au plus de chez nous; les terrains sont les mêmes, l'exposition se ressemble, nous avons planté les mêmes cépages, et nous les cultivons avec le même amour.

Château-Palmer, troisième grand cru (Madame Rhoné Pereire).

Les produits diffèrent, je le veux bien. Pourquoi? Un secret, une influence magnétique inconnue lie-t-elle plus harmonieusement ensemble les produits de ces divers cépages, que nous cherchons, nous aussi, à harmoniser également, mais sans pouvoir y réussir complétement?

Cela est possible; peut-être surprendrons-nous un jour ce mystère. Les grandes qualités assorties de chaque cépage sont pour quelque chose sans doute dans le succès général, et cela seul permet probablement de dégager les effluves mystérieuses qui font la fortune des grands crus, car il est jusqu'ici sans exemple, dans nos contrées, qu'un cru de petite dimension donne des produits supérieurs.

Ce qui est certain, c'est que dans les années mauvaises tous les vins du Médoc, les grands crus compris, sont plus que médiocres, et que, dans les grandes années, tous les vins du Médoc sont bons.

* *

Nous avons eu des années remarquables au Château-Haut-Breton, et il ne tiendra pas à moi, je vous le promets, qu'avec la surveillance, le soin et la

CE QUE C'EST QU'UN CRU BOURGEOIS.

sollicitude que j'y mets, elles ne deviennent la plupart du temps excellentes, lorsque le temps, le soleil et la pluie voudront bien le permettre.

* * *

Je travaille, comme le petit collégien ici présent, à avoir un prix ou un meilleur accessit à la distribution prochaine; et ce qui me fait plaisir en espérance, c'est que tout le monde y trouvera son compte, moi compris.

Goûtez mon vin de 1870, et vous jugerez si mon cru bourgeois peut se permettre, cette année notamment, de figurer sans crainte sur la table d'un seigneur, comme beaucoup de ses compatriotes bien plus avantageusement classés.

CHATEAU-MARGAUX

PREMIER GRAND CRU

Nous croirions commettre un crime de lèse-Médoc en ne donnant pas aux gourmets qui, je l'espère, feuilletteront ces pages, un léger croquis des autres premiers grands crus, comme nous avons donné celui de Château-Laffitte.

Tout d'abord, voici le Château-Margaux, dont les vins sont si renommés pour leur suavité, leur délicatesse et leur bouquet.

— Adorable Château-Margaux! disait jadis Grimod de la Reynière en levant vers le ciel ses yeux humides des larmes de la reconnaissance.

* *

Le château Margaux était connu autrefois sous le nom de château de Lamothe. C'était alors un château fort, qui fut possédé par de hauts et puissants seigneurs, notamment, dit-on, par Édouard II, roi d'Angleterre. Après la conquête de la Guyenne, le château passa aux Montferrant, puis aux Durfort, puis aux Fumel et aux d'Argicourt.

Ce fut un membre de cette famille qui, paraissant un jour à la cour devant le roi Louis XVI, excita l'envie et l'admiration des courtisans, grâce à un habit illustré de boutons d'un merveilleux éclat.

— Monsieur, lui dit le Roi, vous êtes donc l'homme le plus opulent de mon royaume?

— Sire, répondit le comte en s'inclinant, je porte les diamants de mes terres.

C'étaient simplement des cailloux du Médoc, qui, taillés avec soin, ont l'éclat et le reflet du diamant.

Cette anecdote ne contribua pas médiocrement à faire connaître la terre et les produits, plus précieux que le diamant, qui en sortent chaque année.

En 1802, le marquis de Lacomble, qui avait acheté ce château, privé de ses anciens propriétaires par les excès révolutionnaires, détruisit les vieilles constructions, abattit le vieux manoir, murailles, tours et donjons. Un autre château, dans le goût moderne, remplace l'ancien; ce goût n'est pas de premier ordre, et la nouvelle construction rappelle vaguement, par son ornementation hybride à colonnes, le bâtiment de l'Odéon ou celui de la Bourse. Ce dernier aspect est peut-être celui qui a plus particulièrement séduit le célèbre banquier Aguado, qui en fit l'acquisition en 1836, certain, du reste, grâce au merveilleux vin qu'il produit, de ne pas se lancer dans une mauvaise affaire.

Le résultat en fut, d'ailleurs, si fécond de toute manière, qu'à son exemple tous les grands financiers s'en mêlèrent, et que maintenant presque tous les grands crus du Médoc sont entre leurs mains.

*   *   *

C'est du vin de Château-Margaux que choisirent les dignitaires de la ville de Bordeaux lorsque la duchesse d'Angoulême vint visiter la capitale de la Gironde, et qu'on voulut lui faire les honneurs de la ville.

Et c'est elle qui, charmée, fit paraître triomphalement ce vin si élégant à la table du roi Louis XVIII, aux Tuileries, où il fut appelé à remplacer la faveur du chambertin, le vin que préférait à tous l'empereur Napoléon, nouvellement déchu.

L'allée qui conduit au château est tout à fait monumentale, plus monumentale que le château, vaste cube de maçonnerie auquel se trouvent accolés comme par hasard une attique de style empire supportée par des colonnes, et un grand et large escalier qui conduit le visiteur, sans abri contre le soleil ou la pluie, jusqu'à l'entrée des vestibules.

Le vicomte et la vicomtesse Aguado, les châtelains de l'endroit, ne sont pas responsables du mauvais goût qui a présidé à cette construction : c'est au marquis de Lacomble qu'en revient tout l'honneur ; aussi se sont-ils ingéniés à parer merveilleusement l'intérieur et à réparer ainsi en quelque sorte les fautes du dehors.

Salons sobres et riches, objets d'art précieux, séduisantes et vigoureuses peintures, tout est agencé avec le goût charmant et sûr que l'on connaît à cette famille privilégiée.

* * *

Quel beau parc bien soigné, enrichi de magnifiques ombrages, de larges pelouses et de massifs de fleurs rares et précieuses !

Puis, en dehors de tout cela, dissimulés modestement comme un accessoire, eux qui pourtant sont le principal et la gloire de l'endroit, les vignobles magnifiques et religieusement entretenus par des hommes éprouvés. On monte à cheval ou en calèche pour aller visiter ces vignobles. Ceux ou celles

qui ne se réjouissent pas au spectacle de la vigne et du mouvement qui se fait autour d'elle vont au bout du parc, au bord de la Gironde, qui en baigne les derniers gazons. Là, des barques coquettes, aux tentes parées de

COSTUME DE BORDEAUX

Revu, corrigé et amélioré.

verdure et de fleurs, attendent ceux qui préfèrent, sous prétexte de pêche, se laisser glisser au gré du courant et au murmure de l'eau qui frise la berge, en prêtant indolemment l'oreille aux appels des mariniers et aux chants lointains des vendangeurs.

Notez que l'hospitalité y est pratiquée plus magnifiquement et plus largement que dans les plus opulentes montagnes de l'Écosse. Aussi, pendant la saison chère aux vendangeurs et aux propriétaires, le château ne désemplit pas : princesses, marquises, comtesses, jusqu'aux simples baronnes, et celles même qui ne sont rien du tout que jolies, charmantes, élégantes et du meilleur monde, s'y succèdent à l'envi, et souvent les calèches font queue dans la grande avenue.

* *

Notre bonne fortune nous y a fait rencontrer la plus charmante fournée de princesses et de marquises que l'on puisse voir. Par une fantaisie de jolies femmes, elles avaient arboré sur leur tête ce fichu coloré si coquet que por-

taient jadis, et que portent encore les jeunes filles de Bordeaux; malheureusement, ces dernières semblent l'abandonner.

A vrai dire, c'était charmant. Si ce fichu quitte Bordeaux, ces dames sont capables de lui donner ses grandes entrées à Paris.

Il faut ne pas oublier le point de vue vinicole qui doit nous préoccuper tout particulièrement, et nous ne devons pas nous laisser distraire, quel qu'en soit notre désir. Les pressoirs, les celliers, sont du vieux système et conçus comme à Laffitte et dans les anciennes exploitations vinicoles. Mais il faut parcourir les chais, qui passent pour les plus magnifiques et les plus monu-

mentaux du Médoc, avec leurs puissantes colonnes qui supportent les voûtes, et ne pas oublier surtout de goûter : vous affligeriez certainement l'aimable propriétaire; et puis, le château-margaux d'une bonne année est toute une poésie!

CHATEAU-LATOUR

PREMIER GRAND CRU

Le château Latour est possédé par la famille de Ségur depuis près de deux siècles, malgré les vicissitudes apportées par les confiscations révolutionnaires.

En 1841, des adjudications publiques, par suite de raisons de famille et de raisons d'État, se montèrent à 1,511,000 francs, et réunirent tout l'ensemble de la propriété, un instant divisée, entre les mains de la même famille de Ségur, maintenant représentée par MM. de Flers, de Beaumont, de Graville et de Courtivron, réunis en Société civile pour l'exploitation régulière du domaine de Latour.

Il est situé dans la commune de Pauillac, si célèbre par l'ensemble des crus de Laffitte, Mouton, etc.

Jadis ce domaine était fortifié; il commandait la Gironde, sans doute pour défendre le passage contre les invasions des navires ennemis.

Lors des guerres avec les Anglais, on rapporte que le seigneur du lieu ayant livré passage aux troupes de Chandos, du Guesclin, pour punir le châtelain, fit le siége du château, l'emporta de vive force et le rasa, ne laissant subsister que la tour, qui reste encore debout à côté des constructions nouvelles.

On assure que Chandos, forcé de se retirer précipitamment, enterra dans un endroit secret des sommes considérables destinées à l'approvisionnement de ses troupes. Cette légende existe encore, et maintes fois des Compagnies se sont formées en Angleterre pour la recherche des prétendus millions enfouis par Chandos, d'après un plan qui existe encore dans les archives anglaises relatant ce fait.

Ces sociétés, qui achetèrent plusieurs fois le droit de faire les recherches nécessaires, eurent le sort de celles constituées pour la recherche des galions de Vigo, et furent complétement infructueuses; néanmoins, le préjugé existe toujours, et il se créera certainement encore, à Londres, des Compagnies destinées au même but et sans doute à la même fin.

Le véritable trésor enfoui dans la terre est celui qui en sort chaque année sous la forme de ce vin exquis, dont le privilége est de se transformer chaque année aussi en espèces bien trébuchantes.

APRÈS LA VENDANGE. Le bouquet de la fin.

CHATEAU-HAUTBRION

PREMIER GRAND CRU

Le Château-Hautbrion a seul la bonne fortune d'être rangé parmi les quatre premiers grands crus, bien qu'il ne soit pas du Médoc.

Ce château est situé dans le canton de Pessac, tout près de Bordeaux, à deux kilomètres tout au plus, sur la Teste.

Successivement propriété des Ségur, des Latresne et des Fumel, nous le trouvons en 1801 dans la famille des Talleyrand-Périgord, puis à M. Michel, banquier, puis enfin à MM. Comynet et Beyermann, d'où il passa dans la famille Larrieu, où il est encore.

Le pape Clément V, qui, comme on sait, était Girondin, possédait un vignoble tout voisin du Hautbrion, et qu'on suppose être celui des Missions, contigu au Château-Hautbrion. Il a sans doute donné à ce sol des bénédictions particulières, qui lui ont attribué une vertu exceptionnelle dans la contrée.

M. Amédée Larrieu, le père du propriétaire actuel, s'occupait avec une grande sollicitude de replanter, aménager et améliorer ce vieux et célèbre vignoble, que l'on avait quelque peu laissé dépérir. Le tout allait au mieux par son soin diligent, comme disait jadis le bon la Fontaine, lorsqu'il fut tout à coup victime d'un accident.

La mouche de la politique l'avait subitement piqué. De là inflammations, fièvre, surexcitations, déplacements successifs pour opérations plus ou moins douloureuses, échauffements, refroidissements; en somme, état maladif,

UNE DÉGUSTATION AU CHATEAU HAUT-BRION.
Courtier et marchand.
Présidence de M. Sancho, régisseur.

dont se ressentirent fâcheusement la propriété, la production et le vignoble lui-même.

Rien ne profite moins à un travail utile que cette maladie de la politique : aussi ce sont généralement ceux qui ne travaillent pas ou ne veulent pas travailler qui en recherchent la contagion.

Bref, lorsque M. Amédée Larrieu disparut, et que la direction du domaine passa à ses enfants, il était temps; la propriété commençait, nous assure un bon docteur bordelais, à se sentir sérieusement atteinte.

M. Larrieu fils, un garçon de cœur et d'esprit, aidé de sa sœur, mademoiselle Larrieu, une jeune femme de beaucoup de tête, et le reste à l'avenant, comprit à merveille que la politique n'avait aucune valeur au point de vue de l'exploitation d'une belle et magnifique propriété comme celle du Château-Hautbrion.

Ils ne s'occupent donc de politique en aucune façon; grâce à cette intelligente médication, la guérison est maintenant complète. Le Hautbrion a repris toute sa prépondérance et tout son éclat; tout ce qui semblait dépérir revit on ne peut mieux.

Un grand parc est joint au vieux château; derrière le château sont des

Les cuves de Hautbrion.

celliers aux cuves antiques recouvertes de couvercles à charnières comme nous n'en avons pas vu ailleurs, qui se lèvent et s'abaissent à la façon des vieilles chopes flamandes.

Le vieux système est resté en vigueur dans le cellier de Hautbrion, et l'on y a conservé religieusement les vieux engins et les vieilles méthodes. Le vin n'en est pas plus mauvais pour cela.

Une admirable croupe de terrain, entourée de murs, contient tout le précieux vignoble, c'est-à-dire cinquante hectares plantés de vieux ceps aménagés par cépages variés, en quantité calculée pour donner au vin ce goût, cet arome fin, délicat et bouqueté qui le caractérisent.

— Et le phylloxera?

— Le phylloxera, nous répondit M. Larrieu, nous ne savons pas ce que c'est. Il n'ose pas se présenter ici; si jamais il osait, nous lui montrerions ce que nous savons faire; mais il n'osera pas.

En effet, le jeune M. Larrieu est un brave; nous l'avons vu avec plaisir, pendant le temps de la guerre et du siége, lui Bordelais, revêtu du costume de garde national comme nous à Paris, faisant de son mieux son service aux fortifications. Et nous n'avons pas perdu le souvenir de ces bonnes bouteilles de hautbrion qu'il avait conservées derrière les fagots, et qu'il nous faisait boire de temps en temps à la table de l'excellent amiral du sixième secteur, à la Muette. C'était nous faire oublier un instant les côtelettes de chien, le pain de suie, les biftecks de cheval, et noyer agréablement nos tristesses.

C'était bien bon!

* * *

Maintenant, M. Larrieu a quitté pour jamais, je l'espère, son costume de garde national. Il est en pékin comme nous tous, et en viticulteur comme les autres; il nous a promenés aimablement partout, dans son parc charmant qui est le superflu et la parure aimable du vignoble, sur les croupes magnifiquement exposées qui en sont la richesse, dans les celliers où se porte la récolte, dans les chais où elle se soigne et se conserve.

* * *

Tout le monde nécessaire pour la culture de la vigne, il l'a sous la main et dans la propriété même. Reste la question de la vendange, pour laquelle il est indispensable de recourir à des mains étrangères.

— Et c'est là ce qu'il y a de plus fâcheux, nous disait-il. Le chœur des vendangeurs n'a rien de commun avec les chœurs classiques de l'Opéra ou de l'Opéra-Comique.

Si près de Bordeaux que nous sommes, j'avais toujours vu ces chœurs hideusement composés de ce qu'il y a de plus voyou, de plus sale et de plus repoussant, hommes, femmes ou enfants, dans les rôdeurs ou rôdeuses de la ville. Propos grossiers, paroles licencieuses, chansons abjectes, cela faisait un ensemble à dégoûter positivement du vin à l'avenir.

Comme je ne pense pas à la députation, j'ai préféré me priver de l'assistance écœurante de cette bande d'électeurs.

Et j'ai trouvé un moyen qui concilie heureusement les choses.

Je ne sais si c'est le souvenir de mes exploits en temps de siége à Paris, ou la contemplation des effets dus à la force de l'obéissance et de la discipline, mais j'ai conçu le respect le plus profond pour ces deux forces sociales.

Le régime de la liberté et de la fantaisie est un régime idiot, surtout au point de vue de ce qui m'occupe, la vendange. Les gens indisciplinés qui vont et qui viennent à leur gré, qui n'obéissent à aucune règle, qui mangent mon raisin ou le gaspillent, ne sauraient me convenir.

Ce qu'il me faut, comme du reste il le faut partout, c'est l'obéissance réfléchie ou non d'une majorité intelligente ou non à une minorité intelligente et douée de volonté.

J'ai trouvé tout cela ici.

* * *

Les Frères, dits ignorantins, ont tout près d'ici une école très-suivie et qui produit de bons élèves. Quand arrivent les vendanges, je vais trouver le directeur. — Voici ce qu'il me faut, lui dis-je : cent élèves avec leurs maîtres, un maître pour une douzaine d'élèves. Je payerai ce que je payerais à ceux qui vendangeaient jadis à notre vignoble. Ce sera pour vos pauvres, vos bonnes œuvres, ou pour les parents de vos élèves indigents, à votre choix.

Ils acceptent ; c'est une partie de plaisir même pour les maîtres, et pour les enfants une vacance et un congé agréables : ils marchent en rang sous l'œil de leurs chefs comme des troupiers à la parade. Ils font les choses vivement comme un devoir, et non pas comme un pensum, avec entrain et bonne humeur, et mangent trois fois moins de raisin que les autres, parce qu'ils sont surveillés avec soin, ce qui est fortement à considérer.

La besogne est faite même plus rapidement, avec plus d'attention de toute manière ; j'ai eu plus de satisfaction en tout, et j'ai eu de plus l'air d'avoir fait une bonne action, ce qui vaut toujours mieux que de sembler en avoir fait une mauvaise. En somme, j'y ai gagné de tous côtés, et j'ai résolu heureusement le problème. C'est ce qu'il fallait démontrer.

— Bravo ! c'est l'ombre du pape Clément V qui vous a sans doute donné cette bonne inspiration.

* * *

La vendange une fois faite, nous sommes tous contents les uns des autres, moi surtout, et alors, avec mon fidèle régisseur Sancho qui a conservé tant qu'il a pu toutes les traditions de la maison, nous faisons notre vin comme il a toujours été fait, et, quand l'année a été bonne, il se trouve toujours aussi bon que jamais.

Et notez que tout cela n'est pas une plaisanterie, et que je ne suis pas fâché quand le temps a été doux et tiède au printemps, quand il est tombé quelques bonnes pluies lorsque la grappe a été formée, quand il a fait un beau soleil sans trop de sécheresse pour mûrir le raisin et un joli temps doux pour le cueillir.

Dans ces conditions-là on obtient une bonne année, ce qui veut dire cent vingt tonneaux, et, dans les grandes années, le tonneau s'est vendu de six à huit mille francs, ce qui n'est pas dépourvu d'agrément.

— Parfait, parfait, mon cher compagnon d'armes; vous êtes un homme bien pensant, et si par malheur il y avait un nouveau siége, pensez à nous et ne nous oubliez pas.

Château-Lahouringue (M. Bignon aîné).

UNE EXPLOITATION AU MÉDOC

LA TERRE, LES DÉFRICHEMENTS, LES CÉPAGES, LES FUMURES, ETC., ETC.

CHATEAU-LAHOURINGUE

Avant que vous quittiez ce bon pays du Médoc, nous dit un matin M. Gustave Roy, dont nous avons admiré à si juste titre les remarquables installations au château d'Issan, il faut absolument que vous visitiez une des curiosités du pays.

— *All right!* avons-nous répondu.

En une heure, un coupé, traîné par un rapide et vigoureux cheval anglais, nous conduit, à travers ces jolies routes soignées comme celles d'un parc, jalonnées à chaque détour du chemin par des constructions vinicoles et des châteaux coquets et renommés à différents degrés pour leurs produits, vers une croupe de terrain qui domine un charmant paysage, couronné de bois, la commune de Macau faisant perspective vers le fond, sur le chemin de fer dont les trains fument à l'horizon.

— Regardez, nous dit-il.

De nombreux ouvriers creusaient la terre et traçaient, sur une assez longue étendue, une ligne de circonvallation. Les déblais s'accumulaient sur les flancs du coteau, les brouettes circulaient, les pioches s'abattaient sans relâche, et, sur le sommet, un homme, à l'allure réfléchie, donnait les ordres et commandait le mouvement à la troupe.

— Ah çà, ce bon pays serait-il menacé? Où est l'ennemi? pourquoi donc ce fort ou cette redoute? pourquoi cet ingénieur et ces ouvriers?

— Non, non, répondit M. Roy, ce pays n'est plus menacé, il n'a plus que des amis. Les Anglais, qui le tenaient jadis, ont cessé d'y penser autrement que pour en savourer chez eux les produits.

Ceci n'est pas une forteresse; cet ingénieur n'est pas un soldat. Ces ouvriers sont des viticulteurs, et celui que vous supposiez un officier est tout simplement un bon bourgeois; regardez-le plus attentivement : c'est une figure toute parisienne et connue de tous, vous le reconnaîtrez.

— Le fait est qu'il ressemble prodigieusement à Bignon.

— Cela ne doit pas vous étonner; c'est Bignon lui-même.

Et, laissez-moi vous le dire, ce Bignon est un type.

Un type de travail, de volonté, de persévérance, et par conséquent de succès.

Vous l'avez vu à Paris, la serviette de commandement à la main, guidant des bataillons de garçons au tablier blanc, prenant soin des myriades de consommateurs établis autour de ce qu'il y a de plus recherché et de meilleur dans le monde, parmi ce qui se boit ou ce qui se mange.

C'est là le café Riche, où se donnent rendez-vous tous ceux qui sont friands de Paris et y accourent de tous les coins connus et inconnus.

Mais il n'y a là qu'une partie de cet homme; le reste, le principal, est autre part et souvent ici, comme vous le voyez.

Ce ne sont plus des garçons de restaurant, ce sont des vignerons et des viticulteurs qu'il mène au doigt et à l'œil, comme autre part, dans une autre propriété qu'il possède à Theneuil, en Bourbonnais, il conduit haut la main une armée de bouviers, de laboureurs et de cultivateurs de toute sorte.

J'aime à suivre avec le plus grand intérêt la vie de cet honnête homme, de cet homme de bien qui, petit paysan orphelin, privé de son père, vint à Paris il y a quarante et quelques années, à l'âge de treize ans, ignorant de toutes choses, mais plein de cœur, du désir de savoir et de la soif d'être utile à sa mère restée veuve et à ses jeunes frères; qui, débutant comme garçon de café à trente francs par mois, trouva moyen, à force de volonté et d'intelligence, non-seulement d'acquérir une véritable fortune, mais de conquérir en même temps les connaissances les plus variées, les plus étendues, sur tout ce qui a rapport à la science de l'agriculture, de manière à mériter le grand prix à l'Exposition universelle de Paris pour ses remarquables améliorations agricoles et l'élevage des bestiaux charolais, diplôme d'honneur à Vienne pour même motif, grandes médailles à Londres, à Paris, à la Société centrale d'agriculture, la grande médaille d'honneur donnée par la Société d'encouragement au bien, — j'en passe sans doute, — et puis enfin la croix de la Légion d'honneur, qu'on eut, ma foi, bien de la peine, malgré tant de titres, à lui décerner, à cause de sa qualité de restaurateur, — comme si vraiment l'acte de faire de toute façon bien vivre ses semblables ne valait pas celui qui consiste à les bien tuer en qualité de soldat ou même de médecin.

— Tout cela est fort beau, et je joins de tout cœur mes applaudissements aux vôtres; mais je ne m'explique pas ce qu'il fait là, et pourquoi, avec son

régiment de piocheurs, il semble préparer une batterie pour repousser un ennemi du Médoc, à moins pourtant qu'il ne pense aux menaces du phylloxera.

— Chut ! celui-là semble jusqu'ici nous craindre et ne pas oser venir nous attaquer ; mais ce n'est pas de lui dont il est question ici. Ce que fait Bignon, le voici :

Je vous ai parlé de cette propriété de Theneuil qu'il possède en Bourbonnais. Lorsque M. Bignon acheta, en 1849, cette terre de Theneuil dans ce même Bourbonnais où il était né, il l'acheta à raison de 384 francs l'hectare ; il n'y avait alors là ni froment ni fourrages artificiels ; la propriété nourrissait avec peine vingt-cinq têtes d'un bétail maigre et sans valeur. Or, il s'est mis à piocher comme vous le voyez là, à chercher, à amender, à étudier, à travailler de toute manière, à donner l'exemple aux gens d'alentour, si bien que les propriétés de ces gens, qui l'ont tout bonnement imité, valent aujourd'hui quinze cents francs l'hectare, ce qui indique clairement que la valeur de la terre de Theneuil a tout au moins quadruplé.

Si bien que cette terre améliorée nourrit maintenant cent vingt bêtes à cornes, magnifiques spécimens de la race charolaise, qui ont pris la douce habitude de se faire primer à tous les concours ; qu'elle produit et engraisse trois cents moutons, une douzaine de chevaux de trait et quelque chose comme quatre-vingts porcs ; qu'on y récolte par quantités le foin, le seigle, l'avoine, le trèfle, la rave, la betterave, la carotte, etc., etc., et que pas un lopin de terre ne reste improductif.

Ce beau succès a valu à M. Bignon toutes les distinctions bien méritées dont vous le savez pourvu, mais a surexcité bien naturellement aussi son amour-propre et son ambition.

Un beau jour, nous l'avons vu débarquer ici ; il venait d'acheter cette terre que vous voyez, la terre de Lahouringue.

Ce que M. Bignon avait tenté, ce qui lui avait si bien réussi en Bourbonnais, il a voulu venir le tenter aujourd'hui au Médoc et y réussir. Nous le regardons avec un vif intérêt exécuter son travail et dépenser son argent, nous proposant tout naturellement de l'imiter, comme ont fait ses voisins en Bourbonnais, s'il réussit, et cela est probable, car tout ce qu'il a entrepris jusqu'ici est actuellement en plein succès.

Du reste, il ne fait pas mystère de son travail : il pense que tout progrès doit profiter à la masse, et que chacun se doit à tous.

Ainsi qu'il avait opéré dans l'Allier, il a commencé par étudier son terrain et celui des environs, sur lesquels mûrissent les crus les plus renommés.

Voici, pour cela, comment il s'y prend. Un tube de verre puissant et d'une longueur calculée est enfoncé de force, perpendiculairement, dans le terrain que l'on veut étudier.

Ce tube recueille, naturellement et dans leur ordre, les différentes couches qui composent le sol, et en montre facilement la nature, grâce à la transparence de la paroi.

Il est facile dès lors, non-seulement de se rendre compte des dispositions des couches, mais encore de leur constitution chimique et de celle de ces couches ensemble. L'observation et l'analyse, faites avec soin, donnent des formules des plus intéressantes, et fournissent des éléments de comparaison qui doivent guider à coup sûr l'investigateur.

Ces diverses études ayant été faites dans les différents terrains renommés, tels que Château-Laffitte, Mouton, Château-Margaux, Latour, Léoville, etc., etc., puis rapprochées de celles faites aux terrains de Lahouringue, qui sont ceux de M. Bignon, il s'est dit : « La composition chimique du terrain est le seul mobile qui agisse pour établir les différences et les supériorités si remarquables de produits, puisque, à des distances si rapprochées, comme celles que l'on observe dans ce petit coin rare du Médoc, où l'exposition est la même, le soleil est le même également et agit de même façon, l'air ambiant est ici et là exactement pareil, et il n'y a pas de différence appréciable dans la température, qui se conduit dans ces parages d'une manière tout à fait identique. Il faut donc constituer un terrain nouveau qui réunisse, autant que possible, les éléments chimiques de nature à le rapprocher des terrains supérieurs, sur lesquels la vigne donne les produits de premier ordre. »

C'est dans ce but et à l'aide de ces études que le propriétaire de Lahouringue est arrivé à combiner un compost particulier, destiné à compléter les éléments insuffisants du terrain et à y introduire ceux qui lui manquent.

Au Médoc, et partout ailleurs du reste, dans les crus qui en valent la peine, on a fait l'observation suivante : l'usage du fumier animal enlève au fruit de la vigne sa qualité spéciale, et, en augmentant, il est vrai, les quantités, tend à détruire dans le vin obtenu le caractère de finesse et de bouquet qui en constitue la valeur.

Le fumier animal est donc exclu rigoureusement dans le fumage régulier des terrains plantés, et n'est admis que comme un élément secondaire dans la constitution du compost qui lui est destiné.

Voici le tableau du compost particulier combiné par les soins et les recherches du propriétaire.

Nous le donnons ici, grâce à ses indications minutieuses, pensant qu'il sera utile et pourra être facilement approprié par d'autres à l'amélioration de leurs vignobles.

COMPOST
APPROPRIÉ AUX BESOINS DE LA TERRE DE LAHOURINGUE (MÉDOC-GRAVES)

MATIÈRES UTILES A FAIRE ENTRER DANS SA FORMATION

Composition et proportions des couches pour un carré long de 10 mètres sur 5 mètres.

Matière		Épaisseur
Marne		0.30
Cendres et suie	d°	0.02
Phosphate de chaux au lot	d°	0.01
Fumier d'étable Phosphaté à 5 k°. par mètre	d°	0.20
Fougères, herbes, feuilles, roseaux, débris végétaux	d°	0.20
Chaux vive	d°	0.1
Ajoncs, bruyères, terre de Landes, débris de bois ou de fossés	d°	0.40
Branches, aiguilles, et détritus de pins	d°	0.20
Marne	d°	0.30

Ce qui donne, pour la 1re couche...... 15mc de marne.
— 2e couche...... 10mc branches, détritus de pins, etc.
— 3e couche...... 20mc ajoncs, bruyères, terre de bois, etc.
— 4e couche...... 00,500mc chaux vive ou 5 hect.
— 5e couche...... 10mc débris végétaux.
— 6e couche...... 10mc de fumier.
— 7e couche...... 250 kilog. de phosphate.
— 8e couche...... 1mc ou 10 hect. de cendres et suie.
— 9e couche...... 15mc de marne.

Cette masse, ainsi formée, aura au début 1m,60 environ de hauteur. Cette pelote de compost devra être arrosée six fois dans le courant de la saison et alternativement avec du purin de fumier et du chlorure de sodium (sel marin, sel de morue, coussin), en mettant chaque fois 50 kilos de ce sel pour cinq barriques d'eau.

Pour faciliter l'absorption et le séjour du liquide d'arrosage, on percera verticalement dans la pelote des trous avec une barre de fer ou de bois.

Le compost devra être brassé deux fois dans l'année.

Une masse ainsi formée se réduira environ à 1 mètre de hauteur, produisant 50 mètres de compost et capable de fournir aux besoins d'une plantation nouvelle de 10,000 pieds de vigne, à raison de 5 litres par pied.

Maintenant que nous avons vu M. Bignon maître de cette arme énergique, de son compost, destiné à fournir au terrain ce qui lui manque, voyons un peu ce qu'il fait.

Tout d'abord, il a respecté pieusement comme objets d'art, et avec un soin pour ainsi dire filial, les vieux ceps éprouvés qui ont fait la réputation réelle du vignoble; il s'est contenté de les dégager de tout ce qui pouvait leur nuire, et les nourrit uniquement avec son compost.

A côté de ces vétérans de la propriété, il fait de nouvelles recrues; c'est pour cela que ce bataillon de travailleurs creuse sous ses ordres ces lignes de circonvallation.

Les meilleurs croupes de la propriété sont ainsi défrichées, et défrichées à une profondeur raisonnée, jusque près du manteau de graviers sablonneux reposant sur les argiles pierreuses des calcaires, qui caractérisent les compositions des terrains les meilleurs du Médoc.

Sous ce sol végétal actuel, on a établi un véritable sous-sol, en rapportant une couche de 25 à 30 centimètres, uniquement composée de terre neuve fournie par les bois des environs et les détritus végétaux.

Le sol une fois nettoyé, approprié et constitué en vue de la vigne, on s'occupe de le planter en cépages distingués, choisis parmi les espèces qui produisent les vins fins et appropriés à la nature du terrain, et dans les proportions nécessaires à produire un ensemble supérieur.

Ces proportions sont étudiées avec soin, d'après celles qui sont en usage dans les plus grands et les plus renommés vignobles, afin de fournir à l'ensemble le bouquet, la finesse, le corps et la couleur, signes distinctifs des vins rares.

LES CÉPAGES

L'ÉTUDE des cépages est une des plus importantes au point de vue de la qualité et de la supériorité des vins.

Le cépage essentiel, et qui est la base des grands crus du Médoc, est le cabernet, que les paysans nomment *bidure* ou *vidure*. On prétend que c'est tout simplement la vigne indigène perfectionnée par la culture. Pline l'appelait *vitis Biturica*, vigne *biturigienne* ou bordelaise, et ses plants étaient renommés à Rome et en Italie.

Il y a deux sortes de *cabernets*, le petit *cabernet* ou *cabernet sauvignon*, et le gros *cabernet* ou *cabernet franc*. Ce sont les cépages les plus fertiles, les meilleurs de tous les fins noirs de la Gironde. Il débourre le dernier et mûrit le premier, disent les viticulteurs; il est très-régulier dans sa pousse.

Ce sont là les cépages bien assortis à la nature du sol qui donnent le vin fin, délicat, pourvu du bouquet particulier au Médoc, et doué de cette couleur pourpre, dorée sur les bords, qui le caractérise.

A cette base essentielle se joignent certains autres cépages, tels que les *verdots*, qui ajoutent du corps, de la couleur et du tannin aux vins issus du *cabernet*.

Ajoutez à ces cépages les plus importants le *carmenère*, dont les produits sont peu abondants, mais très-fins, le *malbec* (*mauzat*, *noir de Pressac*, *gros noir*), le *merlot* et le *cruchinet*, vous aurez ainsi la nomenclature de ce qui constitue la fortune et la valeur du Médoc et même de toute la Gironde, en y ajoutant le *sémillon*, le *sauvignon* et la *muscadelle* en cépages blancs pour les vins blancs de Sauterne, Barsac, etc.

Il appartient alors aux viticulteurs et directeurs de grands crus de combiner ensemble ces différents et précieux cépages et de les mélanger habilement, suivant la nature, qui leur est connue, du sol qu'ils cultivent, de manière à corriger ici un défaut, développer là une qualité, fomenter le bouquet ou la couleur, et atteindre ainsi le summum de supériorité que le cru peut espérer, si d'autre part les conditions climatériques de l'année sont favorables, si la main puissante du Créateur a bien voulu seconder les efforts de la main humaine, si l'imperceptible mandibule de l'infiniment petit n'a pas tout ravagé, tout détruit.

***

La vigne est donc plantée, suivant la coutume du Médoc, le plus possible dans des lignes dirigées du nord au sud, à moins que la pente du terrain n'oblige à suivre cette pente pour favoriser l'écoulement des eaux, et placée en quinconces à un mètre en tous sens, de manière à faciliter le psasage des bœufs, des charrues et l'écoulement des eaux.

Elle s'établit en espaliers sur deux bras; les cavassons ou tuteurs s'élèvent à quarante centimètres, et sont reliés par des lattes horizontales en bois de pin ou en fil de fer, sur lesquelles ont été liés les deux bras du cep, taillés utilement avec les bourgeons suffisants pour produire le fruit.

UNE GROUPE EN PLEIN RAPPORT

CHATEAU-LABOURINGUE (MÉDOC)

VENDANGEUSES

— Dame, ma petite, vous êtes cent, vous mangez un kilo de raisin chacun, en dix jours ça fait mille kilos, quelque chose comme deux pièces de vin, et quand le vin vaut mille francs la pièce!
— Et puis après?

La plante reçoit quatre façons de charrue tous les ans : la première en mars, pour déchausser la vigne; la deuxième, pour la déchausser; la troisième et la quatrième, pour la déchausser et la rechausser de nouveau; il faut ajouter le travail à la main, au sarcloir, pour sarcler et nettoyer les lignes de ceps de toute plante nuisible ou inutile.

* * *

C'est ainsi, ajoutait M. Roy, que nous opérons tous en Médoc; vous avez vu, au château d'Issan, l'opération complète de la vendange, celle du pressoir, du cuvage, du décuvage et de la vinification.

Le propriétaire de Lahouringue a continué jusqu'alors pour la vendange les vieilles traditions et les vieux engins, — tout ne saurait se faire à la fois, — mais j'ai l'amour-propre de croire que lui, qui est un homme de réflexion et de calcul, ne tardera pas à suivre un exemple qui lui donnera plus de sécurité dans le travail, moins de main-d'œuvre et plus d'économie.

Le château de Lahouringue est une vieille construction qui date de plusieurs siècles; elle a été reprise à différentes époques, ce qui ôte quelque chose à son caractère général, mais ne nuit pas à son côté pittoresque. La vieille tour, qui a toujours été respectée, est le dernier vestige de l'architecture première.

(Lahouringue. — Bâtiments d'exploitation.)

Les bâtiments d'exploitation sont vastes, bien entendus suivant les vieux principes héréditaires du Médoc, et aménagés avec soin par le propriétaire actuel pour les besoins nouveaux de son exploitation, récemment améliorée.

Depuis une époque fort éloignée, le domaine avait appartenu à une ancienne famille d'Irlande, les Burck. C'est de M. Duteau-Burck, un des derniers descendants de cette famille, que M. Bignon en fit l'acquisition il y a quelques années.

* * *

Ce nom de Lahouringue, qui n'a rien de bordelais, rien de français, rien d'irlandais non plus, possède une origine toute particulière et fort intéressante au point de vue de l'histoire et de la valeur du vignoble.

Depuis un temps immémorial, les relations les plus fréquentes se sont établies et des plus fructueusement continuées avec la Hollande.

Le groupe important du Médoc, formé par *Cantemerle*, les *Trois-Moulins*, *Lagarde* et *Lahouringue*, fournit les vins qui depuis de longues années sont le plus appréciés en Hollande.

Ce dernier château jouit surtout d'une grande faveur dans ce pays; c'est le *Château-Laffitte* des Hollandais.

C'est à coup sûr pour cela que ce nom de Lahouringue lui fut donné, nom qui a trait, sans doute, à quelque fait maintenant oublié et dont la désinence tout hollandaise rappelle Flessingue, Poperinghe, etc., etc., et quantité de résidences aux Pays-Bas.

* * *

Naturellement, M. Bignon n'a pas manqué de continuer et d'augmenter cette faveur chronique attachée aux produits de sa terre, et ses efforts tendent, en outre, à l'étendre de plus en plus ailleurs, où ils sont jusqu'ici moins appréciés.

Nous lui demandions comment il se faisait que lui, natif du Bourbonnais, aux trois quarts Parisien, fût venu planter une de ses tentes en Médoc, alors que toutes ou presque toutes ses préoccupations semblaient être ailleurs.

— Rien de plus simple, nous a-t-il répondu.

Personne ne s'avisera de nier que l'alimentation ne soit une des premières questions qui intéressent l'humanité.

Pourquoi l'agriculture est-elle et, surtout, doit-elle être la majeure et plus honorable et plus utile préoccupation d'un peuple? C'est qu'elle est l'élément le plus incontestable de sa richesse et de sa prospérité.

Dès l'âge de quatorze ans, ainsi que je vous l'ai dit, j'ai commencé à réfléchir sur cette grande question, au fur et à mesure que je m'appliquais davantage à réparer par un bon repas les forces vitales de mes contemporains.

La question du bétail, que je servais chaque jour par tranches convenablement préparées, m'a conduit, lorsque je l'ai pu, à acheter, près du lieu de ma naissance, cette terre de Theneuil, où j'ai pu réussir à faire d'une race de bestiaux pauvre une race magnifique, à créer, pour nourrir ces élèves, de gras fourrages là où il n'y avait que des herbes sèches et maigres; des betteraves, des racines de toute sorte pour les engraisser, là où ne poussaient que de tristes ajoncs; du blé pour les ouvriers bouviers, laboureurs et moissonneurs, là où l'on n'en avait jamais vu. Grâce à un travail assidu et infatigable, ces travaux ont été couronnés par des succès effectifs et par des récompenses officielles à l'appui. J'en ai été heureux et reconnaissant.

Ceci fait, l'ambition m'a pris de suivre cette voie encore autre part.

Savoir nourrir et abreuver convenablement non-seulement le public, mais les gens de recherche et de goût, me paraît être un art qui en vaut d'autres.

Moi aussi, je suis artiste à mes heures.

Et j'ai pour moi, entre autres, un charmeur plein de jugement et de goût, qui publia solennellement cet aphorisme :

***

« La découverte d'un mets nouveau fait plus pour le bonheur du genre humain que la découverte d'une étoile. »

« La destinée des nations dépend de la manière dont elles se nourrissent. »

Vous avez reconnu Brillat-Savarin.

***

J'avais réussi en Bourbonnais. J'avais pu améliorer la terre et indiquer des moyens d'amélioration et de production inattendue de magnifique bétail, là où l'on n'avait jamais fait qu'une pauvre et misérable récolte en tout genre. J'y ai trouvé non-seulement satisfaction morale, mais encore honneur et prospérité matérielle. C'était, je l'imagine, une justice et une récompense.

L'ambition m'a pris, après ce succès, d'aspirer encore à un autre.

La vigne et le vin, vous le savez, sont la richesse principale de la France. Ce qui la différencie essentiellement des autres peuples, c'est la production de cette merveilleuse récolte dont elle a, pour ainsi dire, le précieux monopole.

Il est un coin privilégié, coin circonscrit et limité, qui donne des produits d'un ordre spécial et charmant, capables de se conserver, de voyager indéfiniment et de porter partout, dans le monde entier, et dans les pays les plus déshérités, quelque chose de notre bonne humeur, de notre vitalité et de notre soleil. Ce coin est unique au monde. Depuis quinze années que les barrières se sont un peu abaissées et que, grâce aux chemins de fer et aux nouveaux moyens de locomotion, la circulation a augmenté, les demandes de toutes part ont aussi augmenté dans une énorme proportion, qui tend toujours à s'accroître à mesure que se multiplient les procédés de circulation générale, et que les barrières entre les peuples tendent à s'abaisser, pour disparaître un jour.

Certes, je n'ai pas la prétention d'avoir découvert le Bordelais; je dois cependant avouer, non sans fierté, que j'ai pu aider à sa faveur et à son rayonnement, au moins à Paris.

Cela remonte déjà loin. En 1843, ce qui était particulièrement à la mode, c'étaient les bourgognes, les vins chauds des côtes du Rhône, et les champagnes variés. Le chambertin, le musigny, le vougeot, le corton, le beaune, tous ces fleurons de la couronne de la Côte-d'Or étaient proclamés sans pareils.

Les vins de Bordeaux et du Médoc vivaient et mûrissaient en dehors du mouvement, et se contentaient de faire le voyage d'Angleterre, pour s'arrêter sur les tables des grands seigneurs, ou de partir pour la Hollande, la Belgique, le Danemark, la Suède, la Russie, et même les Indes, d'où ils ne revenaient pas toujours.

Le café Foy était alors célèbre, et je commençais à en être presque le maître, après y avoir débuté en petit tablier blanc.

Le bourgogne et le bordeaux sont frères; je l'avais compris, et je vins faire connaissance avec ce beau pays, désireux d'y acheter, pour notre clientèle, ce que le soleil et les hommes y produisaient de mieux. Une bonne fortune me fit trouver alors avec M. de Redoute, de Saint-Pierre, beau-frère de M. de Pichon;

Avec M. de Pichon, propriétaire du cru de Pichon-Longueville;

Avec M. de Lur-Saluces, propriétaire du Château-Yquem;

Avec M. Poyferré, propriétaire du Léoville;

Avec M. d'Estournel, propriétaire de Cos-d'Estournel,

Quatre partenaires magnifiquement doués, pleins de santé, de verdeur et de gaieté, dont le plus âgé comptait tout au plus alors quatre-vingt-dix printemps, et le plus jeune quatre-vingt-sept.

Chacun d'eux disait, en riant et en vidant allégrement son verre : « C'est à l'excellence de notre cru que nous devons tous ces dons heureux; pas de goutte, pas de douleurs, pas d'embarras gastrique ou apoplectique d'aucune sorte.

L'ŒIL DU MAITRE

« Achetez-en pour Paris, où les hommes, dit-on, en ont tant besoin et meurent trop jeunes. Achetez-en, vous ferez bien ; mais vous n'en achèterez pas trop : nous tenons beaucoup à en garder, nous voulons encore vivre. »

* * *

Des échantillons de ces excellents crus et de bien d'autres sont arrivés bientôt avec nous à Paris. Il n'a pas fallu longtemps pour que tous ces joyaux du Médoc devinssent des héros de la mode, et qu'au lieu de figurer, comme jusqu'alors, sur des tables exceptionnelles, ils eussent leur entrée partout.

Tous mes confrères se sont empressés de m'imiter, et ils ont bien fait.

Quant à moi, mon opinion était dès lors bien arrêtée.

Je me suis donc dit que celui qui posséderait quelque chose dans ce bienheureux coin de terre, et qui féconderait et améliorerait encore, par son travail et son intelligence, ce sol si naturellement fécond, ferait forcément une opération merveilleuse, dont ses enfants, et j'en ai qui me secondent avec intelligence et avec goût, profiteraient plus tard dans une large mesure.

Croyez-moi si vous voulez : je préfère voir mes enfants s'occuper avec cœur de travail et d'améliorations agricoles, les meilleures, à mon sens, de toutes les améliorations sociales, que des questions politiques. J'ai attendu patiemment le moment, et enfin ce moment est venu.

Voici pourquoi je suis maintenant propriétaire à Lahouringue, comme je le suis à Theneuil. J'y ai mis, j'y mets encore beaucoup d'argent, mais je suis sans crainte ; la récompense du travail vient déjà, et elle viendra davantage à mesure que les années passeront.

J'en ai pour garants, de plus, l'exemple des gens intelligents qui m'ont précédé dans la même idée, les grands noms financiers qui ont fait la même opération que moi, et la prospérité merveilleuse qui a déjà couronné leur entreprise.

Quand je ne suis pas ici, je travaille de loin. Une feuille de travail que je vous communiquerai quand vous voudrez, et qui sera peut-être utile à d'autres, me renseigne chaque semaine, par articles distincts et parfaitement détaillés, sur ce que font, jour par jour, dans le domaine, hommes, femmes, chevaux et bœufs ; sur ce qui se dépense, à cinq centimes près, pour quelque chose que ce soit sur ce que l'on récolte ; sur l'état général et particulier de toutes choses, et jusque sur la température et les variations atmosphériques. C'est étendu et c'est complet ; le contrôle s'exerce facilement, et, au moindre signe, moi ou les miens, nous sommes prêts à recevoir un avantage ou à parer à un inconvénient.

Il y a bien cet affreux phylloxera, ce radical qui s'attache si funestement aux racines de cette pauvre vigne; mais j'ai foi dans l'avenir, et tous les phylloxeras, quels qu'ils soient, disparaîtront un jour, j'en suis persuadé.

* * *

En attendant, voyez les nouvelles croupes que j'ai défrichées, voyez le compost que j'ai travaillé pour améliorer ma terre, d'après mes expériences réussies en Bourbonnais.

Voyez ces magnifiques bœufs, que j'ai fait venir de Theneuil pour mon travail.

Voyez cette nouvelle vendange qui se présente bien; goûtez ces vins des précédentes années, et vous verrez que je suis dans une bonne voie, et vous verrez aussi que, Dieu aidant, quand il y aura un nouveau classement, je finirai par arriver à faire classer mon vin parmi les grands crus.

— Ainsi soit-il, avons-nous répondu.

Nous avons serré la main de cet homme de bien et de cet infatigable travailleur, et nous sommes revenu en nous disant : « Si tous les Français avaient ce courage, cette énergie et cette intelligente volonté, il y aurait moins d'aspirants sous-préfets en France, moins de politiciens et moins de révolutions. »

LES PAYS BLANCS DU BORDELAIS

A Monsieur Arthur Z..., rue du Faubourg-Saint-Honoré, à Paris.

Cher ami,

De retour à Bordeaux, nous avons fait une nouvelle visite au musée Gremailly. J'y ai trouvé notre jeune ami, le petit Gontran de B..., celui que vous avez rencontré partout cet hiver : au bois, aux premières et dans tous les clubs à la mode de Paris. Il vient, au retour des courses de Deauville et des bains de mer, de faire sa petite tournée en Médoc, qu'il n'avait jamais vu jusqu'alors, et il est ravi.

Il lui semble qu'il a découvert un monde.

— Mais savez-vous, me dit-il, que ce pays est une merveille? C'est éblouissant de richesse et d'avenir. Conçoit-on que dans notre Paris on ne se doutait de rien de tout cela? Je ne me figurais ni ces détails ni cet ensemble. Je leur raconterai toutes ces choses au club, cet hiver, et nous reviendrons en corps ici l'année prochaine.

Sans compter que l'on ne boit réellement de vin exquis que dans le pays même où il voit le jour. Il en est comme du fruit que l'on cueille sur l'arbre mûr et à point; ou bien messieurs les propriétaires gardent-ils par coquetterie ce qu'il y a de plus parfait pour l'offrir à leurs visiteurs, et ne livrent-ils au dehors que les produits de second degré, comme les fabricants pour les objets destinés à l'exportation?

— Ou bien encore, ajouta M. Gremailly qui nous écoutait, n'est-ce point qu'ils livrent aux étrangers et aux connaisseurs, qui le retiennent longtemps à l'avance et le payent sans hésiter aux prix les plus élevés, ce que les années privilégiées donnent de plus parfait, tandis qu'ils laissent au commun des martyrs, qui ne s'y connaissent assez que pour juger sur la foi de l'étiquette et du bouchon, le produit des années secondaires, et puis aussi aux commerçants qui servent plus spécialement les gens doués de cette profitable candeur, et néanmoins capables de payer tout aussi cher que les autres?

Maintenant, messieurs, vous avez, d'après ce que j'ai compris, parcouru toute la gamme du Médoc, que vous voyez ici représentée dans mon exposition par les notes les plus réussies, depuis Laffitte, Margaux et Latour jusqu'aux cinquièmes crus et aux grands bourgeois. Il vous reste, maintenant, à savourer la symphonie des pays blancs, celle que vous voyez dans cette travée vibrer à la suite de la symphonie du Médoc, celle qui commence à Barsac, Preignac, Pujols comme *andante,* et dont le *crescendo* d'harmonie s'épanouit à Bommes et au grand Sauterne.

— Comment! s'écria Gontran, le sauterne est aussi bordelais, est aussi girondin? Comment, après la pourpre du Médoc, l'or ruisselant du sauterne? Mais c'est un manteau royal qui se drape sur les épaules de cette rayonnante Gironde!

Pardonnez à mon lyrisme. Je le connaissais, le sauterne, ou du moins je l'aimais sans le connaître; combien de fois, à la Maison Dorée, ou au café Riche, ou au café Anglais, je me suis plu, en aimable compagnie, à marier le sauterne à l'huître verte de Marennes! Alliance exquise. Je me rappelais mes études, et je me figurais Apicius mariant le cœcube à l'huître du lac Lucrin.

Et du diable si je me figurais que sauterne et château-yquem, ce prince des sauternes, fussent bordelais!

J'en demande pardon à Bordeaux et au musée Gremailly, que je n'avais pas jusqu'alors la satisfaction de connaître.

— Deux douzaines! deux!
— Une sauterne! une!

— Eh bien, monsieur, nous dit le conservateur du musée, vous voyez toutes ces fioles respectables et précieuses qui se succèdent par années et par prix; c'est le tableau d'histoire du pays blanc.

Ce tableau est classifié, du reste, comme le tableau du Médoc que je vous ai remis précédemment.

Ce tableau, le voici tel que les experts de la Gironde l'ont établi en 1867 :

GRAND PREMIER CRU.

CHATEAU-YQUEM. — SAUTERNES.

PREMIERS CRUS.

Chateau-Vigneau................	Bommes.
Chateau-Peyraguey...............	
Chateau-Guiraud.................	
Chateau-la-Tour-Blanche...........	
Chateau-Rieussec.................	Fargues.
Chateau-Suduiraut................	Preignac.
Chateau-Coutet...................	Barsac.
Chateau-Climens..................	Id.
Chateau-Rabaut...................	Bommes.

DEUXIÈMES CRUS.

Chateau-Peixotto.................	Bommes.
Chateau-Doisy-Vedrines-Boireau.....	Barsac.
Chateau-Myrat....................	Bommes.
Chateau-Doisy-d'Aène..............	Id.
Chateau-Tilhot...................	Sauternes.
Chateau-d'Arche..................	Id.
Chateau-Caillou..................	Barsac.
Chateau-Dudoir...................	Id.
Chateau-Dancy....................	Preignac.
Chateau-Lamothe..................	Sauternes.

Et maintenant, si vous m'en croyez, allez faire un pèlerinage là où toutes ces petites merveilles que vous voyez ici, dans leur prison de verre, poussent et se récoltent. Vous verrez un pays charmant, une façon de soigner la vigne, de vendanger et de faire le vin qui ne ressemble en rien à ce que vous avez vu jusqu'alors, sans compter qu'il vous sera agréable sans doute de goûter à ce que la nature et les hommes ont pu faire de mieux en ce sens.

Et vous vous souviendrez, j'en suis sûr, du pays, de ceux qui l'habitent, qui y travaillent, et surtout des grands sauternes.

* *

— Mon cher monsieur Gremailly, vous parlez d'or, avons-nous répondu, nous allons suivre votre conseil.

— Très-bien, et à ce conseil je vais en ajouter un autre. Vous voyez ce monsieur qui vient tout justement d'entrer ici, et qui, suivant son habitude, donne en passant un coup d'œil amical à ma collection, qu'il aime, qu'il choie, et pour laquelle il m'a souvent aidé de ses avis. Ce petit homme vif et alerte, malgré ses cheveux gris, est un des praticiens, des œnologues et des viniculteurs les plus expérimentés et les plus connus de ce pays blanc que vous ne connaissez pas encore.

Il s'appelle M. Poncet-Deville, et il possède à Pujols, tout près de Château-Clément, de Château-Vigneau, de Château-Peyraguey, un vignoble qu'il appelle le *clos Saint-Robert,* vignoble peu connu avant lui, mais qu'il soigne lui-même avec le soin le plus jaloux, depuis la plantation jusqu'au couronnement final, et dont il est en train de faire, grâce à ses recherches, à sa science et à un travail assidu, un cru de premier ordre, qui, bien que sans classification officielle jusqu'alors, rivalise souvent, par son produit, avec ce que le pays donne de plus complet et de meilleur. Demandez-le plutôt à M. Verdier, de la Maison Dorée; il vous dira ce qu'il pense de M. Poncet-Deville et du clos Saint-Robert.

Eh bien, si M. Poncet-Deville veut vous faire les honneurs de son chez lui, ainsi que du pays, et il le voudra, vous saurez tout ce qu'il y a à savoir, et vous verrez on ne peut mieux tout ce qui doit et peut être vu.

* *

M. Gremailly avait raison, et la preuve, c'est que, les présentations faites, dès le soir même nous étions de vieux amis, que le lendemain nous descendions de wagon à Barsac, et que dans une bonne voiture, conduite par M. Poncet-Deville lui-même, nous arrivions au clos Saint-Robert.

— Ceci est mon saint-robert! Et je ne vous dis que ça!

Clos Saint-Robert (Poncet-Deville).

LE CLOS SAINT-ROBERT

C'est une vieille construction qui a été château jadis, mais qui a été refaite, réduite à plusieurs reprises, et qui n'a plus l'ambition de porter ce titre.

Elle est commode néanmoins, bien aménagée pour l'habitation de son propriétaire, pourvue de caves excellentes et des plus riches, de celliers et de chais des mieux entendus.

Une vieille tour s'élevait jadis sur la droite des bâtiments; il n'en reste plus pour souvenir que quatre ou cinq pierres largement sculptées, qui ont été utilisées pour la confection d'un perron très-original comme aspect.

Mais la chose principale et la coquetterie du maître, ce sont ses vignes. Ses vignes, ce sont ses enfants de prédilection : c'est lui-même qui les plante ou les fait planter sous ses yeux, qui les choie, qui les taille, qui les caresse, veille à ce que les parasites n'entravent pas leur croissance, à ce que les ennemis fâcheux de toute sorte soient écartés, à ce que la maturité vienne à point et que la récolte soit faite dans toutes les conditions voulues pour obtenir des produits supérieurs.

Les raisins nombreux et magnifiques se groupaient harmonieusement à la base des ceps, soignés comme des plantes rares chez les horticulteurs; nous admirions cette couleur chaude, ambrée; nous goûtions avec plaisir à ces baies appétissantes richement dorées et sucrées par le soleil, mais dont quelques-unes semblaient trop mûres et sur le point de se gâter.

— Voyez, nous disait-il, ce raisin commence à se conduire comme il faut; mais j'ai eu quelque inquiétude dans ces derniers temps. Le soleil était dur, la pluie persistait à ne pas venir, les grains ne prenaient pas leur développement et leur délicatesse voulue. Heureusement, il nous est survenu à point quelques pluies, et je suis ravi. Voyez, par-ci, par-là, le raisin commence à pourrir.

— Comment, à pourrir? Mais vous êtes un fameux original, mon bon monsieur Poncet! s'écria Gontran. Comment, à pourrir, et vous vous en réjouissez? Justement, nous étions en Médoc dernièrement, et le propriétaire disait à chaque instant, en regardant les nuages à l'horizon: «Mon Dieu! mon Dieu! pourvu que le raisin ne vienne pas à pourrir! Nous serions perdus.»

— Ils sont dans le vrai chez eux, les propriétaires du Médoc qui font du vin rouge. Nous sommes dans le vrai chez nous, en faisant exactement le contraire, nous qui faisons du vin blanc.

A vrai dire, ce que nous nommons pourriture n'est pas de la pourriture telle que ce mot l'indique à l'ordinaire.

La pourriture que nous recherchons, et qui nous est indispensable pour notre genre de vinification, c'est une fermentation qui s'établit dans le grain parfaitement mûr, dont la peau est flétrie ou rompue par l'excès de maturité. Le travail de la fermentation, qui pour les vins rouges s'établit dans la cuve, se fait pour nous tout d'abord, et plus naturellement, dans cette petite cuve qui est la pellicule du raisin.

C'est là que le sucre naturel, produit par la combinaison de la sève et de la chaleur solaire, commence son heureuse transformation en alcool, tout en conservant les qualités particulières aux cépages et au terroir.

Notre vin blanc ne se cuve pas comme les vins rouges.

Au sortir du pressoir, où il est foulé avec soin, il est mis immédiatement dans les barriques, où le travail de fermentation suffisante se termine dans la proportion voulue pour donner au vin la force de résistance nécessaire pour se conserver de longues années en lui laissant ce velouté, ce moelleux, ce bouquet fin et délicat qui caractérisent le produit de notre sol.

REPOS

(Souvenir du clos Saint-Robert).

VENDANGEUSES

(Clos Saint-Robert).

Aussi, vous allez voir comment ici se fait la vendange, avec quel soin et quelle sollicitude sont pour ainsi dire écrémées les grappes.

Voyez cette grappe, par exemple; il y a vingt-cinq grains. Cinq sont atteints de ce genre de pourriture ou de fermentation que nous ambitionnons; ces cinq-là vont être cueillis ou coupés soigneusement avec des ciseaux par une de ces femmes que vous voyez là-bas accroupies ou assises sur de microscopiques tabourets de bois; les vingt autres grains sont laissés à la grappe et priés de suivre à leur tour l'exemple de leurs amis.

Demain ou après-demain, une vendangeuse passera, trouvera un grain ou deux suffisamment prêts; elle les prendra, et ainsi de suite, jusqu'à la fin de la grappe.

Partout, dans notre vignoble, le même soin est attaché à la vendange; on est, par suite, quelquefois six semaines à vendanger un vignoble, et c'est grâce à cette attention suivie et toujours répétée que nous obtenons les qualités si supérieures et si vantées qui sont la gloire du pays.

* * *

Les vins dits de Graves, qui naissent sur les coteaux qui nous précèdent en arrivant de Bordeaux, ne sont pas dus à tant de précautions et à tant de recherches. On y vendange tout d'un coup les raisins lorsqu'ils sont mûrs, et on les traite comme tous les vins blancs se traitent partout, sans les faire cuver et en les mettant tout de suite dans les tonneaux, où l'on soigne leur fermentation et leur travail jusqu'au moment où ils sont capables d'entrer en circulation.

Mais ces vins, par suite, n'ont pas les qualités enviées qui leur donnent un si haut prix et que nous savons acheter par l'observation rigoureuse de ces menus soins et de ces nécessaires détails.

* * *

La qualité du sol est pour beaucoup dans la réussite exceptionnelle de ce genre de vins, et aussi la qualité et la quantité calculée des cépages qui mûrissent sur ce sol.

Le sous-sol est, dans les crus les plus renommés du pays, argilo-calcaire et argilo-graveleux; le terrain est meuble, mêlé de graves d'argile et souvent de parcelles ferrugineuses combinées avec l'humus végétal.

Sur ce sol nous plantons différents cépages à raisins blancs que l'expérience nous a enseignés devoir, par leurs combinaisons chimiques réciproques, atteindre plus ou moins le summum de perfection dont le type nous est fourni par l'illustre cru du Château-Yquem, le premier sans contredit de tous les grands sauternes.

Ces cépages sont : le *semillon*, qui figure généralement pour deux tiers dans la proportion; un autre tiers est fourni par le *sauvignon*, le *johannisberg* et la *muscadelle*.

Ces cépages, vous les voyez ici; les voici cavassonnés avec soin, bien alignés, taillés précieusement par moi ou sous ma direction; vous avez vu mon cellier, mon tonneau, mes vendangeuses, mon pressoir, et vous boirez de mon vin.

Mais avant cela, si vous le voulez bien, nous irons présenter nos hommages et nos respects au Château-Yquem.

— Bravo, monsieur Poncet-Deville! avons-nous dit en chœur, et, après un dîner copieusement arrosé d'un grand vin du Médoc, nous allâmes reposer, la conscience calme et satisfaits, dans nos chambres hospitalières jusqu'au lendemain matin.

* * *

A cinq heures et demie, le cheval, attelé, piaffait déjà dans la cour. — Allons, allons, messieurs! allons, une petite collation légère, un peu de médoc pour tonifier, et en route!

CHATEAU-YQUEM

GRAND PREMIER CRU (SAUTERNES)

En quittant Pujols, on suit une charmante route bordée de tous côtés de luxuriantes vignes, de châteaux et de petites maisons de bourgeois et de paysans dont elle fait la richesse.

Nous retrouvons ici le poëte du vin blanc, comme il l'a été du vin rouge, M. Biarnez.

> Des lieux où le Ciron en serpentant bouillonne
> Et vient mêler son onde aux flots de la Garonne,
> On voit se dessiner en groupes gracieux
> Les monts où s'élabore un nectar précieux.
> Qu'ici le voyageur en passant se prosterne,
> Car ces coteaux sont ceux de Bomme et de Sauterne!

* * *

Le Ciron, en effet, est un délicieux petit cours d'eau qui gazouille et court sous de frais ombrages, s'amuse à égayer les parcs des opulents châteaux, sur la route, et s'exerce çà et là à faire tourner follement des roues de moulin.

* * *

Il y a là de temps en temps des coins plantureux de Normandie, mais ce sont des vignes célèbres qui se regardent dans ses eaux, au lieu d'être de vulgaires pommiers. Nous laissons sur la gauche le Château-Vigneau, un cru de premier ordre, qui appartient à M. de Pontac, cru dont le vin, présenté à l'Exposition de 1867 en concurrence avec les vins les plus célèbres des bords du Rhin, eut la gloire d'être déclaré de tout point supérieur par un jury émérite composé d'Allemands, d'Anglais et de Français; puis, sur la droite, on rencontre son émule, le Château-Peyraguey, propriété de M. le comte Tanneguy-Duchâtel.

Puis enfin, au détour d'une route, on se trouve tout à coup en présence d'un panorama splendide où les croupes chargées de vignes, aménagées avec un soin merveilleux, se succèdent par étages, dominées par de vieilles constructions seigneuriales, des tours, des créneaux, des machicoulis, des toits aigus.

Nous sommes devant Château-Yquem.

— Eh bien, à la bonne heure, voilà un château! dit mon petit Gontran en soulevant son chapeau.

Voilà qui véritablement ne manque pas de chic et possède un certain œil.

J'eusse éprouvé quelque chose comme une déception, en voyant ce nom de Château-Yquem représenté par une de ces guinguettes prétentieuses, de ces

bouchons ou de ces cafés chantants que les bons bourgeois de la Gironde se plaisent parfois à décorer pompeusement du nom de châteaux.

Le marquis de Lur-Saluces se met bien.

Quand un marquis se mêle d'être marchand de vin, il ne faut pas qu'il soit mis comme un simple *mannezingue*.

J'en ferai mon compliment à Saluces cet hiver au club.

Nous montons au petit trot de notre cheval les croupes magnifiques qui entourent de toutes parts le château, nous croisons des attelages de bœufs qui descendent à vide des celliers, et nous en dépassons de temps à autre qui montent des charges de vendange. Çà et là, dans les vignes largement espacées, des femmes attentives sont courbées et choisissent, grain à grain, les raisins arrivés au degré de pourriture ou de fermentation désiré, pendant que des chefs d'équipe surveillent attentivement leur travail.

— Vous voyez, nous dit M. Poncet-Deville, avec quel soin tout cela est traité; il en est de même d'un bout à l'autre, et c'est ainsi que l'on arrive à d'irréprochables et parfaits produits. Les maîtres du logis ne sont pas là, mais il est certain que le tonnelier en chef, M. Duboscq, homme tout à fait remarquable dans sa spécialité et qui a la haute main sur les pressoirs, les celliers et les caves, est là, et qu'il sera satisfait de nous montrer dans tous ses détails cette exploitation, dont il est un des rouages les plus utiles et les plus appréciés.

∗

Nous étions arrivés à la grande porte en plein cintre qui donne accès à la cour intérieure du château.

Nous nous sommes aperçus bien vite que M. Poncet-Deville est considéré partout et par tous dans ce pays comme un expert et comme un sage aux profitables conseils.

Mais avant d'entrer dans le présent, il n'est pas indifférent de connaître quelque chose du passé.

A ce sujet, voici ce qu'on nous raconte :

Nous trouvons, au dix-huitième siècle, ce château en la possession de la famille de Sauvage d'Yquem, qui le transmit par mariage, en 1785, aux seigneurs de Lur-Saluces, auxquels il appartient encore aujourd'hui.

Un savant et un chercheur du département prétend que les Sauvage d'Yquem n'étaient pas depuis longtemps propriétaires de cette seigneurie.

On sait que le profond philosophe et humoristique écrivain connu sous le nom de Michel Montaigne se nommait en réalité Yquem ou Eyquem, seigneur de Montaigne. Montaigne est une seigneurie du Périgord, où il est né.

La seigneurie et le château d'Yquem seraient, d'après notre érudit, le berceau de la famille des Yquem, dont Michel de Montaigne est la gloire.

Les Bordelais, par suite, seraient encore plus autorisés à s'émerveiller du brillant écrivain, dont la statue orne la grande place de Bordeaux, en qualité d'illustration de la Gironde, en face d'un autre célèbre et authentique Girondin, Montesquieu.

Nous donnons ce renseignement, qui ne manque pas de vraisemblance, mais pour lequel nous manquons de preuves certaines, à titre de curiosité historique et intéressante, mais qui attend la vérification.

Ce qui est certain, c'est que maintenant le Château-Yquem appartient aux marquis de Lur-Saluces, et que l'œuvre qui s'y élabore est aussi connue et appréciée des gourmets que l'œuvre de Michel Yquem, seigneur de Montaigne, fut connue et appréciée des philosophes et des lettrés.

La célébrité de ce grand cru n'est pas de très-ancienne date. C'est à la famille de Lur-Saluces et aux procédés particuliers de vinification qu'elle a intronisés dans ce vignoble, si bien favorisé, du reste, par la nature du sol et par l'exposition de ses coteaux, qu'est due cette supériorité qui l'a mis tout à fait hors pair parmi les vins blancs et en a fait le type indiscutable du mieux dans le meilleur :

> Yquem, roi des vins.
> Yquem, vin des rois.

C'était, jadis, le proverbe girondin, et on le dit encore, je crois, par habitude, en dépit du temps de république qui court.

Un poëte gourmand signalait en lui « l'extravagance du parfait » !

L'admiration qu'excite le vin de ce château prévilégié n'est pas de l'ordre purement philosophique et contemplatif; elle se traduit par des preuves plus matérielles et plus tangibles.

Songez donc! la propriété n'a jamais produit, malgré ses 148 hectares, que 120 tonneaux; évidemment il ne saurait y en avoir pour tous ceux qui en désirent. Il faut donc payer des prix de plus en plus élevés, pour être sûr d'en avoir, et cela ne peut faire que s'aggraver dans l'avenir.

Aussi l'on a vu, notamment, les années 1859 et 1861 se vendre 6,000 fr. le tonneau en primeur et atteindre, au bout de quelques années, jusqu'à 10,000 francs.

Il faut citer surtout le prix de 20,000 francs donné, en 1859, par le grand-duc Constantin de Russie, lors de son passage à Bordeaux, pour un tonneau de château-yquem de la récolte 1847 !

Après celui-là, il faut tirer l'échelle et entrer résolûment, avec le bon M. Poncet-Deville, dans les chais et les celliers. Ce que nous avons fait.

* * *

M. Poncet-Deville est non-seulement un guide complaisant, mais un guide précieux, qui connait tout et tous, et en est on ne peut mieux connu. C'est le plus ancien et le plus expérimenté praticien du pays; aussi, partout où il se présente, dans ce curieux rayon, il est accueilli par les régisseurs, les vignerons et les chefs de chais, avec la déférence que mettraient de simples vicaires à recevoir un curé de canton, ou des lieutenants à recevoir un colonel.

C'est ainsi, notamment, qu'il est reçu par le chef tonnelier du Château-Yquem, M. Duboscq, qui semble un ancien militaire et qui préside à tout ce qui regarde la fabrication si méticuleuse des vins précieux du domaine, aux soins à leur donner, à leur conservation, à leur amélioration et à leur vente.

Ce M. Duboscq, nous avons l'honneur de le présenter ici à ceux de nos lecteurs reconnaissants qui savent apprécier les hommes et les choses, et qui ne seront pas fâchés de savoir à qui adresser leurs félicitations, au moment physiologique où ils viennent, loin d'ici, de vider respectueusement leur verre.

* *

Déguster le vin de Château-Yquem, au château même, conduit par celui-là même qui a présidé à sa naissance, à son enfance et à sa maturité, c'est une bonne fortune que nous avons eue, grâce à M. Duboscq, et surtout grâce à M. Poncet-Deville, qui passe justement pour un dégustateur, un gourmet de premier ordre, et dont les moindres avis sont recueillis avec componction.

Les tonneaux sont rangés en bataille dans ces grands chais placés en équerre au fond de la grande cour intérieure du château; ils sont enrégimentés ainsi par année.

Nous avons parcouru religieusement la gamme de ces années, parmi lesquelles il en est de célèbres.

M. Duboscq, sa petite pompe de verre à la main, soulevait la bonde de cristal qui ferme les pièces et, la plongeant légèrement, la retirait garnie du liquide précieux qu'il versait dans nos verres.

Nous étions tous ravis, Gontran plus encore :

— Ne semble-t-il pas, disait-il, que l'on boive les rayons de soleil embaumés? Oh! boire cela en Russie, en Angleterre, en Suède, à Paris même, en plein hiver, lorsque les frimas recouvrent la terre et que le soleil se voile devant les brouillards et les brumes épaisses, n'est-ce pas respirer les plus suaves parfums de l'été, et se désaltérer aux sources de chaleur et de vie?

Hosannah! au château-yquem! Gloire à Duboscq et à Poncet-Deville! Honneur aux grands vins rouges, mais il n'y a de vin que le vin blanc, et le château-yquem est un chef-d'œuvre.

Il fallait modérer l'enthousiasme de notre compagnon, et l'arrêter dans l'exercice de dégustation qui, à chaque nouvelle année, exaltait son délire.

ACTEURS ET ACTRICES. 54.   COSTUMES ET VISAGES.

M. DUBOSCQ

Grand maître des celliers de Château-Yquem.

VENDANGEUSES

Au Château-Yquem (Sauternes).

Une diversion utile s'opéra : les bœufs amenaient une charge assortie que l'on versait par les baies ouvertes sur la cour, dans des pressoirs rangés tout

le long du chai, disposé en conséquence ; de petites presses sont adaptées à chaque cuvier ; les vis de ces presses sont mues par des roues placées perpendiculairement, et qui se manœuvrent comme des roues de gouvernail de navire, dont elles ont à peu près la forme et l'aspect.

A mesure que le jus coule, il est recueilli dans des pièces neuves, préalablement imbues à l'intérieur de fine champagne ; puis elles sont rangées par ordre, tout le long du chai, pour se livrer à la fermentation première, puis être ouillées successivement, à mesure que l'évaporation se produit, subir des filtrages, des soutirages en temps utile, et enfin être mises bonde de côté sous une surveillance pleine de sollicitude, et attendre ainsi le bon plaisir des consommateurs.

Au milieu du bâtiment placé sur la droite est un chai particulier. Un boudoir n'est pas plus soigné que ce chai

Des foudres sont rangés méthodiquement d'un bout à l'autre de la grande salle boisée et décorée avec une simplicité pleine de goût.

Ces foudres sont au nombre de treize; ils sont en chêne brillant, frotté et astiqué comme le bois des meubles de prix. Le cuivre des robinets et garnitures étincelle comme le cuivre des engins de service à bord des navires de guerre, et le sol est couvert précieusement de sable fin comme les écuries de grand style.

C'est dans ces foudres que l'on place ce qui reste du vin célèbre fourni par les grandes années. Il y en a treize qui contiennent chacun douze tonneaux.

* * *

Nous avons vu là entrer, presque en même temps que nous, un monsieur âgé dont la tournure était celle d'un vieux général. Son air semblait à la fois recueilli pieusement et attendri. Instinctivement il marchait sur la pointe du pied, comme on y marche par respect dans un lieu consacré ou dans la salle d'un trône. Ses yeux étaient humides de plaisir, et sa bouche avait un sourire de béatitude profonde. Celui-là était évidemment un fidèle et un reconnaissant.

* * *

Gontran, lui, était ravi. Cependant il regardait plus froidement M. Poncet-Deville, depuis qu'il l'avait vu, après avoir pris une bonne gorgée d'yquem, la tourner plusieurs fois dans sa bouche, et la rejeter sans façon sur le sol.

— Monsieur Poncet-Deville, s'écriait-il, vous faites là au vin une injure impardonnable! Qui eût jamais cru, en vous voyant, que vous fussiez capable d'un tel sacrilége? Quant à moi, plutôt mourir!

Et, en effet, il avalait tout avec conscience et avec un plaisir non dissimulé, si bien que, de dégustation en dégustation, il fallait presque le soutenir, et qu'avant de quitter M. Duboscq pour monter en voiture, il fut pris d'un profond attendrissement, et le pressa tendrement dans ses bras à différentes reprises.

Il n'est pas si bons amis qui ne se quittent, et nous sommes enfin partis, non pas aussi émus que notre ami, que le vin avait rendu si enthousiaste, mais néanmoins en saluant avec une effusion contenue le vieux château et, hommes ou produits, ce qu'il renferme de bon et de bien.

Château de la Tour-Blanche (M. Osiris).

CHATEAU DE LA TOUR-BLANCHE

PREMIER CRU (SAUTERNES)

Non loin de Château-Yquem, sur la côte, à gauche, en quittant le vignoble, se trouve le château de la Tour-Blanche; du vieux château qui jadis s'étageait sur ces hauteurs, il ne reste guère que cette tour qui domine au loin et qui a valu son nom au vignoble.

MM. Maître et Merman, si connus comme les grands dégustateurs de Bordeaux, ont été fort longtemps possesseurs de ce domaine, dont ils ont fait un des premiers crus à la suite de Château-Yquem. Il vient de passer entre les mains de M. Osiris.

Osiris! ce nom ne parait-il pas merveilleusement choisi pour présider à l'éclosion d'un vin supérieur? Osiris! n'est-ce pas lui qui enseigna jadis aux Égyptiens à presser la grappe et à en exprimer le jus divin, cher aux prêtres de sa sœur Isis?

Osiris, que les Grecs appellent le Bacchus indien, et qui est revenu triomphant des Indes, monté sur un char attelé de tigres, entouré de joyeuses bacchantes et de satyres!

Évohé! Évohé!

— Assez de mythologie égyptienne! Osiris? exclama tout à coup Gontran, on ne connaît que cela à Paris, à la Bourse. Pas de tigres à son char, mais tout bonnement un *coupé de Binder* traîné par des chevaux de choix. Si ce char est accompagné de quelque bacchante ou corybante, celle-là n'a pas le costume classique de l'emploi, et se fait tout simplement habiller chez Worth ou Félix et coiffer chez madame Loisel.

Le souvenir des fameuses grappes rapportées par les anciens Hébreux de la terre promise lui a-t-il donné l'idée de venir en cultiver fructueusement d'autres dans cette terre qui vaut bien celle que vantait Moïse? C'est possible.

Car Osiris est un descendant de ces Hébreux voyageurs qui ont, comme on le voit, le don de camper partout où il y a quelque chose d'important à gagner ou à recueillir.

L'Osiris moderne, simple petit vigneron jadis, convié à cultiver modestement la vigne du Seigneur qui pousse à Paris, dans ce grand cru qu'on appelle la Bourse, a trouvé, un beau jour, le moyen d'y vendanger pour lui-même quelques petits millions, qu'il sait aménager prudemment et avec soin. Croyez-moi, s'il a acheté la Tour-Blanche, c'est que la valeur doit monter et que c'est une bonne affaire. C'est un exemple qu'on peut suivre.

—Ajoutons, dit M. Poncet-Deville, que ce vin, quand il est bien traité, est de premier ordre, et que ses prix ne sont inférieurs que d'un quart à ceux de Château-Yquem.

Château-Guiraud (M. Bernard).

CHATEAU-GUIRAUD

Tout en conduisant son cheval, M. Poncet-Deville continuait son aimable office de guide.

— Vous voyez, nous dit-il, ce petit château modeste ici à droite, entre Yquem et le bourg de Sauternes; c'est le château Guiraud, un premier cru de Sauternes. Il appartient maintenant à M. Bernard, un excellent homme, qui continue, comme ses prédécesseurs, à posséder de bonnes vignes et à faire d'excellent vin.

Un autre de ces Hébreux modernes, habiles à découvrir des terres promises et à planter leur tente au meilleur endroit, avait précédé le dieu Osiris en ce pays, qui, vous le verrez, se trouvera quelque jour, comme les grands crus du Médoc, aux mains de ces intelligents et riches réfugiés de Jérusalem.

M. Félix Solar, au moment de la prospérité que M. Mirès avait fait naître autour de lui, avait acheté le château Guiraud, dans la persuasion qu'il était de l'avenir exceptionnel réservé à notre coin de terre, par suite des communications nouvelles et des rapports nouveaux des peuples entre eux.

M. Félix Solar était un gourmet de toutes façons, gourmet de lettres, gourmet de victuailles choisies et d'excellents vins; sa cave était aménagée avec un soin jaloux, aussi bien que sa bibliothèque.

Il avait, par suite, de nombreux amis, qui venaient en foule le visiter, regarder curieusement ses livres aux reliures des plus grands crus, et feuilleter ses plus précieuses bouteilles.

Un certain jour, un vilain nuage noircit l'horizon, un mauvais vent souffla sur M. Solar, sur sa fortune, sur ses livres, sur ses bouteilles, sur son château.

Ses amis s'envolèrent et disparurent comme des corbeaux effarouchés.

Le propriétaire, qui savait ses auteurs, a pu dire comme le poëte latin dans la patrie duquel il est allé mourir :

Donec eris Felix, multos numerabis amicos.
Tempora si fuerint nubila, Solar *eris.*

Voilà comment M. Osiris n'est pas le premier, comme il ne sera pas le dernier de sa race qui se soit rendu ou qui se rendra maître d'un coin de ce bon pays, et voilà comment le château Guiraud tomba de Solar en Bernard.

Quant au vin, il est insoucieux de tout cela, et il continue d'être parmi les meilleurs.

Château-Peyraguey (comte Tanneguy-Duchâtel).

CHATEAU-PEYRAGUEY

Quelques tours de roue nous amènent au château Peyraguey. Nous sommes sur le territoire de la commune de Bommes, rivale de celle de Sauternes. C'est non loin de là que nous avons aperçu, en venant, le château de M. de Pontac, ce fameux château Vigneau qui remplace ou vient appuyer Château-Yquem dans les luttes courtoises aux grandes Expositions.

— Le château Peyraguey se pique de pouvoir aussi remplacer le château Vigneau, dans le cas où l'on aurait recours à ses services.

Nous retrouvons là, du reste, un régisseur de premier ordre qui vient gracieusement nous faire les honneurs de l'endroit. C'est M. Galos, celui-là même que nous avons déjà rencontré en Médoc, à Mouton-Rothschild, et qui mène, en même temps que l'administration de ce cru rouge si célèbre, celle de ce cru blanc de Peyraguey, qui marche à l'égal de Mouton dans l'écrin vinicole de Bommes et Sauternes.

M. Galos est un habile et intelligent collectionneur.

Il va sans dire que M. Poncet-Deville est toujours accueilli comme un maître, et que, là comme ailleurs, on écoute ses observations et ses avis avec l'attention la plus déférante.

Quant à nous, nous procédons naturellement aux dégustations obligées, et nous applaudissons en chœur. Notre jeune ami Gontran continue à être ravi.

— C'est charmant, monsieur Galos, c'est charmant; par exemple, vous appelez ça château Peyraguey. Pourquoi donc?

Ceci est une mosquée, un harem, un palais si vous voulez. Mais, par Mahomet! ce n'est pas un château, et, du reste, cela fait son éloge. Dans ce bon pays girondin, il y a tant de soi-disant châteaux que cela fait bien de rencontrer ce petit palais oriental. Ça repose. Quand je verrai Tanneguy-Duchâtel Pacha à Paris, je lui en ferai mon sincère compliment.

Avec quelques sultanes et pas mal de négresses qui les suivraient dans ces allées, en les abritant de grands parasols rouge et or, ce serait une merveille. Mais ça manque de palmiers.

* *
*

Nous avons visité l'intérieur dans tous ses détails. Rien n'est négligé pour donner à l'ensemble le caractère oriental comme architecture, décoration, ameublement.

Il semble que l'on soit à Tunis ou bien au Caire.

— Parfait, délicieux! ajoute Gontran; quel dommage que la belle princesse Fatmé, ou bien encore Nourmahal la Rousse, ne figure pas sur ces merveilleux divans! ce serait complet.

En attendant, monsieur Galos, vous qui êtes un homme de tant de goût, regardez donc votre vénérable chef d'exploitation, votre chef de chai que l'on dit d'autre part si précieux à tous égards, et je m'en aperçois à vos vins. Pourquoi le laisser se promener ici en ce costume, qui ne rappelle en rien, ni par son chapeau, ni par le choix des étoffes, la coiffure et le costume des sectateurs de l'Islam? A votre place, je le prierais de laisser pousser sa barbe, je lui fourrerais un beau turban sur la tête, je lui mettrais sur le dos un costume arabe, et je le draperais dans un large burnous. Je lui donnerais quelques tonneliers, en costume de fellahs, et je lui procurerais deux ou trois nègres.

Ce qu'on pourrait faire de moins, ce serait de l'habiller comme le Turc qui vend des pastilles au Palais-Royal.

Parole d'honneur, je vous assure, comme accessoire, il détonne.

Et puis, surtout, ne l'oubliez pas!... Du reste, je soumettrai cette idée à Tanneguy-Duchâtel Pacha, quand je le verrai. Ça manque de palmiers!

Il en faut absolument, fussent-ils en zinc. A sa place, j'en emprunterais plutôt quelques-uns à Mabille.

MAITRE DES CHAIS ET CELLIERS DU CHATEAU PEYRAGUEY

Aux palmiers et aux sultanes près, il n'en est pas moins vrai que cette demeure est d'une fantaisie charmante et digne de recevoir la visite d'Aaroun-

Porte d'entrée du château Peyraguey.

al-Rothschild, qui, nous dit-on, y vient quelquefois avec son vizir Goudal, lorsque le pacha, propriétaire du palais, séjourne quelque temps au pays.

De plus, le vin y est de premier ordre, ce qui ne gâte rien, au contraire.

*
* *

Visiter les autres grands crus du pays, dont M. Gremailly nous a donné la nomenclature, ne nous apprendrait rien de nouveau. La pratique est partout la même dans tous les vignobles et les châteaux qui bordent la route ou se mirent dans ce joli cours d'eau qui s'appelle le Ciron et court en frémissant sous les ombrages de la vallée.

Château Vigneau (M. de Pontac).

Nous saluons encore, en passant, le château Vigneau.

Nous passons un joli petit pont très-pittoresque; bientôt après nous traversons Pujols, et nous voici de retour au clos Saint-Robert.

Il nous reste encore nombre de choses à voir, les propriétaires sont ainsi faits. Mais M. Poncet-Deville est un de ceux avec lesquels il y a tant à apprendre!

Nous parcourons de nouveau les pressoirs, les celliers; nous regardons comment on soutire, comment on filtre les vins destinés à être expédiés; nous visitons les ateliers de tonnellerie, et nous nous rendons compte de l'attention et du soin qu'exige cette architecture, indispensable à la confection et à la conservation des vins.

— Et maintenant, nous dit M. Deville, je vous convie à venir voir ma bibliothèque. On vous a parlé de celle de M. Solar; j'ai aussi la mienne, qui ne le cède en rien à celle qu'avait formée M. Solar, alors qu'il avait encore des amis.

Sous le vieux bâtiment sont situées les caves de Saint-Robert, que M. Poncet-Deville appelle sa bibliothèque; là, sur des rayons placés à côté les uns des autres et se prolongeant au loin par d'interminables détours, se trouvent rangés, dans l'ordre le plus parfait, les ouvrages des meilleurs auteurs célèbres dans le pays et partout à la ronde. A la lueur de ces longs bougeoirs du pays, nous lisons ces noms rayonnants, et nous remarquons l'ordre logique dans lequel ils sont classés.

— Ces auteurs, nous dit notre hôte, il faut que nous les consultions ce soir, non pas tous, car le temps et l'haleine pourraient nous manquer, mais ceux auprès desquels nous croyons, *a priori*, trouver les qualités les plus hautes, les plus délicates et les meilleures. Choisissez.

— Avec un maître tel que vous, disons-nous en chœur, nous ne pouvons mieux faire que solliciter votre choix; vous ne nous ferez assurément goûter que des poëtes hors ligne et des auteurs sans défaut.

* *

Ce fut merveille de voir notre excellent hôte prendre délicatement les bouteilles endormies depuis de longues années dans les rayons poudreux, les ranger paternellement dans les alvéoles d'un panier qui attendait son bon plaisir, et, après avoir fait une abondante moisson, porter, sans secousse et religieusement, jusqu'à l'office, ces œuvres professoralement choisies.

— Vous avez vu, nous dit-il, quelles sont les précautions à prendre; elles sont indispensables, et celui qui ne les prend pas est indigne des bienfaits du Créateur. Ici, personne ne prend jamais ce soin que moi ou Marie.

Or, nous avions déjà remarqué Marie. Marie est une maîtresse femme s'il en fut, grande, vigoureuse et intelligente; elle mène tout dans la maison, veille aux celliers et aux futailles, soigne les liqueurs et les fruitiers, gourmande les vignerons, commande les charretiers, les laboureurs, les bouviers et les garçons du chai, dirige les vendangeuses, reçoit les acheteurs et les courtiers, tient note des commandes et des envois; c'est un majordome.

Tout le monde obéit à cette volonté, toujours vigilante et dévouée, qui n'a ni repos ni trêve, tous, depuis le petit poulet qui vient de naître dans la basse-cour, jusqu'au maître de céans qui, depuis longues années, s'incline devant cette volonté persévérante et toujours éveillée à son profit.

Marie est un type.

Ajoutez que personne ne sait, comme elle, rôtir à point un perdreau dans sa cuirasse dorée, enlever harmonieusement l'assaisonnement d'une entre-côte et préparer, dans toutes les règles, les condiments voués aux écrevisses à la bordelaise; le café, traité par elle, a des aromes inouïs.

Grâce à Marie et à la bibliothèque du bon professeur, nous avons fait un de ces dîners que l'on n'oublie guère.

Dîner de dégustation, dîner d'adieu à la Gironde; c'était elle, dans quelques-uns de ses plus précieux produits, qui en faisait tous les frais.

Voici la nomenclature exacte des œuvres tirées de la bibliothèque de M. Poncet-Deville, et que nous avons parcourues à ce dîner mémorable :

Vins rouges du Médoc. . . .	Léoville Las Cases, 64.
	Mouton-Rothschild, 64.
	Château-Laffitte, 64.
Vins blancs du pays des grands Sauternes.	Château la Tour-Blanche, 64.
	Clos Saint-Robert, 64, 69.
	Château-Peyraguey, 64.
	Château-Yquem, 64, 69 et 74.

Jamais nous n'avons tant bu et tant goûté de choses supérieures à la fois.

La nomenclature ne se serait pas terminée ainsi, la bibliothèque n'avait pas dit son dernier mot. Nous fûmes forcés de demander grâce.

Notre ami Gontran avait voulu ne rien négliger pour apprécier les auteurs en connaissance de cause. D'étude en étude, il était arrivé à cette période d'émotion où les larmes de l'attendrissement rendent les yeux humides à force de satisfaction et de reconnaissance.

— Oh! monsieur Poncet-Deville, dit-il en levant son verre à demi rempli de saint-robert 64, je bois à vous, à votre clos, à votre science, à votre prospérité.

Je bois aussi à Marie, à sa supériorité pour les écrevisses et les perdreaux rôtis.

Vous m'avez dessillé les yeux : je ne croyais qu'au vin rouge, maintenant je crois au vin blanc. Je célébrerai partout ta gloire, adorable château-yquem; je te chanterai, toi, charmant saint-robert, que je ne puis distinguer de la tour-blanche et du peyraguey; tu as pour toi l'avenir. J'ai une grande idée, dont le saint-robert, que j'acclame aujourd'hui, sera le pivot. Ce vin blanc délicat, élégant, parfumé, deviendra, grâce à moi, je l'espère, le vin cher à tout ce qui est pris par le sentiment de la grâce et celui de la beauté.

J'ai écrit précédemment du Médoc une lettre qui vous fera connaître toute ma pensée. Elle est inévitablement fixée désormais. Dans mes bras, brave Poncet-Deville, j'embrasse en toi le Sauterne tout entier, le Médoc complet, et la France qui est votre patrie à tous trois. *Évohé! Évohé!*

Il fallut l'arracher de ses bras.

La voiture nous attendait pour aller jusqu'au chemin de fer. Nous avons serré une dernière fois la main à l'aimable hôte et savant professeur.

De Barsac à Bordeaux, Gontran ne cessait de répéter avec enthousiasme : — C'est admirable, une affaire magnifique! Quel joli vin! Voyez-vous saint-robert cuvée Patti, cuvée Judic, cuvée Théo, cuvée Granier? Il n'y en aura pas pour tout le monde. — Il croit que c'est arrivé.

A bientôt, cher ami; écrivez-moi à Jarnac, je vais maintenant visiter les Charentes.

A. D'A.

LES GRANDES ANNÉES DES VINS DE BORDEAUX

LA JEUNESSE, LA MATURITÉ ET LA VIEILLESSE

Il est un préjugé dont il est bon et utile de se défaire : c'est celui qui consiste à croire que plus un vin est vieux, meilleur il est.

Le temps se plaît à faire et à défaire les vins, comme il fait et défait les peuples, les monuments et les hommes.

Les vins subissent la loi commune : ils ont leur enfance, leur jeunesse, leur maturité, leur vieillesse et leur décrépitude.

La maturité des vins de Bordeaux, notamment, varie suivant les crus et suivant les années.

Et c'est dans la maturité que doit être bu le vin de Bordeaux, ayant conquis alors toute sa saveur, sa couleur, son bouquet et son parfum, toutes les qualités enfin qui font son charme et sa vertu.

L'enfance et la jeunesse du vin présentent de l'amertume, due à la présence d'un excès de tannin que l'âge tend graduellement à faire disparaître, de la dureté, de la roideur, et le manque de cette souplesse, de ce moelleux caractéristique et si recherché dans le vin du pays.

Dans la vieillesse, toutes les qualités s'amoindrissent peu à peu, pour disparaître presque totalement dans la décrépitude, qui n'offre plus que des restes décolorés, inertes, sans vigueur, sans parfum.

* * *

Quelques années célèbres, dans lesquelles une suite de saisons particulièrement favorables a donné des résultats exceptionnels, résistent davantage à l'action du temps, mais il ne faut cependant pas y compter, sous peine de laisser passer l'époque rationnelle où les qualités précieuses, ayant atteint leur summum d'épanouissement, ne tendent plus qu'à décroître, puis finalement à disparaître.

* * *

Parmi les grandes années mémorables, l'année 1811, date de la comète, est celle dont le souvenir est resté le plus éclatant dans les annales des gourmets.

Les onze bouteilles qui restent de cette mémorable récolte font, à titre historique, l'ornement et le joyau exceptionnel du musée Gremailly de Bordeaux. Elles ont été achetées, il y a neuf ans, à raison de 125 francs; ces bouteilles sont cotées maintenant 150 francs au moins, et, par l'addition des intérêts, tendent chaque année à acquérir un prix supérieur.

Eh bien, il n'est pas prouvé que le contenu de ces bouteilles, vénérables restes d'un autre âge, ne soit pas quelque chose de fort médiocre, ou même de tout à fait détruit.

M. Gremailly lui-même n'oserait pas affirmer le contraire.

Mais la preuve serait bien coûteuse à faire, et il est probable que ces monuments d'un autre âge, qui doivent, nous dit-on, figurer, avec le reste du musée Gremailly, à l'Exposition universelle de 1878, resteront intacts de longues années encore, pour l'édification et l'instruction des siècles futurs, à moins que quelque grand mariage, comme celui du jeune roi d'Espagne, par exemple, ne vienne donner l'idée de faire boire, en ce jour exceptionnel, un vin digne, par son âge et sa renommée, de la bouche et de la bourse d'un roi.

Depuis 1811, qui semble primer d'une façon particulière parmi toutes les autres comme année éminemment supérieure, on note comme une bonne année 1815, qui eut un succès de premier ordre à l'étranger, notamment en Allemagne et en Angleterre, et parvint à obtenir des prix inconnus jusqu'alors, bien que les vins n'aient pas conquis en vieillissant toutes les qualités qu'on pouvait en espérer.

1828. Bonne année, surtout pour les grands vins.

1834. Passe pour une *grande* année.

1840. Bonne année, surtout pour les pays blancs

1841. *Grande* année pour les vins rouges.

1844. GRANDE année pour les vins rouges et les vins blancs.

1846. *Grande* année pour les vins blancs.

1847. *Grande* année remarquable pour les vins blancs.

1848. GRANDE année pour les vins rouges, notamment pour ceux de Château-Margau, Château-Laffite et les crus voisins. Abondance générale.

1851. Bonne année pour les vins rouges et les vins blancs.

De 1852 à 1857, l'invasion de l'oïdium contrarie le développement de la vigne et trouble la qualité du produit.

1857. Jusqu'en 1857, l'oïdium exerce une influence fâcheuse, qui ne fut combattue avec fruit que cette année, où l'abondance revint avec la qualité. L'année 1857 passe pour une bonne année.

1858. GRANDE année pour les vins rouges et les vins blancs, qui atteignent en primeur les prix les plus élevés qui aient été payés jusqu'alors.

Depuis, sauf l'année 1862, qui fut en certains endroits assez satisfaisante, les années qui se succèdent jusqu'en 1864 sont mauvaises ou médiocres.

1864, au contraire, est une GRANDE ANNÉE pour les vins blancs et les vins rouges, dont les échantillons étaient prêts pour entrer en lutte à l'Exposition universelle de 1867 et y triompher sur toute la ligne.

Ce qui prouve péremptoirement qu'à partir de la troisième année, les vins de la Gironde sont mûrs pour la consommation, et que les gourmets peuvent se dispenser d'attendre de longues années pour jouir des qualités d'une bonne récolte.

1865 est une assez bonne année.

1866 et 1867. Années ordinaires.

1868. Année médiocre.

1869. Année ordinaire.

1870. GRANDE ANNÉE pour les vins rouges et les vins blancs.

1871, 1872 et 1873 sont des années médiocres.

1874. Est une **bonne** et très-abondante année.

Les vins s'améliorent et tendent à prendre le caractère d'une grande année.

1875. Année excessivement abondante comme produits, qui se présentent bien, mais n'ont pas encore leur classification.

1876. Année beaucoup moins abondante que les précédentes, mais s'annonçant comme d'une bonne qualité.

1877. Récolte qui promet d'être satisfaisante à tous égards.

* *

Ainsi, les grandes années sont rares, et, parmi celles dont il reste quelques échantillons à présenter aux consommateurs et aux gourmets, les années 1864 et 1870 sont de premier ordre. Aussi est-il passé en usage maintenant, chez les grands propriétaires et gourmets de haute lice, de faire annoncer par le maître d'hôtel l'année du vin qu'il verse dans votre verre, en même temps que le nom du cru où il est né, lorsque l'année en vaut la peine.

L'année 1874 promet, nous dit-on, d'être ainsi annoncée l'année prochaine.

Les propriétaires et notables commerçants acheteurs des vins dus à ces années exceptionnelles prennent la précaution de faire tirer ces vins aux

chais mêmes où ils ont reçu les soins consacrés à leur enfance et à leur jeunesse, et de les faire boucher avec des bouchons estampés à la marque de la maison et mentionnant l'année de leur naissance.

Ainsi, chers lecteurs et buveurs très-judicieux, lorsque vous entendrez prononcer à côté d'un grand cru le nom de 64 et de 70, dressez l'oreille, et soyez sans crainte.

UN DILEMME EMBARRASSANT

— Château-laffitte 64?
— Ou château-latour 70?

Le vin de Bordeaux, d'après ce que nous venons de raconter, est donc en possession de la majeure partie de ses qualités au bout de trois ou quatre ans d'éducation au vignoble natal, ou dans quelque chai d'une maison importante et soigneuse de Bordeaux.

Il s'améliore encore pendant dix ou douze ans de repos dans une cave bien combinée, ni trop humide et fraîche, ni trop chaude, reste à peu près stationnaire pendant trois ou quatre ans, puis commence une période descendante qui le conduit tout doucement à la valeur du sirop de groseilles étendu d'eau, ou bien tout simplement de l'eau faiblement sucrée.

Somme toute, un vin d'un grand cru, d'une grande année, est excellent dans la période de cinq à dix années d'âge, parfait de dix à quinze ans, bon de quinze à vingt ; à partir de là, en thèse générale, il décroît incessamment jusqu'à sa mort.

Ce qui n'empêche pas que, dans des maisons privilégiées, on ne nous ait fait boire du château-margaux et du laffite exquis de 1848, et du château-yquem inénarrable né en l'an de grâce 1847.

AUX PYRÉNÉES

LE MADIRAN, LE PEYRIGUÈRE

ALLER de Bordeaux aux Pyrénées, ce n'est ni long ni difficile. Le chemin de fer vous y conduit en quelques tours de roue, à travers un pays dont l'aspect se différencie de plus en plus de celui auquel l'œil s'est habitué, lorsqu'il vient de parcourir les régions voisines de Bordeaux, où la vigne est une richesse et une puissance de premier ordre.

On me cite bien le vin de sable, ainsi nommé parce qu'il provient des vignes qui poussent sur les dunes, et donnent néanmoins un raisin d'une assez bonne qualité. Mais cela n'occupe que peu le sol, voué principalement à la culture des pins et à la récolte fructueuse de la résine.

A mesure que l'on avance dans la plaine, on est frappé du changement de la culture. La vigne devient rare, et le maïs dresse ses puissants épis dorés à la place des pampres verts.

Quand on approche des montagnes, la vigne commence à reparaître; elle s'est transformée. Au lieu de ramper sur le sol, ou de se hisser péniblement sur des cavassons, des lattes ou des fils de fer, elle s'élance fièrement, étreint avec vigueur des arbres élevés, et les couvre de ses pampres, de ses feuilles et de ses fruits.

Aux portes de Tarbes, dans le canton de Vic, et jusqu'à Maubourguet, on voit des forêts d'arbres portant chacun un ou deux ceps de vigne, disposés en carrés à trois ou quatre mètres, avec ou sans lianes réunissant les arbres, en lignes parallèles ou croisés en damier.

Chaque arbre est vivant, et porte une ou deux branches d'alimentation ou tire-séve; en sorte que les vignes qui sont installées ainsi ressemblent à des bois d'ormes, d'érables, de merisiers, de frênes, etc. Les vins fournis par ce genre de culture sont, il est vrai, très-verts, peu alcooliques et peu estimés. Ils se consomment héroïquement sur place, ou dans la montagne.

*
* *

C'est la vigne mariée à l'ormeau comme on la mariait jadis, suivant Virgile, au temps des Bucoliques. Ce mariage a des résultats plus pittoresques d'aspect que satisfaisants au point de vue de la qualité des produits.

Il est certain que la double affluence des feuilles propres à chacun des conjoints vient trop abriter le fruit des regards féconds du soleil, et ne lui permet pas d'arriver à la maturité complète nécessaire à la production d'un bon vin.

Aussi, pour obvier à cet inconvénient de premier ordre, a-t-on imaginé de substituer aux arbres, sur les coteaux de Madiran, de Peyriguère, de Jurançon notamment, de grands échalas ou poteaux, sur lesquels on attache, à 1^m,80 ou 2 mètres de terre, un échalas en croix de 1 mètre ou 1^m,20 de saillie horizontale; cet arrangement est destiné à remplacer l'arbre et sa tige. Remplacement avantageux, puisque les échalas n'ont pas de feuilles qui interceptent l'action du soleil, et qu'ils peuvent s'improviser rapidement partout, tandis qu'il faut attendre plusieurs années pour obtenir des arbres et en conduire les branches dans les conditions voulues.

Dans tous ces endroits, par une prudence et une économie bien entendues, deux ceps de vigne sont plantés au pied de chaque poteau et y sont fortement attachés jusqu'au collet par plusieurs liens d'osier; à partir de la barre transversale, ils sont taillés chacun à leurs branches à fruit, qui doivent s'étaler et se répandre sur la ligne de la barre.

Le docteur Guyot assure que cette culture est préférable de tout point, en raison de la température particulière au pays. Dans cette région, il est constant que les vignes hautes donnent des vins supérieurs aux vins des vignes sur terre.

Ce fait n'a rien d'étonnant dans un pays où la maturité est plutôt excessive qu'insuffisante. Il ne se produirait pas, ou donnerait des résultats inverses, dans des climats moins chauds, car il est démontré que plus le raisin est près de terre, plus il mûrit vite et mieux il complète sa maturité.

Un autre fait à constater est celui-ci, que cette culture est favorable à la vigueur de végétation et à la longévité de la vigne, car la vigne est destinée par la nature à établir et à nourrir l'épanouissement de sa tige à une certaine hauteur, et à mesure que l'on satisfait mieux, dans ce sens, à l'exigence de son organisation, elle donne en proportion des pousses plus vigoureuses et plus étendues, et elle devient capable de porter une plus grande quantité de fruits, sans diminuer ses forces et abréger sa vie.

M. le marquis de Franclieu est l'agriculteur et le viniculteur le plus considérable et le plus considéré du pays; toutes ou presque toutes ses vignes sont ainsi disposées et aménagées, et, grâce aux soins assidus qu'il fait donner à ses vignes, il obtient des résultats remarquables. La plus grande partie du cru de Madiran, cru célèbre dans le pays, appartient au marquis de Franclieu.

Les vignes hautes ont eu un moment de discrédit, c'est celui où l'on a observé que l'oïdium les attaquait de préférence aux vignes basses. Mais le soufrage ayant eu raison de l'oïdium, et sur les vignes basses et sur les vignes hautes, la confiance a repris de plus belle; car il est constant que les gelées de printemps qui affligent les vignes basses ne produisent que très-rarement des dommages sur les autres.

Une considération nouvelle s'ajoute aux précédentes : c'est que la vigne haute, plus vigoureuse, plus énergique, résiste incomparablement mieux que l'autre aux attaques de ce nouvel ennemi, le phylloxera, qui exerce sur cette dernière les ravages les plus désastreux.

***

Un savant voyageur et entomologiste expérimenté, M. Édouard André, qui vient de parcourir l'Amérique et a étudié, en passant dans les diverses con-

ACTEURS ET ACTRICES. 58.   COSTUMES ET VISAGES.

LE MARIAGE DE LA VIGNE A L'ORMEAU

(HAUTES-PYRÉNÉES)

MARIAGE DE LA VIGNE AU POTEAU

(JURANÇON, HAUTES-PYRÉNÉES)

GAN

(BASSES-PYRÉNÉES)

— Le phylloxera, monsieur, il ne grimpera jamais sur des vignes
si hautes que les nôtres, il n'oserait pas.

trées, la vigne américaine, dont on veut, bien à tort, selon lui, repeupler les régions françaises dévastées, a trouvé partout les racines de la vigne américaine travaillées par l'affreux insecte, qui y règne à l'état endémique.

Mais la vigne, en Amérique, n'est pas cultivée comme en France. Vigoureuse, énergique, violente, elle se cramponne aux plus grands arbres, escalade leurs plus hautes branches, et les étreint furieusement comme un boa constrictor, les couvrant de ses feuilles et de ses aigres fruits.

Elle puise sans doute cette exubérance de force autant dans l'air ambiant que dans les racines, et elle attire probablement la séve avec tant de force que les insectes qui vivent à ses dépens ne peuvent la tarir à leur profit.

Le phylloxera, importé en France avec les ceps américains, ne se trouvant pas annulé dans son action par le développement des forces vitales de la vigne dues au régime particulier où elle est soumise en Amérique, devient un ennemi mortel lorsqu'il attaque la vigne cultivée près de terre, suivant l'habitude générale en France, et ne prenant sa vie que dans ses racines.

Comme conclusion, le savant voyageur déclare que, selon lui, l'importation des ceps américains, sans l'importation du sol auquel ils sont habitués et de leur manière de vivre sur ce sol natal, est un danger des plus graves; car c'est un moyen de plus de propager le phylloxera, qui vit chez eux à l'état chronique, et, cultivés en vignes basses, à la façon française, ils ne résisteront pas plus que nos vignes aux attaques du fléau.

PAU

LE JURANÇON

La renommée des bons vins de Peyriguère et de Madiran ne dépasse que de bien peu les départements environnants; mais celle du vin de Jurançon est historique et européenne.

Et cela, grâce à celui que l'on appelle encore, en Béarn, le bon Henri. Tout le monde sait que, lors de la naissance de l'illustre Béarnais, son père s'empressa de lui tremper les lèvres dans une coupe de vin de Jurançon et de lui en faire avaler une gorgée, pour lui donner, disait-il, la vigueur et l'entrain nécessaires aux rejetons de sa race.

L'effet du jurançon a été vigoureusement et joyeusement produit.

Cette mâle figure, pleine d'audace et d'entrain, est restée malgré tout populaire dans le souvenir des Français.

Celui qui avait, comme dit la chanson,

> Le triple talent
> De boire et de battre
> Et d'être vert-galant,

JURANÇON

(BASSES-PYRÉNÉES)

La jeunesse du roi Henri.

BASSES-PYRÉNÉES

VENDANGEUSE VENUE DE LA MONTAGNE

Ne regarde pas à la toilette. Qualités solides. Il ne ferait pas bon de la rencontrer au coin d'un bois.

a conservé son prestige dans notre pays, où l'on a toujours eu quelque préférence pour ces aimables audacieux, dont le cœur est généreux et chaud, qui ne craignent ni les coups, ni le vin, ni les femmes, et savent jeter hardiment leur bonnet par-dessus les moulins, lorsqu'il se présente des moulins. Et l'on chante encore le refrain des temps passés :

> Vive Henri quatre,
> Vive ce roi vaillant !
> Ce diable à quatre
> A le triple talent
> De boire et de battre,
> Et d'être vert-galant.

**

Les vignes de Jurançon sont cultivées en hauteur comme celles de Madiran.

Enfin, voici que nous comprenons pour la première fois que nos pères se plussent, le verre en main, à célébrer joyeusement ce qu'ils appelaient « ce jus de la treille ».

C'est une treille véritable sous laquelle on peut se promener à l'abri, à l'ombre des pampres et des grappes dorées qui sont suspendues sur votre tête.

*

Je ne pense pas que Henri IV, jeune, connût par anticipation la *Clef du Caveau,* et qu'il chantât :

> Ah ! qu'on est bien sous cette treille !
> Buvons, buvons cette liqueur vermeille.

Mais on sait, à n'en pas douter, que ce premier baiser que lui avait fait donner son père à la chaude liqueur de Jurançon l'avait mis en goût de toute manière.

Il y avait alors, comme maintenant, de ces belles filles béarnaises, aux yeux noirs, au teint doré, qu'il aimait à rencontrer à l'abri de ces treilles fécondes, et qui ne pensaient guère à prendre la fuite. Et il est consigné dans la tradition qu'il faisait de fréquentes visites au bon pays de Jurançon et de Gan, qui n'en est pas loin, et qui produit aussi de jolies filles et un vin recommandable.

* * *

La vendange est des plus pittoresques en ce pays, en raison de la disposition même des ceps qui tiennent la dragée un peu haute à ceux qui la désirent.

Il est ici, comme partout ailleurs, des vendangeuses laides, sèches et racornies par l'âge et le soleil; mais il en est aussi de jeunes, auxquelles le soleil et l'âge n'ont fait qu'ajouter la forme et la couleur. Ici, par les temps de moisson ou de vendange, le costume est simple; les pieds et les jambes sont nus, un jupon léger se drape sur les hanches, et une simple chemise abrite le haut du corps. Lorsque ces jeunes filles sont belles, ce qui arrive fréquemment, et que, debout sur la pointe de leurs pieds nus, dorés comme le bronze florentin, elles lèvent leurs bras dignes de la sculpture pour cueillir le fruit qui se penche au-dessus de leur tête, elles offrent, sans y penser, au regard des lignes d'une élégance et d'une fermeté qui donnent tout à fait raison au Vert-Galant

Nous avons goûté de ce vin que la jeunesse de Henri IV a rendu célèbre; il manque peut-être de finesse et de bouquet, mais il est chaud, ardent, et semble devoir activer vivement le cœur et le cerveau. Un des propriétaires de ce cru nous racontait qu'en souvenir de son ancêtre, sans doute, don Carlos, le Bourbon d'Espagne, se plaisait à boire de temps en temps de ce vin de Jurançon, dont sa bibliothèque de voyage était toujours pourvue. Voulait-il ainsi acquérir quelque chose du triple talent célébré chez son aïeul?

— Et le comte de Chambord?

— Oh! lui n'y tient pas; le bordeaux, une tisane de malade, lui suffit sans doute.

Le jurançon, il n'en a jamais bu que je sache; il ne le connaît pas.

— Pourquoi ne pas lui en envoyer de temps en temps?

— Oh! mon Dieu! d'ailleurs, il n'en demande pas, et peut-être ne pourrait-il s'y habituer. Il est bien tard!

LES CHARENTES

COGNAC, JARNAC, ETC., ETC.

De Pau ou de Jurançon à Cognac et à Jarnac, la transition se fait sans difficulté et la route aussi, grâce aux chemins de fer. Si Henri IV est né à Pau, François Ier est né à Cognac, et tous deux semblent avoir emprunté quelque chose à la nature du sol et de ses produits pour leur tempérament particulier et leur façon d'être chaude, vivante et chevaleresque.

Si l'on en croit l'histoire, le triple talent de boire, de battre et d'être vert-galant appartenait aussi bien à l'un qu'à l'autre de ces rois, au Valois comme au Bourbon.

Chacun d'eux a sa statue sur la place de sa ville natale. Sur la place Royale de Pau est la statue du roi Henri, par Raggi.

Nous venons de voir la statue équestre de François Ier sur la Grande-Place. Cette statue lourde, massive et sans distinction, à mon sens, ne représente guère l'élégant vainqueur de Marignan ni l'héroïque vaincu de Pavie.

Ce n'est pas la faute de la ville, qui a commandé la statue; l'intention était toute autre, assurément.

Il n'y a que l'auteur qui puisse être considéré comme coupable.

Ce coupable est M. Étex, et à celui-là il sera beaucoup pardonné, parce qu'il a beaucoup péché.

N'est-ce pas lui, entre autres, qui, possédé un jour de l'ambition de la politique, si étrange lorsqu'on a autre chose à faire dans cette vie, a imprimé ces mémorables paroles sur un placard destiné aux électeurs dont il sollicitait la voix pour la députation? C'était en 1848 :

« Je suis l'auteur de Caïn, ce premier prolétaire opprimé par l'aristocratie naissante! »

Caïn premier prolétaire et opprimé! C'était un chef-d'œuvre! M. Étex n'a jamais fait rien de mieux en sculpture.

Il ne fut pas nommé par les *bons zigs* de 48. C'est une injustice.

Peut-être était-il encore animé des mêmes idées qui le travaillaient en 48 lorsqu'il a modelé son François Ier de Cognac. Peut-être son intention était-elle de l'opprimer en bronze et de l'éreinter à son tour. Il y a réussi.

* *

Mais si la Charente s'enorgueillit de François Ier, elle s'enorgueillit encore plus et s'enrichit davantage avec son cognac.

Cognac! à ce nom seul toutes les nations tressaillent, même les plus sauvages. Il n'est pas de Canaque, d'habitant de la terre de Feu, de nègre Botocoudos, de Patagon ou de Peau-Rouge des bords de l'Hudson qui ne sache ce que veut dire ce mot magique. Le cognac ou l'eau de feu a fait plus d'esclaves et plus de conquêtes que les armes.

Comme tout ce qui possède une valeur et une supériorité, le cognac a été outrageusement copié, imité, plagié de toutes parts.

Non-seulement des vignes misérables, mais des grains de toute sorte, des poires, des pommes, et jusqu'à des betteraves et des pommes de terre, se sont mis de la partie.

Les alambics complaisants se sont chargés de tirer de tous ces humbles fruits, grains ou légumes, l'alcool grossier qu'ils renferment. Cela se travaille plus ou moins et se mélange honteusement de je ne sais quelles drogues et d'eau pure, ce qui est du moins une atténuation; ainsi préparée, cette liqueur sans nom se précipite sur les consommateurs et prend irrévérencieusement le nom de cognac, qu'elle s'efforce de compromettre dans le monde entier.

Heureusement, il est difficile de s'y tromper.

Le peuple, qui ne pourrait acquérir le véritable cognac, mais qui a besoin, néanmoins, de ces excitants alcooliques, s'y résigne faute de pouvoir faire autrement.

Mais la voix publique leur a donné sans vergogne le nom que ces produits méritent :

Il y a le petit verre de dur ou petit verre de cogne;

Le fil-en-quatre;

Le casse-gueule;

Le tord-boyaux.

Toutes ces dénominations se fondent, dans la bouche du marchand de vin, du mannezingue ou du café borgne, en l'expression euphémique de cognac.

Où qu'ça passe, faut qu'ça gratte : voilà tout. Le reste, c'est des bêtises.

L'AMÉRIQUE CONQUISE PAR LE COGNAC

Elle a pris sa revanche.

ACTEURS ET ACTRICES. 64.　　　　　　　　COSTUMES ET VISAGES.

FINE CHAMPAGNE

CONSOMMATEURS

M. le président.

Le colonel.

Un gros bonnet de la rue du Sentier.

Le petit vicomte.

ACTEURS ET ACTRICES. 65. COSTUMES ET VISAGES.

Fil-en-quatre.

Arrache-gueule.

Tord-boyaux.

Un petit verre de consolation.

— Ce n'est pas du cognac, tant pis. Pourvu que ça gratte.

L'ESPRIT-DE-VIN, L'EAU-DE-VIE

Si l'origine du vin se perd dans la nuit des temps, avec Noé, Bacchus, Osiris et compagnie, il n'en est pas de même de sa découverte, son essence première. Ainsi que nous l'avons écrit précédemment, cette intelligente langue française, qui dit bien ce qu'elle veut dire lorsqu'on peut la conduire à son gré, a donné le nom d'*esprit* à l'essence mère qui fournit la concentration des forces vitales du vin, ainsi que le nom d'*eau-de-vie* à la chaleureuse et vivifiante liqueur qui en résulte.

C'est au moyen âge seulement que les savants, à la recherche de l'or potable et de l'élixir de longue vie, trouvèrent, par la distillation, le secret d'extraire du vin, célébré depuis de si longues années, l'esprit qui l'anime et qui, depuis de si longues années aussi, déliait les langues, les intelligences, et savait illuminer le cerveau jusqu'au moment où l'excès tend à l'obscurcir.

Ce sont les savants arabes qui, les premiers, ont enseigné l'art de la distillation, qu'ils avaient inventée pour extraire le parfum des fleurs et surtout des roses, tant célébrées dans leurs écrits. De là à tirer l'essence du vin et son esprit, il n'y avait qu'un pas, et c'est celui que firent Arnaud de Villeneuve, au treizième siècle, puis Raymond Lulle et ses successeurs, qui s'en servaient pour leurs travaux d'alchimie.

Au quinzième siècle, l'esprit-de-vin n'était encore qu'un médicament et ne se trouvait que dans l'officine des pharmaciens. C'est vers la fin du seizième siècle seulement qu'il fit son apparition dans la vie usuelle, se répandit par le monde entier et aida puissamment, sous le nom d'eau-de-feu, à la conquête de l'Amérique. L'Amérique a bien pris sa revanche depuis en nous envoyant, en échange, une foule de choses fâcheuses, et en dernier lieu le phylloxera, qu'elle a peut-être chargé d'éteindre cette eau-de-feu jusque dans sa source.

Ainsi va le monde.

* *

Le goût de cette liqueur, que Brillat-Savarin appelle le monarque des liquides, franchit rapidement toutes les distances.

La réputation faite au dehors de la France par les eaux-de-vie françaises prêta tout d'abord une renommée au port d'embarquement où elles se trouvaient déposées.

C'est ainsi que les eaux-de-vie de Nantes prirent une grande célébrité à l'étranger.

Et dès 1687, d'après des documents authentiques, Nantes en expédiait quelque chose comme 7,000 pipes, c'est-à-dire près de 25,000 hectolitres.

Les caboteurs hollandais venaient, à cette même époque, remonter la Charente pour chercher les *vins blancs des métairies de Cognac* situées sur la droite de la rivière.

Un beau jour, on s'aperçut que ces vins blancs de Cognac, distillés, donnaient une liqueur bien supérieure à tout ce qui s'était bu jusqu'alors, et réunissaient une délicatesse de goût, une suavité de bouquet et de parfum, une harmonie générale dont on n'avait précédemment aucune idée.

L'excellence de ces produits fut aussitôt reconnue, et depuis ce temps la renommée n'a fait que s'accroître.

Car en aucun lieu du monde n'ont pu se rencontrer, jusqu'ici, les conditions générales de terroir, d'atmosphère, d'exposition et de cépages dont la réunion produit le cognac et la fine champagne.

Aussi le monde entier est-il tributaire de ce coin de terre privilégié des Charentes, et des fortunes énormes se sont basées sur l'excellence et la rareté de cet esprit, toujours de plus en plus demandé au dedans et au dehors.

C'est un genre d'esprit qui, non content de courir les rues comme son homonyme, court toutes les routes, routes de mer, routes de terre, pour aller partout, certain d'être partout reconnu et applaudi à l'arrivée.

*
* *

Les deux départements de la Charente et de la Charente-Inférieure sont la patrie de tout ce qui peut porter, sans outrecuidance, le nom générique de cognac. Mais la majeure partie de ces terres privilégiées se trouve dans la Charente.

Le sol et le sous-sol de cette région permettent de classer les eaux-de-vie dites de Cognac en quatre catégories ou qualités :

La *grande champagne* ou *fine champagne;*

La *petite champagne;*

Les *fins bois* ou *premiers bois;*

Enfin les *petits* ou *seconds bois.*

A vrai dire, ces divisions n'en font que *deux*, les *champagnes* et les *bois*, chacune comportant des nuances.

Suivant l'observation de l'érudit écrivain vinicole M. Ch. de Lorbac, les régions productives de ces sortes d'eau-de-vie se figurent d'une manière toute particulière sur la carte de la contrée.

Au centre se trouve la *fine champagne;* immédiatement autour de ce noyau règne une zone, ou pour mieux dire, un anneau, qui est la *petite champagne.* Un troisième anneau représente les *grands bois* et un quatrième les *petits bois.*

Si bien que, si l'on colorie diversement le noyau et les trois zones, on obtient une sorte de cocarde irrégulière.

*
* *

La *grande champagne*, qui doit, dit-on, son nom à la ressemblance de son sol et de son sous-sol crayeux avec celui de la Champagne du nord-est de la France, est la perle de production du pays.

C'est là que le bouquet des eaux-de-vie atteint le plus haut degré de perfection.

Les principales communes qui jouissent de ce précieux privilége sont Légonzac, Saint-Preuil, Lignières, Bonneuil, Touzac, Ambleville, Créteuil, Verrières, Angeac, Salles, Gimeux et Gente. Sans âpreté, sans excès d'alcool, sans empyreume, douées d'un arome délicieux, ces eaux-de-vie sont les meilleures du monde.

La *petite champagne* entoure la *grande champagne*, particulièrement vers le sud, et comprend les cantons de Barbezieux, de Châteauneuf et de Jonzac. Elle s'étend vers Saintes et jusqu'à Saint-Sever.

Il est donc permis de dire que les eaux-de-vie les plus fines se récoltent sur la rive gauche de la Charente.

Les *fins bois* se récoltent dans une zone qui, partant de Blanzac, se prolonge, au sud de la zone de la *petite champagne,* par Baignes, Pons et Saintes, sur la rive gauche de la Charente.

Les principales localités de la quatrième classe sont :

Angoulême, Aigre, Saint-Jean d'Angely, Gemozac, Saint-Hilaire et Saint-Genis. Telle est la géographie *cognacicole* des Charentes.

JARNAC

A Angoulême, le chemin de Paris à Bordeaux vous laisse, et reprend précipitamment sa course à perte d'haleine. On traverse une route, et l'on monte dans le train du chemin des Charentes, qui ne se pique pas de vitesse et trottine tout doucement sur ses rails paisibles, vous laissant le loisir d'admirer cette jolie ville d'Angoulême qui s'étage sur la hauteur et pique le ciel de ses clochers, espacés comme les fleurons d'une couronne ducale.

On passe ainsi tranquillement à travers un pays aimable, où les vignes commencent à se montrer timidement parmi les champs voués à toutes sortes de cultures variées. On s'arrête à chaque instant pour saluer une quantité de petites stations en *ac*, suivant la mode du pays.

Puis enfin on s'arrête à Jarnac, qui, placée à cheval sur ce coquet fleuve de la Charente, semble monter la garde à la porte de la région des fines champagnes.

Jarnac est comme la succursale et la rivale de Cognac. Au bout d'une longue avenue plantée d'admirables peupliers, un joli pont traverse la Charente, qui fait tableau à droite et à gauche, bordée de grands arbres qui se mirent dans ses eaux et de moulins qui battent gaiement la mesure.

Sur l'emplacement qui fait suite au pont s'élevait jadis le château des sires de Jarnac, dont nous donnons ici la silhouette d'après un vieux dessin.

Château de Jarnac, aujourd'hui détruit (d'après un dessin du temps).

Tout le monde sait l'histoire du duel de Guy de Chabot, sire de Jarnac, avec La Châtaigneraie, le favori du roi Henri II, en 1547, ainsi que de ce fameux *coup de Jarnac*, qui le rendit vainqueur, et devint par suite l'origine de la fortune de cette famille, qui fut plus tard celle des Rohan-Chabot.

C'est dans ce vieux château fortifié que les Chabot avaient le siége de leur baronnie; plus tard ils devinrent successivement comtes, ducs et pairs.

Le château est remplacé maintenant par une promenade, où l'orphéon du cru se livre, de temps à autre, à une musique qui n'est pas sans mérite.

C'est une boutique de pharmacien, le premier pharmacien du pays, qui fait briller ses bocaux là où se dressait jadis l'écusson des Chabot, barons et comtes de Jarnac.

Sur la droite de la place, au débouché du pont, se trouve une vaste maison dont la façade regarde couler la Charente et voit s'étager au loin les plaines et les coteaux de la fine champagne.

Cette maison est celle de M. Jules Curlier.

ACTEURS ET ACTRICES, 66.   COSTUMES ET VISAGES.

LE SIRE GUY DE CHABOT

BARON DE JARNAC

Ce nom est un des premiers du pays pour la grande industrie qui y règne, le premier sans contredit de Jarnac, avec ceux de Hennessy, Martell, Otard Dupuy, qui sont de Cognac même.

Notre bonne fortune nous a conduits par la main dans cette hospitalière maison, où nous avons pu suivre, grâce à l'obligeance de notre hôte, tous les travaux variés à la suite desquels le précieux produit du sol des Charentes peut, sans crainte de rivalités étrangères, se promener triomphalement par le monde entier.

Nous sommes heureux de lui offrir ici tous nos remerciments.

**

Et d'abord, nous dit M. Curlier, il s'agit de commencer par le commencement. C'est à la vigne que nous devons naturellement rendre notre première visite et nos premiers hommages.

Allons voir la vigne.

Un char à bancs, de forme élégante et commode, nous attend devant la porte d'entrée.

— Messieurs, dit notre hôte, je vous présente la Braize. C'est une bonne fille, complaisante, robuste, et dont vous n'aurez pas à vous plaindre.

La Braize, en effet, mérite qu'on fasse sa connaissance. C'est une vigoureuse percheronne, d'un blanc légèrement pommelé, qui passe, dit-on, pour le sujet le plus parfait de sa race dans le département, et qui, d'un jarret infatigable, se prête aussi bien à enlever vivement un char à bancs garni de jolies jeunes femmes et jeunes filles qu'à traîner un camion chargé de lourdes caisses et de tierçons.

En effet, la Braize, qui n'attendait que le signal, prend un trot énergique et allongé qui nous fait traverser en quelques minutes la jolie petite ville de Jarnac et nous mène en pleine campagne.

**

Quand on vient de parcourir dans le Bordelais les vignobles si soignés, si bien polissés, cavassonnés et attachés sur un système de lattes et de fils de fer, on est frappé de la différence d'aspect que présente, dans une région si rapprochée, la culture de la vigne.

En effet, les vignes semblent pousser pour ainsi dire au hasard, comme des choux ou des betteraves dans un champ.

Leurs branches s'étendent à leur fantaisie, sans piquets, sans lattes ou ligatures, et l'aspect général d'un champ de vigne semble un vaste tapis de verdure, que n'attriste pas, comme ailleurs, et dans la vieille Champagne notamment, le ton gris poudreux des tuteurs ou piquets destinés à soutenir la plante et le fruit.

Çà et là, malheureusement, quelques taches jaunes ou terreuses apparaissent et salissent le velours vert du tapis de verdure.

— Ces taches, vous les voyez, c'est là notre plaie. C'est le phylloxera, et tous les ans ces taches s'étendent et détruisent sans pitié cette vigne qui est la richesse du pays.

Nous sommes ici dans la partie que l'on appelle les *bois* ou *fins bois*, et vous voyez que cette horrible petite bête a exercé déjà bien des ravages; mais il y a des régions en *fine champagne*, témoin celle qui s'étend des deux côtés de la route, conduisant de Jarnac à Cognac, cela sur une longueur de huit kilomètres et une largeur d'environ trois kilomètres, où la dévastation est si complète que les souches ne sont bonnes qu'à brûler, et que la vendange ne donne pas une grappe de raisin.

Le phylloxera, donc, a des préférences; il semble s'arrêter à ce qu'il y a de meilleur.

C'est une désolation dans le pays. Si l'on ne trouve pas moyen d'arrêter les progrès de cet envahisseur, la ruine est complète.

* * *

Nous sommes descendus, et nous avons arraché sans peine une souche dont les racines fendillées, boursouflées, détruites, n'avaient conservé ni force ni vie. Sur une des rares feuilles qui persistaient aux branches privées de raisin, une petite bête d'un jaune transparent, à peine perceptible au regard, s'agitait et courait avec une rapidité et une volubilité étranges. Voilà le phylloxera qui va porter au dehors son impitoyable race. Sur ces racines, ces agglomérations plaquées comme une sorte de gale dans les fendillements de la partie ligneuse, ce sont les larves dont les suçons ou mandibules coupent les fibres des radicelles, boivent la sève de la vigne et l'assassinent par degrés.

Trouvez-nous quelque chose pour assassiner à jamais cette petite bête jaune et tous ses semblables, vous aurez trois cent mille francs. On vous donnerait trois cents millions que ce ne serait pas encore trop.

— J'y penserai.

— On nous dit qu'ailleurs le fléau s'arrête; il n'en est point ainsi chez nous. Cependant, quelques indices nous donnent l'espoir; il y a déjà quelques remèdes réels suffisamment indiqués. Les prix sont encore bien élevés; s'abaisseront-ils ou trouvera-t-on mieux? *That is the question*. Jusqu'au moment de l'exécution, le condamné a toujours le droit d'espérer.

Le cépage propre à faire le vin blanc, dont on extrait l'eau-de-vie si renommée du pays, est le cépage nommé la *folle blanche*, avec ses variétés, *jaune, verte,* ou *grosse folle*.

C'est la qualité du terrain et de l'exposition qui, seule, introduit des variétés dans le bouquet et le goût de la liqueur obtenue, et qui établit ainsi les catégories.

* * *

On fait aussi du vin rouge, de temps en temps, par ici; mais ce vin n'a que peu de mérite. Il se fait pourtant avec le raisin d'une sorte de cépage appelé le *balzac*. Ce nom seul, il me semble, eût dû le piquer d'honneur. M. de Balzac, l'auteur des *Lettres,* celui que l'on appelait jadis le grand Balzac, par opposition au temps où vivait encore Balzac notre contemporain, est un produit des Charentes, et il est à croire que notre contemporain, qui mérite depuis sa mort d'avoir la proposition retournée en sa faveur, venait aussi, par sa famille, de ce pays, aux vignes duquel tous deux, sans doute, ont emprunté leur nom. Il faut l'avouer, cela n'a exercé, malheureusement, aucune influence sur le vin.

A côté du balzac, un autre cépage se nomme encore le *dégoûtant,* en raison de son habitude de ramper sur la terre : c'est bien fait. Les autres cépages, le *quercy,* le *saint-émilion,* la *folle noire,* ne réussissent pas mieux que le balzac à produire quelque chose de bon en vin rouge.

* * *

— Allons, bon, voici la Braize qui s'arrête pour souffler; la Braize est une bonne fille qui connaît le pays et qui a ses habitudes. Elle sait qu'ici, généralement, nous faisons une station pour montrer cette petite et modeste pyramide blanche que vous voyez se dresser ici, à notre gauche, au coin de la route.

C'est là que, sous le règne de Charles IX, vaincu à la bataille de Jarnac par le duc d'Anjou, qui commandait l'armée catholique, le prince de Condé, chef de l'armée protestante, blessé et incapable de se défendre, fut tué par Montesquiou, capitaine des Suisses du duc d'Anjou.

C'est à cet endroit même que fut relevé le prince de Condé, et qu'il fut attaché sur une vieille ânesse pour être transporté devant le duc d'Anjou, qui, dit l'histoire, l'accueillit par les quolibets les plus outrageants.

On a conservé dans le pays le souvenir d'un quatrain qui relate ce triste épisode de nos guerres religieuses :

> L'an mil cinq cent soixante-neuf,
> Entre Jarnac et Châteauneuf,
> Fut porté mort sur une ânesse
> Le grand ennemi de la messe.

* * *

Les souvenirs sont nombreux par ici; il y aurait bien encore un camp romain à visiter, à trois quarts de lieue d'ici, sur la gauche; pas grand'chose à voir, du reste : le terrain, occupé jadis par les légions romaines, affecte la forme d'une espèce de cirque, mais le tout est recouvert de verdure et de vignes, qui ne se soucient guère des Romains, et ne laissent plus rien voir du pays qu'une vague silhouette.

La Braize, qui, je vous l'ai dit, a ses habitudes, semble préférer beaucoup aller à Bassac, où elle sait, par expérience, qu'il y a une vieille église d'architecture romane à montrer aux amis, et surtout une aimable station à faire chez mon vieil ami, M. Rainbaud, propriétaire d'un joli château, accompagné d'écuries, où elle ne manque jamais de trouver le picotin d'avoine de l'amitié.

La Braize a la mémoire du cœur.

* * *

En effet, en quelques tours de roue, faits avec une ardeur bien excusable en faveur du motif, nous arrivions à Bassac.

L'église est, à l'extérieur au moins, du style roman le plus net. Le portail, avec ses belles lignes en plein cintre et les ornements frustes qui le décorent, est un échantillon très-intéressant de l'architecture romane du dixième siècle.

L'église est adossée à un antique monastère, à demi ruiné, qui sert maintenant de grenier et de cellier, suivant les besoins du moment.

Quand on entre dans l'église, il y a un changement complet de décoration.

Il est à croire que l'état de vétusté et de misère du chœur et de la nef, ou l'influence d'un des princes de cette vieille abbaye de Bassac, avaient ému la piété, ou bien encore la pitié en haut lieu, car ces deux sentiments réunis, sans doute, amenèrent une restauration complète du chœur, de la nef et des chapelles latérales dans le style Louis XIV.

Une construction en forme de jubé sépare le chœur de la nef, et dans le chœur se trouvent des boiseries de premier ordre, fouillées avec un goût et un art exquis.

Plusieurs des siéges destinés aux moines et qui, suivant l'habitude, se relèvent lorsque l'on n'en fait pas usage, sont ornés de têtes d'un grand caractère et d'une véritable beauté, sculptées avec un soin remarquable dans le vieux chêne. Trois ou quatre surtout, d'un modelé superbe et d'un style élevé, ont une grande valeur artistique. Les nombreuses stalles des moines présentent aussi des têtes toutes variées, et quelques-unes grotesques et satiriques, faisant allusion, sans doute, à des figures contemporaines de l'auteur.

On croit que cet auteur était un moine, artiste d'un grand mérite, qui, finissant sa vie dans ce monastère, a consacré tout son temps à cette œuvre tout à fait hors ligne.

LA LÉGENDE DE SAINT-NICOLAS DE BASSAC

L'ÉGLISE est placée sous le vocable de saint Nicolas, et l'image du saint est érigée sur un vieux piédestal adossé, à droite, contre un des piliers de la nef.

On sait que saint Nicolas est le patron des garçons, comme sainte Catherine est la patronne des filles.

J'ai toujours vu jusqu'ici saint Nicolas représenté ayant pour accessoire un baquet dans lequel sont placés trois ou quatre petits garçons dans l'attitude de la reconnaissance et de la prière.

Pourquoi le bon saint Nicolas manifestait-il sa protection à ces petits bonshommes en les mettant dans un baquet? C'est ce que je n'ai pu jusqu'ici approfondir; mais il n'en est pas moins vrai que la tradition subsiste, et que saint Nicolas se reconnaît à son baquet, comme saint Luc à son bœuf et saint Roch à son chien.

.*.

Ici, à Bassac, saint Nicolas est privé de son baquet. C'est la première fois

LE SAINT NICOLAS DE BASSAC

— Gratter le pied du saint pour se marier dans l'année.

que cela lui arrive; en compensation, il a été investi d'un précieux privilége, qu'il possède par exception, me dit-on, et dans cet unique endroit, depuis bien des siècles.

Suivant la légende accréditée dans le pays, saint Nicolas, protecteur des garçons, et sainte Catherine, protectrice des filles, auraient fait ensemble un pacte en faveur de leurs protégés.

Sainte Catherine, prenant en pitié la foule nombreuse des pauvres filles appelées trop souvent à se contenter de sa coiffure, aurait obtenu de son confrère saint Nicolas sa protection pour celles qui viendraient s'agenouiller devant lui, faire une fervente prière et gratter l'extrémité du pied gauche, qui sort des draperies de sa statue exposée dans l'église de Bassac.

Le saint, touché de cette preuve d'obéissance et de piété, se chargerait alors de trouver parmi ses protégés un mari pour les protégées de sainte Catherine, et de favoriser si bien l'union que, dans l'année même, il naîtrait un petit garçon.

Cette croyance existe depuis de bien longues années, et il n'est pas de jour qu'il ne soit venu, clandestinement ou non, de tous les recoins de l'Angoumois, de l'Aunis et de la Saintonge, quelque fille gratter ardemment le pied du bon saint Nicolas.

Quantité de mariages auraient été ainsi déterminés, grâce à la puissante intercession du saint, et, par suite, beaucoup de naissances aussi seraient survenues, quelques-unes même, dit la chronique, parfois un peu prématurées.

*
* *

La confiance en la vertu du saint n'a pas cessé d'exister, et l'affluence des filles aspirant à sa protection est toujours la même.

— Si bien, ajoutait le curé, que le pied gauche de notre saint Nicolas s'use régulièrement, grâce à la constante ferveur des fidèles sollicitueses, et que tous les trois ans, invariablement, je suis obligé de faire remettre un pied neuf!

*
* *

— Allons, mon enfant, dit M. Curlier à l'une de ses nièces, une charmante petite blonde qui n'a guère que quinze ans, veux-tu gratter le pied de saint Nicolas?

— Moi, mon oncle, dit-elle, quand ce pied-là sera usé, et encore deux autres pieds, je verrai si je dois y venir.

**

La Braize, de son côté, avait été ravie de l'hospitalité de M. Rainbaud, qui lui avait rafraîchi les poumons et fait les jarrets solides. Elle allait comme le vent, pour nous ramener à Jarnac.

ALAMBIC DE FERME POUR EXTRAIRE LES EAUX-DE-VIE
Grande champagne (Charente).

LE PAYS DE LA FINE CHAMPAGNE

— Ce que nous avons vu hier de ce côté de la Charente, nous dit notre hôte, c'est le commencement de ce que l'on appelle dans le pays les *bois*, *grands bois* et *petits bois*.

Maintenant il s'agit de passer la Charente, et d'aller nous promener dans la *grande champagne*, qui se trouve de l'autre côté. Là, nous verrons les vignes qui produisent ce qu'il y a de plus exquis en fait d'eaux-de-vie dites de Cognac.

La Braize ne s'est pas refroidie depuis hier; elle aura l'obligeance de nous conduire dans un bon endroit, qu'elle connaît bien, car elle sait que là, comme chez M. Rainbaud, de Bassac, on ne néglige pas de lui offrir l'avoine de l'amitié.

Voilà donc la *grande champagne*. Comme dans le pays des bois, la vigne, plantée en rang comme des choux, se conduit comme elle veut, et ne se sert d'aucun appui pour ses sarments, qui ne s'élèvent que peu au-dessus du sol, grâce à la taille, qui, laissant au cep beaucoup de bourgeons à fruits, utilise sa force à produire du fruit plutôt que du bois.

L'année paraît devoir être fort abondante, si le phylloxera ne se montrait pas çà et là en taches inquiétantes. Les ceps attaqués sont jaunes, tristes et stériles; les autres sont d'un vert sombre et vigoureux, et chargés de grappes.

* * *

Le travail de labour se fait, suivant la nature des plantations, partie à la main avec une houe, partie à la charrue.

La vendange n'a pas de caractère spécial; elle se fait comme dans les pays à vignes ordinaires. Le raisin se recueille dans des paniers en bois, comme au Médoc, se verse dans les bannes ou petites cuves étanches placées sur des chariots, et se porte dans les pressoirs, où il est foulé immédiatement soit aux pieds, soit au rouleau, sans être égrappé préalablement.

Tout cela s'exécute tranquillement, sans grande précaution. On sait que le vin n'est pas l'objectif, et que le résultat cherché ne s'arrête pas à lui.

* * *

Nous sommes arrivés à la ferme vers laquelle M. Curlier et la Braize nous dirigeaient, à travers les routes bordées de vignes

— Ça ne vous froisse pas de vous rencontrer avec des millionnaires? nous dit-il gravement.

— Mon Dieu! non, on s'y fait. Il faut bien s'habituer à tout. Nous venons d'un pays où l'on en trouve embusqués au coin de chaque route.

— Alors c'est bien. Justement voici celui de l'endroit.

— Bonjour, père Saunier, dit-il en s'adressant à un petit vieillard qui, dans la cour de la ferme, venait de décharger une voiture de fourrage, et s'essuyait le front de sa manche de chemise.

— Bonjour, monsieur Jules; ça va bien? Vous voilà en route. Et chez vous, tout est bien aussi?

— Parfaitement. Voilà que je vous amène des visiteurs.

— Ces messieurs sont les bienvenus, dit le père Saunier.

VENDANGEUSE

Pays de la grande champagne (Charente).

Nous descendons de voiture, pendant que l'on dételle la Braize et qu'on la conduit à la salle à manger de ses rêves.

Et nous regardons le père Saunier.

C'est un petit homme à cheveux gris, tout tanné, cuit et recuit par le soleil; son visage est ridé comme une grappe de raisin sec. Sa figure, fine et taillée en museau de renard, comme certaines figures normandes, est éclairée par de petits yeux gris clair, brillants d'intelligence et de volonté.

Il est vêtu d'une grosse chemise de toile grise dont le col, sans cravate, remonte hardiment sur les oreilles; d'un vieux gilet de couleur douteuse, qui n'est pas boutonné et flotte au hasard, et d'un vieux pantalon d'un ton bizarre produit par la poussière, le soleil et la pluie; ce pantalon tombe en plis fantaisistes sur de gros souliers ferrés, gris de poussière et de terre labourée. Un chapeau de grosse paille complète l'ajustement.

Le père Saunier, évidemment, n'est pas un client de Chevreuil ou de Dusautoy, et il n'y tient guère.

— Heureusement que je viens de m'habiller, dit-il en souriant.

*
* *

Je me disais à part moi : — Voici un bonhomme qui s'est éreinté toute sa vie à tailler la vigne, à charrier du fumier, à sarcler et labourer; il doit avoir quelque part, à Paris, un fils qui fait danser la farandole aux écus paternels, et s'occupe à charrier à travers le bois des cocottes, de la Cascade à la Maison Dorée, et de la Maison Dorée à la Cascade.

— Monsieur Jules, voilà justement le fils qui rentre, dit le père Saunier.

Une charrette, attelée de deux vigoureux chevaux blancs, chargée de bottes de paille, rentrait dans la ferme et traversait le porche en frôlant bruyamment les piliers.

Le jeune homme s'avança vers nous, en remettant son fouet à un homme d'écurie.

— Heureux de vous voir, monsieur Jules, enchanté de vous recevoir, vous et vos amis.

Nous regardons le jeune Saunier. Le costume marche bien parallèlement avec celui du père. Il est naturellement un peu moins vieux et vermoulu, voilà tout; même figure fine et intelligente, même expression saine et laborieuse du regard.

— Allons, pensais-je en moi-même, le père Saunier a de la veine; voilà un fils qui ne le lâchera pas.

On nous fit entrer dans l'habitation. Une belle et grande jeune femme était là, vêtue à la paysanne, d'une robe de toile commune à raies bleues, les manches retroussées, laissant voir de beaux bras vigoureux, d'une belle forme, hâlés par le grand air et le soleil. Elle était occupée à ranger, dans une vaste armoire, le linge de la dernière lessive.

— Bravo, madame Saunier! fit M. Curlier, toujours au travail!

— Dame, monsieur Jules, voyez-vous, pour le linge, je ne m'en rapporte qu'à moi. On sait au moins ce qu'on fait et où sont les choses.

— Vous avez bien raison.

— Tout le monde va bien à Jarnac, n'est-ce pas, les dames et les enfants?

— Tout est à merveille.

— Comme c'est aimable de venir nous voir! J'espère que, cette fois, vous allez prendre quelque chose, et surtout que vous allez goûter à mon cassis. Vous savez que c'est mon triomphe.

— Mais certainement, et avec grand plaisir.

* *

On nous fit asseoir autour de la grande table. En un clin d'œil la jeune femme avait chargé elle-même cette table de fruits, de verres et de flacons variés, parmi lesquels celui de cassis, son triomphe.

On cause de tout : de la récolte, des progrès du phylloxera, des dernières vendanges et de celles à venir.

— Maintenant, père Saunier, vous allez bien nous montrer, ou du moins montrer à ces messieurs votre pressoir, votre alambic, vos celliers?

— Tout ça n'est pas bien curieux, monsieur Jules; mais si vous le désirez, je ne demande pas mieux.

Vous savez, mon bon monsieur Jules, que le phylloxera gagne cette année; nous n'avons qu'une demi-récolte, et l'an prochain, qui sait?

Remettons-nous à la volonté du Ciel.

* *

Les engins de la ferme ne sont pas luxueux. Dans une grande salle, un peu sombre, se trouvent d'un côté le pressoir, de la forme ordinaire, muni d'une presse à la vieille mode, et quelques cuves pour recevoir le vin de presse; de l'autre côté, l'alambic destiné à traiter le vin obtenu, lorsqu'il a opéré sa fermentation, et à en tirer l'eau-de-vie.

Tout cela est antique, recouvert de la patine due à un long usage; ces grands vases et ces grandes cornues, ces formes bizarres, à demi noyées dans l'ombre, entourées d'objets étranges et pittoresques, seraient un motif intéressant à peindre.

— Voilà comme nous nous y prenons tous au pays. Le vin une fois fermenté à notre idée, nous le brûlons. On le verse à mesure dans cette grande cornue placée sur le fourneau; l'évaporation se produit; le tuyau que vous voyez conduit les vapeurs dans le réfrigérant à l'intérieur; ce gros cylindre contient un serpentin ou tube en spirale qui plonge dans l'eau froide venant du dehors; l'action de cette eau froide agit sur les vapeurs, qui se condensent et prennent l'état liquide.

Nous avons notre eau-de-vie.

Suivant les circonstances, la volonté ou les désirs du commerce, on passe deux fois ce liquide à l'alambic, pour en augmenter le degré.

Ce n'est pas plus malin que cela de faire de la bonne eau-de-vie. Il ne s'agit que d'avoir de la bonne vendange, de bons cépages, venant dans un bon terrain.

* * *

— Ajoutons ceci, dit M. Curlier; pour que ce soit tout à fait bon, il faut que cela nous passe par les mains, et que le travail se complète.

— D'accord, mon bon monsieur Jules; or, chacun sa part, rien de plus juste.

— Eh bien! voyons, mon père Saunier, pour que j'aie cette part, faisons-nous une affaire aujourd'hui?

— Nous ne sommes pas pressés, vous ne voudriez pas que le papa Saunier n'obtienne pas ce qu'il a droit d'obtenir. Les eaux-de-vie ont augmenté cette année, vous le savez. L'année prochaine, celles que j'ai là se vendront plus cher encore. Si le phylloxera aggrave encore plus ses attaques, les prix hausseront encore davantage. Si par malheur la vigne est dévastée, comme des deux côtés de la route de Jarnac à Cognac, ces eaux-de-vie-là se vendront ce qu'on voudra. Vous ne voudriez pas faire perdre un ami. Je ne vous donne rien aujourd'hui.

— Allons, père Saunier, ne soyez pas si dur, et montrez-nous, ainsi qu'à ces messieurs, votre petite collection.

— Les voilà, mes pensionnaires, dit le cultivateur en contemplant d'un œil paternel les rangs de tonneaux dont les derniers se perdaient dans la pénombre du hangar.

— Et vous ne voulez pas, décidément, en mettre quelques-uns en pension chez moi?

— Non, mon ami, non; ils sont bien ici, ils s'y plaisent.

— Vous savez, ce que vous avez là, dans ce cellier, j'en connais la quantité. Si vous en voulez trois cent cinquante mille francs, envoyez cela à Jarnac, aujourd'hui, vous aurez vos trois cent cinquante mille francs demain!

— Bien obligé, monsieur Jules! Qu'est-ce que vous voulez que je fasse de votre argent? Gardez votre argent, je garde mes tierçons. Et puis, qui est-ce qui sait si dans deux ou trois ans vous ou quelque autre ne voudrez pas m'en offrir cinq cent mille?

— Allons, terrible papa Saunier, puisque c'est comme ça, restons bons amis, ne nous fâchons pas, et allons manger vos raisins et boire le cassis de votre belle-fille.

* *
*

Et, ma foi, le cassis préparé par la maîtresse du logis était excellent.

— Et vous n'allez pas souvent à Paris, monsieur Saunier?

— A Paris, j'y ai été une fois, il y a dix ans. J'ai trouvé ça beau, certainement, mais ça m'étourdit et me fatigue; je n'ai pas l'idée d'y aller de nouveau; j'y avais été pour tâcher de repêcher trois gas du pays auxquels je m'intéressais, et qui étaient partis de l'endroit après avoir fait des sottises et avoir mal tourné. C'est comme ça chez nous, du reste : quand un garçon ou une fille sont fainéants, débauchés ou voleurs, ça file du pays sur Paris ou même sur Rochefort, et on ne les voit plus.

On ne vous envoie d'ici chez vous que ce qu'il y a de pire.

J'ai pu, par bonheur, mettre la main sur un d'eux, que j'ai ramené de force, et dont j'ai pu arriver à grand'peine à faire un travailleur passable, en l'aidant, en le mariant à une brave et laborieuse fille.

Les deux autres m'ont envoyé promener et m'ont fichu des sottises par-dessus le marché. L'un d'eux a été fédéré pendant la Commune et a été fusillé au moment où il se sauvait avec des objets volés dans un hôtel; l'autre, qui était comme lui dans les communards, a été pris les armes à la main, a passé un an sur les pontons, et maintenant cultive je ne sais quoi en Australie, à Nouméa ou à l'île des Pins.

ACTEURS ET ACTRICES. 69.   COSTUMES ET VISAGES.

PROFIL DE MILLIONNAIRE DANS LE PAYS DE COGNAC

(CHARENTES)

Ça me dégoûte de Paris, et je n'y retournerai plus.

— Vous êtes fort heureux ici, du reste.

— Mais oui, surtout maintenant que mon fils, qui a été plusieurs années au collége, à Angoulême, et qui y est resté jusqu'au moment où il a été reçu bachelier, est revenu s'occuper avec moi de nos terres et travailler comme moi à produire et à améliorer.

A nous trois, sa femme, lui et moi, nous conduisons parfaitement nos petites affaires, et nous n'avons pas le temps de nous ennuyer.

Nous avons une petite fillette à aimer, qui commence à devenir grande fille; songez donc, elle aura bientôt huit ans. Elle est si gentille! et ça nous aide à vivre et à travailler, car on a du mal à tout faire et conduire ici, je vous jure.

***

Heureuses gens! pensais-je, en répétant à part moi le *fortunatos nimium* du poëte :

Heureux l'homme des champs, s'il connait son bonheur.

Et ce vieux cultivateur, ce vieux sage et son fils, formé par lui à son image, semblent le connaître.

***

Au moment où, la voiture attelée de nouveau, nous étions montés et nous disposions à partir, arrivait la petite fillette, revenant de promenade. Jolie petite blonde à la figure délicate et fine. Elle était soigneusement vêtue d'une robe à la mode et à relevage, et portait tendrement dans ses bras une magnifique poupée qui sentait son Giroux d'une lieue.

— Dis au revoir à M. Jules et à ces messieurs, lui dit la maman en la prenant dans ses bras.

Et la petite nous envoya gentiment ses plus jolis baisers.

— Bonne famille et braves gens, nous dit M. Curlier, pendant que la Braize, dûment restaurée, allongeait gaiement le pas pour retourner à sa bonne écurie de Jarnac.

Vous savez que ces gens, si peu soucieux de leur costume et du luxe qu'ils pourraient avoir, passent pour avoir deux millions, et je suis porté à croire qu'ils n'en ont guère moins.

Ils travaillent avec leurs ouvriers et travaillent certes plus longtemps, avec plus de soin, d'intelligence et d'ardeur. Tout se fait avec eux et sous leurs yeux, et tout est bien fait. Vous avez vu ce cellier, garni de tierçons; je lui en ai offert trois cent cinquante mille francs, dont il n'a pas voulu, le vieux richard. Eh bien, il y a encore, de l'autre côté de la maison, un autre cellier qui en contient autant, et pour lequel on lui offrirait la même somme, qu'il refuserait de même.

Ces gens-là vivent toute l'année dans l'abondance, sur leur terre, qui rapporte, outre le produit de la vigne, tout ce dont ils ont besoin, moins la viande, l'épicerie et le costume. Vous avez pu voir que ce n'est pas là ce qui les ruine. Le dimanche, il est vrai, ils viennent à l'office et sur la promenade, à Jarnac.

* * *

Leur extérieur est alors celui de tout le monde. Toutes ces dépenses ne leur font pas débourser plus de trois ou quatre mille francs par an, j'imagine. Le reste du revenu, et il est important, comme vous pensez, va grossir la réserve et l'économie de la famille, et tout se place soit en terres, soit en bonnes rentes bien solides, et en obligations sur l'État.

La petite fille à la belle poupée sera un jour un beau parti. Pourvu qu'un jour un gendre avide et oisif ne vienne pas troubler cette vie honorable de travail, de simplicité et d'économie, qui se continue par la tradition et enfante des citoyens utiles et faciles à gouverner, parce qu'ils savent se gouverner eux-mêmes et gouverner utilement les autres.

Chai à eau-de-vie de MM. Curlier (Jarnac).

LE TRAVAIL ET LA MANIPULATION DES EAUX-DE-VIE

Qui a vu une de ces fermes où l'on cultive la vigne, où l'on fait le vin et où on le livre à la distillation pour en tirer l'eau-de-vie, les a vues toutes, sauf les variantes de l'importance de la propriété et, par suite, de la richesse des propriétaires.

Les grands négociants de Jarnac ou de Cognac ont peu ou point de vignes. Ce sont les propriétaires qui distillent eux-mêmes leurs récoltes de vins, les livrent aux négociants, qui vont visiter à domicile et goûter préalablement les eaux-de-vie à livrer, pour les vérifier et voir si elles possèdent le degré voulu, le bouquet rêvé, et si quelque négligence n'a pas plus ou moins atténué les qualités inhérentes aux productions de la localité.

Il est des dégustateurs si exercés qu'ils reconnaissent, à des nuances de goût ou de bouquet imperceptibles pour d'autres, les localités de provenance à un ou deux kilomètres de distance. C'est une des conditions les plus nécessaires à un commerçant que de savoir choisir ses eaux-de-vie.

Une fois en la possession du commerçant, l'eau-de-vie de Cognac est changée de fût, elle est mise dans les barriques de la maison de commerce, qui rend au propriétaire ses futailles. Les eaux-de-vie de chaque année sont naturellement placées dans les mêmes foudres.

Le négociant possède alors une eau-de-vie jeune et presque incolore, qu'il faut traiter pour les besoins du commerce et suivant le goût et les besoins de sa clientèle.

Il est nécessaire de mélanger certaines eaux-de-vie plus aromatiques à certaines autres plus fortes en alcool et plus énergiques. C'est l'opération du coupage, qui se fait dans des foudres immenses, où les diverses sortes sont mélangées avec mesure pour obtenir un summum de qualité pour le goût, le bouquet, et ramener, par addition d'eau distillée avec le plus grand soin, un degré alcoolique de 50 à 55 pour cent, qui est le degré le plus favorable pour que les qualités de finesse, de bouquet et de parfum de l'eau-de-vie puissent être plus appréciées, et que la liqueur soit plus assimilable et plus propre ainsi à l'alimentation.

* *

Les tierçons ou barriques sont donc vidés dans des foudres immenses situés à l'étage supérieur. Lorsque le mélange est fait, un système de filtres, placé à la partie inférieure des foudres, reçoit les eaux-de-vie qu'il transmet, par un jeu de tuyaux disposés *ad hoc*, dans des foudres placés à l'étage inférieur.

C'est là que des robinets, placés à ces derniers foudres, déversent le liquide dans des tonneaux neufs en chêne, construits généralement avec le plus grand soin par des tonneliers attachés à l'établissement. On bonde avec soin ces tonneaux, et on les place dans des chais à température variable, pour laisser vieillir le cognac pendant plusieurs années, dont l'action assouplit le goût et le parfum et lie plus intimement et plus harmonieusement ensemble les éléments constitutifs de la liqueur.

* *

Dans chaque grand établissement existe un alambic plus ou moins élégant et généralement tenu avec une recherche merveilleuse de soin. Les immenses chais de M. Curlier sont remarquables principalement pour la tenue irréprochable et même coquette de toutes ses salles, dans lesquelles les foudres mêmes sont rangés en bataille, ainsi que de la salle à part où fonctionnent la chaudière et l'alambic.

Appareil de distillation (MM. Curlier, Jarnac).

— Vous voyez bien qu'on fait de l'eau-de-vie chez vous! lui disions-nous en admirant le brillant et la méticuleuse propreté de cet appareil.

— C'est ce qui vous trompe, chers messieurs, nous répondit notre hôte. Jamais il ne se distille ici un seul litre de vin. L'eau-de-vie ne se fait pas ici; elle se parfait, ce qui est tout différent.

Dans cet appareil se distille tout bonnement de l'eau claire. L'eau distillée, et par conséquent parfaitement pure, est mélangée aux eaux-de-vie de la production trop élevées en alcool, afin de les ramener à 50 degrés, qui est la proportion voulue pour celle qui doit être mise en bouteilles, ou bien à 58 degrés, proportion nécessaire pour celles livrées en futaille.

Dans les fûts au contact du bois de chêne, dont elle dissout la matière colorante, l'eau-de-vie se colore à la longue d'une légère teinte ambrée.

Mais cela est si long que pour les besoins du commerce, et même le charme de l'apparence extérieure, les eaux-de-vie sont colorées artificiellement.

Chaque pays, chaque contrée a ses habitudes, auxquelles on ne peut se soustraire. Ici, on préfère les eaux-de-vie brunes; ici, les eaux-de-vie dorées comme un rayon de soleil; là, on ne les accepte que si elles ont cette délicate suavité, le ton fin de l'ambre; ici, il faut qu'elles soient presque blanches.

L'eau-de-vie sortant de l'alambic étant presque tout à fait incolore, le champ libre est ouvert à la verve et à l'habileté des coloristes spéciaux; le caramel, dissous dans l'eau-de-vie la plus fine que l'on puisse trouver, est la base de ce travail artistique.

* * *

Le caramel se compose du sucre le plus fin que l'on fait caraméliser, depuis le blanc pâle jusqu'au brun le plus foncé; et c'est lui qui, dissous dans la masse de la cuvée avec les proportions étudiées, donne aux eaux-de-vie ces colorations sans lesquelles les commerçants, habitués aux préférences des consommateurs, ne voudraient pas en faire l'acquisition.

* * *

Il en est des eaux-de-vie de premier ordre comme des vins des grands crus. La plus sûre manière d'avoir des produits parfaitement naturels et sans mélange est de les demander en bouteilles et par caisses au lieu de produc-

Mise en bouteilles.

tion. Les maisons de confiance, de Cognac et de Jarnac font elles-mêmes la mise en bouteilles, le bouchage, l'empaquetage et l'emballage, opérations minutieuses qui demandent un personnel nombreux, beaucoup de soin et beaucoup de surveillance.

Aussi le nombre de caisses de douze bouteilles qui partent chaque jour des grandes maisons des Charentes est-il au delà de toute idée. C'est ainsi que la

ENVELOPPAGE ET EMPAQUETAGE DES BOUTEILLES

LE PÈRE HUMBIOT

Cinquante ans de services. Pas de blessures.

fine champagne va faire sûrement son tour du monde, sans crainte d'être changée en nourrice.

Bouchage.

En effet, parmi les commerçants à l'étranger qui achètent en fûts, ce qui représente une dépense moins considérable, il en est beaucoup, la plupart même, qui offrent les plus complètes garanties d'honnêteté; mais il en est aussi un certain nombre pour lesquels cette vertu n'existe qu'accessoirement, et qui, sous prétexte de fine champagne, se livrent à un affreux mélange dans lequel les brutales eaux-de-vie du Midi, la betterave, la pomme de terre et les grains variés donnent sans vergogne la main à la grappe champeroise.

La fine champagne y étant représentée pour une part, cela satisfait leur délicatesse, dont les exigences, comme on le voit, ne sont pas immodérées.

* * *

Dans les grandes maisons qui tiennent à honneur de présenter de la façon la plus satisfaisante aux consommateurs du monde entier ces produits exceptionnels des Charentes, dont les semblables ne se rencontrent pas autre part, toutes ces opérations successives demandent un personnel actif, exact, dévoué et intelligent.

Aussi, quand les hommes doués de ces qualités se rencontrent, ils restent à vie dans ces maisons de choix, où ils conquièrent peu à peu l'aisance et même une richesse relative.

Il n'est pas rare de voir de ces vieux serviteurs qui sont restés trente et quelquefois quarante ans dans la même maison à mélanger, à filtrer des eaux-de-vie, à boucher des bouteilles et à les entourer de papier, prendre leur retraite avec des économies de soixante ou quatre-vingt mille francs, comme le doyen des ouvriers de Jarnac, le père Humbiot, dont nous donnons ci-dessus le croquis.

OPINION DE BAPTISTE

— Dire que tout ça, c'est plein de petits verres!
Voilà qui donne une crâne idée de la France!

Grande salle des foudres à eau-de-vie (MM. Martell, Cognac).

LES GRANDES MAISONS A COGNAC

Les grandes maisons célèbres de Cognac, telles que celle de MM. Martell, celle de MM. Hennessy, celle de M. Otard-Dupuy, reproduisent le même soin, les mêmes précautions incessantes, les mêmes manipulations délicates que nous avons vus en œuvre, à Jarnac, chez M. Curlier, mais sur une échelle comparativement colossale.

Au lieu d'un bataillon d'ouvriers, c'est un régiment ou un corps d'armée qui tape sur les douves des futailles, transvase les liquides, fait les mélanges, colore les liqueurs, les filtre, les renferme dans les tonneaux ou dans les bouteilles, les met dans des caisses et les envoie promener au dehors.

* * *

Dans les grandes caves, au lieu de quinze foudres, il y en a trente-six; au lieu de pompes à bras, pour faire courir les liquides dans les tuyaux, pour aller dans les foudres voisins, pour mélanger, filtrer ou mettre au degré, il y a des pompes manœuvrées par la vapeur. Au lieu de mille tonneaux remplis d'eau-de-vie, vieillissant dans les caves, il y en a plusieurs milliers.

Le but et les moyens sont les mêmes, le résultat est équivalent, car il est dû au principe supérieur de la nature exceptionnelle du pays mis en valeur par la même conscience et le même amour de l'exactitude et du soin; tout cela guidé par le même intérêt, celui de laisser intacte cette supériorité si spéciale d'un inimitable produit.

Au lieu d'une montre habilement réglée, ce sont de vastes horloges faites d'après les mêmes combinaisons et les mêmes principes, et toutes deux arrivent, en même temps, au même résultat d'exactitude et de précision.

Notez que ces maisons, plus ou moins grandes, plus ou moins colossales, n'ont aucun besoin de se faire concurrence, et sont toutes dans une remarquable prospérité.

Les millions venus de toutes parts s'accumulent sans relâche dans les caisses toujours ouvertes pour recevoir et pour donner.

Le monde entier a soif des remarquables produits de cette vigne charentaise, et le débit ne peut que s'en multiplier encore, si l'ennemi qui s'attache à cette malheureuse vigne ne vient pas, comme aux environs de Cognac aujourd'hui, détruire complètement les espérances du vigneron.

Cognac, outre le souvenir de François Ier, sa statue équestre, les admirables maisons de commerce Hennessy, Martell et Otard-Dupuy, possède aussi M. Simon.

M. Simon est un type, qui a bien sa valeur : il a été le cuisinier du roi

Louis-Philippe et d'une foule de bouches couronnées; il a eu l'honneur de faire des purées pour le duc et la duchesse d'Orléans; le comte de Paris appréciait ses blanc-manger, et le duc d'Aumale savourait ses coulis d'écrevisses.

Il a cuisiné aux Tuileries, à Neuilly, à Bizy, au château d'Eu, à Claremont, à Londres, à Bruxelles, à Madrid. Les rois et les reines de toutes ces régions ont bien voulu applaudir à ses sauces.

Il a du mépris pour ceux qui lui ont succédé. — Jamais depuis, nous dit-il on n'a bien mangé aux Tuileries!

* * *

Un jour, vieilli, lassé des fluctuations de la politique, il est venu se retirer à Cognac, sa patrie, riche de ses économies, sans doute aussi grâce aux anses que le panier royal possédait comme les plus simples paniers.

Il a fondé un hôtel que, par un pieux souvenir, il appelle l'hôtel d'Orléans. Là, il se repose de ses lauriers en faisant, à son aise, une jolie petite cuisine pour les voyageurs, les curieux et les commerçants. Quand une figure lui plaît, il reprend sournoisement les casseroles des grands jours, et sourit avec un modeste orgueil, en voyant l'étonnement du voyageur qui reconnaît et salue la supériorité du véritable artiste.

* * *

Il y a cependant de l'amertume en son cœur.

— Ah! dit-il parfois en soupirant, est bien embarrassé qui tient la queue de la poêle! Cette parole a, sans doute, été dite avant moi, répète-t-il; mais qui a pu l'observer mieux que moi?

— Allons, que voulez-vous? père Simon, il faut de la philosophie.

— J'en ai, et il m'en faut à moi, qui ai cuisiné pour des rois, des reines, des princes, et qui finis par faire sauter des lapins pour des commis-voyageurs en bretelles et en pendules de zinc.

— Ah! monsieur, la France s'en va. Nous avons eu le 24 février 48, la marmelade du suffrage universel, juin 48, le Deux-Décembre, l'oïdium, la guerre, le patatras, la Commune, M. Gambetta, M. Thiers, et enfin le phylloxera.

Ça, le phylloxera, c'est le bouquet; si ça continue, nous n'en reviendrons pas. Voyez-vous un peu, après tout cela, la France sans vin, les Charentes sans eau-de-vie, Cognac sans commerçants et sans voyageurs!

— Voyons, père Simon, il ne faut désespérer de rien, tout a son temps; la France guérira, comme aussi guérira la vigne.

— Vous avez donc vu M. Rexès, de Jarnac?

— Non. Mais qui est-ce donc, M. Rexès?

— C'est l'ennemi intime du phylloxera : il a déjà massacré des millions de ces affreuses communardes de bêtes; il a juré de n'en pas laisser seulement une en France.

Eh bien, messieurs, allez revoir encore ces magnifiques établissements de MM. Hennessy, de MM. Martell, de MM. Otard-Dupuy, vous verrez ce que le phylloxera peut coûter à ces messieurs. Ici vous trouverez au retour un potage à la Chambord, un coulis d'écrevisses à la d'Aumale, un salmis de perdreaux à la d'Orléans; vous boirez du bon vin du cru, et vous finirez par ce qu'il y a de mieux dans le pays en fine champagne.

Vous aurez ainsi, c'est à croire, une bonne impression de Cognac.

Puis, en partant d'ici, allez revoir le chef de la grande maison de Jarnac, M. Curlier, et priez-le de vous conduire chez Rexès, qui prétend être en mesure de sauver le pays et peut-être la France avec lui.

— Ainsi soit-il.

Nous avons suivi les conseils de l'ancien chef de la maison d'Orléans. Grâce à cette vaillante la Braize, nous avons parcouru rapidement cette partie de la champagne charentaise, si riche naguère encore, et maintenant si désolée, qui s'étend sur les côtés de la route de Cognac à Jarnac. Nous avons constaté *de visu* les désastres qui ont si bien dénudé toute cette zone, que des pièces entières ne produisent pas un grain de raisin, et qu'en beaucoup d'endroits il a fallu arracher toutes les souches.

Arrivés à Jarnac, nous avons été parler de nos impressions à notre excellent hôte M. Curlier, et nous l'avons prié de nous mener chez M. Rexès, l'ennemi du phylloxera, comme nous disait le père Simon.

* * *

M. Rexès est un pharmacien intelligent et instruit, qui habite tout au bout de la grande place faisant face au pont d'arrivée et à la belle allée de peupliers qui y conduit à partir du chemin de fer. Sa mission, nous a-t-il dit, est de trouver les moyens de guérir les hommes et de tuer les êtres qui leur sont nuisibles. C'est à ce titre qu'il a entrepris de donner le coup de Jarnac au phylloxera et qu'il assure en avoir trouvé le secret.

Ce secret, le voilà tel qu'il nous l'a expliqué dans le résumé le plus succinct.

LE PHYLLOXERA DÉTRUIT

ET LA VIGNE RÉGÉNÉRÉE PAR L'EMPLOI NATUREL DE LA POTASSE,
A LA FOIS INSECTICIDE ET ENGRAIS

(PROCÉDÉ DE M. REXÈS)

La vigne enlève chaque année au sol qui la nourrit une quantité énorme de potasse. Cette potasse ne lui étant jamais restituée, le sol est donc un réservoir inépuisable de cet alcali? Non.

Il faut donc le remplacer, sous peine de voir le plant dépérir dans les terrains où la potasse se trouve épuisée par une culture prolongée de la vigne. Le fumier, que l'on y met d'ordinaire, active la végétation; mais c'est uniquement, suivant mon opinion, par la faible quantité de potasse qui s'y trouve que cette action se produit, et la quantité de potasse enlevée est bien loin de se trouver compensée.

Pour moi, la potasse seule est le véritable et le seul engrais de la vigne.

* * *

Un sol privé de potasse d'une manière absolue, serait absolument impropre à la culture de la vigne. La vigne y mourrait.

Il faut répandre la potasse à profusion, si l'on veut sauver la vigne.

Dans beaucoup de régions, notamment dans le Midi, la production de la vigne a été poussée d'une façon exagérée, et le sol épuisé en potasse ne doit plus contenir cet élément indispensable à son existence.

* * *

Or, un lien secret entre la nutrition de la vigne et sa protection contre les insectes qui l'attaquent fait que la potasse est aussi un insecticide puissant, le plus puissant de tous les alcalis, tous insecticides.

Puisqu'elle est en même temps l'alcali sans lequel la vigne ne peut pas vivre, elle constitue donc l'antagonisme le plus heureux des forces destructives de l'invasion du phylloxera, et doit être appliquée avec promptitude et avec vigueur.

*_**

Des essais sur une petite surface de vigne plantée ont amené des résultats positifs et des plus satisfaisants à Chassors, près Jarnac, et à Angoulême.

*_**

Je propose donc comme traitement des vignes phylloxérées le régime suivant :

*_**

Après la vendange, dès que les autres occupations le permettent, mettre au pied de chaque cep une pelletée de potasse de 300 à 400 grammes; à fin mars environ, mais au moins dans le courant d'avril, arroser tout le bois à chaque cep avec une solution au quinzième ou au dixième de potasse. Dans les pays phylloxérés, recommencer l'année suivante, et, par précaution, plusieurs années de suite, tant qu'on peut avoir à redouter une nouvelle invasion.

Il n'y a, d'ailleurs, d'autre limite à l'emploi de la potasse que la dépense. Lorsqu'on en emploiera beaucoup et fréquemment, on aura, dans le rendement de la vigne, une compensation qui n'est sans doute pas sans limites, mais qui sera toujours rémunératrice.

*_**

Pour la plantation même des terrains phylloxérés, 100 grammes à chaque pied suffisent; mais l'arrosement du bois est indispensable; l'observation montre que les jeunes plants sont l'objet d'une préférence marquée de la part du phylloxera; il est très-important d'apporter du soin à cette petite opération.

C'est là tout le traitement nécessaire.

Cett· exposition et ces conclusions nous paraissent logiques; nous nous sommes fait un devoir d'en faire part à ceux que nous connaissons, espérant ainsi être utile.

Nous avons quitté Jarnac en remerciant affectueusement M. Curlier, en souhaitant bon succès, bonne santé à M. Rexès, et la mort, une mort impitoyable à ses ennemis.

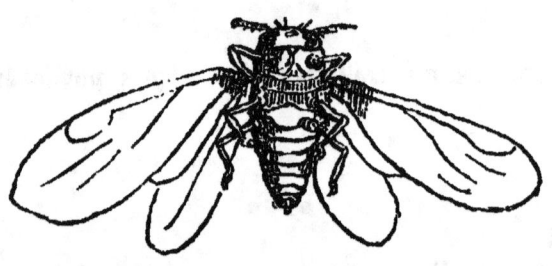

LA VIGNE DANS LE MIDI

AGEN, AUCH, MONTAUBAN, TOULOUSE

Après avoir traversé les splendeurs du Médoc et des pays blancs, pour aller vers le Midi, on quitte définitivement les pays hantés par les millionnaires, patrie des vins destinés aux grands seigneurs de l'aristocratie de naissance et surtout d'argent. Rien qu'à voir la physionomie de la vigne, celle du terrain, celle des vignerons, et jusqu'à celle des bœufs, qui paraissent humbles et chétifs, on comprend tout de suite qu'on arrive dans une zone modeste et bourgeoise. A Tonneins, on ne vous parle que de ses cigares.

Agen est la première ville importante qui se présente sur le passage du chemin de fer; on ne vous parle que de ses pruneaux. Ici, les pruniers ont le pas sur la vigne.

Le voisinage du Bordelais et ses succès semblent avoir découragé quelque peu les viticulteurs. La vigne paraît être cultivée partout ici *à la bonne franquette*, comme disent les paysans; les prix ne seraient pas assez rémunérateurs pour permettre de donner à la culture tous les soins méthodiques et incessants qui lui sont attribués dans des régions plus favorisées du côté des prix et de l'opinion.

Et cependant, suivant l'opinion du savant viticulteur le docteur Guyot, le sol, l'exposition générale, la température se présentent presque partout dans des conditions tout à fait favorables. Pourquoi le succès ne vient-il pas accentuer la situation? Cela vient sans doute du défaut de suite dans les procédés, d'insouciances fâcheuses dans le mode de plantation, de négligence dans la culture, et du manque de soins dans la vinification.

Les méthodes régulières et raisonnées font tout à fait défaut.

Il a manqué une intelligence organisatrice pour donner la formule applicable à la région.

Pour ne parler que des cépages, le même docteur Guyot nous cite les vignobles de Monbeton, de la Villedieu, de la Cour Saint-Pierre. Il y a là soixante espèces de cépages, réunies dans un seul vignoble, pour en tirer une seule espèce de vin rouge, une seule espèce de vin blanc!

C'est à n'y pas croire.

Or, tous ces cépages sont loin de s'accorder entre eux. Rivalité destructive sous le sol, discordance dans la conduite, dans l'expansion, dans la maturité sur le sol, promiscuité fâcheuse dans la cuve, tout cela est un danger et une cause d'absence de vertu et de qualité dans le vin.

Quelques-unes de ces cinquante ou soixante espèces figurent dans le vignoble pour un centième, pour un millième peut-être; mais un millième de muscat dans les vins de Bourgogne et de Champagne suffirait à les perdre de goût; mais un millième de grenache dans les vins fins du Médoc suffirait à en changer le bouquet.

Pour la plupart, une pareille réunion de tant de cépages, qui doivent être et sont discordants, ne peut pas plus produire l'harmonie d'un vin réussi que soixante instruments sans accord et jouant chacun de son côté, suivant la fantaisie de l'instrumentiste, ne peuvent produire une symphonie musicale.

**

Les gens du pays ne s'aperçoivent guère de tout cela.

Parlez-leur de la valeur du bordeaux :

— Les bordeaux, vous avez bien raison, ce sont d'*essellents vinsses*. Tout le monde sait que tous les bons bordeaux viennent d'*Ageingns!*

**

Par la même raison, ceux d'Auch, qui font des eaux-de-vie dites d'Armagnac, avec le cépage appelé la *folle blanche*, comme dans la Champagne des Charentes, s'écrient en chœur à l'unisson :

— A Cognac, mon cher monsieur, il n'y a pas un litre de fine champagne qui ne soit aux trois quarts de notre délicieuse eau-de-vie du *Gersse*. Et sans cela on ne la boirait *passe!*

* * *

— Mais les vins ?

— Ah ! les vins, me dit un des propriétaires du pays, vous les connaissez, vous les buvez à Paris et partout. Les marchands de ce pays de Bordeaux, tous farceurs.

Ils appellent ça du *bordeausse;* heureusement pour vous, c'est du *monnetoban.*

* * *

— Notre vin vaut mieux que le leur, sans cela ils ne nous le prendraient pas ; ils gagnent sur nous, tant mieux ; ces pauvres gens sont nos commis voyageurs et nos employés. Ça nous fait plaisir de leur faire du bien.

MONTAUBAN

Montauban est une charmante petite ville, méridionale s'il en fut, avec ses constructions faites pour le plein air, à balcons de bois pittoresques, ses toits presque plats couverts de briques rouges, et ses ravins colorés où s'étagent au milieu des arbres vigoureux les plus fantastiques masures.

Le Tarn, qui circule au pied de la vieille ville, roule en ce moment-ci des ondes chocolat clair. Ce ton curieux et inusité, même chez les rivières les plus audacieuses, lui donne l'aspect le plus étrange; on m'assure que cela est une excentricité momentanée, et qu'ordinairement il est vert et bleu comme le premier fleuve venu. Tant pis pour lui : l'originalité ne déplait pas, même chez les rivières.

* * *

A Montauban, Ingres est dieu. La ville de Montauban, où le grand artiste est né, lui a voué un culte passionné. Disons-le en passant, dussions-nous froisser quelque peu, bien qu'avec respect, cette religion montalbanaise : il est bien étrange que cette ville si chaude de ton, si colorée d'aspect, si gaiement ensoleillée, ait donné le jour à l'apôtre du gris.

Il est vrai, me disent ses compatriotes, qu'il y est bien né, à Montauban, mais qu'il en est parti à huit ans, qu'il n'y est revenu qu'une fois dans le cours de sa longue existence, et qu'alors même il n'y a pas couché.

C'est sans doute là son excuse.

* * *

Toutes réserves faites, Montauban est fière de son enfant, et elle a raison. Nous venons de revoir dans la sacristie de la cathédrale son meilleur tableau peut-être, le *Vœu de Louis XIII*, qui, s'il nous en souvient, n'est revenu qu'une fois à Paris, lors de l'Exposition universelle de 1855.

L'œuvre est à la fois d'un grand style et d'une belle tournure, la coloration rappelle davantage que les autres son tableau de début, si curieux de couleur, la *Chapelle Sixtine*. Le groupe de la Vierge et de l'Enfant Jésus, inspiré par les œuvres les plus distinguées de Raphaël, a cependant une personnalité bien nette, et le roi Louis XIII, bien agencé dans son vaste manteau fleurdelisé, est bien à sa place, noyé dans les pénombres, et laissant toute la lumière à la céleste apparition. Des enfants d'un beau dessin supportent les armoiries et complètent l'œuvre sans la charger.

Ce tableau nous paraît être, sans contredit, un des meilleurs du maître : il a été acheté 3,000 fr. jadis par le gouvernement et offert à la ville de Montauban. Nous sommes loin des 50,000 fr. donnés dernièrement en vente publique pour une répétition d'*Angélique,* et des 300,000 payés à Meissonier, il y a quelque temps, pour son tableau militaire.

* * *

Autres temps, autres façons de faire.

Le musée de Montauban, lui, est comme une chapelle consacrée à la mémoire du maître. Il n'y en a que pour lui, sauf quelques rares toiles dues à Nazon, le paysagiste, et à de Gironde, deux Montalbanais, eux aussi ; il n'y a guère à Montauban que des copies de maîtres.

Tout le reste est consacré à M. Ingres, qui a légué son ensemble d'atelier à sa ville natale. Dans la première salle se trouve son dernier tableau, *Jésus enfant enseignant les docteurs*. Deux groupes de docteurs assis sur le premier plan sont surtout remarquables, dans cette toile, par la tournure, l'expression des têtes et la façon magistrale avec laquelle sont traités les ajustements et les draperies. Cela est vraiment beau et du meilleur Ingres. L'Enfant Jésus nous paraît moins réussi, un peu poupin, et maladroit dans son attitude comme dans son geste. La Vierge, qui arrive surprise et admirant son jeune fils, n'est pas exécutée avec autant de *maestria* que les docteurs.

* * *

Somme toute, le tableau, néanmoins, est digne de la plus grande attention, et ne se ressent que peu du grand âge de son auteur.

Nous nous souvenons l'avoir vu travailler à cette toile vers la fin de sa vie, au numéro 17 du quai Voltaire, où il avait son atelier.

Pour accompagner ce tableau, qui est la pièce principale du Musée Ingres, ainsi que le porte l'exergue, se trouvent une petite reproduction d'*Angélique*, des études nombreuses d'atelier et une foule de dessins des plus intéressants, parmi lesquels les esquisses et les premiers jets de ses tableaux les plus célèbres, notamment un magnifique dessin de la *Source*, première pensée du tableau si remarquable, appartenant à M. Duchâtel, dessin dans lequel la tête, si souvent remaniée par le maître lors de l'exécution définitive, nous paraît d'un jet plus naturel, plus harmonieux et plus régulier qu'il ne l'est dans le tableau.

Des notes écrites rapidement au crayon ou à la plume, des croquis parfois informes, jetés comme au hasard, des croquis plus poussés, et des dessins arrivés patiemment à leur accent complet de style et de tournure, tout cela est d'un intérêt très-puissant, en montrant la force de volonté, la persévérance de ce maître, qui paraît avoir dû davantage à ses fécondantes qualités et à l'étude opiniâtre des grands artistes du passé et de leur style qu'à un génie personnel et inné.

* * *

Le buste de M. Ingres, en marbre, et celui de son meilleur élève, H. Flandrin, semblent garder les portes de cet intéressant musée.

Dans une *loggia* décorée dans le goût italien, un soin pieux a recueilli les souvenirs du maître. C'est son élève Cambon, le conservateur du Musée, et né aussi à Montauban, qui a tout disposé : son fauteuil habituel, sa boîte à couleurs, sa dernière palette, son torche-pinceau maculé des dernières couleurs dont il s'est servi (un ton brique domine); sur une table, deux couronnes d'or offertes jadis par la ville et par l'Institut; à côté, son cher violon reposant sur une partition ouverte de Mozart, puis quelques livres favoris : l'homme complet est là.

Tous ces souvenirs sont placés ainsi derrière un vitrage monumental, comme dans une châsse offerte à la piété des fidèles.

Sur la place publique nous retrouvons encore M. Ingres. Celui-là a été exécuté par M. Étex : exécuté est le mot. De loin on croirait voir une énorme grenouille accroupie devant une plaque de cheminée. C'est M. Ingres assis devant la reproduction sculpturale en bronze vert du tableau du maître, l'*Apothéose d'Homère*, qui est au Louvre.

Le bronze soi-disant antique, travaillé par la pluie, sillonné par des rigoles de vert-de-gris qui enlèvent toute forme à ce bas-relief, ne représente

ACTEURS ET ACTRICES. 71. COSTUMES ET VISAGES.

MARIANNE

(SOUVENIR DE MONTAUBAN)

Soixante-dix ans de vendange, ça conserve.

plus rien à l'œil des formes du tableau. Triste idée de M. Étex, dit un fantaisiste de nos amis, cet Homère devenant vert, de gris qu'il était! Cela eût empoisonné les derniers jours de M. Ingres, s'il eût pu voir une chose pareille!

Les Montalbanais se montrent peu fiers, il est vrai, de ce monument élevé à leur cher compatriote, et regrettent quelque peu maintenant cette bizarre machine située au bout de la principale promenade de la ville, au milieu des arbres, et qui rappelle vaguement un de ces monuments utiles noyés dans les massifs des Champs-Élysées.

Plusieurs artistes avaient été pourtant conviés à concourir pour l'exécution de ce monument.

Parmi ces artistes se trouvaient Gruyère, Falguière, Maillet. C'est Étex qui remporta cette victoire, dont Montauban ne se réjouit plus maintenant.

Monument élevé à M. Ingres (par M. Étex).

M. Mary Lafon, le très-savant et spirituel auteur de l'*Histoire du Midi de la France* et de tant d'œuvres si connues et si justement appréciées, a fait sur cette lutte héroïque des concurrents un petit poëme dans le genre du *Lutrin*, qui est un chef-d'œuvre de fine gouaillerie, de bonne humeur et d'esprit.

*
* *

Un riche propriétaire du pays est M. Poncet, un lettré, un chercheur et un collectionneur de mérite.

Son château porte le nom de Bellevue, et il mérite son nom pour sa situation, qui domine la gracieuse vallée du Tarn.

Nous avons été visiter ce château, à deux lieues de Montauban. Jolie construction dans le style du dernier siècle.

Parc charmant et pittoresque, arrosé par un ruisseau qui court en chantant sous les ombrages; çà et là de petites constructions fantaisistes et originales, dans le goût Louis XV, habitées par des statues de bergers, de bergères, et des abbés poupins; statues peintes des couleurs voyantes du temps et qui semblent échanger de gais et sémillants propos aux fenêtres, entourées de glycines et de clématites, et aux portes entr'ouvertes.

Le château est garni de vieux meubles à caractère qui datent de la même époque de tendresse et de bergerie.

Mais l'attrait principal est la galerie de tableaux et la bibliothèque qui l'accompagne, toutes deux célèbres dans le pays.

Au premier étage se trouve cette galerie, qui longe tout le bâtiment. De vieilles statues ou fragments de toutes les époques sont debout à l'entrée et dans les angles favorables; les panneaux de droite sont couverts de toiles anciennes, parmi lesquelles il en est d'une réelle valeur. Au milieu sont des vitrines contenant des émaux, des bijoux précieux et des manuscrits rares.

Enfin, des rayons immenses longent tout le mur de gauche, et sont garnis de livres les plus rares et les plus curieux, parmi lesquels nous en avons reconnu un certain nombre dont la possession exciterait chez tous les bibliophiles des sentiments de convoitise bien dangereux pour le propriétaire, si l'on savait que cette bibliothèque n'est pas à l'abri d'un audacieux coup de main.

M. Poncet vient y travailler de temps en temps, prendre des notes, faire quelques croquis ou ébaucher une petite toile, puis il regagne Montauban.

Le gardien des trésors de Bellevue est une femme, vieille, sèche et racornie, qui époussette avec soin les peintures et les livres, donne un coup de balai au parquet, mais n'ouvre jamais un livre, par la bonne raison qu'elle ne sait pas lire, ne parle que le patois de Montauban, et ne regarde pas les toiles, auxquelles elle ne saurait rien comprendre.

Un pareil gardien est sûr.

* * *

Nous avons fait nos compliments sincères à M. Poncet en lui exprimant tous nos regrets de ne pas savoir sa bibliothèque et sa collection un peu plus près de nous, plaine Monceau, par exemple, et nous lui avons demandé à voir ses vignes.

M. Poncet nous les a montrées, mais sans entrain. Il nous semble, à ce point de vue, parfaitement dépourvu d'enthousiasme. — Voilà, nous dit-il; mes vignerons font ça, comme ils peuvent et comme ils veulent. Ça m'est bien égal, ils taillent, ils coupent, ils rognent, c'est leur affaire.

* * *

Quand la vendange arrive, on cueille le raisin; on ne l'égrappe pas, on le fourre dans le cuvier, on l'écrase, puis on met le jus dans la cuve; on fait cuver cinq ou six jours, et l'on met en tonneau.

Au bout d'un certain temps, on a un vin qui n'est pas plus mauvais qu'un autre, mais qui n'est pas meilleur non plus; les gens du pays le trouvent parfait; ça se boit tout de même, le reste m'est égal et ne m'embarrasse guère.

J'aime mieux mes tableaux, mes bouquins, mon petit ruisseau et la bergère de terre cuite rose qui m'envoie fidèlement, depuis que je la connais, les mêmes tendres baisers de sa même fenêtre.

— Et vous avez raison.

— Du reste, si vous en croyez nos chers compatriotes, le vin est bon dans le pays, mais il n'y a pas de cru qui vaille la peine d'être cité.

* * *

Ah! par exemple, il y a cependant un cru qui ne manque pas d'une certaine originalité, et qui mérite une classification à part, dans notre grand département de Tarn-et-Garonne; c'est un cru rouge.

Ce cru a produit :

Jourde, de Bouret;

Razoua, de Beaumont;

Cavalier, dit *Pipe-en-bois,* de Montdoumerque;

Paschal Grousset, de Grisolles (son père était principal du collége de Montauban);

Billioret, de Montauban;

Lissagaray, aussi de Montauban;

qui ont tous eu l'avantage d'être ministres ou chefs dans la Commune de Paris.

Ajoutons de plus que *Gambetta*, venu tout enfant ici, a été cultivé au petit séminaire de Montauban. Sa sœur était religieuse aux Dames noires.

Voici bien des illustrations pour ce cru tout à fait exceptionnel.

Par exemple, on ne peut pas dire que nous sommes égoïstes et personnels.

Nous ne gardons rien pour nous, nous vous envoyons tout à Paris.

— Merci bien !

CARCASSONNE

A mon ami Alphonse Cabrié, de Carcassonne.

Qui ne connaît la spirituelle et philosophique chanson de Gustave Nadaud, sous ce titre : *Carcassonne ?*

Le bon vieillard de Limoux, tranquillement vieilli sur le sol qui l'a vu naître, dans le labeur et les préoccupations quotidiennes, a cependant, comme tout homme en ce monde, nourri le désir et la curiosité d'une chose rêvée. Pour lui, ce rêve, c'est la vue de Carcassonne. Il a hésité longtemps ; enfin, il prend tout son courage et se met en route.

Hélas !

> Il mourut à moitié chemin,
> Il n'a pas vu Carcassonne.

Ainsi parle le poëte.

Qui n'a pas son Carcassonne? Hommes politiques et laboureurs, militaires ou pékins, littérateurs ou artistes, ouvriers ou patrons, spéculateurs ou amoureux? Et combien meurent à moitié chemin, sans avoir jamais entrevu la réalité de leur rêve!

Quant à nous, que l'histoire du bonhomme avait touché, nous avons voulu tout au moins voir le Carcassonne rêvé par lui, et nous y sommes, et franchement la chose en vaut la peine.

* * *

Quand on a dépassé les dernières maisons de la ville nouvelle, une petite ville, bien alignée, bien proprette, entourée d'un cercle de gais boulevards qu'ombrage une forêt de ces magnifiques et ombreux platanes, à la peau de léopard, comme il n'en pousse que dans le Midi, on se trouve tout à coup devant la silhouette magique d'une vieille cité, telle qu'elle était au commencement du moyen âge.

C'est une ceinture majestueuse de remparts crénelés, reliés par de hautes tours, couronnés par un fouillis de clochetons, de flèches, de pignons fantastiques; au-dessus, se dresse majestreusement une tour carrée, celle d'Alaric le Visigoth, dit l'histoire. Tout cela a revêtu l'harmonieuse patine des siècles et se profile puissamment sur le ciel, au sommet de l'énorme rocher qui porte ces constructions gigantesques avec des oppositions saisissantes, par grandes masses, de lumière et d'ombre.

Par les vieilles poternes qui ouvrent leur bouche noire au bas des tours, il semble que l'on va voir sortir des troupes d'hommes d'armes, couverts de cottes de mailles, coiffés de fer, hérissés de lances mêlées d'étendards flottants et de pennons armoriés.

Quel est le chevalier qui va galoper sur cette pente et se présenter au pont-levis, pendant que l'homme de garde sonnera du cor à son aspect? Les palefrois des dames et des damoiselles vont-ils piaffer au bas de ces remparts pendant que les damoiseaux et écuyers deviseront galamment auprès d'elles?

ACTEURS ET ACTRICES. 72.   COSTUMES ET VISAGES.

LE BONHOMME DE NADAUD

(VUE PRISE A CARCASSONNE.)

Mais tout reste majestueusement muet et calme. Rien ne vient troubler la sérénité du géant de pierre qui, seul survivant de races disparues, semble regarder en silence la vie nouvelle qui s'agite à ses pieds et le chemin de fer qui siffle et se tord comme un serpent dans la vallée.

* * *

Vous pénétrez dans la vieille cité par les vieux portails; quelques guerriers sont là, mais ils ont des pantalons rouges, et ils jouent au bouchon.

Le long des vieilles maisons vermoulues et d'un grand caractère vont et viennent quelques femmes et jeunes filles, portant des faix sur leurs têtes et des vases bizarres avec lesquels elles viennent puiser de l'eau à la fontaine.

Montez jusqu'à la vieille cathédrale qui surmonte toutes les constructions de la vieille cité, vous voyez une curieuse combinaison du style roman et du gothique fleuri, un mélange des plus intéressants du plein cintre et de l'ogive avec des voûtes d'une hardiesse merveilleuse et des vitraux d'une saisissante couleur.

Dans cette vieille église, l'évêque Radulfe, dont on voit la statue de pierre, dort tranquille et respecté dans son tombeau depuis le douzième siècle.

Tout ici, ville, cathédrale, forteresses, remparts, est conservé avec un soin et une attention de premier ordre. Aucun pays n'a gardé un aussi précieux ensemble, donnant la clef de civilisations jetées dans l'oubli. Aussi, la cité tout entière est classée parmi les monuments historiques, et M. Viollet-le-Duc, le savant architecte et antiquaire, la considère avec raison comme le bijou le plus précieux de la collection française et même européenne.

C'est lui qui a ordonné et suivi les réparations indispensables, et, grâce à ses soins, la vieille cité, à laquelle on travaille chaque année avec une attention de collectionneur, pourra traverser encore de longues séries d'années et de siècles.

* * *

Voici la tour Cahuzac, la tour de l'Évêque, la tour de l'Inquisition, la tour des Supplices, celle où se trouvent les oubliettes et celle où les fers des prisonniers sont encore attachés aux vieilles murailles.

Tout cela est en parfait état de conservation; il n'y manque que le mobilier et les prisonniers.

Au milieu de ces pierres séculaires, intéressants vestiges du passé, se trouve un vieux débris, intéressant lui aussi, mais à un autre titre. Ce vieux débris est un invalide à jambe de bois, chargé de la garde et de la conservation de ces pierres, qui savent, du reste, se bien garder elles-mêmes.

* * *

A ce brave homme se rattache une légende. C'était en 1832, au moment où, prise d'un de ces accès de valeureux don quichottisme dont elle n'a pas pu donner la mode en Europe et dont elle a le plus souvent eu à se mordre les doigts, la France s'est amusée à fonder la Belgique et à prendre Anvers.

Ausseil, c'est le nom du brave soldat à la jambe de bois qui garde maintenant la vieille Carcassonne, était alors simple sapeur du génie; il était le premier aux approches de la ville dans les travaux de sape, lorsqu'un obus vint lui fracasser la jambe et lui atteindre le bras. C'était le premier blessé de l'armée française travaillant pour le compte du roi Léopold. Le roi des Belges, touché, alla à la rencontre de la civière qui portait le blessé, lui parla avec intérêt et le décora le premier de l'ordre de Léopold, qui ne fut fondé définitivement que deux mois après.

* * *

Ausseil figure donc en tête de la liste des chevaliers; nommé chevalier de la Légion d'honneur quelques jours après l'événement, ce fut le maréchal Vaillant, alors colonel du génie, qui lui porta le brevet sur son lit, après que le chirurgien Larrey l'eut débarrassé de sa jambe broyée.

* * *

Un jour, jour d'ivresse pour le brave invalide, le roi Léopold, qui avait fait peindre la scène de l'entrevue du nouveau roi avec le premier blessé français à son service, lui envoya, à Carcassonne, ce tableau, dont il conserva une copie en Belgique. Cette toile est là comme une relique; voilée respectueusement par un rideau, elle constitue pour le vieux soldat le joyau de sa collection, dans laquelle on remarque des lettres flatteuses de grands personnages, son vieil habit de sapeur et le soulier veuf de la jambe emportée.

LE BRAVE AUSSEIL

Gardien de la vieille cité (Carcassonne).

CARCASSONNE.

Rien n'est plus touchant que de voir et d'entendre Ausseil raconter lui-même, avec une émotion qui ne tarit pas depuis si longtemps, toutes les circonstances et les détails de cet événement qui a transformé sa vie, qu'il passe depuis lors au milieu de ces vieilles pierres.

* *

Là, malgré l'embarras de sa jambe de bois, il monte, il descend pour montrer les bâtiments aux visiteurs; il est escorté de sa nièce, une belle fille, laquelle n'a pas de jambe de bois, tout au contraire, ce qui est infiniment plus commode pour grimper les grands escaliers de granit. — Il y a encore une bonne vieille qui reste en bas et ne monte plus : c'est la femme du garde.

* *

Ils vivent là tranquilles, ne pensant qu'au roi des Visigoths, Alaric, à l'évêque Radulfe et au roi Léopold. Le reste leur est égal et indifférent, pourvu qu'il vienne de temps en temps quelques aimables visiteurs.

N'est-ce pas que ce bon Ausseil est un type?

* *

En repassant la porte de l'Aude, je fus accosté par un bon vieux paysan à la figure douce et pleine de sérénité.

— C'est-il vrai que vous êtes de Paris? me dit-il.

— C'est vrai, lui répondis-je.

— Vous connaissez peut-être un *mossieu* de Paris, M. Gustave Nadaud?

— Mais parfaitement.

— Ah! monsieur, quel brave homme que ce M. Nadaud! Tel que vous me voyez, je suis le paysan de Limoux dont il a parlé dans sa chanson.

— Mais vous n'êtes pas mort?

— Pas du tout; on l'aura trompé, ce bon monsieur. Ah! ça m'a fait bien de la peine. Mais enfin je vis tout d' même. Comme c'est beau, n'est-ce pas, monsieur? Carcassonne! Depuis que je suis là, je ne le quitte plus.

— Et vous êtes heureux?

— Bien heureux. Vous avez dit vous-même tout à l'heure, je l'ai entendu, que rien n'était plus beau que la vieille cité de Carcassonne ; vous n'avez cela nulle part, pas même à Paris. Voyez ces boulevards qui entourent la ville, comme ces platanes sont beaux et comme ils s'étalent en parasols pour

abriter du soleil et de la pluie ! Voyez comme ici les hommes se portent bien et comme les femmes tricotent avec persévérance et d'une manière supérieure !

Voyez ce jardin et ces belles balustrades en pierre, comme c'est riche et bien disposé ! On dit à Paris : blanc comme un cygne, n'est-ce pas ? Ici, nous avons, comme vous voyez, des cygnes qui sont tout noirs, noirs comme des corbeaux; il n'en est pas, m'a-t-on dit, de pareils ailleurs.

*
* *

Nous avons un Musée qui est admirable, un Cabanel comme on n'en voit pas non plus autre part, un *Caïn et Abel* de Falguière, un grand sculpteur de Toulouse qui a fait de la peinture exprès pour nous.

Des tableaux de Chardin, et jusqu'à un *Nicolas Poussin* de Violal, un grand peintre né à Carcassonne, qui a bien voulu sortir de son genre pour faire plaisir à ses compatriotes.

Ah! tout cela est bien beau!

*
* *

— Mais, mon brave, comment savez-vous tout ça?

— C'est un monsieur d'ici qui m'a appris toutes ces choses; j'en sais bien plus long encore, et je vous raconterai tout quand vous voudrez. Depuis que je suis ici, j'ai trouvé Carcassonne si beau que j'y suis resté; je ne veux plus entendre parler de Limoux, et cependant, depuis lors, ils y ont mis un chemin de fer; maintenant, c'est moi qui montre Carcassonne aux voyageurs, et c'est un grand bonheur pour moi.

— Et vous n'avez jamais quitté d'ici?

— Une fois seulement, un monsieur de Montauban, qui fait des livres, m'a emmené un jour. Il m'a fait voir ce qu'on appelle un monument, c'est celui d'un grand peintre qui s'appelait Ingres. Ah! ce n'est pas beau; on l'a fait tout vert, comme une grosse grenouille qui serait placée devant une vieille cheminée, toute couverte de noircissure et de vert-de-gris. Comparez donc ça à notre fontaine de la place aux Herbes. Ah! combien je préfère Carcassonne! Aussi j'y suis revenu; j'ai couché à Montauban une nuit, et, depuis, je ne bouge plus d'ici. Ah! je suis bien heureux.

— Bien sûr? bien sûr?

*
* *

— Si vous voyez M. Nadaud, dites-lui donc qu'on l'a trompé, que je ne suis pas mort, et que j'ai vu Carcassonne : ça lui fera plaisir, j'en suis sûr; il est si brave homme!

— Certainement il le saura... Et vous ne désirez plus rien maintenant?

— Ah! mon Dieu, non. Excepté que je serais bien content de revoir M. Nadaud, et que je ne voudrais pas mourir sans voir aussi Paris.

LE PAYS DU BLEU

A mesure que l'on avance vers le sud-est, la qualité du vin décroît en même temps qu'augmente la production, qui devient de plus en plus prodigieuse. A Carcassonne et dans l'Aude commence le pays du bleu.

Ici, point de cru distingué, point de cru célèbre à quelque titre que ce soit, mais des flots, des torrents de vin.

Le climat et les conditions particulières du sol pourraient permettre d'espérer quelque chose de mieux au point de vue de la qualité, mais c'est la quantité que l'on poursuit

Parce que la quantité, c'est la richesse.

Le gros vin coloré, vigoureux et raclant est celui qui convient aux gosiers populaires.

Ce vin, qui naît par cataractes dans ces féconds départements de la Haute-Garonne, de l'Aude, de l'Hérault, n'est pas destiné aux palais délicats des riches et des gourmets. Sa fonction est de désaltérer, soutenir et fortifier le laboureur, l'ouvrier, le soldat.

C'est lui que Charles Baudelaire faisait parler ainsi :

> Je sais combien il faut, sur la colline en flamme,
> De peine, de sueur et de soleil cuisant
> Pour engendrer ma vie et pour me donner l'âme.
> Mais je ne serai point ingrat ni malfaisant;
>
> Car j'éprouve une joie immense quand je tombe
> Dans le gosier d'un homme usé par les travaux,
> Et sa chaude poitrine est une douce tombe
> Où je me plais bien mieux que dans mes froids caveaux.

Dans ces régions, où l'idéal est la quantité, on cultive dans ce but des cépages vigoureux, sans finesse, mais féconds, tels que l'aramon, le terret bouret, le mourastel. Aussi le produit est-il en quantités considérables.

Dans les années abondantes, le vin était jadis en telle profusion que, faute de pouvoir le loger ou le brûler pour en faire de l'eau-de-vie, on était réduit à répandre sur le sol ce liquide devenu un hôte incommode et embarrassant.

A si peu de distance de la Gironde, dans des pays apparemment soumis à des conditions analogues de climat, la différence des prix pour les produits de la vigne est un curieux sujet d'étonnement.

* * *

En 1875, année de production exceptionnelle, où les vins de second ordre du Médoc se vendaient à raison de 200 fr. l'hectolitre, et les vins supérieurs 400 ou 500, nous avons constaté, près de Toulouse et de Carcassonne, des ventes à 4 fr. 50 l'hectolitre, après la vendange, et une moyenne générale de 10 à 12 fr. pour le reste.

* * *

Grâce aux chemins de fer, aux traités de commerce, depuis quinze ou vingt ans, les viticulteurs ne sont plus, dans les années exceptionnelles de production, forcés de répandre sur les routes le produit de leurs vignes, et l'on est toujours sûr de placer à un prix quelconque le vin récolté.

Char à un seul bœuf pour charrier vingt-quatre comportes de vendange.

Une tendance à la hausse se manifeste même dans ces deux départements de l'Aude et de la Haute-Garonne, depuis que le phylloxera s'est abattu avec une intensité si fâcheuse sur le département de l'Hérault.

Là, plus que partout ailleurs, la production avait été tellement surexcitée de toutes façons par des procédés de culture poussés à l'exagération, que peut-être la terre, plus épuisée, sans doute, que dans les départements voisins, ne fournissait plus à la vigne la force nécessaire pour résister à l'action destructive de l'insecte.

Suivant l'opinion émise par M. Rexès, de Jarnac, la potasse fait sans doute défaut à ce sol, qui a trop produit, et il faut obvier à cette indigence en la lui restituant d'une façon ou d'une autre.

* *

Dans l'Aude, aux environs de Carcassonne notamment, on ne croit pas au phylloxera ni à ses ravages; on croit seulement à l'accroissement des bénéfices et à la hausse des prix, et l'on s'en réjouit, sans se préoccuper autrement du voisin.

* *

Ainsi donc, nous sommes dans le pays du bleu. Le vin est chaud, brutal, coloré; il est acheté d'autant mieux et d'autant plus qu'il est plus riche et

ACTEURS ET ACTRICES. 74.   COSTUMES ET VISAGES.

CONDUCTEUR DE CHAR

(CARCASSONNE)

plus foncé comme coloration. Cette considération a créé, dit l'histoire, une série d'artistes industrieux qui se chargent pour ainsi dire de colorier et de peindre les vins, pour leur donner l'intensité de la couleur qui leur manque et leur permettre de se présenter à l'acheteur avec les qualités qu'il recherche.

La palette de ces artistes a pour base une série de rouges furibonds parmi lesquels la fuchsine, une sorte de poison, brille au premier rang.

Or, cet acheteur est généralement un homme d'une conscience médiocre, qui cherche à tromper son public, en tonifiant et colorant des petits vins légers et clairs du centre de la France par des mélanges adroits avec les gros vins du Midi, et en les vendant, ainsi tripotés, pour des vins de Bourgogne et même du Bordelais.

A trompeur, trompeur et demi, disait la Fontaine.

Mais les trompeurs n'aiment pas à être trompés, et lorsqu'ils se sont aperçus du travail d'art auquel se livraient quelques-uns de ceux dont ils achetaient les œuvres, ils ont poussé les hauts cris, si bien que nombre de ces artistes sans mandat ont été troublés dans leurs ateliers de peinture, et qu'il y a eu des condamnations et des effusions judiciaires de vins sur les routes et les places publiques.

*

Nota. — Si vous voyagez dans le pays et que vous parliez de fuchsine, on vous répondra invariablement que l'on ignore ce que cela peut être, et que l'on n'en a jamais vu.

Il est vrai de dire aussi que les propriétaires ne pouvaient ni ne voulaient se livrer à cet exercice, et que ceux qui y avaient recours étaient des commerçants qui s'occupaient sans doute discrètement de leur art dans le silence du cabinet.

*

Les acheteurs ci-dessus désignés ont triomphé sur toute la ligne des fuchsineurs; mais ils n'en continuèrent pas moins à peindre les petits vins clairs et les vins blancs du Centre avec les chaudes couleurs du Midi, pour en faire de l'excellent bourgogne. Au moins il n'y a pas de fuchsine, c'est toujours cela de gagné.

En somme, ces mélanges de vins, lorsqu'on n'abuse pas l'acheteur sur la provenance, n'ont rien de trop condamnable : ils ne sont pas malsains et ne déplaisent pas à ceux qui viennent les consommer sur le comptoir de zinc du marchand de vin.

* * *

Les vins, malgré leur bas prix, sont un produit des plus importants dans ces régions du midi de la France.

La culture s'y fait largement, toujours en vue de la production. Les cépages, communs et vigoureux, ainsi que nous l'avons signalé, sont plantés à petite distance l'un de l'autre, de manière à mettre un plus grand nombre de ceps à l'hectare.

Au lieu de deux bœufs pour labourer, on se sert fréquemment, dans le

Attelage d'un seul bœuf conduisant une houe.

pays, d'un seul bœuf, avec ou sans joug, qui passe plus facilement à travers les rangs massés de la vigne.

* * *

Dans l'Aude, on fait certain cas des vins rouges de Limoux, un petit vin doux et parfois mousseux qui n'est pas sans qualité. La blanquette de Limoux a eu quelques instants de vogue bien vite épuisée. Depuis la construction des chemins de fer, notamment, on ne s'occupe plus guère de cette production. Maintenant que le chemin de fer passe dans l'Aude, son prestige a cessé. Dans le pays même, on préfère le cliquot et le rœderer.

Il n'en est pas moins vrai que les chemins de fer ont porté dans ces pays, nouvellement appropriés à la vigne, une prospérité inconnue jusqu'alors.

Des familles de paysans pauvres et misérables, il y a une vingtaine d'années, vivant mal, sur un sol dont les produits ne se consomment que sur place et qu'ils cultivaient faiblement et sans goût, se sont trouvées riches tout à coup,

grâce aux nouvelles voies de communication qui venaient tout enlever et distribuer au dehors.

Étonnés du changement, ils se sont mis avidement et courageusement à l'ouvrage, imitant de leur mieux l'exemple des grands viticulteurs de la contrée. Ils ont planté la vigne sur des terrains qu'ils laissaient en jachère, ils ont soigné comme elles ne l'avaient jamais été les vignes déjà en rapport; la production a décuplé, et les bénéfices se sont élevés en proportion.

* * *

Dans certains endroits, l'opulence, une opulence désordonnée et inattendue, a fait place à la gêne; il fallait dépenser quelque chose de cet argent qui s'accumulait sans cesse, et se faire honneur de cet or venu, sans façon, remplir les vieilles armoires.

Que choisir et qu'acheter? C'était là le difficile, lorsque l'on sait lire à peine, que l'on connaît peu de chose en dehors des limites de son champ, que les questions d'art et de goût vous sont aussi étrangères que le chinois ou le sanscrit.

Pour se tirer d'embarras, nos riches propriétaires vignerons se rendaient tout bonnement à Toulouse, la ville du Midi élégante et riche par excellence, et ils entraient dans le premier magasin venu :

— Donnez-moi ce que vous avez de plus beau et de plus cher, disaient-ils, et ils payaient sans compter.

C'est comme cela que l'on peut voir un piano de Pleyel à incrustation dans

— Voici, cher monsieur, qui est très-cher et très-beau, et qui vous conviendra parfaitement pour la cuisine de madame.

une cuisine, où personne de la maison n'a jamais su ce que c'était qu'une note de musique. Il doit y avoir maintenant des nappes et des serviettes rangées avec soin dans la caisse.

* * *

Chez un vigneron du pays, une cuisine surtout est célèbre, à ce qu'on m'assure. A la campagne, la pièce importante est toujours la cuisine; c'est là que l'on vit, que l'on mange et qu'on reçoit pour traiter les affaires et les acheteurs. La maîtresse du logis était folle de sa cuisine, de ses chaudrons, de ses casseroles, qu'elle astiquait, frottait, fourbissait elle-même et savait rendre brillants comme l'or.

Lorsque la prospérité vint, des casseroles nouvelles, de nouveaux chaudrons vinrent naturellement en foule s'accrocher et briller auprès de leurs prédécesseurs.

Bientôt cela ne put suffire à l'ambition de la maîtresse de maison; les murs furent garnis de splendides lames de cuivre qui montèrent jusqu'aux frises. Bientôt le cuivre gagna le plafond, qui se cacha tout entier, lui aussi sous cette rayonnante carapace. Il y en a, dit l'histoire, pour trente mille francs.

C'est la maîtresse du logis qui récure, frotte et fait reluire tous ces cuivres qui éclatent au regard comme des étoiles. On se mire dans tous les murs, on se mire dans les plafonds, dans le ventre arrondi des chaudrons et des cafetières.

Quand on entre dans cette cuisine, il semble qu'on pénètre dans une gigantesque casserole.

Et il n'y a personne de plus heureux et de plus fier au pays que la femme qui préside à cette apothéose de la batterie de cuisine.

Elle a réalisé son rêve, car on a parlé, on parle encore dans tout le département, de cette cuisine exceptionnelle, et l'on vient en pèlerinage pour la visiter.

***

Chacun a son idéal en ce monde; il est malheureusement probable que les fils de ces modestes vignerons, surpris par des fortunes aussi subites et mal entendues, en prendront un autre que celui de leurs auteurs. On les enverra à la ville, et ils apprendront vite tous les usages qu'on peut faire de l'argent, même les plus fâcheux, et bon nombre d'entre eux, sans doute, dont les appétits de toute sorte s'ouvriront fatalement, s'empresseront de manger, sans profit pour eux-mêmes, l'argent, l'or, jusqu'au cuivre, produits de la vigne, et peut-être aussi la vigne elle-même.

***

Il est, du reste, comme nous l'avons dit précédemment, des endroits, dans cette région naguère si favorisée, où la source de la fortune semble tarie d'une façon irrémédiable et presque aussi subite que celle qui l'a fait sortir de terre.

Le département de l'Hérault, notamment, est complétement ruiné par cet horrible petit animal que l'on appelle le phylloxera. Au lieu des vignes si productives et dont l'industrie remarquable du département avait tiré depuis vingt ans les plus éclatantes fortunes, il ne reste plus maintenant que des souches dénudées au milieu de champs dévastés.

Rien n'a pu arrêter la marche du fléau, dont le mouvement semble s'indiquer vers le nord plutôt que vers le sud. A Narbonne commence l'invasion;

à Frontignan, à Lunel, elle se continue mortelle et implacable; elle sévit à Béziers, puis s'étend sur l'Hérault tout entier, une partie du Gard, franchit le Rhône et attaque le département de Vaucluse, en détruisant radicalement tout sur son passage.

Nous avons vu, à Montpellier notamment, un homme à qui la vigne donnait cent mille francs de rente il y a trois ans, et qui touche à peine dix-huit cents francs cette année. Que lui restera-t-il l'an prochain?

L'aqueduc du Pérou (Montpellier).

La ville si riche et si joviale de Montpellier devient triste et pauvre, les hôtels sont vides, les cafés sinistres. Cette belle et monumentale promenade du Pérou, créée par Louis XIV, dont la statue équestre occupe le centre, est déserte; on ne voit, dans les larges rues, que figures anxieuses et pensives, ou des ménages entiers de vignerons qui, ne pouvant plus vivre au pays, s'en vont chercher, sinon fortune, du moins travail ailleurs.

Montpellier semble une ville ruinée; c'est sur cette dernière et douloureuse impression que je finis ma lettre.

L'Hérault, qui produisait en 1868, suivant le docteur Guyot, une récolte moyenne de 9 millions d'hectolitres, rapportant 135 millions de francs, et se trouvait en rivalité, comme produit, avec le département de la Gironde, le premier de tous les départements français pour les vins, n'a donné, cette année, si j'en crois l'affirmation d'un propriétaire du pays, guère plus d'un million d'hectolitres. On est dans les transes pour l'année ou les années suivantes, si l'on ne trouve enfin un topique contre ce fléau dévastateur, le phylloxera!

REMÈDES PROPOSÉS CONTRE LE PHYLLOXERA.

Aussi toutes les intelligences se sont mises à la torture pour trouver les moyens de détruire cet être funeste, et des prix d'une valeur importante ont été fondés pour récompenser celui qui deviendrait, à un titre plus réel et plus complet, le libérateur du territoire, en le purgeant de cet insecte plus destructif de la fortune publique que tous les autres ennemis, quels qu'ils puissent être. — Le *sulfure de carbone*, les *sulfocarbonates*, l'*emploi des petits cubes Rohart*, le *décorticage* et le *badigeonnage des ceps* ont permis de ralentir quelque peu la marche du fléau. Ajoutons à ces essais l'application de la *potasse* comme insecticide et comme engrais préconisé par le docteur Rexès.

Jusqu'ici aucun résultat péremptoire n'a été obtenu. Il a fallu chercher ailleurs.

A Montpellier, un mouvement s'est produit en faveur des plantations de vignes américaines pour remplacer les vignes françaises ruinées par le fléau. Or, ce sont les vignes américaines qui nous l'ont apporté.

Ce procédé nous rappelle celui de l'homœopathie, *similia similibus curantur*. Dire que cela ne produira pas d'excellents effets, ce serait injurieux pour l'homœopathie, qui parfois réussit à merveille; nous nous contenterons donc de rappeler les impressions précitées du savant voyageur Édouard André au sujet des vignes américaines.

En tout cas, si le phylloxera n'attaque plus en France les vignes dont il affectionne la sève en Amérique, cette vigne donnera-t-elle en France du raisin qui ne sente, comme en Amérique, le cassis, l'essence de térébenthine ou le bitume, raisin qui produit les vins les plus détestables? La greffe atténuera-t-elle ou fera-t-elle disparaître ces défauts inhérents à l'essence même du cépage? C'est ce que l'on ignore.

*
* *

Puisque le mot greffe a été prononcé, qu'il me soit permis d'apporter, moi aussi, une idée qui peut être utile et qui est le résultat d'observations faites en voyageant dans tous les milieux vinicoles où sévit plus particulièrement la rage du phylloxera.

Dans l'Hérault, dans Vaucluse, j'ai été frappé de ceci : c'est que des lignes d'oliviers sont plantées, suivant la coutume, au milieu des plants de vignes. Dans les champs les plus dévastés par l'insecte, lorsque toutes les vignes

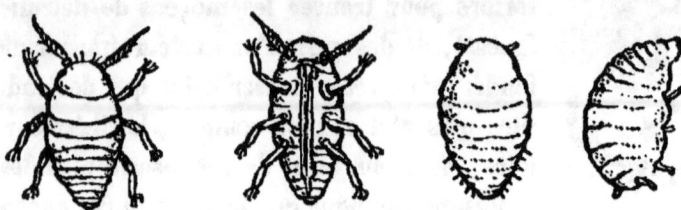

sont hachées, perdues, desséchées, et qu'il n'en reste plus pour souvenir que des souches inertes, l'olivier n'a rien perdu de sa force, de sa vigueur de production et de son aspect de santé.

Il en est de même dans les champs où, au lieu d'oliviers, ce sont des mûriers qui sont plantés au milieu des vignes, comme les pommiers en Normandie sur les bords des champs d'avoine ou de blé.

Le mûrier reste vivant, intact, vigoureux et verdoyant comme l'olivier, au milieu des ruines et des cadavres répandus autour de lui dans le vignoble.

Le phylloxera, cela est de fait, ne s'attaquant *qu'aux seules racines*, ne se soucie en aucune façon de celles qui sont à sa portée, celles du mûrier et de l'olivier.

Or, il est avéré que, depuis des siècles, et dans l'antiquité la plus reculée, les Italiens greffaient souvent la vigne sur l'olivier, ou l'olivier sur la vigne, et que les résultats en étaient des plus satisfaisants; le mûrier se prêtait aussi complaisamment à l'opération que l'olivier, et les fruits de cette union avaient une valeur tout à fait recommandable.

* * *

Nous trouvons mentionné dans la *Maison rustique* de 1587 le souvenir de cet usage, dont l'auteur cite des exemples contemporains.

Renoncer à ce procédé n'avait rien d'extraordinaire en temps normal, et lorsqu'il n'y a pas un motif impérieux pour éviter une double culture tout d'abord. En l'état actuel, où il est du devoir de chacun de chercher à dérouter l'ennemi commun, il est bon de signaler cette combinaison, qui doit réussir maintenant comme elle a réussi jadis, et présenter cet avantage précieux de donner à nos vignes actuelles *des racines* que, d'après l'expérience, on sait respectées par le phylloxera.

On pourrait ainsi sauver la récolte si précieuse, dans tous les départements où pousse l'olivier, dans tous ceux où pousse le mûrier, soit dans tout le midi de la France.

Puisse cette idée, appuyée sur une suite d'observations, être utile aux pays dont je viens de voir la détresse, et leur permettre d'attendre le moment où ce fléau, comme tous les fléaux, aura fini son règne!

Ainsi soit-il, et bien à vous.

A. D'A.

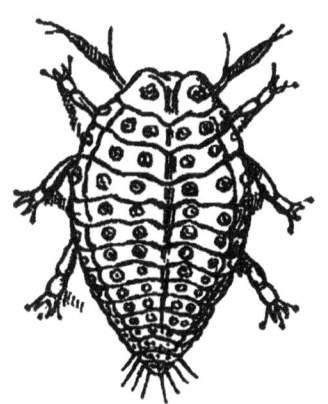

Larve de phylloxera grossie deux mille fois.

Le Castillet (Perpignan).

LES PYRÉNÉES-ORIENTALES

Perpignan, octobre 1877.

Chère petite Jeanne,

Comme j'aurais plaisir à voir avec toi ces merveilles du Médoc dont tu me fais un si aimable tableau! Mais j'aurais mauvaise grâce à envier ton voyage au milieu d'un si beau pays, à travers des millions si gracieux et si hospitaliers. Je suis moi-même en ce moment prise d'enthousiasme devant le spectacle que j'ai sous les yeux, et pour une mise en scène adorable dont je n'avais nulle idée.

Comme tu le vois par l'en-tête de cette lettre, je suis dans les Pyrénées-Orientales, à Perpignan.

C'est bien le Midi rayonnant et ensoleillé, avec les cactus qui naissent spontanément le long des routes, comme les chardons ou les orties dans le Nord; ce sont les oliviers, les mûriers comme à Nice, à Monaco et en Italie.

Quand nous sommes arrivés à Perpignan, c'était au déclin du jour, au moment où le soleil commence à descendre à l'horizon.

Nous nous sommes trouvés tout à coup devant une apparition qui me rappelait les pages attrayantes des *Mille et une Nuits*. C'est un vieux château

Le Castillet, vu de l'intérieur de la ville (Perpignan).

maure, une forteresse si tu veux, avec des tours, des murailles, des porches à caractère, des créneaux merveilleux; c'est l'Orient, c'est Bagdad, c'est la demeure du grand vizir, la retraite du dernier des Abencérages.

Tout cela est coloré et comme doré par les rayons du soleil, qui, pour compléter ce saisissant tableau, éclaire prestigieusement les montagnes étagées dans le fond et le géant des Pyrénées, le Canigou, qui détache au loin sur le bleu du ciel son sommet couvert de neige.

Nous sommes restés émerveillés devant cet adorable tableau.

* * *

Pendant que nous étions tout à cette admiration, figure-toi que des gens du pays, placés comme nous pour admirer, tournaient sans façon le dos à cet éblouissant décor, et prêtaient toute leur attention à la lutte d'une vieille bonne femme et de son cochon. L'animal, attaché par la patte, se refusait obstinément à suivre le chemin désiré par la bonne femme; il tirait d'un côté, la bonne femme de l'autre, protestant par les plus épouvantables cris contre l'exigence de la vieille. Parfois la vieille l'emportait, parfois c'était le cochon, et tous les deux roulaient dans la poussière aux applaudissements des spectateurs. Enfin un vieux bonhomme, l'époux de la vieille, sans doute, arriva prêter main-forte. Le cochon fut vaincu, et, forcé de prendre son parti, il a suivi à peu près en silence le chemin voulu.

Les spectateurs, satisfaits, ne se retournèrent même pas pour donner un coup d'œil à l'admirable ensemble que nous avions bonheur à contempler, et disparurent au coin d'une petite ruelle sombre en allumant leur pipe.

* * *

Nous étions indignés.

Chose étrange, ces gens ont mêlé une sorte de froissement désagréable au plaisir que je ressentais, et, malgré moi, quand je songe à cette adorable vue, je ne peux m'empêcher de penser en même temps à ces indifférents grossiers qui passaient insoucieux près d'une merveille sans y donner le moindre signe d'attention, et il me semble entendre ces épouvantables clameurs du cochon en furie.

* * *

Mon cher père, qui, tu le sais, est un peu philosophe, prétend que dans la vie il en est constamment ainsi, qu'il faut savoir en prendre son parti, et qu'une note discordante, quelle qu'elle soit, vient toujours se mêler aux plus pures harmonies.

J'espère pourtant qu'il n'en est pas toujours ainsi, n'est-ce pas, Jeanne? Comme dit notre grand poëte Victor Hugo :

..... O douleur, est-ce vivre?
Mêler du fiel au vin dont un autre s'enivre?

Il doit se rencontrer dans la vie, je le crois, des gens qui concourent aux harmonies au lieu de chercher à les troubler, et qui s'enivrent, comme nous, aux mêmes sources du beau et du bien.

Je l'ai bien regrettée, je t'assure, devant cette fête des yeux dont tu aurais si délicieusement eu pris ta part. Derrière ce château maure, que les habitants nomment le Castillet, s'étend une promenade célèbre dans tout le Midi. Cette promenade est plantée des plus admirables platanes que l'on puisse imaginer, arbres touffus, ombreux, à l'écorce étrange, d'un vert chaud, colorée de taches comme la peau de gigantesques serpents. Sur la gauche, à l'entrée, coule un ruisseau qui va plus tard se jeter dans le Tet, petit fleuve minuscule, sur lequel la ville de Perpignan est bâtie; des ponts de bois pittoresques rejoignent les deux rives, l'une appartenant à la promenade des platanes, l'autre à des constructions fantaisistes à la mode espagnole, où sont groupés çà et là les lieux de réunions populaires pour la danse et la musique.

Je dois dire que nous avons eu la curiosité d'aller nous asseoir dans un de ces endroits, espérant y surprendre quelque détail de caractère ou de physionomie particulière.

Mais ce qu'on appelle les bienfaits de la civilisation a trop, à mon sens, inondé le pays; tout au plus deux ou trois montagnards au costume pittoresque, le reste vêtu comme les gens des Batignolles ou de Courcelles-Levallois, par les soins du *Bon-Marché* ou de la *Belle-Jardinière*.

Un cornet à piston faisait entendre les ritournelles consacrées.

Puis un pioupiou vieux style venant chanter l'*Artilleur de la pièce humide*.

Est venu ensuite un gommeux de barrière, s'égosillant à chanter l'air en vogue aux Champs-Élysées de Paris depuis cet hiver :

> Je m' nomme Popol,
> Je demeure à l'entre-sol, etc.

Chaque couplet était souligné par les plus vifs applaudissements.

Une grosse femme, plâtrée et décolletée jusqu'à la cheville, se présentait, la bouche en cœur, pour chanter *C'est dans le nez qu' ça m' chatouille*.

Ce titre, qui n'avait rien de pyrénéen, a été pour nous le signal de retraite.

Et dire que le moindre air roussillonnais ou catalan nous a comblés de joie!

* * *

La ville de Perpignan ne tient pas complétement les promesses de son orientale préface. Cependant, dans certaines rues, les maisons dont le premier étage avance, s'appuyant sur des piliers de bois ou de pierre, et faisant galerie pour abriter du soleil les passants, ne manquent pas de caractère et de tournure.

Les églises, à l'intérieur, se ressentent du style touffu et coloré qu'amène le voisinage de l'Espagne, mais ne se recommandent pas à l'œil du spectateur pour des qualités saillantes d'architecture; en somme, elles ne m'ont pas frappé.

Toute mon admiration a été confisquée par la porte ouverte sur l'orient, que nous a tout d'abord offerte ce ravissant Castillet, inondé de chaudes clartés et de soleil, pendant que la neige étincelle de blancheur au front lointain des Pyrénées.

* * *

Parmi les gens qui circulent dans la ville, le caractère primordial du pays est à peu près disparu; s'il se retrouve encore de temps à autre, c'est surtout parmi les vieilles gens du peuple et les paysans venus de la campagne pour apporter des vivres à la ville ou pour s'y livrer à quelques humbles travaux.

Parfois on se rencontre avec quelque vieille superbe, aux traits fins et profondément sillonnés, au teint bistré, qui semble détachée de quelque tableau enfumé de Velasquez ou de quelque vieux maître espagnol.

Ou bien quelque paysan qui vient, accompagné de son âne, enlever de la ville les immondices, qui lui servent à engraisser son champ ou sa vigne.

Mais le plus souvent, par malheur, les costumes ont pris depuis Paris jusqu'aux Pyrénées cette monotonie désespérante qui en fait comme une sorte d'ennuyeux uniforme populaire.

On me dit que cela s'étend partout maintenant, notamment dans les villes, en Espagne, en Italie, en Orient même, et jusqu'au Japon.

Cela m'attriste.

* * *

S'il n'y avait pas çà et là quelques exceptions et ces vieilles constructions, précieux vestiges du passé, qui se chargent de protester contre ce niveau bête et antipittoresque, ce serait vraiment douloureux. Dépêchons-nous de regarder et de voir avant que tout cela disparaisse. Nos petits-neveux courent bien risque d'arriver trop tard.

ACTEURS ET ACTRICES. 75.   COSTUMES ET VISAGES.

A PERPIGNAN

TYPE DE VIGNERONNE ET VENDANGEUSE

(PYRÉNÉES-ORIENTALES)

A PERPIGNAN

MONTAGNARD, NETTOYEUR DES RUES DE LA VILLE

(PYRÉNÉES-ORIENTALES)

VINS DE DAMES

— Ma chère, il n'y a pas d'autre vin que le Rivesaltes, les Pyrénées, la mer bleue, le Canigou coiffé de neige; tout cela, dans ce petit doigt de liqueur dorée, c'est charmant.

Nous sommes arrivés, nous aussi, par le temps des vendanges, et je veux et raconter ce que j'ai vu et ce qui m'a si charmée, parce que là au moins se retrouvent, plus qu'en toute autre circonstance, les vieux usages, les coutumes et les allures du passé.

* * *

Tu sais, ma Jeanne, que je suis, que tu es toi-même, un peu gourmande.

Je ne subis pas, je l'avoue franchement, d'attraction bien vive pour le vin rouge, fût-il des plus grands crus de Bordeaux et de Bourgogne; rien que cette couleur rouge me déplaît. J'ai horreur de ces taches, si petites qu'elles soient, quand la maladresse d'un domestique ou d'un invité vient parfois troubler cette blancheur du service dont l'éclat, mêlé à celui de l'argenterie et des fleurs, est une véritable fête pour mes yeux.

Le goût lui-même se ressent, pour moi, de cette couleur qui me déplaît. Il a une certaine âpreté qui m'offense.

En revanche, le vin blanc ou doré plaît à mes yeux comme un rayon de soleil ou l'éclat d'un bijou; son goût sucré me satisfait, et sa chaleur me caresse. Je n'admets, entre nous, que ce genre de vin-là, et aussi celui qui gazouille si gaiement dans les coupes de champagne.

* * *

Tu te rappelles nos promenades et nos stations chez Guerre, le premier pâtissier de la rue de Rivoli. Quels charmants petits gâteaux, et comme c'était agréable de leur donner comme complément un ou deux doigts de cette liqueur dorée qu'ils appellent rivesaltes!

Or, Rivesaltes est là tout près. Je m'y suis promenée hier. J'ai goûté avec plaisir des raisins qui y poussent et qui sont doux et sucrés comme le vin qu'ils produisent.

A Banyuls, où nous avons été aussi, on fait un vin qui vaut, pour moi, celui de Rivesaltes. Les vins de Grenache et le Rancio sont aussi des produits de ce département. C'est délicieux tout bonnement. Cet hiver, nous en demanderons chez Guerre.

Je tiens beaucoup à me rendre compte de la façon dont on s'y prend pour nous doter de ces gourmandises.

Et je regarde avec attention pour te faire part de mes impressions, comme tu m'as fait si gentiment part des tiennes.

Avis important. — Le phylloxera, dont j'entends parler partout avec tant d'effroi, n'est pas dans le pays, heureusement. Il ne viendra pas, disent les habitants; il monte vers le nord, il ne descend pas vers le sud.

Du reste, s'il vient jamais, disent les gens du pays, nous le materons ou nous le chasserons. Nous avons bien maté ou chassé l'oïdium!

Est-ce assez méridional?

**

A Rivesaltes et à Banyuls, partout où se produisent ces vins chers aux dames et aussi aux demoiselles, comme tu sais, nous avons vu les ceps chargés encore de leurs grappes mûres, couleur d'or mat, brunies ou confites par le soleil, et qui attendent le moment psychologique pour faire leur entrée dans le monde.

Vendangeurs à Banyuls (Pyrénées-Orientales).

LES VENDANGES AUX PYRÉNÉES

Quand ce moment est venu, on cueille les raisins, on les pressure tout de suite, et lorsque le jus divin, suivant l'expression des poëtes, est sorti de la grappe, on le met immédiatement en tonneau, sans cuvaison préalable. C'est là qu'il fait son éducation, afin de pouvoir se présenter avec avantage devant ceux ou celles qui demandent à faire sa connaissance.

Dans ce charmant pays, une habitation en dehors des villes, entourée d'une exploitation vinicole et agricole, ne se nomme pas un château, comme en Médoc; cela s'appelle un *mas*. Pourquoi mas? je n'en sais rien, mais c'est un fait.

Nous passons une partie de notre temps dans un mas, puisque mas il y a, qui se nomme le mas d'Eu.

C'est tout aussi bien un château que la plupart de ceux que tu me décris dans tes impressions de voyage. Pour t'en donner une idée, la maîtresse du mas, j'allais dire la châtelaine, a fait construire une chapelle merveilleuse dans le style ogival fleuri, chapelle ornée de sculptures, de peintures de choix et de vitraux remarquables.

Un desservant est attaché à la chapelle en qualité de chapelain.

A ce détail tu reconnaîtras tout d'abord une femme très-religieuse.

Ajoutes-y que sa fortune, une des premières du Roussillon, lui permet d'être la providence du pays, et qu'elle ne s'occupe qu'à faire du bien autour d'elle.

Je te la désignerai suffisamment en te disant que pour sa grâce, son charme et sa suprême beauté, elle a mérité jadis d'être appelée la *Fleur des Pyrénées*, et qu'aucune femme ne s'est insurgée contre cette distinction, tant elle est aimable et bonne par-dessus le marché.

Quelle délicieuse belle-mère cela ferait si elle avait un fils digne d'elle! Mais elle n'en a pas, et vraiment c'est dommage.

Le châtelain, lui, est excellent et le plus complaisant des hommes; il nous a conduits partout avec une bonne grâce exquise. C'était la vendange au mas d'Eu. Nous avons vu tous ces champs semés de vendangeurs et de vendangeuses, avec les bœufs attelés aux chars, comme ceux dont tu nous donnes le portrait dans le Médoc.

Les voitures à quatre chevaux, les victorias, les allées tracées comme celles du bois de Boulogne, les coquetteries de Paris et du tour du lac ne sont pas en vigueur ici comme dans ces opulentes contrées de Saint-Julien, du Médoc et de Pauillac. C'est moins élégant, moins citadin, mais plus campagne; cela a un côté géorgique bien plus accentué.

Mon père remarque que la vigne est livrée à elle-même, sans tuteur et support, et qu'elle n'en remplit pas moins sa mission, avec des frais moins élevés, évidemment.

Égrappage à la fourche.

Tassage de la grappe dans la composte.

Le raisin est apporté dans des vaisseaux de bois appelés compostes. Il est dépouillé de sa grappe dans ces compostes mêmes, à l'aide d'une espèce de fourche à trois branches que l'on remue dans le raisin et qui sépare le fruit de la partie ligneuse, qui vient à la surface et dont on se débarrasse facilement alors.

**

Les cuviers ne ressemblent pas du tout à ceux que tu nous dépeins dans le Médoc et au château Beychevelle.

Ah! par exemple, comme dans ton Médoc, on foule aux pieds tous les préjugés, et la vendange par-dessus le marché.

Foulage de la vendange au mas d'Eu (M. Justin Durand).

Cela ne me séduit pas plus que toi et que ton petit Gontran. Mais qu'y faire? Il paraît que depuis le père Noé c'est ainsi, et les Roussillonnais sont fidèles aux traditions.

**

Seulement, au lieu d'être de véritables bals avec musique et des contre-danses ou valses comme au château Beychevelle, ce sont de simples avant-deux ou des solos de pastourelle exécutés par un fouleur aux jambes et aux pieds nus.

Au lieu de danser dans un cuvier plat et composé de lourds madriers immobiles, le fouleur danse dans une sorte de barque à claire-voie, qui se pose successivement au-dessus des grandes cuves ouvertes, à mesure qu'elles sont remplies par la vendange.

Le raisin foulé laisse tomber son jus dans les cuves par les interstices des planches et par le déversoir placé au bout de l'espèce de barque, puis le

Cuves au mas d'Eu (M. Justin Durand).

résidu du raisin est versé également dans la cuve, où tout cet ensemble de vendange est appelé à opérer sa fermentation.

*
* *

C'est là qu'on le laisse un certain temps, qui varie de vingt à quarante jours, temps nécessaire, me dit-on, pour augmenter la couleur, chose utile dans ce pays du Roussillon, où l'on vient acheter ces vins, puissamment colorés, pour donner de la couleur aux vins des autres pays qui en manquent.

Une fois ce temps de cuvaison passé, on décuve, c'est-à-dire, on met dans les tonneaux, puis le moût du raisin, c'est-à-dire la partie solide qui reste dans la cuve, en est tiré et mis dans un pressoir très-curieux dont je vous envoie le croquis. Ces résidus sont placés sous des planches qui contiennent de forts madriers. La presse, mise en œuvre par quatre hommes vigoureux, agit sur ces planches. On extrait ainsi le dernier suc contenu dans ces

Pressoir au mas d'Eu (M. Justin Durand).

débris du raisin; c'est ce qu'on nomme le second vin, qui est parfois même plus chargé en couleur que le premier. On le mélange ou on le met à part, suivant les besoins et les exigences de la commande.

***

Ton frère Gontran aurait éprouvé ici une certaine satisfaction : dans un coin du grand cellier, j'entendais des conversations et des éclats de rire qui semblaient sortir des profondeurs du sol. Je me suis penchée au-dessus d'un petit mur à hauteur d'appui, et je me suis immédiatement rendu compte des choses.

Dans une fosse en maçonnerie de cinq ou six mètres de côté, et profonde en proportion, cinq ou six filles, devisant joyeusement en patois roussillonnais, dansaient en riant sur du moût de raisin à peu près desséché.

Ces dames ne m'ont pas paru, je dois le dire, réaliser les aspirations de Gontran, et feraient pauvre figure à ses yeux, probablement, près de ces dames des Bouffes ou de la Renaissance. Des yeux noirs, un teint noir, des

mains et des cheveux idem, costume négligé; les jambes ne sont pas du tout nues : d'après ce que j'ai pu voir, elles sont ornées de gros bas bleus, et les pieds mêmes se prélassent dans de gros sabots; j'en ai vu une qui se mouchait sans façon dans son tablier.

Malgré tout cela, elles s'amusent, sautent et jabotent à gorge déployée, c'est le mot, et à belles dents blanches. C'est ce que j'ai vu de mieux dans leur personne.

* * *

Nous avons demandé ce que faisaient là ces dames, dans cette fosse, où elles se démenaient comme l'ours Martin dans la sienne.

On nous a répondu qu'elles piétinaient le marc de raisin qui, lorsqu'il est à peu près sec et coupé en petits parallélogrammes en forme de briques, se donne aux bestiaux en qualité d'entremets pendant l'hiver.

Si le poétique Gontran veut goûter de ces briques cet hiver, nous pourrons facilement lui en procurer.

***

Pendant la vendange, on mange de la bonne soupe, de bon bœuf, d'excellents choux, comme dans le Médoc, et l'on danse aussi le soir, au

son des rondes et des chansons du pays, que les danseurs et danseuses chantent à l'unisson.

L'aimable propriétaire, l'un des plus importants du Roussillon, possède des terres dans toutes les régions célèbres du pays, à Rivesaltes, à Banyuls, à Collioure.

Grâce au soleil si puissant et à la végétation exceptionnelle du pays, il a pu parvenir à faire des vins semblables, ou peu s'en faut, à ceux des pays les plus méridionaux. Nous avons bu chez lui du vieux madère fait sur sa propriété et provenant de cépages importés de Madère même. Suivant mon père, cela peut passer facilement pour un madère authentique; le porto se récolte de même sur ses terres, ainsi que le xérès et le malaga.

Je ne m'y connais guère, mais j'ai trouvé cela fort satisfaisant. Dans tous les cas, tout ce que j'ai vu m'a profondément intéressée, et j'ai quitté avec plus de regret que je ne puis le dire ce beau pays, ces montagnes au front couvert de neige, ces vieux monuments que les brumes de nos pays du Nord ne visitent jamais, et que le soleil se plaît à revêtir comme d'un glacis doré. J'emporte surtout le souvenir plein de charme de celle qui est née, a vécu sur ce beau sol, et qu'on a si bien appelée la Fleur des Pyrénées.

A bientôt, chère Jeanne; je retourne sur les bords de mon beau Rhône. Je t'écrirai de là.

Louise.

FABRICATION ET FALSIFICATION DES VINS

Il appartenait à l'époque du similimarbre, du similibronze, du similizinc, des similititres, etc., de se livrer aussi à la fabrication des similivins.

Non-seulement on peint les vins, on les maquille, — ce qui pourrait à la rigueur passer pour un ornement et une recherche de toilette, — mais on est arrivé à faire du vin sans aucun grain de raisin, avec de l'alcool de grain, de betterave et de pomme de terre, cuisiné, travaillé et coloré avec toutes les recherches de l'industrie.

On nous dira peut-être que c'est l'avenir de l'art vinicole, si l'on n'est pas assez heureux pour dompter le phylloxera; mais, en la situation actuelle, cette considération ne saurait passer à l'état de suffisante excuse.

L'adjonction de ces alcools, qui sont tirés de la grappe, est déjà une tromperie des plus répréhensibles faite au consommateur et qui demanderait une répression des plus énergiques. Que dire de la supercherie qui consiste à lui donner du jus de betterave plus ou moins assaisonné en place du jus de la grappe qu'il demande?

.*.

A Béziers et à Cette, où l'on trouve en quantité les plus honorables commerçants, il en est aussi bon nombre qui, dans leur officine, se livrent clandestinement à ces mutations intelligentes de l'eau en vin, de la pomme de terre et du trois-six de betterave additionné de fuchsine, de jus de mûres ou d'autres matières colorantes, en ce jus précieux que nos pères nommaient le jus de la treille.

On ne saurait trop apprécier ce travail au point de vue de l'ingéniosité; mais, au point de vue de l'honnêteté, ce doit être envisagé d'une tout autre manière.

.*.

Aujourd'hui, dit le docteur Guyot, l'habitude de faire des coupages et de colorer les vins dont la couleur n'est pas suffisante pour le consommateur, par conséquent de tromper le public, est telle que l'on offre 50 pour 100 de plus du vin grossier et dangereux de Roussillon, vin de six couleurs, noir comme de l'encre, alcoolisé à vingt degrés, que de celui qui est fin, délicat, d'une vinosité convenable et d'une couleur légère. Il résulte de l'offre faite au vin noir par la spéculation des coloristes, que le propriétaire ne produit que du vin noir; car il n'a aucun rapport direct avec le consommateur, ni aucune disposition prise pour lui faire apprécier le bon vin qu'il produirait.

Telle est la marche.

« Aussi le consommateur est réduit à accepter les vins industriels ou à
« boire de la bière, qui deviendrait peut-être, si elle n'était aussi falsifiée,
« plus saine et plus pure que les vins industriels. Car ce vin, qui admet
« aujourd'hui le trois-six de betterave, de pomme de terre, de grain,
« finira par admettre, grâce aux poisons inventés chaque jour par la chimie

« industrielle, le trois-six de charbon et de goudron, la matière colorante
« des bitumes et des asphaltes, et ainsi le liquide du lac de Gomorrhe
« n'aura plus rien à leur envier.

« Dieu sait où l'usage de ces vins industriels conduira la société. »

**

Nous espérons vivement ne pas être réduits, un jour, aux extrémités fâcheuses que redoutait le docteur Guyot.

Mais nous voyons clairement la pente sur laquelle nous nous inclinons clairement.

La preuve, c'est qu'à Cette même et à Béziers, les fabrications se font maintenant ostensiblement sur une vaste échelle, notamment des vins célèbres de l'étranger, en se servant comme base des vins récoltés dans le pays. Voici quelques recettes que nous avons pu nous procurer :

RECETTES DES VINS DE LIQUEUR.

Celles qui suivent s'appliquent toutes à la fabrication de 1 hectolitre de liquide.

ALICANTE.

Vin de Banyuls vieux.	90 litres.
Sirop de raisin à 35 degrés.	5 —
Infusion d'iris de Florence.	1 litre 25 cent.
— de brou de noix.	1 litre 10 cent.
Alcool à 85 degrés.	3 litres.

Mélanger avec soin et laisser reposer pendant deux mois, coller ensuite avec la gélatine (15 grammes fondus dans un demi-litre d'eau) et soutirer après huit jours de collage.

CHYPRE.

Vin de Banyuls très-vieux	80 litres.
Infusion d'iris de Florence	1 litre 10 cent.
— de brou de noix	1 litre 10 cent.
— de coques d'amandes amères torréfiées	2 litres.
Sirop de raisin à 35 degrés.	5 —
Alcool à 85 degrés.	5 —

Opérer comme ci-dessus.

CONSTANCE.

Vin de Banyuls très-vieux	88 litres.
Infusion d'iris de Florence	1 litre.
Esprit de framboises	2 litres 25 cent.
— de goudron	15 grammes.
Sirop de raisin à 35 degrés	5 litres.
Alcool à 85 degrés	4 —

Opérer comme ci-dessus.

MALAGA.

Vin de Banyuls vieux	90 litres.
Sirop de raisin à 35 degrés	5 —
Infusion de brou de noix	2 —
Esprit de goudron	30 grammes.

Opérer comme ci-dessus.

MADÈRE.

Vin de Picardan sec	90 litres.
Infusion de brou de noix	2 —
— de coques d'amandes amères torréfiées	11 —
Sirop de raisin à 35 degrés	2 —
Alcool à 85 degrés	4 —

Opérer comme pour le vin d'Alicante.

XÉRÈS.

Vin de Picardan sec très-vieux	88 litres.
Infusion de brou de noix	2 —
— de coques d'amandes amères torréfiées	3 litres 50 cent.
Sirop de raisin à 35 degrés	2 litres.
Alcool à 85 degrés	5 —

Opérer comme ci-dessus.

LACRYMA-CHRISTI.

Vin de Banyuls très-vieux	86 litres.
Teinture de cachou	1 litre.
Infusion de brou de noix	1 —
— d'iris de Florence	1 —
Sirop de raisin à 35 degrés	6 litres.
Alcool à 85 degrés	5 —

Opérer comme ci-dessus.

FABRICATION ET FALSIFICATION DES VINS.

PORTO.

Vin de Collioure vieux	83 litres.
Infusion de merises	5 —
— de brou de noix	2 —
Esprit de framboises	2 —
Sirop de raisin à 35 degrés	5 —
Alcool à 55 degrés	3 —

Opérer comme ci-dessus.

ROTA.

Vin de Collioure vieux	88 litres.
Infusion de brou de noix	2 —
— de coques d'amandes amères torréfiées	1 litre.
Esprit de framboises	2 litres.
Sirop de raisin à 35 degrés	5 —
Alcool à 85 degrés	2 —

Opérer comme ci-dessus.

TOKAI.

Vin de Banyuls très-vieux	86 litres.
Infusion de brou de noix	1 litre.
— d'iris de Florence	1 —
Esprit de framboises	2 litres.
Sirop de raisin à 35 degrés	6 —
Alcool à 85 degrés	4 —

Opérer comme ci-dessus.

Observation. — Tous les vins gagnent à vieillir, mais particulièrement ceux de liqueur : on ne les livrera donc à la consommation qu'après s'être assuré qu'ils ne laissent rien à désirer. La limpidité est aussi une condition essentielle.

Tels sont les avis et recommandations des fabricants.

* * *

Vous voyez que les vins des Pyrénées-Orientales sont comme le chapeau de Robert Houdin : il n'y a qu'à demander pour se faire servir et pour en tirer ce que l'on veut. Cet heureux département, la France, par suite, grâce aux artistes voisins de Cette et de Béziers, peut hardiment se passer de payer contribution aux vins étrangers.

Ceux qui les font prétendent même que ces vins, fabriqués avec un soin religieux, sont même plus sains et meilleurs que les autres.

Cette opinion ne brille pas absolument par un pur désintéressement. Quant à nous, nous déclarons hautement préférer le bon banyuls ou le bon collioure, bien naturels et sincères, à ces mêmes vins additionnés de drogues variées et portant des faux nez de carnaval.

Qui peut maintenant se vanter, à Paris, de boire du vrai madère ou du vrai constance, ou du vrai n'importe quoi?

Et où cela s'arrêtera-t-il, grâce aux prodiges de la chimie?

Et puis n'est-on pas fondé à prévoir le moment où l'on fabriquera le banyuls, le picardan et le collioure eux-mêmes avec de l'alcool de betterave ou de pomme de terre, additionné de mélange de caramel et de jus de pruneaux!

LA CHAMPAGNE ET LE CHAMPAGNE CHEZ LUI

*Ivan de R*** à Monsieur A. d'A***,
ruc du Faubourg-Saint-Honoré, Paris.*

Reims, octobre 1877.

CHER AMI,

Je suis émerveillé de tout ce que j'ai vu, j'ajouterai, naturellement, de ce que j'ai bu dans ce beau et riche pays que je ne connaissais jusqu'alors que par certains de ses produits.
Tout cela était si nouveau et si intéressant pour moi!

Comment se fait-il donc que si peu de gens soient soucieux parmi vous de voir et de connaître de si prestigieux pays, et d'assister à ce riche enfantement de la nature et à ces curieux travaux de l'homme qui dotent le monde civilisé de tant de joies?

En effet, il n'est rien de plus populaire, assurément, que le champagne. Par le monde entier, en quelque pays que ce soit, il n'est pas de fêtes, pas de réjouissances, pas d'agapes politiques ou privées, pas de banquet littéraire, commercial, diplomatique, pas de festin d'empereur ou de roi, qui ne viennent demander au champagne d'apporter comme bouquet final l'explosion de sa pétillante gaieté.

* * *

Le bourgogne et le bordeaux ont pour nous leur valeur, à coup sûr, mais ils sont muets; l'éloquence et le bruit du champagne les dominent et les éteignent.

C'est le brillant et léger esprit français qui semble s'échapper de sa prison de verre pour nous porter à l'étranger comme un écho de sa vivante bonne humeur.

Salut au champagne!

Si, par malheur, un jour, cet esprit qui l'anime, ce souffle chaud et parfumé qui met en fête ses pétillants globules, venaient à s'éteindre, ce serait un deuil pour l'univers entier.

Vive le champagne!

* * *

Je l'aime et je l'admire d'autant plus que je 'ai vu chez lui; je l'ai vu renfermé dans sa terre natale, sous son ciel à lui; je l'ai vu en fleur, en vendange; je l'ai vu rire dans les tonneaux et se clore joyeusement dans ces bouteilles qui vont lui permettre de porter jusqu'aux pays les plus lointains et les plus déshérités cette réjouissante part de soleil qui a illuminé son berceau.

La vigne, en Champagne, eut parfois une influence de premier ordre sur les destinées françaises.

La fatalité, c'est que les peuples possèdent encore des rivalités ou des préjugés qui les arment passionnément les uns contre les autres, et des barrières qui les séparent.

BUFFET DES COURSES

Il faut bien prendre un peu de courage pour voir courir son cheval!

ACTEURS ET ACTRICES. 79.   COSTUMES ET VISAGES.

AU BEAU SEXE

SOUVENIRS ET REGRETS

En 1815, notamment, l'invasion de la France par les armées européennes, réunies contre l'homme quinze ans victorieux, conduisit les Russes à Reims et à Épernay.

Les Russes furent séduits par cette joyeuse récolte de la Champagne. Ils étaient venus en conquérants, ils s'en allèrent conquis.

La célèbre maison Cliquot, maintenant maison Werlé, dut son triomphe et son immense fortune à cette conquête. Depuis ce temps, des navires entiers ont porté chaque année sous le ciel tristement glacé de Saint-Pétersbourg et de Moscou, les rayons de gai soleil récoltés sur les coteaux riants de la Champagne.

La maison Mumm eut alors le même privilége, et sa fortune a suivi celle de la maison Cliquot.

La Russie ne fut pas la seule enthousiasmée de la découverte; l'Allemagne, l'Angleterre et l'Autriche se mirent de la partie, l'Amérique suivit.

L'année 1870, féconde en douleurs pour la France, fit naître ou raviva ce goût chez les Allemands vainqueurs, et l'état-major général, qui s'était, par choix sans doute, installé à Reims dans l'hôtel de madame Pommery, se livra, m'a-t-on dit, à des dégustations soutenues qui lui donnèrent des habitudes dont les commandes reçues par la maison Pommery se ressentent merveilleusement.

*
* *

LE VIN DE CHAMPAGNE, PARTIE HISTORIQUE

J'ai voulu, naturellement, me rendre compte de toutes choses, et j'ai vu que si la réputation du vin de Bourgogne, son voisin, se perd dans la nuit des temps, celle des vins mousseux de Champagne (car la fonction du champagne est d'être mousseux) est relativement très-moderne.

C'est sous le pape Urbain II, élu en 1088 et mort en 1099, que le vin de Champagne d'Ay eut son premier et remarquable succès. Urbain II le préférait à tous les vins du monde.

*
* *

Je lis dans un livre aimable et savant, de M. Auguste Luchet, qu'en 1398 il y eut à Reims une entrevue du roi Charles VI avec le roi de Bohême

Wenceslas VI, empereur d'Allemagne, et buveur très-précieux, comme disait messire Rabelais.

L'Empereur ne fit tout le temps que boire le vin de Reims et d'Ay, approuvant d'autant ce que le Roi disait et voulait, si bien que chaque soir on le remportait ivre et convaincu.

* * *

Au seizième siècle, nous voyons les quatre maîtres de l'Europe, Charles-Quint, Henri VIII, François Ier, Léon X, avoir des vignes à Ay. Un climat entre Ay et Dizy s'appelle encore aujourd'hui le Léon ou champ Léon, en souvenir du pape, ami des arts et de la bouteille, qui avait continué ainsi les errements de son prédécesseur Urbain II. Henri IV se disait glorieusement tiré d'Ay et de Gonesse, du meilleur vin et meilleur du pain de France.

En 1582, le docteur Jean Liebault déclare qu'ils sont *subtils, fauvelets, délicats et d'un goût agréable au palais, souhaités pour la bouche des rois.*

Mais il n'est pas question alors ni de mousse ni de vins mousseux ; l'ay d'alors était un vin dans le genre des vins de Bourgogne, avec un bouquet particulier et un goût de terroir à lui.

Vers la fin du dix-septième siècle, l'ordre des Coteaux, fondé par les trois gourmets, le capitaine Saint-Évremond, le comte d'Olonne et le marquis de Bois-Dauphin, n'admettait que trois vins : ay, hautvillers et avenay, tous trois champenois.

C'est pourquoi entre la Bourgogne et la Champagne commença une guerre furieuse de médecins, de parasites et de poëtes, qui dura cent ans et finit par ce traité de conciliation :

« Que si le vin de Beaune inspirait plus de couplets d'amour, celui de
« Reims faisait chanter et aimer en meilleure musique ; que, pour se bien
« porter donc et rester joyeux, il fallait à un homme ces deux vins-là,
« comme ses deux jambes. »

La guerre des Coteaux était née avant le règne de la mousse ; c'est sans doute l'intervention de la mousse qui y mit un terme.

* * *

Les Champenois, gens industrieux, cherchaient toujours des améliorations à introduire dans leur précieuse récolte.

LA CHAMPAGNE.

Le vin de Champagne était rouge comme le bourgogne, alors qu'il récoltait ces succès éclatants près la bouche des pontifes et des rois. L'ambition et le désir de lui donner un caractère poussèrent les propriétaires à faire d'abord du vin rose. En janvier 1737, M. Bertau de Rocheret, lieutenant criminel du bailliage d'Épernay et propriétaire à Ay, Pierry, Épernay, envoya deux pièces de vin rose à M. de Subécourt. Ce vin rose était alors une grande nouveauté, et le prix ne tarda pas à s'élever.

A la santé de dom Pérignon !

DOM PÉRIGNON

Mais ce vin ne moussait pas, et la grande consécration du champagne n'était pas encore mise en lumière.

Ce fut, comme partout dans les bons pays de Bourgogne, un religieux qui eut l'initiative de ce succès vinicole; dom Pérignon, originaire de Sainte-Menehould, et bénédictin de l'abbaye d'Hautvillers, est celui qui fit cette découverte, destinée à classer à part le vin de Champagne et à enrichir le pays.

Dom Pérignon avait reçu, en 1688, les fonctions de procureur de l'abbaye, qu'il exerça pendant quarante-sept ans. Sous son habile direction, les vins furent bientôt une des principales ressources du monastère.

* *

M. Heuzé, dans un Mémoire récemment communiqué à la Société centrale d'agriculture, nous raconte que dom Pérignon avait trouvé le moyen d'obtenir avec les raisins noirs un vin mousseux remarquable par la limpidité la plus parfaite.

Ce secret, que l'on ignore encore, ne l'obligeait pas à extraire un dépôt qui se forme de nos jours dans les bouteilles, et qui contraint à les dépoter ou à faire le dégorgeage.

Le vin qu'il obtenait était dû au choix judicieux des cépages, à l'époque tardive des vendanges, au triage soigneux des raisins et aux combinaisons raisonnées de divers crus.

Ce vin fut recherché longtemps sous le nom de vin de Pérignon. On le vendait 1,000 livres la queue ou les 400 litres.

Dom Pérignon, devenu aveugle vers la fin de ses jours, avait néanmoins conservé la finesse exquise du goût. C'est lui qui inventa le verre svelte et long, en forme de cornet ou de corolle transparente, pour voir, disait-il, la danse gracieuse des atomes de gaz.

Dom Pérignon eut pour successeur le frère Philippe, qui eut connaissance de son secret et qui mourut en 1765, après avoir rempli pendant cinquante ans les fonctions de cellerier.

André Lemoine fut le successeur de Philippe; il conserva ses fonctions jusqu'à la Révolution, et confia le secret de Pérignon à l'abbé Grosland, qui mourut curé de Montier en Der, sans avoir divulgué le secret.

Dès lors, il a bien fallu s'en passer.

* * *

Dom Pérignon fut amené à fabriquer du vin de Champagne mousseux en constatant que le vin blanc mousse lorsqu'il est mis en flacons depuis la récolte jusqu'en mai; que le vin de montagne encore vert et doux ne peut être mis en bouteilles qu'à la séve d'août, parce qu'il mousse alors davantage; que lorsqu'on veut avoir du vin qui ne mousse pas, il faut le mettre en flacons un an après la récolte, c'est-à-dire en octobre ou novembre.

Les vins de montagne provenaient des raisins récoltés à Sillery, Verzenay, Saint-Thierry et Mailly; les premiers étaient les plus estimés. Les vins de rivière provenaient des vignes d'Hautvillers, Ay, Épernay, Cumières et Pierry. L'abbé du monastère d'Hautvillers était seigneur d'Hautvillers, de Cumières, de Cormoyeux, de Bomery et de Dizy-la-Rivière.

* * *

Avant de procéder à la mise en bouteilles, on collait le vin avec de la colle de poisson. La quantité employée était d'un écu d'or, soit 3 grammes 40 par pièce. Quelquefois on ajoutait à chaque pièce de 0 litre 46 à 0 litre 93 d'excellente eau-de-vie. Le collage terminé, on soutirait sans déplacement les tonneaux à l'aide d'une cannelle de bois et d'un tuyau de cuir. Pour rendre la vidange plus rapide, on soufflait dans le tonneau au premier soutirage, on soufrait. Le vin clarifié restait en futailles.

C'était après le collage et le soutirage qu'on opérait la mise en flacons. Ces bouteilles étaient ensuite bien bouchées avec un bouchon de liége choisi avec soin. Les bouchons valaient alors 50 à 60 sols le cent. En exécutant cette mise en flacons, on avait soin qu'il restât un demi-doigt de vide dans chaque bouteille, dans le but de l'empêcher d'éclater quand le vin viendrait à travailler. Nonobstant, il s'en cassait beaucoup, malgré les précautions prises.

La mise en bouteilles terminée, on liait le bouchon au flacon avec une ficelle. Lorsque le liquide était du vin fin, on cachetait le bouchon avec de la cire d'Espagne, puis on plaçait les flacons à demi renversés les uns contre les autres. On évitait de laisser les bouteilles debout, parce que le vin ne tardait pas à se couvrir de fleurs blanches.

Chaque flacon contenait 93 centilitres. Il y en avait 100 au caque ou demi-pièce.

* * *

On a souvent demandé si Pérignon avait employé le sucre dans sa fabrication du vin mousseux. Dom Grossard dit un jour à M. d'Herbès : « Je vous déclare que jamais nous ne mettons de sucre dans nos vins. Dom Pérignon a trouvé le secret de faire du vin mousseux sans être forcé d'employer le sucre et sans être obligé de dépoter les bouteilles. C'est en mariant, en outre, le vin de telle vigne avec le vin de telle autre que nous obtenons des vins de qualité supérieure. Dom Pérignon a toujours remarqué que le commencement de la fermentation qui rend le vin mousseux trouble ce liquide, mais que ce dernier devient ensuite très-clair et fin lorsqu'il mousse. »

* * *

Ce mode de fabrication des vins mousseux fut toujours suivi à l'abbaye d'Hautvillers. Il est utile d'ajouter qu'on ne commençait à vendanger qu'une demi-heure après le lever du soleil.

Toutefois, lorsque vers neuf heures le ciel était sans nuages et le soleil un peu ardent, on cessait de vendanger, dans la crainte d'avoir un vin coloré et teint de rouge, par suite de la température des raisins. Le nombre des vendangeurs était tel qu'on pouvait faire une cuvée en deux ou trois heures. Enfin, pendant toute la récolte, on évitait d'écraser les raisins, afin qu'ils eussent encore toute leur fleur sous le pressoir. On pressait le plus tôt possible.

Bidet, dans son ouvrage sur la vigne publié en 1752, cite les communes qui, à cette époque, fournissaient des vins mousseux. Ces communes étaient

Ay, Avenay, Mareuil, Dizy, Hautvillers, Épernay, Pierry, Cramant, Avize et le Mesnil.

Les flacons ou bouteilles, à cette époque, étaient en forme de poire, et leur capacité variait beaucoup. Une déclaration du Roi, en date du 8 mars 1735, régla le poids et la contenance des bouteilles. D'après cet édit, les bouteilles devaient peser 25 onces et contenir une pinte de Paris, et être ficelées avec une ficelle à trois fils, bien tordue et nouée en croix sur le bouchon.

C'est de ce vin d'Ay que le Régent se grisait, disent les lettres de sa mère, de 1716.

Plus tard, Voltaire se consolait d'être à Ferney en faisant sauter le bouchon et buvant l'écume pétillante du vin éclos sous l'œil de dom Pérignon. Ils ont eu bien des imitateurs depuis.

**

Le vin imaginé par dom Pérignon était désigné tout d'abord sous le nom de vin de *Pérignon* ou *flacon petillant, flacon mousseux, vin sautant, vin mousseux, saute-bouchon*. La dénomination de vin de Champagne ne fut en usage que plus tard.

En 1735, M. Heuzé nous apprend que le vin se vendait 45 sols le flacon.

En 1737, le 6 décembre, on le vendait, à Reims, 3 livres 6 sous la bouteille.

**

L'héritage de dom Pérignon a été fructueux pour la Champagne, dont elle a fait la fortune et l'universel renom.

C'est à Reims, Châlons, Épernay, Avize, que cette fabrication a particulièrement installé des maisons qui sont devenues des palais.

Nous avons vu ce qu'était le vin de Champagne jadis, lorsque son bouchon se contentait de sauter timidement à Reims, à Paris et aux environs. Voyons maintenant ce qu'il est devenu.

**

Où est-il, celui qui disait un jour :

— Ne me parlez pas du champagne, c'est tout bonnement un coco épileptique !

Ce barbare ne connaissait le champagne que de nom ou pour l'avoir goûté sortant des bouteilles à 1 fr. 50 ou 2 fr., qui étalent leurs étiquettes dorées à la vitrine des épiciers, entre des paquets de chandelle et du cognac à 2 fr., dû à l'incestueuse union de l'alcool de betterave avec l'essence de la pomme de terre.

Si cet homme vit encore quelque part, conduisez-le sous bonne escorte à Reims, maison Cliquot, chez M. Rœderer, chez M. G. H. Mumm, chez madame Pommery ; faites-lui tremper ses lèvres dans un verre de champagne né sur un de ces autels créés en l'honneur du dieu du vin ; puis, en chemin, pieds nus, un cierge de cire jaune à la main, qu'il soit traîné devant le porche de la grande cathédrale, et qu'il demande hautement pardon à saint Remy de son erreur et de son blasphème.

Il le fera certainement avec la plus éclatante contrition.

Il n'avait jamais respiré ce parfum, senti cet arome et ce bouquet délicat, goûté cette chaleur pétillante, affolée de soleil, qui caresse si joyeusement le gosier et le cerveau.

Que n'a-t-il, comme nous, interrogé les flancs de ces précieuses bouteilles lorsque, sous un ciel dur et implacable, par trente-cinq degrés de froid, ce vin, qui semble rouler des paillettes d'or au milieu de ses réjouissants globules, vient nous apporter comme les gais et réchauffants rayons de l'astre qui nous éclaire mal et qui nous fuit !

Il n'eût jamais pensé à proférer une parole aussi impie.

*   *
*

Mon cher ami, quand je pense à cette parole que l'on m'a rapportée naguère et qui m'a si profondément indigné, je voudrais pouvoir prendre cet homme au collet et le conduire avec moi chez madame Pommery, par exemple, pour l'accabler à chaque instant, jouir de son humiliation et applaudir au triomphe de la prétendue victime. Ce serait à la fois pour lui une punition et une récompense, punition de son crime, récompense de son inévitable conversion.

Comme je n'ai pas ce monsieur sous la main, je me contenterai donc d'exposer ici ce que je viens de voir dans une de ces maisons qui envoient par le monde entier ce breuvage religieusement préparé pour la gloire de ces maisons et pour l'édification des fidèles.

Une bonne fortune exceptionnelle m'a conduit dans cette maison Pommery, une des premières à Reims, intéressante à tous les points de vue, et remarquable en ceci tout particulièrement, qu'une installation récente, qui a succédé à une plus ancienne, a réuni toutes les améliorations rêvées, et semble la réalisation la plus complète de la fabrication moderne du grand vin de Champagne.

Nous sommes loin des premiers essais de dom Pérignon, auquel cependant je ne serais pas fâché de voir élever une reconnaissante statue.

La belle statue de Louis XV, par Cartellier, sur la place Royale, ne devrait pas suffire aux Rémois.

— Décidément, me disait notre ami Christian, qui vient de faire le tour de la Côte-d'Or, et qui a goûté les clos-vougeot du bénédictin dom Gobelet, les romanée-conti, les musigny et les beaune, inventés par les moines de Clairvaux, et qui se complaisait ce matin à ce vin inventé par dom Pérignon, la mode en France, maintenant, est de repousser et blâmer les religieux, qu'ils nomment les cléricaux; les Français me paraissent avoir tort, et tout ce que j'ai trouvé de meilleur jusqu'ici vient des religieux. Honneur à dom Gobelet et à dom Pérignon!

Je n'ai pu m'empêcher de croire que, surtout au point de vue qui nous occupe actuellement, notre ami n'avait pas absolument tort.

Maison veuve Pommery et Greno.

UNE PROMENADE

DANS UNE GRANDE MAISON DE CHAMPAGNE, A REIMS

Aux portes de Reims, sur la route qui conduit aux coteaux si renommés d'Ay, Bouzy, Verzenay, s'élève un vaste bâtiment d'une architecture à part et des plus originales; le style en est composite, à la fois renaissance, gothique et byzantin. Cette construction, faite moitié briques et moitié pierres, a, dans son aspect, je ne sais quelle allure à la fois grave et gaie, sérieuse et réjouissante; des tours élégantes et d'une couleur rosée se dressent joyeusement vers le ciel avec des façons de tours de cathédrale.

C'est en effet une sorte de cathédrale construite en l'honneur du plus jovial des dieux, du dieu Bacchus, et pour l'usage des fidèles au culte de ce dieu de la jeunesse et de la gaie science.

Cette cathédrale, c'est la maison de madame Pommery, connue sous le nom de veuve Pommery et Greno.

* * *

Quand on entre dans la vaste nef qui s'étend immense au-dessous des tours, et à laquelle on arrive par un porche élégant, on est tout d'abord saisi par l'aspect mouvementé d'une fourmilière grouillante et affairée. Ce sont des bruits étranges, des sortes de détonations, des pétillements de cristal argentin, des bruits de roues qui grincent, de vapeur qui s'échappe, d'eau qui jaillit.

Tout cela fait une harmonie bizarre et joyeuse qui n'est pas sans charme, et qui, jointe aux senteurs du vin sans cesse en mouvement, produit au spectateur une sorte d'éblouissement et de trouble voisin de ce que l'on trouve au fond des flacons et des coupes.

* * *

M. Vasnier est à la fois l'architecte et le grand prêtre du temple. C'est lui qui, sous l'inspiration de la veuve Pommery, une femme remarquable de tous points, douée du génie créateur et commercial, comme jadis la veuve Cliquot, a combiné, dessiné et construit ce monument, devenu maintenant le type moderne et l'une des curiosités attrayantes du pays.

* * *

Faisons, en passant, cette observation, toute à l'honneur de ce sexe aimable, et que nous autres hommes déclarons le moins fort, c'est que le rayonnement moderne au dehors et la prospérité de l'industrie du champagne sont dus principalement à l'initiative et à la haute intelligence de deux femmes, deux veuves, dont les maris, sans elles, seraient complétement passés inaperçus, la veuve Cliquot et la veuve Pommery.

La noblesse du champagne est, on pourrait le dire, une noblesse de robe. La robe monacale de dom Pérignon, le créateur du champagne, a commencé le mouvement.

* * *

Madame Pommery nous semble avoir trouvé dans M. Vasnier un collaborateur qui, lui aussi, serait digne d'être veuve, à en juger par le talent, la science et l'habileté qu'il a déployés dans la mise en action de cette grande combinaison industrielle.

Et nous devons à la fois le remercier et nous applaudir de ce qu'il a bien voulu nous faire, à nous autres, modestes étrangers, les honneurs de ce temple dont il a posé la première pierre et aussi la dernière, et dans lequel il veille assidûment à tous les besoins du culte.

* * *

Sous ses ordres s'agite une armée, hommes, femmes et enfants.

Le chef d'état-major ou le grand vicaire, l'homme essentiel et assidu, préposé au travail quotidien, c'est Victor Lambert, et le voici.

Ici, le costume des travailleurs de la Champagne est plus gai que celui que nous avons vu autre part porté par ceux de la Bourgogne.

Le vin rouge, fécond en taches douloureuses au regard, exige les tabliers noirs et tristes, et les vêtements sombres à l'abri des surprises. Ici, le vin est blanc et n'inspire point de crainte; par suite, une blouse bleue, un grand tablier blanc, un pantalon blanc ou bleu sont d'uniforme et préparent tout d'abord le visiteur à des impressions gaies.

Tous ces bleus et ces blancs s'agitent dans la nef, obéissant à la consigne donnée par Victor Lambert, garnissant les tonneaux, emplissant les bouteilles, bouchant, charriant les bouteilles vides, les bouteilles pleines, et descendant à mesure, par un système de treuils et de poulies combinés en forme d'ascenseurs, la récolte des flacons que l'on emplit.

* * *

C'est, comme je vous l'ai dit, M. Vasnier qui nous explique à mesure tout ce travail fait par cette troupe d'ouvriers qui s'agitent pour notre plaisir futur.

VICTOR LAMBERT

Chef du mouvement et chef d'état-major du régiment de Champagne (Pommery).

A la gauche de l'entrée du temple, nous entendons des chants qui résonnent sous les voûtes; un trémolo et un cliquetis cristallin servent d'accompagnement à ces chants.

— Voilà les nonnes, n'est-ce pas? ce sont leurs voix que l'on entend dans cette chapelle.

— Oui, répond M. Vasnier, ce sont les nonnes; elles lavent les bouteilles en mesure au son de ces cantiques. Les voici.

Les rinceuses.

Elles sont une cinquantaine au moins, assises chacune entre deux paniers de bouteilles, l'un qui se vide et l'autre qui s'emplit. Un robinet d'eau claire est placé devant chacune d'elles et leur fournit l'eau nécessaire à leurs fonctions, qui consistent à remplir et à vider les bouteilles, puis à les remplir et à les vider encore, les agitant chaque fois, et secouant vigoureusement les grains de verre destinés à enlever tout corps étranger au flacon et qui s'y trouverait renfermé par mégarde.

* * *

Jadis on nettoyait les bouteilles avec des grains de plomb. On a un jour observé que, lorsqu'il restait par hasard un grain de plomb dans la bouteille, il se produisait dans le vin un sel de plomb qui non-seulement en altérait le goût, mais encore finissait par devenir une sorte de poison pour le consommateur.

Depuis ce temps, les grains de verre ont succédé aux grains de plomb, et l'on n'a, par conséquent, plus à craindre les altérations dangereuses pour l'avenir.

Un vêtement de caoutchouc enveloppe les jupes et les jambes de mesdames et mesdemoiselles les rinceuses, pour les protéger contre l'eau qui les inonderait sans cesse.

* * *

Les bouteilles, parfaitement lavées et rincées, se rangent, la tête en bas, dans de grands paniers qui, portés sur des brouettes de fer, vont se ranger dans la nef.

Là une nouvelle escouade de femmes, les *mireuses*, examinent une à une

toutes ces bouteilles, jettent un regard investigateur dans chacune d'elles pour savoir s'il n'y est pas resté quelque intrus qui doit en sortir; puis, la vérification faite, on livre définitivement ces bouteilles, reconnues dignes de leur mission, aux *emplisseurs* chargés de les garnir.

* * *

Au milieu de la nef, comme un maître-autel, s'élève le foudre monumental dans lequel se font les mélanges des différents crus destinés à donner à l'ensemble de ce qui sort de la maison le caractère qui lui est particulier et qui a fait sa réputation.

Au-dessous de ce foudre gigantesque, contenant deux cent cinquante hectolitres, est placée une roue en forme de roue de gouvernail, destinée à mouvoir, à l'intérieur de ce grand vaisseau, une combinaison de palettes propre à combiner intimement les différents mélanges.

Le mélange, une fois fait, a été mis dans les tonneaux rangés tout autour de la nef pour servir à la mise en bouteilles.

* * *

Car nous sommes ici au mois de mai. C'est le moment où se fait cette

opération intéressante. La fermentation qui se produit à la suite des vendanges et du pressoir a été interrompue par l'hiver. Au mois de mai, alors que la température s'adoucit et que le travail de la sève s'accomplit dans la vigne, le travail de la fermentation suspendu reprend aussi dans le vin.

C'est le moment choisi pour renfermer ce vin dans les bouteilles, où cette fermentation produit la mousse, élément si précieux et si indispensable de succès pour le vin de Champagne.

* * *

Le vin est emprisonné, bouché; le bouchon, introduit avec force par une machine vigoureuse, est maintenu par un petit appareil en fer doux qui se cramponne aux rebords du goulot et retient l'objet en place.

Les paniers se garnissent rapidement; on les place dans un *descenseur* qui disparaît bruyamment, avec un chapelet toujours renouvelé, formé de paniers remplis, au milieu des gouffres sombres ouverts dans le sol, gouffres au fond desquels on entend au loin s'agiter aussi le mouvement et la vie.

* * *

C'est le moment de pénétrer, nous aussi, dans ces gouffres. Une porte monumentale glisse sur ses gonds; un air frais vient nous frapper au visage.

— Allons, messieurs, mettez vos paletots, si vous en avez; mesdames, si vous craignez quelque peu pour vos jolis visages, voici des masques.

— Comment, des masques?

— Nous ne sommes pas en carnaval, c'est très-juste, dit M. Vasnier, et il n'est pas question de faire en bas les études d'escrime que motivent d'ordinaire ces petits masques pittoresques en fil de fer.

Mais le vin de Champagne se permet parfois, moins souvent que jadis, il est vrai, de singulières fantaisies. Il arrive, il est arrivé que le gaz, emprisonné dans les bouteilles, les fait éclater comme des obus dans les tranchées, et que les éclats de verre sont venus tracer sur les visages des sillons sanglants, plus tard des cicatrices bleues, qui ne font pas un effet satisfaisant sur les joues et le front des jolies femmes.

— Mais c'est effrayant, ce que vous nous dites là.

— Pure précaution, je dois l'avouer; car, grâce à Dieu, à nos précautions et au choix raisonné des bouteilles, de pareilles explosions n'arrivent plus comme jadis.

* * *

Notre petite Parisienne a beaucoup ri, ce qui ne l'a point empêchée de mettre son masque, à notre grand regret, car elle a cette grâce exquise de physionomie et ce charme nés à Paris et qu'on reconnaît si bien partout où il leur plaît de s'exporter. — La coquetterie et l'esprit conservateur ont leurs droits imprescriptibles. Les gens sans paletot choisissent parmi ceux qui sont suspendus près de la porte de cette caverne béante, et l'on nous met en main quelques-uns de ces longs bougeoirs de bois qui portent la lumière à plus d'un mètre au-devant du voyageur.

Un masque, un souterrain! Que va-t-il se passer? grand Dieu! C'est un drame!

LE SOUTERRAIN

(Maison veuve Pommery, à Reims).

— Mesdames et messieurs, nous dit notre guide, un peu de courage est nécessaire. Cent marches à descendre, et nous serons arrivés.

— Cent marches !

Nous nous mettons en route, à travers les ombres épaisses. Par le Styx ! est-ce le noir Ténare que nous allons visiter? Où est parmi nous l'Orphée qui va chercher son Eurydice? Y a-t-il une Eurydice en quête de son Orphée?

— Je voudrais un peu de musique en trémolo pour scander notre descente dans les enfers. Je pense, malgré moi, au maître Offenbach.

Évohé Bacché !

A mesure que nous descendons, l'aspect funèbre et sombre disparaît, nous entendons des rires, des détonations, des coups de masse qui frappent en cadence. Aucun Cerbère; Minos, Éaque, Rhadamanthe, ne sont pas à leur poste. Le vieux Charon et sa barque sont absents !

Nous avons passé la dernière marche, et nous nous trouvons sous une prodigieuse et monumentale voûte, qui reçoit du haut la lumière du ciel, lumière douce, tamisée par la distance, qui éclaire mystérieusement l'ensemble de cette crypte gigantesque. Ici, c'est bien un temple, le temple de Bacchus.

* * *

Cela rappelle les fantastiques conceptions de Martyns, c'est l'immense et le profond doublés encore par le mystère des pénombres. Blocs énormes superposés par la succession des temps. Vastes assises dues aux convulsions subies dans les premiers âges de la terre, vestiges antiques des terres et des mers qui se sont succédé là où nous sommes.

Qui donc a creusé ces immensités souterraines dans les larges bancs crayeux qui reposent au-dessous du sol cultivable? On l'ignore. Sont-ce les Romains? Sont-ce les Gaulois des premiers âges de notre histoire? Nul ne le sait; la tradition elle-même est muette à cet égard.

* * *

L'idée d'utiliser ces vastes catacombes pour les besoins de ce culte du dieu Bacchus est venue par une sorte d'heureuse inspiration, et maintenant les caves de la maison Pommery, qui sont une des curiosités les plus attrayantes du pays, font école. Un voisin, M. Ruinart de Brimont, qui possède un terrain limitrophe où sont creusés de pareils abîmes, en imite la merveilleuse installation. M. Théophile Rœderer, un Rœderer nouvellement éclos au soleil champenois, en fait tout autant; les belles et utiles choses ont toujours leurs imitateurs et leurs heureux pastiches.

**

De grandes galeries sombres rejoignent entre elles une série de ces cavernes, qui semblent creusées par les cyclopes. Tout le long sont rangées, dans l'ordre le plus parfait, d'immenses théories de bouteilles endormies dans un profond sommeil; parfois il en est quelqu'une qui se réveille subitement. On entend une détonation : c'est un flacon qui éclate et qui meurt avant le temps.

On voit marcher et s'agiter dans les pénombres des hommes aux allures bizarres, qui tirent ou poussent des chariots, portent des paniers, remuent des flacons, font grincer les chaînes et les poulies qui descendent des hauteurs noyées dans les brumes épaisses.

Ce sont les travailleurs.

**

Nous nous arrêtons dans une grande galerie sombre. Des hommes sont penchés sur de vastes pupitres et semblent des compositeurs dont les mains interrogent les casiers pour y prendre les lettres nécessaires, ou bien des organistes étudiant silencieusement les touches de leur instrument.

Nous nous approchons.

Ces pupitres sont des porte-bouteilles dressés l'un contre l'autre en forme de chevalet.

Les bouteilles sont placées là par séries, la pointe en bas, et celui qui est placé devant le pupitre vient toucher successivement chacune de ces bouteilles.

— Mais, mon Dieu! messieurs, dit notre aimable Parisienne, pourriez-vous me dire ce que font ces gens, qui me paraissent si affairés et qui sont là comme des artistes devant leur toile ou devant leur piano?

— Ce sont en effet, madame, des artistes en leur genre, et sans eux, sans ce soin attentif qu'ils mettent à cette besogne, nous ne pourrions vous offrir ces champagnes clairs, veloutés, transparents, que vous aimez peut-être à voir briller le soir aux buffets des bals et réceptions parisiennes.

VIRTUOSE CHAMPENOIS A SON PUPITRE

UNE PROMENADE DANS UNE GRANDE MAISON DE CHAMPAGNE. 515

Voyez ici, en face, où les bouteilles reposent sur des couches parallèles au sol.

En voici une que je mets entre vos yeux et la lumière. Au milieu, vous voyez, s'est formé un dépôt qui est en suspension dans le liquide, dont il trouble la transparence.

Ce dépôt indique que la mousse commence à se former, la mousse sans laquelle le champagne n'existerait pas.

Bon! voilà le dépôt qui se forme! Il y aura de la mousse!

Quand la bouteille se trouve en cet état, elle doit être apportée sur ce pupitre, placée la pointe en bas, comme vous voyez placée toute cette série, et confiée à l'un de ces artistes, comme vous les appelez, qui est chargé de la conduire au bien.

* * *

Chaque jour il faut que, d'une main habile, avec un doigt exercé comme celui d'un pianiste, chacun d'eux parcoure la gamme des bouteilles rangées sur le pupitre. Chaque bouteille, prise entre le pouce et le médium, reçoit une impulsion rotative qui met en mouvement le dépôt à éliminer, et tout doucement le conduit en spirale vers le bouchon. Là il s'accumule et se condense peu à peu, laissant le reste du liquide contenu dans la bouteille transparent, brillant et clair.

Les hommes expérimentés, les Thalbergs et les Liszts de cet art sont des plus recherchés. On se les dispute dans les grands établissements, et on leur donne des appointements de sous-préfets.

Ajoutons à ces avantages celui de ne pas être révocables, ou du moins de n'être que bien rarement révoqués.

Chacun d'eux a sous sa direction un certain nombre de pupitres garnis d'une série de bouteilles placées sur leur pointe. Cela en fait plusieurs milliers dont l'éducation lui est confiée. Chacune des bouteilles doit chaque jour passer

— Ma chère amie, c'est un artiste. Vois-moi quel feu, quelle verve! Il me semble voir Léo Delibes à son piano.

consciencieusement sous la main de l'instituteur et recevoir l'impulsion rotative prescrite. Aucune ne doit être oubliée.

Au bout de deux mois de cette gymnastique, le dépôt a fait son évolution et se trouve concentré sur le bouchon.

C'est alors que doit se faire l'opération délicate qui consiste à éliminer ce dépôt, et qui s'appelle le *dégorgeage*.

* *

O grand et illustre dom Pérignon, que n'as-tu laissé à quelque endroit un testament qui lègue à tes arrière-neveux de Champagne le secret précieux qui supprimait le dépôt et aussi le dégorgeage?

Les vins mousseux faits par dom Pérignon n'avaient pas cet inconvénient, source de tant d'autres et point de départ de tant de soins, de tant de fatigues et aussi parfois de tant de mécomptes.

* * *

Tout le long des immenses galeries, éclairées de distance en distance, s'échelonnent, debout devant leur pupitre et faisant prestement manœuvrer leurs mains comme des organistes devant leurs orgues, ces hommes chargés de leur importante mission vis-à-vis des flacons mis sur pointe.

Les bouteilles, tourmentées par ces mains agiles, font entendre comme un trémolo cristallin qui frémit sous les grandes voûtes et produit une harmonie des plus étranges.

* * *

Nous voici parvenus de nouveau sous une de ces vastes et mystérieuses coupoles éclairées par le jour venu d'en haut, qui projette tout à coup sur le sol sa lumière argentée, en opposition aux ombres profondes des galeries et aux rouges lueurs qui y tremblent çà et là dans la nuit.

Ici, d'autres hommes affairés s'agitent bruyamment, les détonations se précipitent, les coups de battoir et de balancier retentissent.

C'est une équipe de *dégorgeage* qui travaille et complète l'œuvre; les bouteilles sont avancées, toujours pointe en bas, portées sur des brouettes de fer ou wagonnets combinés pour cet usage.

* * *

Un homme, debout devant un établi de forme étrange, orné d'une sorte de bouclier métallique, saisit adroitement chaque bouteille. D'un coup de poinçon prestement donné, il enlève l'obstacle provisoire qui ferme hermétiquement la bouteille. Le bouchon, qui n'est plus comprimé, poussé avec force par l'acide carbonique produit par la fermentation, s'élance bruyamment, entraînant avec lui le dépôt que le travail des deux mois précédents a fini par amasser sur lui.

L'habileté du travailleur consiste à ne laisser échapper que le dépôt et à garder dans la bouteille tout le vin qui y est contenu.

Brouette en fer pour promenades à l'intérieur.

Petit déplacement.

En route vers le descenseur ou l'ascenseur.

Il faut, pour arriver à ce résultat, une grande habileté de prestidigitation et un certain tour de main auquel tous les ouvriers ne peuvent atteindre.

* *

LE DÉGORGEAGE.
Où le champagne élève la voix pour la première fois. Boumm !

Le bouchon sauté, un voisin du *dégorgeur* s'empare précipitamment de la bouteille.

C'est le moment du *dosage*, opération qui a une grande valeur aussi, surtout au point de vue commercial.

* *

LE DOSAGE.

Pour remplacer la partie du liquide qui part inévitablement avec le dépôt au moment de l'explosion du bouchon et du dégorgeage, on introduit dans la bouteille une sorte de sirop composé de sucre candi de premier choix, fondu dans du vin blanc additionné d'une petite quantité de fine champagne. — Il faut de toute nécessité que le sucre candi soit du sucre de canne, la grossière betterave ne perdant jamais, quoi qu'on fasse, l'odeur et la saveur qui caractérisent sa potagère origine.

Il en est de même de la fine champagne, qui doit être sincère et ne rien emprunter non plus ni aux grains ni à la betterave.

BOUCHAGE.

* *

Suivant les pays auxquels est destiné le vin que l'on prépare, le dosage diffère en raison du goût dominant auquel il faut donner satisfaction.

Pour la Russie, où le champagne plus sucré est préféré, le dosage est de dix ou douze et même quinze pour cent de liqueur préparée, que l'on additionne à la bouteille à l'aide d'une petite mesure calculée pour cela.

Pour l'Allemagne, le Danemark et la Suède, le dosage est un peu inférieur, et varie de six à huit pour cent.

Pour la France et les pays du Sud, le dosage est à peu près le même.

Pour l'Angleterre, où le champagne sec est le seul demandé, le dosage n'est plus que de deux pour cent.

Il en est de même pour l'Amérique et les colonies anglaises.

FICELAGE.

* *

Quand la bouteille est dosée suivant les nécessités de la vente et les commandes de l'acheteur, il s'agit de ne pas tarder, de peur que le joyeux esprit ne s'envole.

La bouteille passe rapidement entre les mains du voisin, lequel, armé d'un instrument à puissant levier, fait pénétrer de force dans le goulot de la bouteille un bouchon nouveau, bouchon

En route pour le décor.

de choix et d'une qualité supérieure, estampé du nom de la maison.

A la suite de ce voisin, un autre s'empare de la bouteille et assure la captivité définitive de l'esprit malin et joyeux, par un système d'attaches qui défie les tentatives du prisonnier.

Il ne reste plus, après cela, qu'à placer le bonnet sur le goulot, bonnet d'or, bonnet d'argent, ou bonnet goudronné, selon la tradition des marques de fabrique de la maison.

Une fois coiffée, on donne à la bouteille sa dernière parure, la carte, qui est son passe-port et complète sa garantie, comme le bouchon, vis-à-vis du consommateur.

* * *

C'est alors que l'éducation est complète, que le vin a pris successivement tous ses grades, et qu'il peut être enveloppé de papier rose ou bleu, recouvert de son dernier vêtement de paille destiné à le protéger contre les chocs souvent inévitables, enfin être placé dans des caisses qui doivent le porter aux quatre ou cinq coins du monde, pour y faire joyeusement sa partie dans toutes les réjouissances et dans toutes les fêtes.

* * *

Nous marchions émerveillés dans ces vastes et prestigieuses catacombes, traversant à chaque instant de nouvelles galeries qui se croisent dans l'ombre, débouchant sur quelqu'une de ces immenses voûtes éclairées d'en haut; il semblait que cela ne dût pas finir. Nous nous serions perdus dans ces labyrinthes, où le fil d'Ariane serait indispensable si l'on n'avait un guide, et si à chaque instant on ne rencontrait, comme dans une gigantesque fourmilière, les travailleurs affairés portant ou traînant des fardeaux, penchés sur leurs chevalets, et rangeant par piles régulières et méthodiques les bouteilles descendues à chaque instant d'en haut par un chapelet toujours roulant d'étagères chargées de paniers sans cesse renouvelés.

Nous avons fini cependant par revenir au point de départ.

Du fond des ombres mystérieuses où s'agite laborieusement cette foule de travailleurs si bien organisés, nous apercevons une lueur qui brille au loin au milieu des ténèbres. L'immense escalier se dresse sous nos pas et va gagner cette porte lumineuse.

C'est l'échelle de Jacob.

Nous faisons l'ascension. Cent trois marches!!! et nous nous retrouvons dans la vaste nef inondée de lumière, où nous retrouvons aussi le bruit, l'infatigable activité et le mouvement incessant qui nous avaient frappés tout d'abord.

* * *

— Admirable! merveilleux! disions-nous en chœur.
— Et maintenant, madame, disait M. Vasnier à notre gracieuse compagne, lorsque vous verrez paraître à Paris, ou ailleurs, une de ces bouteilles pareilles à celles dont vous avez pu suivre en quelques instants l'éducation, vous pourrez vous dire que chacune d'elles, — c'est un calcul que nous avons fait, — depuis le moment où elle est entrée ici jusqu'à celui où elle en sort, a passé cent trente fois au moins par la main du travailleur, — sans compter les mains de ceux qui l'ont fabriquée elle-même et les intermédiaires nombreux qui vous l'ont portée et vendue.

* * *

Parmi les six ou sept millions de bouteilles qui habitent maintenant le souterrain que vous venez de parcourir, aucune ne sort sans avoir été l'objet de tant de préoccupations et de soins différents.

Les plaisirs et les loisirs des uns doivent s'acheter par le travail et la peine des autres, c'est une loi.

* * *

Nous étions revenus dans la grande cour qui précède le porche. Un mouvement analogue à celui qui régnait à l'intérieur animait aussi tout cet espace; camions apportant les bouteilles vides et les tonneaux pleins, camions emportant vers les gares les caisses préparées pour les voyages lointains, chevaux hennissant, commis empressés, acheteurs désireux d'être servis, tout cela formant le tableau le plus vivant du travail couronné par le succès.

Nous étions ravis, et nous avons quitté nos hôtes en les remerciant de nous avoir fait assister à ce spectacle si merveilleux et si imprévu, en nous initiant à des travaux dont nous n'avions préalablement aucune idée.

Quand je serai de retour en Russie, je ne pourrai voir un de ces flacons champenois sans penser à ces prestigieuses cavernes, où ce peuple actif de travailleurs prend soin d'emmagasiner le soleil et l'intarissable gaieté de la France, pour nous aider à chasser joyeusement notre froid et notre tristesse du Nord.

Je suis charmé d'être venu ici et enchanté de vous l'écrire, pour que vous soyez tenté d'assister, comme je l'ai fait, à cette fête perpétuelle et à cette éclosion de si laborieuses et si aimables richesses.

Bien à vous.

Yvan de R...

GRANDES MAISONS DE REIMS

CLIQUOT, ROEDERER, POMMERY, G. H. MUMM, ETC.

Du même au même.

Celui qui arrive à Reims a tout d'abord trois visites obligatoires à remplir : voir la cathédrale, le chef-d'œuvre le plus complet du gothique fleuri du treizième siècle; voir Saint-Remi, sa prestigieuse nef, le tombeau de saint Remi avec les douze pairs de France, et sa magnifique collection de vitraux antiques; puis enfin la maison célèbre de la veuve Cliquot.

D'après ce que j'ai pu comprendre, le nom de Cliquot me paraît en ce moment au moins aussi vénéré à Reims que celui de saint Remi, et la sainte ampoule me semble devoir céder tout à fait le pas à la fiole champenoise, à laquelle le nom de la veuve Cliquot, depuis le commencement de ce siècle, a servi de passe-port dans le monde entier.

La preuve, c'est que la veuve Cliquot s'étant éteinte dans sa gloire et son succès, le nom de Cliquot persiste, quoiqu'il n'y ait plus de Cliquot au monde et que la maison actuelle rayonne sous le nom de Cliquot-Ponsardin, bien que la maison soit dirigée par MM. Werlé.

La veuve Cliquot a eu beau marier sa fille au comte de Chévigné; celui-ci a eu beau donner le jour aux *Contes rémois* et à une fille qu'il a unie au comte de Mortemart, l'illustration de la famille sera toujours Cliquot, jusqu'au jour où la dernière mousse aura vécu dans la dernière bouteille de champagne.

Nous avons déjà raconté comment, en 1815, les Russes, entrés à Reims vainqueurs de Napoléon Ier, furent vaincus par madame Cliquot, et comment cette victoire s'est perpétuée invariablement jusqu'à nos jours, donnant à ce fruit précieux de la Champagne un retentissement inconnu jusqu'alors, et à la vigne champenoise un renom et une fortune qu'elle ne soupçonnait pas.

Les grands établissements de la maison Cliquot sont situés au centre de la ville : ils ont pour siége les bâtiments monumentaux habités jadis par les Templiers. Vastes galeries, salles immenses, caves gigantesques où s'empressent, dans l'ordre le plus parfait, une foule de travailleurs chargés de donner les soins les plus méticuleux à la préparation de ce grand vin, que la noblesse et la célébrité de sa marque obligent.

Nous retrouvons ici des procédés analogues à ceux que nous vous avons décrits après avoir parcouru l'établissement plus moderne de madame Pommery.

MM. Werlé ont conservé avec une sorte de sentiment religieux les vieux errements qui ont fait la fortune de la maison. Les améliorations apportées successivement ont très-probablement été indiquées chez eux, et ce sont eux qui en ont donné les formules. Mais ils n'acceptent pas toutes celles qui se sont fait jour ailleurs.

*
* *

Ainsi, après avoir suivi les procédés de fabrication en usage chez eux, nous avons observé, notamment, que lorsque le vin est placé sur pointe, on ne le met pas sur des pupitres, comme dans la plupart des établissements de Reims, mais bien sur des tables horizontales, en inclinant les bouteilles sur un angle de 45 degrés.

Ils assurent que ce procédé, qui, il est vrai, exige un peu plus d'attention de l'ouvrier, permet néanmoins de traiter plus également toutes les

Et nunc sine me liber ibis in orbem. Ov.

— Et maintenant, mon enfant, l'éducation est complète. Tu es libre.
Va où la destinée t'appelle. Tu peux partir.

bouteilles, tandis que, avec le pupitre adopté généralement, les bouteilles placées en contre-bas sont forcément plus négligées.

L'ancien système de bouchage est aussi resté en honneur chez eux, et ils ne s'en trouvent pas plus mal, la longue habitude et la tradition de leurs ouvriers leur permettant d'exécuter ce travail avec la perfection la plus complète.

Des nuances seules, comme celles que nous signalons ici, distinguent les grandes maisons qui s'occupent uniquement des grands vins, honneur et gloire de la Champagne.

Et chacun tient d'autant plus à ces nuances qu'elles sont pour la plupart le résultat d'expériences ou d'épreuves douloureuses. — Ce qu'il a fallu de tâtonnements et d'essais infructueux pour arriver peu à peu à trouver les formules, soit de composition des crus destinés à donner la saveur, le bouquet, soit de l'époque précise à mettre les vins en bouteille pour obtenir cette première mousse, objet de toutes les convoitises, soit pour arriver à un choix de bouteilles capables de résister à l'effort de l'acide carbonique ou à un procédé de bouchage satisfaisant, est tout à fait hors de calcul.

**

Nous avons eu une certaine année, nous racontait M. Werlé, où six cent mille bouteilles n'ont pas eu de mousse. Il a fallu trouver le motif de cette perte considérable, afin d'éviter à l'avenir une pareille déconvenue qui serait devenue la ruine.

Jadis, l'effort de la mousse amenait des désastres épouvantables. Il a fallu étudier les mélanges destinés à l'amener, le degré de densité nécessaire au mélange pour produire la mousse, puis la résistance des bouteilles et des bouchons appelés à la combattre.

Grâce à une attention perpétuelle et à de persistantes modifications, maintenant, tout est à peu près réglementé, trouvé; il ne reste plus comme ennemis que les accidents, qu'il faut toujours être assez sage pour prévoir.

Les émules ou rivaux recueillent le fruit de ces longues expériences; tant mieux, l'intérêt général s'en ressent, et l'immense notoriété du pays ne fait que s'en accroître.

Et malgré tout, l'autorité de la célèbre maison domine toujours, et les nouvelles maisons continuent à s'incliner devant elle, parce qu'elle a toujours gardé le respect de la situation et l'honorabilité de son nom, en ne livrant que des produits irréprochables.

Il est vrai que toute chose belle et bonne a son revers ou son inconvénient. Il a été constaté que le vin ou plutôt le mélange du vin destiné à faire du *mousseux* doit contenir 11 à 12 pour 100 d'alcool.

S'il est trop léger ainsi, 2 pour 100 de sucre le ramèneront bien vite au poids de l'eau; à plus d'alcool, il faudra plus de sucre, d'autant que, d'après la science, plus le vin renferme d'alcool, plus il peut dissoudre d'acide carbonique.

Ce principe, ignoré de nos pères, une fois constaté et admis, a mené loin leurs fils. En l'appliquant industriellement, on a fait boire aux populations, sous prétexte de champagne, toute espèce de liquide ayant la mousse et l'apparence extérieure du vin. Que de grogs mousseux se présentent au public avec le faux nez de vin de Champagne! Qu'est-ce enfin que le grog? De l'alcool, du sucre et de l'eau.

Et c'est ainsi que la classe intelligente de MM. les épiciers peut vendre sous le nom de champagne, à 2 fr. et 3 fr., ces petits reginglards qui moussent dans la perfection et valent bien vingt sous la bouteille.

* * *

Ceci est une façon de démocratiser le champagne et de le mettre à la portée des petites bourses. C'est peut-être une excuse. Il est vrai que les consommateurs n'ont que la grimace du champagne. Ceux que l'aspect seul de la mousse réjouit se contentent de cette grimace et ne voient rien au delà. Le similichampagne suffit à notre époque d'imitation, de contrefaçon, de similor, d'argenture Ruolz, de similipierre, de similizinc, de similirichesse, de similivin.

Le simili champagne est assez pour l'effet et ne se boit que pour la galerie.

* * *

Les alchimistes qui se livrent à ces travaux jouissent de peu d'estime, il est vrai, ce qui ne les empêche pas d'acquérir beaucoup d'argent. Ce dernier point obtenu, ils se soucient peu du reste.

* * *

Il faut le dire, ceux qui se respectent et ne livrent que des produits sérieux

ACTEURS ET ACTRICES. 85. COSTUMES ET VISAGES.

UN VIEUX DE LA VIEILLE

CONTRE-MAITRE DANS LA MAISON ROEDERER

Quand on est depuis trente ans dans une pareille maison, et qu'on vous a fait mousser une trentaine de millions de bouteilles de champagne, il me semble qu'on a bien le droit de se faire mousser aussi un peu soi-même. Faut être juste!

et tout à fait supérieurs gagnent à la fois un grand renom et une grande fortune.

*

Les grandes maisons comme celles que nous avons citées précédemment tiennent à honneur de ne lancer dans le monde que de ces produits tout à fait supérieurs, dignes de représenter avantageusement la France et surtout la Champagne partout où ils arrivent.

Quand on a parcouru, comme nous l'avons fait, les premiers établissements de Reims, tels que ceux de Cliquot-Ponsardin, de Rœderer, de G. H. Mumm, de madame Pommery, etc., on voit quel soin minutieux, quelle conscience sont mis en œuvre pour donner aux produits toutes les qualités qui caractérisent le pays.

*

Ajoutons ceci, c'est que le champagne, cette essence éminemment française entre toutes, exerce tout d'abord son influence sur le goût et la façon d'être

de ceux qui vivent avec elle, par elle, et la collectionnent amoureusement pour l'envoyer au loin réjouir les éveillés et réveiller les endormis.

*

Dans les grandes et vieilles salles de l'hôtel des Templiers, MM. Werlé nous ont fait le plaisir de nous montrer des merveilles d'art et de goût collectionnées depuis longtemps avec un soin éclairé, des Meissonier nés dans les meilleures années de ce grand cru, des Delacroix parfaits, une série d'excellents Brascassat, des Scheffer supérieurs et des Rousseau de premières cuvées. L'heureuse influence du champagne s'est exercée de même sur la merveilleuse collection de M. Rœderer, qui a réuni des tableaux excellents choisis parmi les meilleurs des artistes célèbres de notre temps, et chez madame Pommery nous avons pu admirer la réunion la plus remarquable de vieilles et précieuses faïences d'art.

On me dit qu'il en est de même chez les Mumm, chez les Moët, les Chandon, les Montebello, les Périer, etc., etc.

N'y a-t-il pas là comme une révélation, et l'explication du succès toujours croissant obtenu à l'étranger?

Répétons encore ce mot qui coule de source : « Dis-moi ce que tu bois, et je te dirai ce que tu es. »

Les délicatesses et les petillantes harmonies de ce vin, émanation si particulière au sol français, ne sont-elles pas de nature à porter au dehors quelques-unes des qualités si appréciées de ses habitants qui les y ont évidemment puisées?

Yvan DE Z***.

LA VILLE MOET, A ÉPERNAY

Du même au même.

A Épernay, où la fabrication est d'une activité prodigieuse, et où il existe autant de maisons de commerce de vin de Champagne que de maisons d'habitation, la maison Moët règne en maîtresse.

A vrai dire, ce n'est pas une maison : c'est une ville, avec ses rues, ses places, ses galeries.

L'endroit où se fait la mise en bouteilles, où se fait le bouchage, est vaste comme une gare de chemin de fer. Les foudres qui contiennent les cuvées sont des monuments. La vapeur distribue le vin dans un réseau de conduits qui sillonne l'étendue des gares comme les cordages d'un gigantesque navire

Un peuple d'ouvriers frappe, bouche, ficelle à grand bruit et à grand fracas.

Une autre gare souterraine abrite le corps d'armée des *dégorgeurs*, déboucheurs à nouveau, décorateurs de bouteilles et colleurs de cartes.

Une autre gare est destinée au corps d'armée des menuisiers et des emballeurs.

Des places monumentales et d'immenses rues sont remplies de camionneurs, de camions, de chevaux, de caisses en partance et de tonneaux en arrivage.

C'est une ruche cyclopéenne.

C'est une Babel où l'on s'entend.

* * *

Sous terre, le mouvement se continue; des caves immenses, creusées dans le tuf crayeux et résistant, rayonnent au loin dans toutes les directions par nombreux kilomètres. Des milliers de tonneaux, des milliers de bouteilles sont enrégimentés avec un ordre parfait dans ces sombres profondeurs. Là s'agite comme en haut une armée d'hommes, qui roulent les tonneaux, transportent les bouteilles, les manœuvrent sur les pupitres, les dégorgent ou les remplissent. Ces caves n'ont pas le caractère fantastique et surprenant des caves de la maison Pommery, mais elles étonnent par leur immensité.

C'est une ville souterraine, avec ses rues, ses places et ses gares, bâtie sous la ville Moët, que l'on vient de parcourir à la lumière du jour.

Fabrication énorme, commerce immense qui s'étend partout comme un réseau, et qui, jaloux de satisfaire à tous les goûts et à toutes les bourses, ne s'arrête pas, comme les grandes maisons de Reims que nous avons citées, à donner uniquement des produits supérieurs, mais s'étudie à pouvoir livrer aussi aux commerçants du monde entier ce qu'on peut faire de mieux, et ce qu'on peut faire de plus humble et de plus accessible, en conservant toutefois le caractère sincère et vrai du vin de Champagne.

* * *

Mais, à vrai dire, quand on sort de cette immense usine, assourdi par ces bruits, troublé par ce mouvement, cette vapeur, cette machinerie, ces prodiges d'industrie et de mécanique, on a soif d'un peu de poésie, on demande à voir une grappe de raisin couronnée de feuillage et buvant sur son cep les rayons de soleil, on rêve de bacchantes vêtues de pampres et dansant autour du dieu Bacchus, pendant que les satyres et les faunes font résonner leurs doubles flûtes et les tympanons retentissants.

On se dit que le vieil Anacréon eût reculé d'épouvante devant tous ces engrenages, ces machines et ces engins froidement mathématiques.

On éprouve, en somme, une sorte d'admiration prosaïque et désappointée pour ce que l'on vient de voir.

*
* *

Heureusement on se console bientôt, et surtout on se consolera certainement plus .ard, car toute cette joie et toutes ces poésies que l'on croyait disparues, on les retrouvera sous d'autres cieux, où elles iront vous visiter un jour, vivantes et chaleureuses, au fond de ces précieuses bouteilles.

Vendanges (les grands ânes d'Ay).

LA VIGNE EN CHAMPAGNE

CUVÉES HORS LIGNE, CÉPAGES, VENDANGES

Pressoir de M. Lemaitre, à Ay.

Du même au même.

Les grandes maisons qui tiennent à maintenir intacte la tradition de leur supériorité ne livrent à la consommation que des produits de premier ordre. On appelle cuvée le mélange de différents crus que l'on sait par expérience donner de satisfaisants résultats, au point de vue du goût, du bouquet, de la mousse.

Depuis longtemps, on a renoncé à faire du vin de Champagne avec la vendange d'un seul cru. Il a été démontré que jamais on n'obtenait ainsi un produit de premier ordre, faute de certaines qualités que l'on ne peut trouver que dans une réunion de différents crus habilement assortis.

Une cuvée hors ligne se compose de raisins noirs et de raisins blancs, cette réunion étant favorable à la production de la mousse.

Raisins noirs :
> Un quart du cru de *Versenay;*
> Un quart du cru de *Bouzy.*

Raisins blancs :
> Un quart du cru d'*Ay;*
> Un quart du cru de *Cramant.*

Le *Versenay* donne la vigueur, le corps, la vinosité, la fermeté.
Le *Bouzy* apporte l'élégance et le bouquet.
L'*Ay* donne la finesse et le moelleux.
Le *Cramant*, la légèreté, la vivacité, la pétulance.

***

Ce sont comme les fées des contes qui viennent doter le nouveau-né des dons les plus merveilleux.

Et la fée Carabosse elle-même ne manque pas à la légende ; c'est elle qui, plus tard, vient annuler tous ces dons, en faisant malicieusement éclater les bouteilles.

***

Les cuvées hors ligne sont naturellement l'apanage des maisons qui se livrent à la confection des grands vins; les cuvées de second ordre se composent des seconds crus : les blancs d'Avize, Lemesnil, Oger, qui se combinent avec les rouges Mareuil, Tisy, Épernay, Cumières, Haut-Villers, Avenay, Trépail, Mailly, Versy, Reilly, Ville-Domange.

Les cuvées inférieures se font avec tout; il arrive pour elles des vins venus même de l'Orléanais.

Les soins donnés à la culture de la vigne sont des plus méticuleux et des plus assidus. Les cépages en réputation et qui peuplent les crus les plus renommés de la Champagne sont :

En rouge : le *plant vert doré* d'Ay, le *gros plant doré noir* ou *pineau,* le *perlucot* et le *couleur.*

En blanc : le *blanc doré*, le *petit blanc*, le *chasselas* et le *gros plant vert*.

Les cépages communs sont : le *meunier*, le *teinturier*, le *gamet* et le *marmot*.

* * *

Les vignobles, plantés le plus possible sur des croupes exposées au soleil levant, sont entretenus avec une sollicitude perpétuelle. Les ceps, renouvelés par provignage, sont placés à petite distance l'un de l'autre; la façon s'en fait à la main avec la houe, et non pas avec des charrues à bœufs, comme dans le Médoc et au sud de la France.

Les gelées étant à craindre, surtout dans les fonds, un système préventif de paillassons garantit les jeunes pousses et les bourgeons à fruit. La vigne est taillée avec science, tenue assez basse, et s'attache sur des piquets ou cavassons.

* * *

La vendange se fait en maturité complète de raisins, les équipes de vendangeurs et vendangeuses se dispersent sur la pièce de vigne. Au bout de chaque ligne est assise une vendangeuse qui reçoit à mesure les grappes récoltées, les pose sur une claie étendue devant elle et opère avec des ciseaux sécateurs un triage attentif, purgeant avec soin la grappe des grains secs, verts, des grains tachés ou pourris.

Ce ne sont point, comme en bien d'autres endroits, des chars attelés de bœufs ou de chevaux qui emportent les vendanges. Dans ces vignobles où le terrain est si précieux, les petites allées ne se prêteraient pas à l'évolution des chars; ce sont de grands ânes vigoureux qui reçoivent dans les vastes paniers attachés à leur bât la vendange soigneusement triée, et qui la transportent au pressoir, auquel elle est livrée immédiatement avant toute fermentation.

La première pressée du raisin des grands crus donne ce qu'on appelle le *vin de choix*, un moût blanc fort exquis, et qui n'est pas pour les pauvres bouches.

La seconde pressée donne le *vin de taille*, plus coloré, plus spiritueux, moins parfumé, mais supérieur encore; puis le vin de *seconde taille*, dont la qualité devient médiocre; enfin le vin de *rebèche*, qui est la dernière expression de la grappe.

Ce mot de *rebèche* indique le travail en lui-même de l'homme du pressoir qui coupe avec la bêche, pour les remettre, les parties de la vendange écrasées par la presse, et qui se sont étalées sur les bords.

On ne cuve pas, le jus après la pressée est mis dans les foudres et s'y *débourbe*.

Puis dans les futailles, où il attend la prison cellulaire de la bouteille.

Puis dans la cuvée, où il combine son effort et ses qualités avec ceux de ses voisins.

Puis dans la bouteille, où il s'exaspère, mousse, s'irrite, en attendant l'explosion et la liberté.

* *

Les grandes maisons possèdent peu ou point de vignes. Comme dans la Charente, elles ont des hommes experts qui visitent les propriétaires des grands crus, font leur choix, et déterminent les achats en raison des besoins de leur fabrication, et des mélanges à produire.

Les vins placés par les propriétaires dans les futailles sont transportés aux caves de ces maisons importantes, où la fraîcheur arrête la fermentation commune. Au mois de mars, avril ou mai, ces tonneaux sont remontés, la fermentation arrêtée recommence alors. C'est le moment où l'on mélange les sortes dans ces immenses foudres, qui contiennent plusieurs centaines d'hectolitres, et où l'on fait ainsi la composition des cuvées.

* *

Et c'est alors que l'on procède, comme nous l'avons vu, à la mise en bouteilles, où la fermentation continue et forme la mousse, ce panache indispensable au vin de Champagne, et sans lequel il ne serait pas.

* *

Nous nous sommes ainsi rendu compte en détail de cet immense et intéressant travail, richesse enviée de ce coin de la France.

Ajoutons, avec une satisfaction profonde, que le phylloxera respecte jusqu'à présent ces coteaux si chers au monde entier.

Depuis les traités de commerce de 1860, la prospérité de la Champagne n'a fait que croître. Il s'est créé des fortunes énormes parmi ceux qui s'occupent de cette fabrication et de ce commerce. Les cultivateurs, petits propriétaires ou paysans, sont tous riches ou dans l'aisance, et si l'ennemi dont nous parlions tout à l'heure, le terrible phylloxera, n'attaque pas cette prospérité, elle ne fera que croître dans une énorme proportion, grâce à la multiplicité de plus en plus croissante des moyens de transport.

Les grandes maisons de premier ordre, que nous avons visitées et dont nous avons décrit la coutume et les soins si merveilleux, récoltent largement la récompense de leurs travaux; ce sont des millions qui affluent sans cesse dans leurs caisses.

Pour donner une idée de ce commerce, donnons seulement ce chiffre que nous avons sous les yeux et relatif à la dernière année au sujet du nombre de bouteilles de champagne importées dans l'Amérique du Nord : 157,670 caisses de champagne de 12 bouteilles, soit 1,792,040, sur lesquelles la maison G. H. Mumm, la première dans ce commerce, en fournit à elle seule 469,744!

Ces grandes maisons se partagent pour ainsi dire les faveurs des cinq parties du monde, et possèdent chacune des pays d'élection.

Ainsi, la maison *Cliquot* rayonne principalement sur la Russie et l'Allemagne.

La maison *Rœderer*, sur l'Autriche, l'Espagne, la Suisse et l'Italie.

La maison *Pommery*, sur l'Angleterre, la Suède et le Danemark.

La maison *G. H. Mumm*, sur l'Amérique tout entière.

La maison *Moët*, en raison de la variété de ses produits, va partout.

* * *

Et toutes viennent à Paris, ce pays d'éclectisme et de voyageurs, où chacun est sûr de trouver, suivant son goût, un choix dans l'excellent.

Bien à vous. Votre ami ravi de son voyage,

Yvan de Z***.

LES COTES DU RHONE

A Mademoiselle Jeanne de X***, à Pauillac (Médoc).

Chère petite Jeanne,

Me voici de retour en ce charmant et pittoresque pays de l'Ardèche, après notre joli voyage aux Pyrénées.

Nous avons traversé, en venant de Perpignan pour arriver à Avignon, des pays si désolés que mon père et moi nous sommes encore tout tristes. Cette affreuse petite bête que l'on appelle le phylloxera étendait partout sur notre route comme un voile de deuil.

Deuil est véritablement le mot pour peindre la chose. Des souches noires, qui semblent tordues par les dernières angoisses, dépouillées de branchages et de feuilles, se montrent çà et là sur le sol dénudé. Ces taches noires et douloureuses sont tout ce qui reste des vignobles qui couvraient la terre, il y a deux ou trois ans à peine, d'un riche manteau de luxuriante verdure et de fruits.

Partout la détresse a fait place au bien-être : les paysans meurent de faim, et les propriétaires appauvris ne savent plus que faire, ou comment suffire aux nécessités des impôts et de la vie courante.

Toutes ces misères sont l'œuvre d'une petite bestiole à peu près aussi grosse que la pointe d'une aiguille, et qui, armée d'une fécondité désastreuse et inouïe, envahit sans pitié toutes ces régions, et prend à tâche de détruire toutes ces richesses.

* *
*

On a eu beau déclarer la guerre, une guerre à outrance à ce terrible ennemi, rien n'y a fait jusqu'alors. Cette légion se rit de la chimie, de la physique, de la mécanique ; l'invasion continue sa marche funèbre, dévastant tout sur son passage, et ne laissant derrière elle que ruines et souffrances.

Non loin de cette ville si curieuse d'Avignon, si longtemps habitée par les papes et les grands seigneurs de l'Église, qui ont laissé dans le pays tout alentour des traces si curieuses et si caractéristiques de leur passage, à quelque distance d'Orange, nous avons été voir une vigne que possède, ou plutôt que possédait mon père au *Château neuf du Pape.*

Cette vigne produisait, il y a quelques années, un vin charmant, délicat et fin, qu'il se plaisait à faire boire à ses amis en visite chez lui, et au sujet duquel il recueillait de chaleureux éloges.

Nous avons été voir cette vigne ; cela n'a plus de vigne que le nom. Pas une grappe de raisin ne se montre ; le champ n'est plus qu'un champ de bataille couvert de morts et de moribonds. Mon pauvre père était atterré ; moi aussi, comme tu dois penser.

Vois donc si pareille chose arrivait au milieu de ces richesses éblouissantes du Médoc, que tu viens si gaiement de parcourir !

Par ici, l'aspect est terrifiant ; c'est une partie de la fortune publique qui s'en va, dont le Vaucluse est ainsi dépouillé. Le Gard n'en vaut guère mieux ; on vient de nous raconter que les vignes de *Tavel,* qui produisent ce vin si estimé par les gourmets, sont presque supprimées actuellement par l'horrible insecte.

Nous sommes descendus jusqu'à Beaucaire et Tarascon.

Mon père avait bonheur à visiter, dans les environs de Tarascon, un homme d'esprit et un homme de bien, qui est de plus, à son avis, un des écrivains les plus remarquables de notre époque. C'est le comte Armand de Pontmartin. Quand tu en trouveras l'occasion, fais-moi le plaisir de lire un de ses ouvrages, par exemple les *Jeudis de madame Cherbonneau*, et tu verras quelle finesse, quel charme d'observation gaie et de critique sérieuse.

Or, M. de Pontmartin avait une partie de sa fortune en vignes, et de ce côté plusieurs vignes sont mortes; il prend la chose le plus philosophiquement qu'il peut, mais ce n'est pas sans peine.

Heureusement, l'horrible petite bête n'a pas de prise sur cette plume vivante et sur ce précieux encrier.

Le cru Pontmartin, dit mon père, continuera, certes, malgré tout, en dépit de toute espèce de phylloxera, et de M. Naquet lui-même, d'être l'honneur de ce pays.

Louise.

SAINT-PÉRAY, VALENCE

De la même à la même.

Nous avons suivi le Rhône en remontant. Quel charmant voyage, mais aussi quel voyage attristant, au point de vue où nous nous plaçons, pour te donner le résultat de nos observations sur la vigne de ces pays-ci, naguère encore la prospérité de toute cette côte du Rhône! Partout sur la route nous trouvons les traces de cette invasion douloureuse.

Les crus célèbres ne l'évitent pas davantage cette année que les crus les plus humbles.

Saint-Péray et *Valence* se trouvent sur notre route, placés l'un en face de l'autre, des deux côtés du Rhône.

Le vin de *Saint-Péray* est le champagne du Midi; c'est ce même petillement, cette même vivacité, la mousse écumante qui égaye les coupes, avec plus de chaleur et de force.

Cela n'a pas la fine délicatesse et le bouquet particulier du vin de Champagne des grands crus, comme dit mon père, qui s'y connaît, mais un goût fort agréable, une saveur bouquetée qui rappelle celle de la violette, et une certaine énergie méridionale dont il faut savoir se méfier, si l'on n'a pas la tête suffisamment armée contre les surprises.

Hélas! la ville de Saint-Péray est attaquée comme les autres vignes précieuses qui habitent les côtes du Rhône, tout le long de l'Ardèche, de la Drôme et de Vaucluse. « Il y a deux ans, nous disait un des viniculteurs désolés, j'ai fait cent mille bouteilles de saint-péray mousseux; l'année dernière, soixante mille; cette année, j'en ferai quarante mille au plus. Qui sait combien le phylloxera nous en laissera l'année prochaine? »

Valence regarde les coteaux de Saint-Péray de l'autre côté du Rhône; elle a pour point de vue, de la promenade principale de la ville, ces magnifiques rochers de l'Ardèche qui sont comme l'avant-garde des Cévennes.

En haut, sur la pointe la plus escarpée, se dresse le vieux château de Crussol, qui appartient encore à la famille des Crussol, ducs d'Uzès, qui furent jadis une des familles les plus puissantes du Midi.

C'est un vieux château fort, à tourelles, à mâchicoulis, vénérables débris d'un autre âge. Nous avons visité avec intérêt ces vieux murs démantelés, ces vieilles voûtes qui ont vu jadis tant de fêtes joyeuses, et jusqu'à ces cachots et ces oubliettes en ruine qui ont entendu au moyen âge tant de sanglots et reçu tant de larmes.

*

*   *

Rien ne m'impressionne plus que ces muets témoins du passé; un monde de souvenirs et de visions incohérentes surgit à mon esprit et m'enlève aux sentiments de la réalité moderne.

En pénétrant l'autre jour sous une de ces voûtes sombres, à moitié effondrées, deux oiseaux noirs, au vol silencieux, effrayés sans doute par le bruit de nos pas, se sont enfuis en nous frôlant de leurs ailes.

J'en frissonne encore quand je pense à l'impression que j'ai reçue. Tu sais, cette espèce de froid qui vous prend à la racine des cheveux et court en frémissant tout le long du corps.

On m'avait raconté l'histoire d'une noble jeune fille qui avait oublié son rang en donnant son cœur à un simple trouvère; pour punir les deux amants, on les avait enchaînés l'un à l'autre, dit la légende, et laissés mourir de faim dans les cachots les plus profonds du château. L'histoire est-elle vraie? Je l'ignore.

Mais il me sembla que ces deux apparitions sombres et ailées, dont on n'entendait pas le vol, n'étaient autre que les âmes de ce malheureux couple, endormi depuis si longtemps dans le sommeil de la mort, et dont nous venions de troubler le repos.

*_**

Du haut de ces vieilles ruines, un merveilleux panorama se développe devant les yeux ; c'est le cours du Rhône majestueux qui se déroule largement dans la grande vallée, les montagnes des Alpes à l'horizon qui s'estompent dans une vapeur chaude, à travers laquelle on voit de temps en temps miroiter la blancheur de la neige et des glaciers qui reposent dans les anfractuosités des rochers.

Au second plan, derrière le Rhône, la ville de Valence, qui s'étend sur la plaine et coupe la ligne de l'horizon avec ses clochers et ses toits élégants.

*_**

Sous les pieds, la petite ville proprette de Saint-Péray, et les vignes qui garnissent le bas des montagnes, s'étagent sur les coteaux et s'avancent jusque dans les plaines.

A droite, les montagnes des Cévennes qui commencent, et la vieille tour penchée de Soyons, reste du château fort qui appartenait jadis aux Crussol, ducs d'Uzès et princes de Soyons. Celui-là est encore plus détruit que celui de Crussol, et la tour penchée toute seule est son dernier vestige.

*_**

De Crussol à Soyons, en passant par Guilherand, une série de vignes qui produisent du vin agréable et doué d'énergie, qui se confond à peu près avec celui de Saint-Péray, et lui apporte son contingent de récolte, quand il y en a.

Sur les côtes de Soyons et Toulaud, des vignes qui produisent un raisin exceptionnel, lequel arrive à Paris en primeur et jouit alors de la faveur de tous les gourmets et gourmands.

En bas, sur les bords du Rhône et des deux côtés, le chemin de fer, qui court en sifflant et semant dans la plaine ses blancs flocons de vapeur.

Et sur le Rhône, les bateaux, qui gémissent bruyamment en traînant leurs lourdes charges de fer et de minerai.

C'est un ensemble des plus splendides, et que bien peu de gens à Paris connaissent. Je suis persuadée que tu n'as rien vu de pareil à Bordeaux et dans le Médoc. Il faut bien que je prenne un peu ma revanche, chère petite Jeanne, de toutes les splendeurs d'un autre genre que tu me racontes.

* * *

De Valence, le château de Crussol se présente de la façon la plus pittoresque en face de la grande promenade; deux tours délabrées se dressaient encore il y a quelques années; on les appelait les Cornes de Crussol. Une des deux cornes est tombée; il n'en reste qu'une qui se profile hardiment sur le ciel. L'immense rocher sur lequel est bâti le château est composé d'une pierre célèbre parmi les pierres à bâtir. Les fermiers se sont avancés dans leur exploitation trop près du château, ce qui a été sans doute cause de la chute de la tour. La famille d'Uzès a depuis ordonné que l'on prît ses mesures pour ne pas ébranler davantage cette ruine historique.

La transformation des vins blancs de Saint-Péray en vins mousseux ne date pas de bien longues années. M. Faure, de Saint-Péray, est un des initiateurs de cette fabrication, qui a donné une vogue toute particulière aux vins de cette contrée. Parmi les principaux du pays, on cite MM. Saint-Prix, Mallet, Vivarès, qui traitent les généreux vins blancs du pays à la façon des vins de la Champagne, avec les mêmes procédés et les mêmes soins, me dit mon père, qui connaît tout cela.

J'ai voulu savoir, moi aussi, ce qu'il en était.

C'est à Valence, dans la grande maison Tampier, m'a-t-on dit, que le saint-péray se traite le plus grandement et avec les soins les plus étudiés, et c'est de là qu'il part en plus grande quantité pour l'Egypte, l'Inde, les colonies anglaises et l'Angleterre, où il commence à prendre faveur, à cause, paraît-il, de ses qualités, qui en font un vin sec et chaleureux.

M. Auguste Luchet, un des amis de mon père, qui était un maître dégustateur et un écrivain apprécié en matière vinicole, vantait, en 1861, les qualités exceptionnelles du saint-péray-tampier.

C'est donc là que j'ai été, et nous avons été reçus on ne peut mieux, par les plus aimables gens. Si, en revenant du Médoc, tu passes à Bordeaux, je t'engage vivement à aller visiter la grande maison que la famille Tampier y possède, que dis-je? les deux grandes maisons, car il y a là deux frères, des plus estimés, et chez lesquels vous trouverez un excellent acccueil et les renseignements les plus exacts et les plus variés sur le sujet si curieux de la vigne, pour lequel je sens grandir mon intérêt à mesure que je parcours tous ces

Transport de la vendange au pressoir.

beaux pays dont elle faisait la prospérité, et dont elle la fera encore, si l'horrible bête, maintenant devenue mon ennemie intime, finit enfin par disparaître.

Petit pressoir de M. Girent, à Soyons.

Les propriétaires récoltent leur raisin et l'apportent à leurs pressoirs, qui sont d'une construction fort simple.

Suivant les années, on égrappe la vendange ou on ne l'égrappe pas; lorsque l'année n'a pas été favorable, la grappe est verte et peut donner de l'acidité au vin; il est donc nécessaire de l'éliminer; dans les années chaudes, la grappe est sèche, et sa présence n'est pas nuisible.

Je m'admire moi-même. Tu vois que je parle comme un viticulteur ou une viticultrice. Ce que c'est pourtant que d'écouter et de voir!

* * *

Le raisin est pressé, et le jus, filtré en sortant du pressoir, est immédiatement mis en tonneau, où il opère sa fermentation.

C'est ainsi qu'on l'apporte dans la maison Tampier, et dans toutes celles où l'on fait le vin mousseux. On met les tonneaux en cave fraîche, pour arrêter la fermentation, et on les laisse tout l'hiver et une partie du printemps, jusqu'au moment où, l'action de la séve commençant dans la vigne, la fermentation se dispose à reprendre dans le vin.

Le vin est collé. On le remonte dans les ateliers au-dessus des caves. On fait les cuvées en mélangeant adroitement, comme en Champagne, les différentes provenances du pays, puis on remplit les bouteilles où la fermentation arrêtée doit reprendre et produire la mousse.

* * *

Les bouteilles sont bouchées et closes avec soin, car la mousse du saintpéray est terrible, et, la bataille de la mousse finie, il y a bien des bouteilles sur le carreau.

On m'a montré un champ de bataille jonché de victimes dont le sang coulait largement à travers les rigoles ménagées dans le sol.

On m'a même défendu de me promener entre ces bataillons. Il y a des bouteilles qui éclatent comme des obus, me dit-on, et qui envoient trop loin des éclats parfois dangereux.

* * *

Au bout d'un certain temps, il s'est formé un nuage épais et visqueux au milieu du vin. On sait par suite que c'est la mousse qui se forme.

C'est alors que les bouteilles sont changées de place. On les met la tête en bas, avec un angle de 45 degrés, sur des tables carrées à plusieurs planches superposées et qui ressemblent à des étagères.

Là, des hommes sont chargés chaque jour de visiter une à une chacune de ces bouteilles et de leur imprimer un mouvement que l'on appelle le coup de poignet.

Étagères pour le saint péray mousseux.

Ce mouvement bizarre est destiné à faire tomber dans le goulot et sur le bouchon le dépôt formé au milieu de la bouteille.

C'est l'affaire de six semaines environ de visites quotidiennes. Enfin, le dépôt est tout entier descendu sur le bouchon.

On dégorge alors, c'est-à-dire que l'on fait sauter le premier bouchon, qui s'échappe avec le dépôt. Ce qui reste du vin est clair et limpide.

Dégorgeage, dosage et bouchage (maison Tampier, à Valence).

C'est alors que, suivant les goûts du pays auquel l'envoi est destiné, on met dans la bouteille plus ou moins de liqueur, composée de vin blanc et de sucre candi. Cela se fait comme en Champagne.

On rebouche avec soin, on ficelle, on met le bouchon dans les fers, puis on chaperonne d'or ou d'argent la bouteille, on colle les étiquettes, et l'on emballe pour tous les pays et buveurs bénévoles.

Voilà ce que j'ai vu de point en point. Mais quelle armée de bouteilles de toutes sortes, non-seulement du saint-péray, mais de toutes les autres richesses du pays : Hermitage, Côte-Rôtie, Cornas, Chassis, Saint-Georges, Châteauneuf-du-Pape, etc., sans compter les bordeaux et les bourgogne! Un véritable musée.

Qu'est-ce qu'on peut faire de tout cela?

Quant à moi, au dessert, le soir, j'ai demandé du saint-péray le plus sucré possible; c'est mon goût, comme le tien, et j'ai bu de tout mon cœur à la santé de ma petite Jeanne. C'était excellent.

Bien à toi.

LOUISE.

Coteaux de l'Hermitage. (Vue du chemin de fer.)

TAIN, L'HERMITAGE, CHASSIS, SAINT-GEORGES

Me voici de retour à Tain, chère petite Jeanne, et je me trouve au moment des vendanges.

Nous habitons chez une excellente sœur de mon père, une tante de L***, qui possède la plus charmante petite propriété que tu puisses imaginer. C'est une ancienne demeure seigneuriale, reconstruite probablement sous Louis XIII, et qui se trouve bâtie sur les bords du Rhône au levant, regardant les côtes de l'Ardèche. Devant les fenêtres, et de l'autre côté du fleuve, s'étage d'une façon des plus pittoresques la jolie petite ville de Tournon, surmontée du vieux château des comtes de Tournon, campé sur le haut d'un rocher escarpé, et flanqué de vieilles tours à caractère.

Une d'elles, la plus élevée, est surmontée d'une statue de la Sainte Vierge, qui semble bénir le pays et les coteaux célèbres qui s'étendent devant elle.

Tout cela vu du parc qui longe le Rhône, lorsque l'on est assis à l'ombre des vieux arbres semés çà et là sur les grandes pelouses décorées de corbeilles de fleurs, est d'un aspect charmant et grand à la fois.

* * *

Nous arrivons à propos, les vendangeurs sont à leur poste, et les pressoirs, depuis deux ou trois jours, commencent à faire chanter gaiement leurs treuils et leurs cabestans.

Dans les rues de Tain, on croise à chaque instant, traînées par des bœufs, des mulets ou des petits chevaux du pays, des charrettes chargées de compostes pleines de vendange, qui viennent s'arrêter près des maisons où se trouvent les pressoirs, laissent leurs charges, et vont en chercher de nouvelles.

* * *

Je n'aime pas à voir ces pauvres bœufs, la tête tristement baissée sous le joug et se poussant mélancoliquement l'un l'autre en avançant à pas lents sur la route.

On comprend l'expression de joug passée à l'état d'image douloureuse dans le langage figuré.

Aussi je viens de voir avec une sorte de plaisir un attelage tout différent : c'est une jolie petite vache, d'une charmante couleur fauve, au mufle rosé et aux hanches blanches, qui s'avance allégrement, ses jolies petites cornes

noires fièrement dressées au-dessus de la tête qu'elle porte haute et libre, car elle n'a pas de joug. Un petit harnais coquet l'attache au char qu'elle traîne, docile à la voix de son conducteur et sans peine, bien qu'il contienne une dizaine de petits tonneaux pleins de grappes nouvellement cueillies.

Elle avait l'air si heureux en comparaison de ses pauvres oncles les bœufs, courbés si douloureusement sous leur terrible morceau de bois, que cela m'a tout à fait réjoui.

Tu vas me dire que je suis une bonne âme. Que veux-tu? Mais ne trouves-tu pas qu'il est fâcheux d'imposer aux pauvres animaux des souffrances qu'il est possible de leur éviter?

Il y a pour eux une Société protectrice que je promets de visiter à leur intention cet hiver.

* *

Tu sais que les côtes de l'Hermitage sont célèbres dans le monde entier, et cela depuis plusieurs siècles. Tu te rappelles, au couvent, dans la classe bleue, comme nous avons appris par cœur le fameux repas de Boileau, dans lequel il est parlé

> D'un auvernat fumeux qui, mêlé de lignage,
> Se vendait chez Crenet pour vin de l'Hermitage.

On commençait donc déjà à contrefaire le vin de l'Hermitage, ce qui est un indice certain du succès qu'il obtenait alors, et qui ne l'a pas abandonné depuis.

C'est, dit-on, un des plus grands vins de France.

Ce qui, par malheur, ne l'a pas plus protégé du phylloxera que s'il était de la simple piquette.

C'est désolant, et le pays tout entier est au désespoir. Un grand propriétaire de l'endroit vient de nous dire que cette année il n'y aura pas le quart de la récolte de l'année dernière, et il craint qu'il n'y en ait plus l'année prochaine.

* *

Quel dommage ce serait! On vient de nous en offrir qui date d'une quarantaine d'années au moins. Pour ma part, bien que je n'aime guère le vin rouge, je l'ai trouvé excellent. Quant à mon père, un gourmet comme tu sais, il laissait échapper à chaque gorgée des exclamations admiratives, qui faisaient épanouir de satisfaction le visage du propriétaire. On a fait venir pour moi personnellement un vin particulier de l'Hermitage que l'on appelle *vin de paille*, et qui m'a ravie. C'est du soleil en gouttes, du soleil *parfumé*. Notre cher rivesaltes n'est rien auprès de ce *vin de paille*.

* * *

Nous avons été tout naturellement nous joindre aux vendangeurs et aux vendangeuses, du côté des côtes où poussent, ou plutôt où poussaient il y a quelques années, ces vignes précieuses.

Je dois dire que l'aspect du paysage manque éminemment de gaieté de ce côté. Ces vignobles renommés sont précieusement entourés de grands murs blanchâtres, percés çà et là de portes pour donner accès aux vignerons ou aux vendangeurs. On est obligé de marcher longtemps entre ces boyaux tristes, n'ayant rien autre chose à contempler que des moellons et de monotones ruelles qui se croisent. C'est affreux, et ne semble pas prouver une confiance aveugle du propriétaire en l'honnêteté du bon public.

Nous avons franchi une des portes au seuil desquelles les chars attendent les charges de vendange que l'on descend des coteaux.

Tous ces coteaux, qui s'élèvent jusqu'à environ cent soixante mètres au-dessus du niveau du Rhône, sont exposés au midi, et leur pente est assez rapide pour que l'on soit obligé de soutenir la terre avec de petits murs placés de distance en distance, et plus ou moins rapprochés, suivant l'inclinaison du terrain.

Deux espèces de cépages sont cultivés sur ces coteaux : pour le vin rouge, la *grosse* et la *petite siras*, et pour le vin blanc, le *marsane* et la *roussane*.

LÉGENDE ET HISTOIRE DE L'HERMITAGE

Une petite chapelle de style roman s'élève tout en haut du coteau auquel elle donne son nom; c'est la chapelle de l'Hermitage.

A cet endroit jadis, dans une grotte creusée au flanc du coteau, habitait un saint ermite. C'était au treizième siècle. Les bénédictins de Saint-André-le-Bas, qui avaient transformé un vieux temple d'Hercule placé au point culminant du pays en un oratoire consacré à saint Christophe, furent avisés un jour, le 12 mai de l'an 1225, par un document signé de la reine Blanche, d'avoir à recueillir un noble chevalier, qui cherchait la retraite et se consacrait à Dieu.

Trompé dans ses affections, désabusé des hommes et des richesses auxquelles sa naissance et son rang le réservaient, le très-haut et puissant seigneur Henri-Gaspard de Stereinsberg venait demander à la prière et à la solitude le repos et le calme qu'il n'avait pu trouver dans le tumulte des cours et le fracas des armes.

« Ce n'était plus, dit l'abbé Vincent dans sa notice savante sur la ville de
« Tain, le gentilhomme à la riche armure, au casque étincelant; il avait
« laissé derrière lui la gloire et la fortune, il se faisait humble et petit.

« Nouvel anachorète, il demandait au travail des mains la subsistance de
« chaque jour. Avec sa longue robe blanche, on eût dit une ombre, un
« fantôme évoqué du tombeau et venant achever sur la terre une dernière
« expiation.

« Trente ans il vécut ainsi et s'éteignit un jour dans le Seigneur, laissant
« dans le pays une sainte renommée. »

Avant de mourir, dit la tradition, il avait laissé sur la terre habitée si longtemps par lui l'origine d'une fortune à venir.

Il avait fait la guerre en Terre sainte, et compagnon d'armes de Henri de Lusignan, devenu roi de Chypre, il avait rapporté de son voyage quelques-uns de ces plants qui ont rendu célèbre le vin de cette île.

Ce sont ces plants qui, plus tard, cultivés avec soin, sont connus, m'assure-t-on, sous le nom de la *petite syra*, et qui produisent les vins si renommés qui font la gloire de l'Hermitage.

* * *

La ville de Tain vécut longtemps sous la domination des barons de Tournon. Le dernier comte de Tournon mourut en 1644, laissant son apanage, ses terres et ses fiefs aux Lévis-Ventadour, d'où sortait sa mère.

Des Lévis, par le mariage d'Anne de Lévis avec Hercule Mériadec de Rohan, prince de Soubise, en 1694, Tain passa aux Soubise.

Puis enfin, en 1783, Charles de Rohan vendait la seigneurie de Tain à messire Jean-Antoine de Mure, seigneur de Larnage, d'Humilian et de la maison forte d'Erpieux.

La famille des seigneurs de Larnage habite encore la ville de Tain, et, après avoir perdu les anciennes prérogatives que lui a enlevées la révolution de 1789, elle a dû nous conserver pieusement celle qui consiste à faire dans le pays tout le bien qu'une charité religieuse et éclairée peut suggérer à des âmes généreuses.

Ainsi, à deux kilomètres de Tain, sur des terrains à eux appartenant, ils ont fondé, sous le nom d'asile des Teppes, une maison hospitalière destinée à soulager les personnes atteintes de ce mal épouvantable que l'on appelle l'épilepsie, en leur appliquant, sans rétribution aucune, l'efficace remède le *gallium,* petite plante qui pousse au milieu des vignobles de l'Hermitage qui leur appartiennent encore, et que leur famille appliquait et distribuait depuis un temps immémorial.

Il y a des moments dans l'année où la distribution de ce précieux remède attire à Tain, de tous les côtés de la France et de l'étranger, de véritables et nombreux pèlerinages.

Cent quarante malades à demeure, parmi lesquels un quart d'indigents, y trouvent les soins donnés par vingt-quatre sœurs de charité, un aumônier, un médecin et un pharmacien.

Aussi le nom de Larnage est-il des plus aimés et respectés dans le pays, et c'est justice.

* * *

C'est au clos de l'Hermitage, qui appartient à cette famille, que nous avons été naturellement conduits à faire nos dévotions vinicoles; car je ne veux pas passer dans ce pays célèbre sans te dire comment s'y conduit notre chère vigne, l'objet de nos investigations cette année, comment on la travaille et ce qu'on en fait.

Ainsi que je te l'ai déjà dit, les coteaux sont très-escarpés; les vignes, plantées par étages sur les rampes de ce coteau, exigent des soins particuliers et manuels qui, dans les vignobles bien aménagés comme ceux de la famille de Larnage, reviennent à environ mille francs l'hectare. Les charrettes et les charrues ne peuvent gravir les pentes; il faut donc notamment que le fumier destiné à la vigne soit porté à dos d'homme, et c'est un système de panier qui sert à cet usage, le même système étant employé aussi pour descendre la vendange que les femmes coupent à mesure dans leurs petits paniers.

La vendange, une fois coupée et rapportée aux pressoirs, est montée à bras d'homme au premier étage, où sont les cuves.

TAIN, COTEAUX DE L'HERMITAGE

VENDANGEURS

TAIN, COTEAUX DE L'HERMITAGE

Hottes particulières au pays pour porter en haut les terres descendues par les pluies ou les fumures. Servant aussi pour descendre les vendanges aux chais qui attendent au bas des coteaux.

On jette le raisin dans un égrappoir ; les hommes pétrissent le raisin, qui laisse sa grappe sur le dessus de la claie ; le grain et le vin coulent dans les

Égrappoir à l'Hermitage (cuvier de M. le comte de Larnage).

larges cuves dont l'orifice est béant à la hauteur du plancher, et le corps se trouve à l'étage inférieur.

Quand la cuve est pleine, la fermentation s'établit. Deux fois par jour les

Foulage à l'Hermitage (cuvier de M. le comte de Larnage).

vignerons descendent dans la cuve, les pieds et les jambes nus, et foulent le raisin pendant un mois et même jusqu'à quarante jours.

Puis, après ce temps, que le vigneron apprécie suivant la température et la qualité de la vendange, on retire le vin de la cuve et on le place dans des tonneaux de deux hectolitres. Puis on pressure le marc après le tirage de la cuve, et l'on répartit également le vin des premières presses dans les tonneaux.

Pour le vin blanc produit par le cépage *la roussane,* on presse immédiatement après l'égrappage, et, comme pour tous les vins blancs, on met tout de suite le jus filtré en tonneau, où il accomplit sa fermentation.

Les vins de l'Hermitage sont, disent les gens spéciaux, d'une solidité et

Pressoir à l'Hermitage (cuvier de M. le comte de Larnage).

d'une longévité remarquables. Ils n'ont besoin, pour se conserver un nombre infini d'années, que d'être remplis et soutirés deux fois par an; encore se passeraient-ils à la rigueur de ces soins.

C'est à l'excellent cépage la *petite syra* que les vins doivent cet avantage inappréciable de supporter toutes les négligences, le froid, le chaud, le vide, sans pour ainsi dire en être altérés.

Outre la partie de l'Hermitage, une des meilleures qui appartiennent à la famille de Larnage, il en est d'autres à peu près équivalentes, qui sont, entre autres, la propriété de M. Monnier de la Sizeranne et de la famille Bergier, dont le nom est bien connu des voyageurs, qui lisent, au passage du train, le nom de *Cuvée Bergier,* qui flamboie sur le mur en lettres de trois mètres de hauteur.

**

Ces vins si recherchés seront-ils détruits, comme on le craint, par le phylloxera? Espérons que l'on trouvera quelque jour un remède plus efficace que ceux préconisés jusqu'alors, et qui ont produit de si pauvres résultats.

Un habile médecin et propriétaire du pays, le docteur Tournaire, assure qu'il a trouvé un excellent moyen pour détruire le phylloxera, ou, du moins, pour aider à le faire disparaître, c'est-à-dire l'*éphylloxerage*, une mesure qui correspond à celle de l'*échenillage*, et qui consiste à badigeonner la partie des ceps sur laquelle le phylloxera dépose ses œufs en se servant d'un large pinceau enduit d'une substance insecticide qui n'est autre que le lait de chaux pur ou additionné de suie de cheminée, de goudron de houille ou de toute autre substance empyreumatique.

Voici, du reste, la pétition qu'il adresse au plus bénévole ou au plus intelligent des ministres, parmi ceux qui se succéderont sur le fauteuil du ministère de l'agriculture :

SI J'ÉTAIS MINISTRE

« Donc, si j'étais ministre, ou, pour parler plus convenablement, si j'avais l'insigne honneur d'être écouté de S. Exc. M. le ministre de l'agriculture, je le supplierais de vouloir bien prendre immédiatement un arrêté ainsi motivé :

« Considérant qu'il est de toute évidence que dans un avenir prochain une des sources de la fortune publique de la France va être tarie ; que le phylloxera, après avoir anéanti la vigne dans plusieurs départements du Midi, ne saurait tarder à envahir tous les vignobles de la République ;

« Considérant que celle-ci risque à ce jeu de perdre trois ou quatre cents millions par an de ses meilleurs impôts, et que les propriétaires viticulteurs sont non moins intéressés que l'État à guérir ou à préserver leurs vignes ;

« Attendu que personne jusqu'ici ne s'est plaint que le Ministre outrepasse ses pouvoirs et attente au droit de propriété, parce qu'il ordonne au maître de museler son chien, au propriétaire de blanchir la façade de sa maison, au locataire d'en balayer et arroser le devant, au cultivateur de détruire les nids de chenilles, etc. ;

« Attendu qu'il est démontré aujourd'hui, par des tentatives infructueuses, qu'aucun remède ne peut efficacement et économiquement tuer le phylloxera en terre, mais qu'il nous est communiqué un procédé simple et facile pour arriver à ce résultat, lequel consiste à renoncer à une guerre offensive, pour s'en tenir seulement à la défensive ; qu'il faut surtout préserver les nouveaux plants et faire, sur les autres, ce que les médecins appellent de la *prophylaxie*, etc.,

« Arrête :

« Article premier. — Tout propriétaire de vignes phylloxérées ou non phylloxérées sera tenu d'en arracher les ceps, ou de les badigeonner au moins, une fois l'an à l'époque et de la manière désignées (en février ou mars), avec un lait de chaux pur ou additionné de suie de cheminée, de goudron de houille, etc.

« Art. 2. — Il sera institué, dans chaque localité, un syndicat de propriétaires intéressés qui veilleront à la bonne application du remède, et au besoin le feront appliquer aux frais des propriétaires négligents. Les frais, tenus en bonne note, en seront prélevés sur le prix de la récolte à venir, ou portés sur le rôle des contributions du délinquant, etc., etc.

« Docteur Tournaire,
« de Tain (Drôme) ».

On prétend, dit le docteur Tournaire, que le phylloxera nous arrive par l'importation de plants venus d'Amérique. Voilà donc un insecte américain naturalisé français; triste cadeau que nous envoie ce nouveau monde pour qui la vieille Europe a tant fait.

Pourtant, si le phylloxera avait de tout temps existé chez nous? Si ce n'était là qu'un parasite ordinaire de la vigne, comme le sont la pyrale, l'écrivain et autres? Qui sait?

Il a été découvert, dans la bibliothèque d'un vieux curé de campagne du pays, un ancien manuscrit ou *Livre de raison* dans lequel l'auteur raconte qu'au siècle dernier les vignes de Provence avaient presque toutes péri. La singulière maladie dont elles étaient atteintes avait son siége dans les racines, et la plante extérieurement ne présentait d'autres symptômes qu'un dépérissement d'abord, et la mort ensuite. Le nom du phylloxera n'y est pas prononcé; c'est dommage. Mais si quelqu'un soutenait que c'était là une épidémie analogue à celle dont nous souffrons si cruellement aujourd'hui, qui pourrait le convaincre d'erreur?

En somme, cette épidémie a disparu un jour comme toutes les épidémies. Cela donne d'abord quelque espoir pour l'avenir, si l'on profite des enseignements du passé.

Puisse le docteur être bon prophète en son pays; les autres en profiteront.

***

Les vins de l'Hermitage ne sont pas les seuls dont s'enorgueillissent Tain, Tournon et le département; la *petite* et la *grosse syra*, la *marsane* et la

LÉGENDE ET HISTOIRE DE L'HERMITAGE.

roussane sont plantées dans tous les environs; *Crozes, Mercurol, Saillans, Chassis* produisent de très-bons vins de seconde classe, qui participent des qualités de l'hermitage à des degrés quelque peu inférieurs.

Égrappoir, à Tain (cuvier de M. Calvé).

Une grande maison de Tain traite dans ses établissements, fort bien aménagés, les vendanges des environs de la ville, et nous avons examiné avec

Cuvier de M. Calvé.

curiosité cette fabrication très-intéressante et conduite avec un soin des plus grands.

C'est la maison Calvé, l'une des maisons importantes de Bordeaux, où elle amène ces vins de la Drôme, dont la vinosité est très-supérieure, et qui passaient jadis pour apporter aux grands vins de Bordeaux, auxquels on les mélangeait, des qualités de solidité dont ils étaient parfois privés dans les années médiocres. Je ne sais s'il en est encore ainsi, mais on me dit que ces vins, surtout les vins de *Crozes*, se font suffisamment estimer par eux-mêmes.

Ici, à Tain, tout le monde est propriétaire; mais il est des gens qui, ayant une petite vigne, n'ont pas de pressoir pour obtenir le jus de leur raisin.

Je viens de voir un engin, sorte d'omnibus employé dans le pays pour obvier à cet inconvénient.

Pressoir mobile et omnibus, à Tain.

De loin, je prenais la chose, qui est montée sur quatre roues et traînée par un mulet ou un bœuf, pour une pièce de canon.

Travail du pressoir mobile.

De près, je n'ai pas eu trop de peine à découvrir la mission de cet appareil bizarre.

On l'amène devant la maison qui a réclamé son service, on ouvre la partie supérieure, qui se développe sur une sorte de charnière; on verse la vendange dans le cylindre à claire-voie, puis on fait fonctionner une vis extérieure. Celle-ci, en tournant, appuie sur une pièce de bois qui exerce une pression très-forte sur le raisin renfermé dans le cylindre.

Le jus exprimé est recueilli dans des comportes ou des tonneaux.

Et l'opération terminée contre le prix de 60 centimes par pièce de vin, la presse-omnibus va s'installer chez le voisin, et continue ainsi tous les jours jusqu'à la fin des vendanges.

Tout ce petit manége est très-curieux et des plus intéressants à voir fonctionner.

Il paraît que, malgré la modicité du prix, les propriétaires de cette artillerie vinicole et les paysans y trouvent leur compte, car ces artilleurs ne savent à qui entendre.

C'est quelque chose comme ces *bouilleurs de cru* ambulants, que nous

Bouilleurs de cru ambulants.

avons rencontrés dans l'Aude et dans l'Hérault, et qui courent les campagnes chez les paysans qui n'ont pas d'alambic pour brûler le vin dont ils veulent tirer l'eau-de-vie.

* *

Voilà, chère amie, le résultat de mes petites observations dans ce beau pays; le Rhône vaut bien la Gironde, l'hermitage vaut bien le laffitte, et le paysage vaut mieux. Tu vois que je subis l'influence du terrain.

J'oubliais de te dire que nous avons profité l'autre jour d'une partie en famille pour aller visiter le fameux cru de *Côte-Rôtie*, tout près d'Ampuis, celui de *Château-Grillet* et de *Condrieu*, qui donnent des vins blancs très-renommés. Tout cela m'a paru traité exactement comme à l'Hermitage, et je n'ai pas trouvé de différences appréciables avec Tain et les environs, ni dans la façon de disposer les cépages, ni dans la façon de faire le vin.

* * *

C'est étonnant comme je deviens sérieuse et comme cela m'intéresse de faire des observations. Maintenant les vendanges vont être à peu près finies partout; ces messieurs, nos pères et nos frères, vont chasser à droite et à gauche.

Je vais reporter mes études sur ces messieurs; il y en a de toutes sortes, de tant de provenances, de crus si bizarres; quelques-uns, mais bien rares, de grande qualité; d'autres, en plus grand nombre, si vulgaires et si plats. Ajoutons, entre nous, que ce ne sont pas les moins prétentieux.

Adieu, chère; nous causerons de tout cela cet hiver au cotillon.

Louise.

LA BOURGOGNE

LES VIGNES DE MACON ET DU BEAUJOLAIS

M. Christian de K... à M. A. d'A..., à Paris.

Dijon, novembre 1877.

Cher ami, quel beau et ravissant pays je viens de parcourir ! Suivant ma promesse, je vous envoie quelques notes et croquis, mais je ne peux que vous donner un faible aperçu. Heureux si je puis du moins vous suggérer le désir de faire vous-même le voyage, et d'éprouver personnellement la joie que j'ai ressentie à voir de près toutes ces richesses et ces merveilles ! Quand je serai de retour en Danemark, croyez-le, je ne penserai pas sans une vive émotion à cette joyeuse et riche Bourgogne, comme j'aurai toujours mon âme et mon esprit tendus affectueusement vers la France, que je me ferai la joie de parcourir tout entière, et vers Paris.

.*.

Les vignes du Mâconnais et du Beaujolais produisent des vins connus dans le commerce sous le nom de *vins de Mâcon*. On les estime plus comme bons vins d'ordinaire que comme vins fins, bien qu'il s'en présente quelques-uns dont les qualités sont fort appréciées, tels que le *moulin à vent*, le *thorins*, de la commune de *Romanèche*, à douze ou quinze kilomètres de Mâcon, et le *chenas*, contigu au *thorins*. Au château de *Chenas*, qui appartient à la sympathique famille Delahante, l'une des plus considérables du pays, une exploitation vinicole des mieux entendues produit un vin très-apprécié pour son bouquet particulier, son corps et sa couleur.

Les vignes de *Fleury* donnent des vins aimables et légers, qui jouissent d'une véritable considération parmi ceux que donnent les coteaux du Mâconnais et du Beaujolais, dont les produits se répandent par toute la France comme vins de choix parmi ceux de consommation courante.

Les cépages le plus généralement cultivés sont : en rouge, le *bourguignon*, qui produit les meilleurs vins ; le *chanay*, qui en produit d'excellents, et la *bronde*.

En blanc, le *chardonnay*, qui produit les bons vins de *Pouilly*; le *bourguignon* et le *gamet*.

LE PREMIER VIN DE MACON A PARIS

Il n'y a pas longtemps que le vin de Mâcon a fait pour la première fois son apparition à Paris, où la renommée des grands vins de la Côte-d'Or était cependant assise depuis longtemps, grâce aux moines de Cîteaux, qui leur avaient donné une réputation européenne.

Voici la légende telle que nous la trouvons racontée sur les premiers débuts, à Paris, du vin de Mâcon :

Au commencement du dix-septième siècle encore, Paris et la cour ne buvaient que les vins de l'Auxois et de l'Orléanais. C'est un vigneron de Charnay, petit village près de Mâcon, qui jeta les bases de ce commerce. Ce vigneron s'appelait Claude Brosse. En 1660, le beaujolais et le mâconnais n'avaient d'autres débouchés que la consommation locale et celle des pays environnants, formant un cercle fort restreint. La culture de la vigne était négligée. Le vin ne se vendait pas. Claude Brosse, qui avait une cave bien garnie, conçut le hardi projet d'aller dans la capitale chercher un débouché à sa récolte. Il mit deux pièces de son meilleur vin sur une charrette, attela à cette charrette les bœufs les plus robustes de son écurie, et se mit en route pour Paris.

C'était un homme d'une stature colossale et d'un caractère énergique. Il fit respecter sa marchandise en la couvrant, comme d'un pavillon, de son poing fermé, le meilleur argument sur les grandes routes, à cette époque; et le trente-troisième jour de son voyage, il entrait à Paris.

La semaine suivante, la messe du Roi, qu'on célébrait à Versailles, fut troublée par un curieux incident. Lorsque l'officiant arriva à un moment de la cérémonie durant lequel les assistants devaient être à genoux, le Roi, promenant son regard sur la foule, remarqua une tête d'homme qui dépassait toutes les autres. Il supposa qu'un des assistants était resté debout. Il ordonna à un de ses officiers d'aller faire agenouiller cet irrespectueux personnage. L'officier revint quelques instants après annoncer au Roi que l'homme qui avait attiré son attention était réellement agenouillé, mais que sa haute taille avait pu causer l'erreur de Sa Majesté. Louis XIV ordonna que cet homme lui fût amené à l'issue de la messe.

Une heure après, on introduisit auprès du Roi Claude Brosse, vêtu comme les paysans du Mâconnais, coiffé d'un large feutre et la poitrine couverte d'un grand tablier de peau blanche qui descendait jusqu'aux genoux, ne laissant voir que les jambes chaussées de longues guêtres de toile grise.

— Quel motif vous amène à Paris? dit le Roi.

Claude Brosse fit un beau salut et répondit, sans se troubler, qu'il arrivait de Bourgogne, avec un char traîné par des bœufs, amenant avec lui deux tonneaux de vin. Ce vin était excellent, et il espérait le vendre à quelque grand seigneur. Le Roi voulut le goûter sur-le-champ. Il le trouva bien supérieur à ceux de Suresnes et de Beaugency, qu'on buvait à la cour. Tous les courtisans demandèrent alors à Claude Brosse des vins de Mâcon, et l'intelligent vigneron passa le reste de sa vie à transporter et à vendre à Paris les produits de ses vignobles.

Le commerce des vins de Mâcon était fondé.

Aujourd'hui, ce commerce jette chaque année six à huit cent mille hectolitres de vins sur la place de Paris.

Sans compter tous ceux que l'on y vend à l'abri de son étiquette; car à Paris, comme marchandise courante, après le gros vin, le vin qui gratte et qui plaît aux gosiers populaires, il n'y a que deux vins, le vin de Bordeaux et le vin de Mâcon.

Il y a loin de là, comme on le voit, aux deux tonneaux du vigneron de Charnay.

Saint-Point (dernière demeure de Lamartine).

MACON

Macon présente aux yeux une ville médiocre d'aspect, et offre aux consommateurs des petits vins aimables, quoique médiocres de goût; mais il est un nom qui rayonne lumineux au-dessus de toutes ces vignes modestes qui peuplent les coteaux environnants.

Ce nom est celui de Lamartine.

La statue anguleuse, emphatique, qui, placée sur la place publique, livre à un vent fictif les plis tourmentés de son manteau de bronze, ne satisfait pas la pensée de ceux qui rêvent à cette sublime poésie, à ce grand esprit, à ce grand cœur, descendu, par la fatalité des temps, sur le sol mouvant et rocailleux de la politique.

La robe blanche du poëte s'est brutalement déchirée aux ronces du chemin. Et le poëte n'a pas eu la consolation de voir comprendre par ses contemporains le sacrifice qu'il faisait en la livrant, par amour du pays, aux douloureuses épines d'un calvaire qu'il pouvait éviter.

« Je crois, pour ma part, écrivait un jour Dumas fils, que Lamartine
« est le plus grand homme des temps modernes, et je ne le compare pas, je
« le sépare. Pour le moment, il est plus que mort; il est oublié, il est
« inconnu à ceux qui vont en avant. Sa résurrection sera éblouissante. Quand
« aura-t-elle lieu? »

Je suis complétement de l'avis de ce judicieux et brillant esprit, et j'éprouve comme une humiliation à voir se prolonger si longtemps cette ingratitude et cet oubli.

Le château de Saint-Point, asile favori de Lamartine, est à quelques lieues de Mâcon, au milieu des vignes et des vignerons dont le poëte aimait à s'entourer.

Et voilà comme il le décrit :

« En quittant le lit de la Saône, creusé au milieu de vertes prairies et sous les fertiles coteaux de Mâcon, et en se dirigeant vers la petite ville et vers les ruines de l'antique abbaye de Cluny, où mourut Abélard, on suit une route montueuse à travers les ondulations d'un sol qui commence à s'enfler à l'œil comme les premières vagues d'une mer montante. A droite et à gauche blanchissent des hameaux au milieu des vignes. Au-dessus de ces hameaux, des montagnes nues et sans culture étendent en pentes rapides et rocailleuses des pelouses grises où l'on distingue, comme des points blancs, de rares troupeaux. Toutes ces montagnes sont couronnées de quelques masses de rochers qui sortent de terre, et dont les dents, usées par le temps et par les vents, présentent à l'œil les formes et les déchirures de vieux châteaux démantelés. En suivant la route qui circule autour de la base de ces collines, à environ deux heures de marche de la ville, on trouve à gauche un petit chemin étroit, voilé de saules, qui descend dans les prés vers un ruisseau où l'on entend perpétuellement battre la roue du moulin. Ce chemin serpente un moment sous les aunes, à côté du ruisseau, qui le prend aussi pour lit quand les eaux courantes sont un peu grossies par les pluies; puis on traverse l'eau sur un petit pont, et l'on s'élève par une pente tournoyante, mais rapide, vers des masures couvertes de tuiles rouges, qu'on voit groupées au-dessus de soi, sur un petit plateau. C'est notre village. Un clocher de pierres grises, en forme de pyramide, y surmonte sept ou huit maisons de paysans. Le chemin pierreux s'y glisse de porte en porte entre ces chaumières. Au bout de ce chemin, on arrive à une porte un peu plus haute et un peu plus large que les autres; c'est celle de la cour au fond de laquelle se cache la maison de mon père. »

* *

La description était parfaite; nous l'avons constaté *de visu*, et nous avons été nous incliner avec respect devant la tombe de celui qui l'avait consignée dans son œuvre avec une émotion filiale.

Avec nous était un Parisien d'une cinquantaine d'années, qui venait faire comme nous ce pieux pèlerinage.

— Je tenais à venir offrir cet hommage au grand poëte qui fut aussi un grand citoyen, nous disait-il. Né à Paris, j'ai assisté douloureusement à toutes les convulsions qui ont signalé le milieu de notre siècle. En mars 1848, j'étais place de l'Hôtel-de-Ville au moment où les forcenés qui, eux ou leurs fils, ont brûlé plus tard cet édifice, venaient pour y arborer le drapeau rouge et peut-être l'incendier ; je l'ai vu s'avancer courageusement au-devant d'eux, et les dompter par l'attitude de son énergie et de sa parole.

Vingt-trois ans plus tard, en mars 1871, j'ai vu partir pour Versailles, muet et caché au fond d'une voiture, celui qui occupait alors la place de Lamartine, M. Thiers, fuyant devant le drapeau rouge des insurgés qui allaient brûler l'Hôtel de ville et tout ce qu'il y a de grand, de riche et de beau à Paris. Suivant les hommes, les dévouements ont leur mesure.

* * *

C'est un hommage de reconnaissance et d'admiration que je devais à la mémoire de Lamartine, et je le porte avec émotion devant sa tombe et devant la demeure où il se plaisait à vivre, et où il eût voulu mourir

LA COTE-D'OR

Dijon est certes une ville remarquable. Elle a des allures de capitale qui la distinguent tout particulièrement entre toutes les autres. Rien qu'à voir le palais des ducs de Bourgogne, qui, vers la fin du dix-septième siècle, est venu se greffer sur le vieux château, dont il reste la célèbre tour de Bar, la grande tour de la Terrasse, la grande salle des gardes, et les salles voûtées du rez-de-chaussée, on sent que l'on est sur un sol puissant, fécond et riche.

Dijon est la capitale de la Bourgogne.

_ *

L'histoire de la Bourgogne a été féconde comme son sol, et quand on fouille dans le passé, on retrouve non-seulement les annales les plus brillantes, mais aussi, et surtout à partir du moment où la Bourgogne fit partie intégrante de la France, une série d'enfants dont la France et l'humanité tout entière ne peuvent que s'enorgueillir.

La vigne bourguignonne a été de tout temps, ou du moins depuis les temps les plus reculés, une richesse et une puissance.

Il semble que la supériorité de cette nature qui produit des vins si excellents et si renommés agisse parallèlement sur les êtres qui naissent à côté d'eux sur ce sol privilégié.

Il y a dans ce pays, si favorisé pour les grands crus qui s'y groupent, une influence qui agit en même temps sur la production et le développement des intelligences.

A partir de saint Bernard, qui entraîna par sa parole tous les hommes de son siècle, on rencontre l'un des plus grands écrivains et orateurs de la langue française, Bossuet; l'inimitable madame de Sévigné, Buffon, le naturaliste, le grand poëte Lamartine, Rameau, le musicien; Piron, Crébillon, Sedaine, Cazotte, l'illustre savant Monge, le président de Brosses, Vauban, Desperriers, Longepierre, les peintres Greuze et Prudhon, Daubenton, Guyton-Morveau, Carnot, Junot, Marmont, etc., etc., échantillons variés et célèbres de ce grand cru bourguignon. Le soleil se plaît ici à mûrir les esprits comme à mûrir les vins, et ces derniers paraissent exercer une haute influence sur ceux qui les boivent. C'est l'occasion de répéter plus que jamais :

Dis-moi ce que tu bois, je te dirai ce que tu es.

* * *

On ne saurait néanmoins conclure qu'il suffit de boire assidûment du romanée-conti, du chambertin ou du montrachet, pour parler comme Bossuet, écrire comme Buffon, madame de Sévigné ou Lamartine, avoir l'esprit de Piron, savoir comme Monge ou Daubenton, peindre comme Greuze ou Prudhon; mais, en bonne conscience, il est permis de croire que la familiarité de ces grands hommes avec leurs compatriotes les grands vins n'a pu que contribuer à leur épanouissement, et que la terre possède de précieuses effluves destinées à exercer la plus puissante action sur les uns et sur les autres.

* * *

Quand le voyageur qui suit le chemin de fer de Lyon a passé Dijon, se dirigeant vers le Midi, il traverse successivement les stations de Gevrey, Chambertin, Vougeot, Nuits, Beaune, Meursault. Cette chaîne non interrompue de montagnes pendant une dizaine de lieues, c'est la *Côte-d'Or*.

Du même âge que moi, et encore meilleur.

Chacun de ces villages qui s'y encaissent à de si courts intervalles porte un nom célèbre cher aux gourmets.

Tous les grands crus sont situés à mi-côte. C'est là, en effet, que le soleil agit avec plus d'intensité, là aussi que le terrain est assez profond pour fournir à la vigne toute la séve nécessaire; le vin perd de sa qualité à mesure qu'on s'éloigne du centre, soit en montant, soit en descendant.

In medio stat virtus,

comme eût dit Jules Janin, si, comme démonstration, on lui eût fait goûter, ainsi qu'à nous, le grand *montrachet,* un chef-d'œuvre, dont le cru est placé au centre du coteau, après le *chevalier montrachet,* qui s'étale au-dessus, et le *bâtard montrachet,* qui pousse au-dessous.

PLANTS ET CÉPAGES, LE PINOT ET LE GAMET

Les cépages le plus généralement cultivés sont : en rouges, le *noirien* et le *pinot,* qui peuplent seuls la presque totalité des vignes où l'on recueille les vins fins; le *gamet,* cépage très-productif, qui produit les vins communs.

En blancs : le *chaudenay,* qui fait les meilleurs vins; le *pinot blanc,* le *narbonne* ou *chasselas,* et aussi le *gamet,* qui, en rouge comme en blanc, ne donne que des qualités inférieures, mais en grande quantité.

***

Aussi l'*infâme gamet,* qui remplaçait la qualité par la quantité, est depuis des siècles voué au mépris des gens de haute culture et de fine bouche.

Dès le treizième siècle, ce cépage démocratique envahissait tellement la Bourgogne, aux dépens des nobles cépages qui en faisaient la gloire, que les communes vinicoles adressèrent leurs plaintes en haut lieu, déclarant que les vignes de la plaine leur faisaient une concurrence désastreuse, et que la production de vins inférieurs discréditait les bons vins de Bourgogne et aidait trop souvent à tromper le marchand étranger.

Aussi, en 1395, parut l'ordonnance célèbre du duc de Bourgogne, Philippe le Hardi, qui, touché de ces plaintes et du mauvais effet produit par cette culture, proscrit le *très mauvais et très desloyal plant nommé gamet, produisant vin, lequel est moult nuysible à créature humaine,* et ordonne de le couper et l'arracher partout où il se trouve, dans l'espace d'un mois, sous peine de soixante sous tournois d'amende pour chacune ouvrée de vignes.

* * *

Des ordonnances nombreuses se succédèrent de siècle en siècle sans pouvoir extraire cet infâme *gamet*, et cela jusqu'à la Révolution française, où on lui jeta définitivement la bride sur le cou.

La crainte de cet amoindrissement de qualité se compliquait encore de la crainte d'une abondance trop grande de culture, qui enlevait du terrain aux céréales et surtout au froment. La difficulté des moyens de communication ajoutait encore à cette crainte et contribuait à abaisser les prix, qui cessaient d'être suffisamment rémunérateurs pour les vins fins, dont la production est toujours en quantité relativement petite.

Maintenant le gamet, *l'infâme*, triomphe impuni, et s'étale sans façon sur les pentes inférieures, et jusque bien avant dans la plaine. Heureusement les chemins de fer et les canaux permettent qu'il s'en aille au loin porter ses produits à bon marché.

Le *gamet*, populaire à la fin du *siècle* dernier, a fait, lui aussi, sa révolution aux dépens de l'aristocratie des *pinots* et des coteaux.

Puisse-t-il ne pas l'étouffer un jour dans les replis de ses sarments vulgaires! C'est du moins le vœu que nous autres étrangers, admirateurs indépendants de tout ce qui est beau et bien chez vous, nous ne saurions trop formuler.

Pour nous, dix litres de gamet ne vaudront jamais un flacon de romanée-conti ou de chambertin, de même que dix ignorants ne seront jamais préférables à un savant, pas plus que dix imbéciles à un seul homme d'esprit.

CÔTES DE NUITS, GEVREY, CHAMBERTIN

Je vous ai déjà raconté comment, dans ce délicieux et charmant pays de Bourgogne, on rencontre des hommes accueillants, aimables, instruits, et sachant faire merveilleusement les honneurs aux étrangers.

Nous tenons donc beaucoup à remercier ici notamment M. Paul Guillemot, de Dijon, le très-intelligent œnologue, propriétaire de Chambertin, et M. Bourgeois, de Beaune, à la fois savant archéologue et habile viniculteur de Volnay, Pomard et Montrachet.

C'est grâce à eux et à leur connaissance profonde du pays que nous avons pu voir et réunir en ce petit cadre le tableau si intéressant qu'ils ont bien voulu nous mettre sous les yeux.

La Côte-d'Or peut être partagée en deux catégories désignées par le nom des villes qui leur servent de point central, Nuits et Beaune. Nous commençons par la côte de Nuits.

* * *

La côte de Nuits présente, comme principaux vins de son écrin, Romanée, Vougeot, Chambertin, Musigny, la Tâche, Clos-de-Tart, Richebourg, Vosne, Saint-Georges, Chambolle, Preincore, Morey, et, autour de ces crus illustres, une quantité de crus secondaires et peu connus en dehors du pays, qui leur servent de satellites.

* * *

Quand on sort de Dijon par cette jolie route qui longe les bâtiments de la Grande-Chartreuse, où s'élève le curieux monument connu sous le nom de *Puits de Moïse,* on trouve sur la droite les premières assises de la côte bourguignonne si célèbre sous le nom de côte d'Or.

On appelle climat, en Bourgogne, les expositions variées qu'habitent les crus.

Un des premiers climats que l'on rencontre à la sortie de Dijon et au commencement de la côte produit des vins blancs qui ne manquent pas de mérite.

On commençait la vendange; la côte, située sur des pentes assez rapides, présentait au regard les vendangeuses, jeunes ou vieilles, coupant le raisin dans de petits paniers, qu'elles versaient ensuite dans de plus grands, portés par des hommes. Parfois un vent indiscret venait se jouer à travers les pampres, et ne se gênait pas pour déranger en même temps ou soulever sans façon les jupes des femmes, courbées attentivement sur les vignes.

Ce climat s'appelle le climat de *Montrecul,* nous dit M. Guillemot. Cette dénomination est quelque peu gauloise, mais nos pères bourguignons n'y regardaient pas de si près.

Du reste, vous voyez qu'ils n'avaient pas tort.

Le langage de la vérité peut avoir ses privautés, comme en a son costume. Nous nous sommes contentés de nous détourner en rougissant. Quant aux vendangeuses, nous devons dire qu'elles ont continué tranquillement leur besogne, sans se retourner le moins du monde, et que nous n'avons même pas vu un seul instant leur visage.

* *

Nous sommes remontés en voiture, nous avons traversé Chenove, donnant un coup d'œil à deux anciens vignobles très-connus jadis, et maintenant déchus pour cause de gamet, le *clos du Roi* et le *Chapitre*.

A peu de distance se trouve Fixin, célèbre dans le pays par les *Échesseaux,* et surtout le *clos Napoléon,* qui appartenait jadis au commandant Noisot.

Au-dessus de son vignoble, qui produit des vins assez estimés, le commandant Noisot, un vieux brave qui avait servi sous l'Empire et accompagné Napoléon Ier dans la plupart des dernières guerres de 1806 à 1815, a consacré de ses deniers un remarquable monument au souvenir de son chef.

Un chemin tracé dans le bois conduit le visiteur à une place ménagée au milieu des arbres. Au centre, le regard s'arrête sur la statue de Napoléon Ier. Cette statue est l'œuvre de Rude, le grand sculpteur de notre siècle.

Napoléon Ier est représenté se relevant de son tombeau où il est couché; il écarte le suaire et le manteau de bronze qui le couvrent encore à demi, et se soulève avec un mouvement magnifique, comme pour reprendre en main son épée qui gisait à ses pieds.

C'est une belle et grande œuvre du vieux Rude. Le commandant Noisot, en mourant, a laissé à la commune de Fixin la statue, le bois, la maison du garde, et de quoi tout entretenir.

* *

GEVREY, CHAMBERTIN

Après Fixin, la voiture nous conduit rapidement à Brochon, où l'on nous montre le clos de *Crébillon,* qui ne fournit pas un vin bien remarquable, mais qui a le mérite d'avoir appartenu à Prosper Jolyot, le poëte tragique, lequel, né à Dijon et possesseur de ce clos, fut connu sous le nom de son fief et rendit célèbre le nom de Crébillon.

Quelques tours de roue, et nous sommes à Gevrey, c'est-à-dire à Chambertin.

Chambertin! saluons.

Qui n'a entendu parler du chambertin?

Il a été chanté sur tous les airs, et dans les opéras-comiques et dans les vaudevilles.

<blockquote>Ah! c'est vraiment du chambertin!</blockquote>

s'écrie le chœur ravi en choquant les verres avec enthousiasme. Nul peut-être en Bourgogne ne possède de renommée plus populaire et plus universelle.

Il fut honoré de la faveur particulière des ducs, des rois et des empereurs. On sait que c'était le vin préféré de l'empereur Napoléon Ier, et que sa provision de chambertin était la compagne obligée de ses voyages et de ses campagnes.

Le climat de Chambertin, ainsi que l'on s'exprime dans le pays, possède les plus merveilleuses annales de noblesse que puisse ambitionner un cru de qualité.

Ses produits ont-ils figuré aux croisades, je l'ignore, et c'est parfaitement possible; en tout cas, dès l'année 630, le duc Amalgaire faisait donation de cette terre, avec celle de Gevrey, à l'abbaye de Bèze. Le clos de Bèze, soigné merveilleusement par les moines de l'abbaye, dut son mérite supérieur à ces religieux, comme partout ailleurs, du reste, en Bourgogne; les grands crus sont redevables de leur supériorité à ces gens qui prenaient tout à fait au sérieux la parabole du Christ, et travaillaient religieusement à la vigne du Seigneur.

Près de ce clos de Bèze, un paysan nommé Bertin fut frappé de l'exposition parfaite de son champ pour la culture de la vigne, et planta son champ des mêmes cépages acclimatés dans le clos des religieux de Bèze. Ce champ, qui donna bientôt des produits excellents, prit le nom de *Champ-Bertin,* plus tard *Chambertin,* et les deux climats réunis par les moines qui firent l'acquisition du Champ-Bertin furent vendus au chapitre de Langres en 1210.

Du chapitre de Langres, le clos devenu de plus en plus célèbre sous le nom de Chambertin passa entre les mains de nombreux propriétaires, pour arriver enfin entre celles de M. Paul Guillemot, le possesseur actuel de presque tout, et qui vient de nous présenter cette vigne accomplie avec toute l'orgueilleuse modestie d'un amant épris et heureux.

La jolie, la charmante vigne, messeigneurs! Comme le pinot y est vigoureux, ferme, bien tourné vers le midi, buvant ardemment tout le jour les baisers du soleil, produisant en trop petit nombre, hélas! de merveilleuses petites grappes noires, aux grains bien espacés, couverts harmonieusement de leur riche patine d'un bleu chaud et sombre, sucrés, embaumés, vigoureux !

Allez, après cette promenade, savourer chez l'aimable amphitryon un chambertin, je ne dirai pas âgé de douze ou quinze printemps, mais de douze ou quinze automnes, et vous comprendrez le succès du chambertin, non-seulement dans les opéras-comiques et les vaudevilles, mais sur de plus grandes scènes.

Qui sait, nous disait un fantaisiste de voyage avec nous, si la campagne de Russie n'eut pas une plus heureuse issue pour Napoléon Ier parce que, dans la première déroute, il avait perdu son chambertin ? Les grands effets ont souvent de plus petites causes.

* * *

La grande finesse et la grande valeur du cru se sont limitées, quoi qu'on ait pu faire, à ce clos de Bèze-Chambertin, qui comprend vingt-sept hectares environ. Cela tient sans doute non-seulement à l'ancienneté de la plantation du plant Pinot, qui n'a jamais changé, mais aussi à la nature particulière du sol et à l'exposition complétement favorable.

Les climats tout à fait voisins, plantés des mêmes cépages, soignés de la même façon, produisent un vin d'une qualité secondaire, et dont l'arome et le bouquet ne sauraient entrer en comparaison avec le vin du véritable Bèze-Chambertin.

Cela n'empêche pas les vins de Gevrey d'être de très-bons vins de Bourgogne, et je vous recommanderai spécialement ceux qui appartiennent à la famille Bernard, une famille qui a le droit de s'enorgueillir de son nom, dans un pays où saint Bernard était prophète, et qui récolte dans ses vignes, soigneusement plantées du plus pur pinot-chambertin, un des meilleurs vins de l'endroit.

* * *

A Morcy, nous visitons le *Clos de Tart*, encore un cru dû aux maisons monastiques auxquelles la Côte-d'Or doit ses plus heureuses fondations vinicoles. La famille Marey-Monge, qui est une des plus riches du pays, possède ce clos, et un certain nombre d'autres crus importants.

Maison d'exploitation et celliers du Musigny, à M. le marquis de Vogüé (Chambolle).

MUSIGNY

Après Morey se trouve *Chambolle*, où brillent d'une façon particulière les *musigny*, tête de cuvée de premier ordre, comme disent les habitants.

Les *musigny* appartiennent en grande partie à la famille de Vogüé.

Derrière l'église Notre-Dame, à Dijon, se trouve un hôtel ravissant, dans le goût le plus délicat et le plus fin de la Renaissance.

Le vin de *Musigny* et le style de l'hôtel offrent entre eux des rapports d'un caractère incontestable.

Le musigny est un des vins les plus charmants de la Côte-d'Or et le premier de Chambolle.

Quant à l'hôtel, il est le premier, le plus fin et le plus artistique de tout Dijon et de toute la Bourgogne.

Il devrait être le Musée de Cluny de la ville de Dijon; il est habité par d'humbles locataires, qui doivent être tout étonnés de loger au milieu de

Portail de l'hôtel de Vogüé, à Dijon.

pareils trésors d'architecture et de ciselures, si toutefois ils s'en aperçoivent.

La maison d'exploitation de Chambolle où se fait le musigny est moins séduisante comme aspect, mais elle doit rapporter davantage.

UNE VIEILLE CHRONIQUE DE VOUGEOT

En quittant Morey, on trouve Vougeot, et l'on contemple ce clos merveilleux et ces bâtiments que nous avons déjà parcourus avec le plus vif intérêt.

A ce sujet, M. Paul Guillemot nous raconte une légende dont il ne nous avait pas parlé dans notre dernier voyage :

« Lorsque l'abbé de Cîteaux décida la construction du château actuel où se trouvent englobés les vieux celliers, il confia l'exécution des plans à un moine, de beaucoup de mérite comme architecte. Après un travail long et étudié, ce moine vint présenter à l'abbé son plan complet, exécuté avec tout le soin désirable. Il était fier de son œuvre et déclarait que ce plan réalisait ce qu'il y avait de plus parfait dans le style demandé, et ferait le plus grand honneur à la fois à l'auteur et à l'abbaye.

« L'abbé, pensif et sévère, prit le plan des mains du moine, en lui disant qu'il recevrait prochainement l'avis du conseil.

« Un mois après, le moine fut appelé près de l'abbé-prieur de Cîteaux. Le plan avait en effet été soumis au conseil, puis remis à un autre moine, qui, suivant l'ordre supérieur, avait cruellement modifié le plan, brisant les lignes, torturant les escaliers, perçant des portes et des fenêtres mal à propos, semant l'œuvre de fautes nombreuses et grossières.

« — Mon fils, dit l'abbé en remettant ce plan au moine confondu, voici votre plan; vous allez le signer et l'exécuter ainsi, afin que, jusqu'aux temps les plus reculés, on voie votre nom attaché à cette œuvre, et que vous soyez ainsi puni à jamais de votre péché d'orgueil. »

Le pauvre moine fut forcé de signer le plan et de l'exécuter sous le contrôle implacable du chapitre. Il en mourut, dit-on, de repentir, ou bien plutôt de chagrin.

Et c'est ainsi que l'on constate dans l'exécution du monument, très-curieux et très-pittoresque en dépit des précautions du sévère abbé, des fautes qui font l'ébahissement des architectes.

Le plan signé par le pauvre moine existe encore, dit-on, aux archives de l'ancienne abbaye de Cîteaux, conservées à la Bibliothèque de Dijon.

La Romanée.

VOSNE, LA ROMANÉE-CONTI, ROMANÉE-SAINT-VIVANT
LA TACHE, RICHEBOURG

Après Flagey, où se trouve le cru estimé des Grands Échezeaux, nous arrivons à Vosne, la région de la Côte-d'Or où se rencontrent le plus de crus exceptionnels, et en tête le cru de la *Romanée*, le premier sans contredit des vins rouges de la Côte-d'Or.

Nous avons parcouru ces vignes célèbres avec tout le respect que peut susciter la gourmandise la plus éveillée.

Le pinot est naturellement le cépage en vigueur. Sur cette terre privilégiée, la grappe, rare, hélas! est ornée de petits grains ronds bien séparés les uns des autres, d'une belle couleur d'un bleu noir chaud, couverte, comme les ailes du papillon, de cet harmonieux et fin pastel bleu doré qui en duvète les contours.

Le goût en est fin, délicat et parfumé. Aussi quel vin! mais ce n'est pas pour toutes les bouches. Quand le château-laffitte et le château-margaux, les rivaux du médoc, donnent par année chacun deux cents tonneaux environ de leur vin, la Romanée-Conti en produit au plus une douzaine.

Cette antique propriété, qui était primitivement, comme tous les grands crus de la Côte-d'Or, celle des moines, — ceux-là étaient la propriété des moines de Saint-Vivant, — fut achetée par la famille de Croonenbourg, qui la posséda pendant plusieurs siècles.

Le prince de Conti, au commencement du siècle dernier, obtint la cession

DÉGUSTATION

— Il y a du sucre ?
— Du sucre ! Peut-on dire, monsieur Paul ! Je n'en ai pas mis tant seulement un seul morceau !...
— Je m'en doute bien. Mais le sucre est si traître ! On n'a pas plutôt le dos tourné qu'il en arrive tout de suite une centaine de kilos qui viennent se cacher dans une cuvée ! Il faut se méfier. Vous vendrez ça à un confiseur, ma bonne dame.

de ce cru moyennant 80,000 livres et 100 louis de chaîne, ce qui était un prix énorme pour le temps.

« Louis XV, dans ses dernières années, ayant été traité de la fistule, fut
« réduit à un état déplorable et inquiétant. Les médecins s'assemblèrent pour
« trouver les moyens de ranimer ses forces. Ils furent d'avis que le remède
« le plus efficace était de choisir les plus excellents vins vieux de la côte de
« Nuits et de Beaune. On en fit emplète, le malade en fit usage, et sa santé
« fut promptement rétablie. Celui de la *Romanée* opérait, sans contredit, les
« plus grandes merveilles. »

Ce vin devint alors célèbre à la cour de France, et lorsque le prince de Conti, par suite, en fit l'acquisition, il le réserva pour lui pendant tout le temps où il en fut propriétaire. Ce vin disparut donc du commerce jusqu'au moment où le cru, devenu bien national, fut vendu 112,000 livres à un spéculateur de Paris; il passa depuis entre les mains de M. Ouvrard; — la dernière vente est montée à 300,000 francs.

Cette pièce de vigne de Romanée, célèbre depuis plusieurs siècles par la qualité exquise du vin qu'elle produit, est placée dans la position la plus avantageuse pour que le fruit obtienne sa plus parfaite maturité.

Plus élevée à l'occident qu'à l'orient, elle se présente aux premiers rayons du soleil et les conserve jusqu'à son déclin, ce qui fait qu'elle profite de toutes les heures favorables.

La qualité du terrain possède sans doute une condition particulière et tout à fait inappréciable, sauf par la qualité du produit. Car le clos de *Romanée-Saint-Vivant*, qui s'étend au-dessous et n'est séparé que par un chemin, le clos de la *Tâche* et celui de *Richebourg*, qui sont situés à ses côtés et n'en sont séparés que par une clôture, bien qu'ayant de merveilleuses qualités, sont encore notoirement au-dessous pour la finesse, la délicatesse et le parfum.

Pressoir du clos de Tart, à M. Marey-Monge.

COMMENT ON FAIT LE VIN EN BOURGOGNE

Sur toute notre route on faisait la vendange. Comme partout, des troupes de travailleurs viennent des montagnes voisines et des départements à céréales, où la récolte est faite, pour aider à celle qui est à faire.

Jadis il y avait ce qu'on appelait alors un *ban de vendange*, c'est-à-dire que les magistrats et autorités se réunissaient, et décidaient quel était le jour fixé pour la vendange.

Sautenay, Chassagne, Puligny, Meursault, Monthelie, Volnay, Pomard, Beaune, Savigny, Pernant et Aloxe se réunissaient à *Beaune*.

Comblanchin, Premour, Nuits, Vosne, Vougeot, Flagey, à *Nuits*.

Chambolle, Morey, Gevrey, Brochon, Fixin, Fixey et Conchey, à *Gevrey*.

Marsenay, Chenove, Dijon, etc., à *Dijon*.

La résolution prise était affichée, et nul ne devait s'y soustraire.

Depuis 1832 à 1835, cette habitude a été supprimée, et le ban des vendanges aboli; chacun des propriétaires agit à sa guise et suivant le conseil de ses intérêts.

* *

Le jour de la vendange fixé par le propriétaire, les vendangeurs et vendangeuses sont à leur poste. Le raisin est coupé et mis dans les petits paniers qui se versent dans de plus grands paniers à deux corps, que portent les hommes, pour les verser dans les *balonges* placées sur les charrettes.

LE BAN DES VENDANGES

— Mon ami, Pierre dira ce qu'il voudra : le raisin est très-bon, il attendra encore un peu. C'est ma fête lundi, on vendangera lundi.
— Parfait.

Dans certaines localités comme Sautenay, Chassagne, Saint-Aubin, la vendange est mise dans des hottes, puis versée dans des tonneaux défoncés,

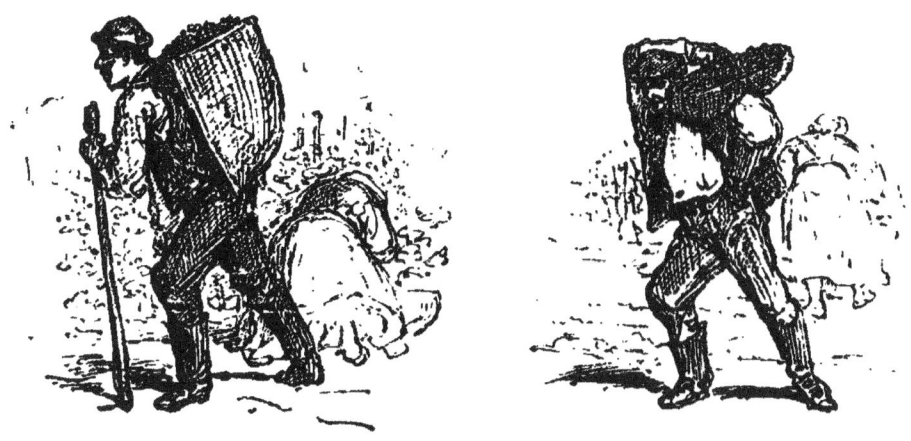

Vendangeurs bourguignons.

placés au bas des vignes, où ils pressurent les raisins et les écrasent, pour les vider ensuite dans les balonges.

Arrivées au pressoir, les balonges sont vidées dans les cuves.

* * *

Quelques heures après, la fermentation commence à se manifester. Le *chapeau* ne tarde pas à se former, c'est-à-dire les grappes, les pellicules séparées des raisins verts ou entiers. Il faut de temps en temps refouler le

chapeau, pour qu'il ne s'aigrisse pas au contact de l'air et n'acidifie pas le reste de la cuvée. Lorsque la chaleur a diminué, on procède au *foulage*.

Foulage à la cuve.

Un ou deux hommes entrent complétement nus dans la cuve, écrasant les raisins encore entiers, font descendre dans la cuve les parties inférieures du plateau et le mélangent aussi exactement que possible avec le moût.

Cette opération a pour résultat de redonner à la fermentation une nouvelle activité.

On laisse cuver plus ou moins, suivant la nature de l'année ou la maturité des raisins ; cela varie en Bourgogne de cinq à quinze jours au plus.

Quelque temps après, cette fermentation s'éteint, et l'on décuve, c'est-à-dire, on vide le vin qui est dans la cuve, et l'on en remplit des tonneaux disposés à l'avance.

Puis on prend, avec des pelles ou vases de bois, le marc qui est porté sur le matis de la presse, ou l'on fait à l'aide de la pelle ce qu'on appelle le sac. Ce sac est recouvert de madriers et pièces de bois, d'un plateau sur lequel agit la vis mue par des sortes de cabestans ; des engrenages font fonctionner la vis ou bien le levier, comme à l'ancien pressoir des moines au clos Vougeot.

Le vin qui découle alors est le vin de première *serrée*.

A deux heures d'intervalle on pratique encore, et toujours avec le même mode d'action, deux autres pressurages qui donnent les vins de seconde et de troisième serrée.

Une quatrième serrée, qui donne un liquide faible et peu coloré, se nomme vin de presse.

Ces vins sont portés dans les tonneaux, à mesure qu'ils sont pressés.

Le premier jus de la cuve étant ordinairement des trois quarts du produit total, on laisse tout d'abord en vidange dans chaque futaille un quart de sa contenance, afin d'égaliser les qualités de chaque pièce au moyen des divers vins de presse.

* * *

Le vin ainsi placé dans les tonneaux fermente encore ; on le laisse placé bonde dessus, et l'on remplace à mesure par du vin de même qualité le vin de la pièce rejeté par la fermentation, ou évanoui par l'évaporation.

Puis, la fermentation étant arrêtée, on ferme la bonde.

Après cinq ou six mois, on *soutire,* c'est-à-dire, on transvase le vin dans d'autres tonneaux ; la meilleure manière consiste à employer des siphons, qui ne troublent pas le vin et ne dérangent pas la lie.

Puis on *colle,* c'est-à-dire, on emploie une substance comme l'albumine, qui, insoluble dans le vin et plus lourde que lui, fait comme un réseau qui entraîne au fond et avec la lie toutes les substances et matières en suspension.

Chaque année l'on soutire avec les mêmes précautions, et l'on remplit régulièrement la pièce avec les mêmes vins pour combler les vides de la lie abandonnée et des évaporations.

Dans les pays où l'on ne peut avoir le même vin, on remplit les vides du tonneau avec des cailloux siliceux bien lavés, qui déplacent une quantité de liquide équivalent à leur volume. Cela vaut mieux que de remplir avec des vins de qualités ou de pays différents.

Au bout de quatre ans on met en bouteilles, et on laisse vieillir pour boire en temps utile.

Au bout de dix ans, le vin a généralement atteint son degré satisfaisant. On a vu du *chambertin* de quarante ans, et du *beaune* de plus de cinquante ans, avoir conservé le summum de qualité, de force et de finesse que l'on puisse demander à ces excellents produits. Le bourgogne sait mieux vieillir que le bordeaux.

Une coutume déplorable, suivant l'avis des hommes compétents qui s'occupent de viticulture, semble s'être établie dans différents crus de Bourgogne.

M. Paul Guillemot, en sa qualité de propriétaire très-expérimenté de Chambertin et de commerçant émérite de tous les meilleurs vins de la contrée, s'indigne de toutes ses forces contre cette sorte de tromperie, qui a son danger des plus réels pour l'avenir.

Les viticulteurs qui pensent remplacer utilement le sucre qui n'est pas donné par la maturité par un sucre étranger introduit dans la cuve produisent tout d'abord un vin qui semble plus souple, plus onctueux, plus doux et plus coloré.

Mais, pour le consommateur, ce vin *procédé,* comme on dit au pays, n'offre aucune sécurité. Dans le travail ordinaire, quand la fermentation a été bien menée, le sucre naturel de la grappe s'est tout entier transformé en alcool et a tout entier disparu. S'il en reste le moins du monde, le bouquet, ce charme du vin de prix, disparaît également. Adieu le bouquet!

Or, dans le sucrage artificiel, il reste toujours du sucre qui n'a jamais pu se transformer complètement.

Par suite, la fermentation n'est jamais complètement arrêtée, et il arrive que l'acheteur voit un beau jour son vin travailler, fermenter, se piquer ou prendre de l'acidité. C'est le sucre étranger qui agit, et cela ne finit jamais.

* *

Les vins ainsi *procédés* paraissent, de prime abord, meilleurs à ceux qui n'ont pas fait une étude approfondie en la matière; mais les dégustateurs du pays ne sauraient s'y tromper, et j'ai vu M. Paul Guillemot refuser énergiquement des cuves de vin qui paraissait excellent parce qu'il y avait été mis du sucre.

Ceux qui se livrent à ce travail, nous devons le dire, avouent ne pas le connaître plus que ceux qui, dans le Midi, ajoutent au vin de la fuchsine pour activer sa couleur; mais les gens bien entendus n'achètent pas les vins procédés et s'en trouvent bien.

* * *

Les vins blancs ne se font pas comme les vins rouges; ils ne cuvent pas, et sont mis tout de suite après filtrage dans des tonneaux neufs, où ils opèrent leur fermentation, et sont soignés après, ouillés, soutirés et collés comme les vins rouges.

* * *

Voilà la marche vinicole; elle est bien simple, mais que de petits soins, que de précautions et de précieux tours de main il faut employer pour bien réussir !

Ajoutez à cela qu'il faut un beau soleil, un bon terrain comme en France, des cépages choisis, une température convenable; sans cela on ferait partout d'excellents vins comme ceux de la Côte-d'Or, et pourtant on n'en fait et l'on ne peut en faire de pareils nulle part.

Rempart des Lions (Beaune).

COTE DE BEAUNE

Portail de l'hospice de Beaune.

Ainsi que nous l'avons dit, la côte d'Or se partage en deux parties : la côte de Nuits et la côte de Beaune.

Et ces deux côtes se disputent la prééminence en Bourgogne, ni plus ni moins que la côte du Médoc girondin dispute la palme vinicole à la côte d'Or bourguignonne.

La côte de Nuits invoque la Romanée, Chambertin, Vougeot, Richebourg.

La côte de Beaune fait avancer Corton, Pommard, Volnay et le grand Montrachet.

Pourquoi prendrions-nous parti entre ces deux supériorités recommandables l'une et l'autre à tant de titres également et diversement merveilleux? Nous n'en dirons rien pour le présent.

Mentionnons seulement la guerre qui existait jadis, et qui n'est pas tout à fait éteinte maintenant, entre les Beaunais et les Dijonnais, qui étaient et sont encore de la côte de Nuits.

**

Piron, l'auteur de la *Métromanie*, était, en qualité de Dijonnais, leur impitoyable ennemi.

Beaune était, depuis bien des années, célèbre par ses ânes. Ces ânes étaient-ils les animaux aux longues oreilles employés au transport de la culture et des vendanges? étaient-ils au contraire, ainsi que me le raconte le savant viticulteur et archéologue de Beaune, M. Bourgeois, de riches commerçants célèbres de Beaune au moyen âge, qui de leur nom s'appelaient Asne, et si estimés que, dans les réunions commerciales et foires des pays environnants, pour savoir si la réunion avait une importance, on se demandait :

— Les Asne de Beaune y étaient-ils?

Bref, les ânes de Beaune devinrent la notoriété du pays, et l'on affecta dans le pays dijonnais de confondre les habitants avec ces ânes si vantés.

Un bourgeois de Beaune devint un âne de Beaune.

Par suite des sarcasmes souvent répétés, la question devint tendue et s'envenima entre les deux villes rivales.

Un jour Piron, de passage à Beaune et dissertant avec des amis, s'amusait à grands coups de canne à abattre les têtes de chardons qui poussaient abondamment sur la route.

— Que faites-vous donc, Piron? demanda l'un des amis.

— Parbleu, dit Piron, je coupe les vivres aux gens de Beaune.

Cela fut dit naturellement de manière à être entendu de Beaunois qui étaient à portée.

Le mot fut répété et, rapproché de quelques autres plus cruels encore, exaspéra si bien les habitants qu'ils vinrent en troupe assiéger la maison où il couchait, déclarant qu'ils voulaient le pendre.

Il fut alors obligé de s'enfuir par une fenêtre, et sans avoir le temps de revêtir autre chose que ce qu'au temps de Racine on appelait le simple appareil.

**

Il est à croire que cela ne calma que modérément la dispute, mais servit au moins à l'éloigner. On ne combattit plus qu'à distance.

Beaune est une ville des plus curieuses avec ses remparts ruinés et à demi noyés dans les lierres, ses vieilles maisons gothiques, sa cathédrale avec un porche d'un grand caractère, et la promenade de style Louis XVI d'une belle tournure, qui fut bâtie en 1762 et que les habitants nomment le rempart des Lions.

Mais la curiosité et la merveille du pays est, à mon sens, l'hôpital de

Beaune, un bijou du quinzième siècle, d'une conservation parfaite; vieux bâtiment à cloîtres, à balcons, à jours, à tourelles et tourillons, à larges fenêtres ogivales, décorées de flèches et de clochetons, aux salles monumentales, chefs-d'œuvre de couleur et d'harmonie, aux tours d'un style à émerveiller tous les antiquaires, les bibeloteurs et les peintres.

Dans ces vieux bâtiments, dans ces grandes salles, il semble que l'on assiste à la vie d'autrefois : les religieuses demi-séculières qui font le service et prennent soin des malades n'ont pas la mise des religieuses ordinaires.

Leur costume est celui des bourgeoises du quinzième siècle, et elles ont continué traditionnellement à le porter tel qu'il était alors.

ACTEURS ET ACTRICES, 91. COSTUMES ET VISAGES.

RELIGIEUSE DE L'HOSPICE DE BEAUNE

Leur coiffure est le hennin du temps, avec les longs voiles bien drapés qui s'étagent gracieusement en arrière. Une coiffe blanche ceint le front et entoure le col et la gorge, comme dans les portraits de Marguerite de Bourgogne ; la robe de laine à larges et opulents plis est d'un bleu céleste, et la queue se relève avec grâce à l'aide d'une agrafe d'argent. Un tablier à bavolet blanc complète le costume et se marie heureusement au bleu de la robe et aux délicates transparences des voiles.

*.

C'est charmant à la fois et d'un grand caractère, et lorsqu'on parle à ces

femmes qui sont pour la plupart, jeunes ou vieilles, d'une belle tournure ou d'une réelle beauté, on se sent tout embarrassé d'être en horrible veston, en paletot, en chapeau rond, et de ne pas avoir mis son pourpoint de velours, ses chausses mi-parties, son manteau doublé de menu vair, son toquet empanaché, pour deviser quelques instants avec ces *haultes dames* et nobles damoiselles.

*.

Les salles où sont les malades et vieillards soignés par les religieuses sont d'une couleur saisissante ; le fond est peint de ce ton gris et doux cher aux peintres; les tentures, rideaux et couvre-pieds des lits sont de ce rouge éteint et chaud qu'affectionnait Titien. Sur ce fond sombre et calme, les ajustements bleus et blancs des religieuses se détachent avec la plus délicate har-

monie, et les têtes des vieillards ou celles des enfants, autour desquels elles s'empressent, prennent un caractère touchant d'œuvre d'art et de sentiment dont je n'avais jamais ressenti l'impression autre part.

Un peintre de talent n'aurait qu'à copier sincèrement pour faire un tableau de premier ordre.

* *

Les principaux revenus de cet hospice ou *hostel Dieu*, fondé en 1443, ainsi que le comporte l'exergue gravé sur la porte d'entrée, consistent dans une certaine quantité de climats de vigne situés sur le territoire de Beaune, de Corton, de Pommard et de Volnay. Aussi, tous les ans, le premier dimanche de novembre, après la vendange et la décuvaison, les propriétaires, les commerçants, les acheteurs, les dégustateurs émérites, se donnent rendez-vous à l'hôpital.

ACTEURS ET ACTRICES. 62.   COSTUMES ET VISAGES.

RELIGIEUSE POSTULANTE DE L'HOSPICE DE BEAUNE

Les grands restaurateurs de Paris ne manquent pas de venir à ce rendez-vous pour faire d'utiles et précieux achats.

On m'a montré Brébant, les deux frères Bignon, Bignon aîné, du café Riche, avec son fidèle Caradot, âgé de quatre-vingt-sept ans, le doyen des sommeliers de France, qui a passé et passe encore, me dit-on, pour l'un des plus fins dégustateurs dont on ait gardé le souvenir; Verdier, de la Maison Dorée; Delhomme, du café Anglais, et son fidèle Dugléré. L'eau vient à la bouche rien qu'à prononcer le nom de ces hommes précieux, que l'illustre Brillat-Savarin mettait bien au-dessus des politiques, des généraux et des savants.

N'est-ce pas lui qui disait : « La découverte d'un nouveau mets fait plus « pour le bonheur de l'humanité que la découverte d'une étoile ou celle d'un « continent, ou que le gain d'une victoire » ?

Enfin, tout ce monde est réuni dans une des cours de ce merveilleux hospice de Beaune.

Là, dans une des salles du rez-de-chaussée, sont rangés les échantillons de tous les crus célèbres environnants appartenant à l'hospice. Chacun des

DÉGUSTATEURS

CUVÉE SANTENOT DU MILIEU.
— Goûtez-moi ça!

— Eh bien, père Ropiteau!
— Dame, monsieur Bignon, ce sera un joli vin.

amateurs tend sa petite coupe d'argent, le vigneron de chaque cru donne à goûter, puis une sorte de commissaire-priseur met à prix le lot ou la cuvée.

Les prix de l'hôpital de Beaune servent de régulateur pour les différents crus de la Bourgogne, qui tiennent toujours leur distance en raison de leur notoriété particulière et varient proportionnellement en suivant l'échelle de crus classés, en raison de la nature de l'année et de l'excellence ou de la médiocrité de la récolte.

Un homme des plus curieux, et qui donne quelque gaieté à la réunion, est un vieillard nommé Delacroix, qui est chargé de balayer les cours de l'hospice. Comme il s'appelle Delacroix, et qu'il est toujours armé d'un balai, on l'a naturellement appelé le peintre. Les jours de grande cérémonie, comme celui de la dégustation générale à l'hospice, il revêt un coquet uniforme composé d'une sorte de redingote verte à boutons de métal, d'un pantalon de même couleur, et d'un chapeau tromblon de forme bizarre jadis noir, mais rougi par un long usage.

Depuis quarante ans, les vieux habitués qui viennent régulièrement chaque année à cette dégustation ne se souviennent pas d'avoir eu à constater une seule fois l'absence du bonhomme, de son habit vert et de son chapeau tromblon.

C'est toujours le même bonhomme, sa même tête et ses mêmes jambes tournantes, ses yeux de porcelaine en boule de loto, et sa même figure montée sur le même cou parcheminé. Il a toujours l'air d'avoir les mêmes quatre-vingt-dix ans.

Du reste, le grand peintre Delacroix, de Beaune, est un homme bien pensant; il donne avec verve des renseignements, goûte avec plaisir les différents crus, et reçoit avec grâce les pièces d'un franc et même celles de cinquante centimes.

Ce vieux bonhomme me paraît être l'enfant gâté des belles dames qui habitent l'hôtel.

Il semble né avec l'hôtel, être vieux et vermoulu comme lui; il vivra sans doute autant que lui.

ACTEURS ET ACTRICES. 93.   COSTUMES ET VISAGES.

LE GRAND PEINTRE DELACROIX

Attaché à l'hospice de Beaune.

LE PÈRE CARADOT

(DE CAFÉ RICHE)

DOYEN DES TONNELIERS DE FRANCE

Quatre-vingt-sept ans d'âge, quatre-vingts ans de cave, soixante-dix ans de bouteille !

LES VINS DE BEAUNE

Vinum Belnense sine more recense.

Ce que l'on ne saurait nier, c'est la célébrité des vins de la côte de Beaune, qui, d'après tous les documents, a précédé de beaucoup celle des autres climats de la Côte-d'Or.

Grégoire de Tours, au sixième siècle, les comparait au falerne.

Pétrarque attribue, en 1366, aux vins de Bourgogne l'obstination des cardinaux de ne pas retourner à Rome. « C'est, dit-il, qu'en Italie il n'y a
« point de vin de *Beaune,* et qu'ils ne croient pas même une vie heureuse
« sans cette liqueur; ils regardent ce vin comme un second élément et
« comme le nectar des dieux. »

Érasme, dans ses lettres, attribue notamment aux vins de Beaune la guérison de maux d'estomac, et en célèbre l'excellence.

Il voulut même s'établir en France, non pour y commander des armées, mais pour boire du vin de Beaune.

« O heureuse Bourgogne ! ajoutait-il alors, qui mérite d'être appelée la
« mère des hommes, puisqu'elle leur fournit de ses mamelles un si bon
« lait ! »

Sous Louis XIV, le médecin Fagon ayant prescrit au Roi, malade, les grands vins de Bourgogne, représentés par les vins de Beaune et de Romanée, de préférence aux vins rouges de Champagne, ce fut un médecin de Beaune, Hugon de Salnis, qui soutint une polémique ardente avec Lepescheur, médecin de Reims, lequel tenait pour l'ay et le bouzy, et fut vaincu par son confrère, au dire des juges et appréciateurs du temps.

A Paris, depuis longues années, le vin de Beaune était célèbre. Voici les couplets que l'on chantait alors au vieux temps chez les joyeux taverniers et dans les cabarets à la mode :

> Si j'avais le gosier large de cinq cents aunes,
> Et que la Seine fût de ce bon vin de Beaune,
> Je m'en irais dessous le pont,
> Je m'étendrais tout de mon long,
> Et je ferais descendre...
> La Seine dans mon ventre!

> Si le grand roi Henri voulait me le défendre,
> Et que dessous le pont m'empêchât de m'étendre,
> Je lui dirais : « Grand roi Henri,
> Je vous abandonne Paris,
> Paris et Vincennes...
> Mais laissez-moi la Seine! »

A Beaune vivaient jadis des moines de toute espèce, et les vieux monastères se rencontrent à chaque pas.

Dans un si bon pays, au ciel si clément, au vin si généreux, pourquoi leur reprocher de ne pas prendre leur part aux bienfaits du Créateur? Les templiers, les cordeliers et autres moines rabelaisiens ne s'en faisaient pas faute, suivant le proverbe bourguignon. Voici, du reste, une vieille chanson, que j'ai entendu chanter pieusement au dessert, en un festin de bons vivants, à Beaune :

> Boire en templier, c'est boire à plein gosier;
> Boire en cordelier, c'est vuider le cellier!

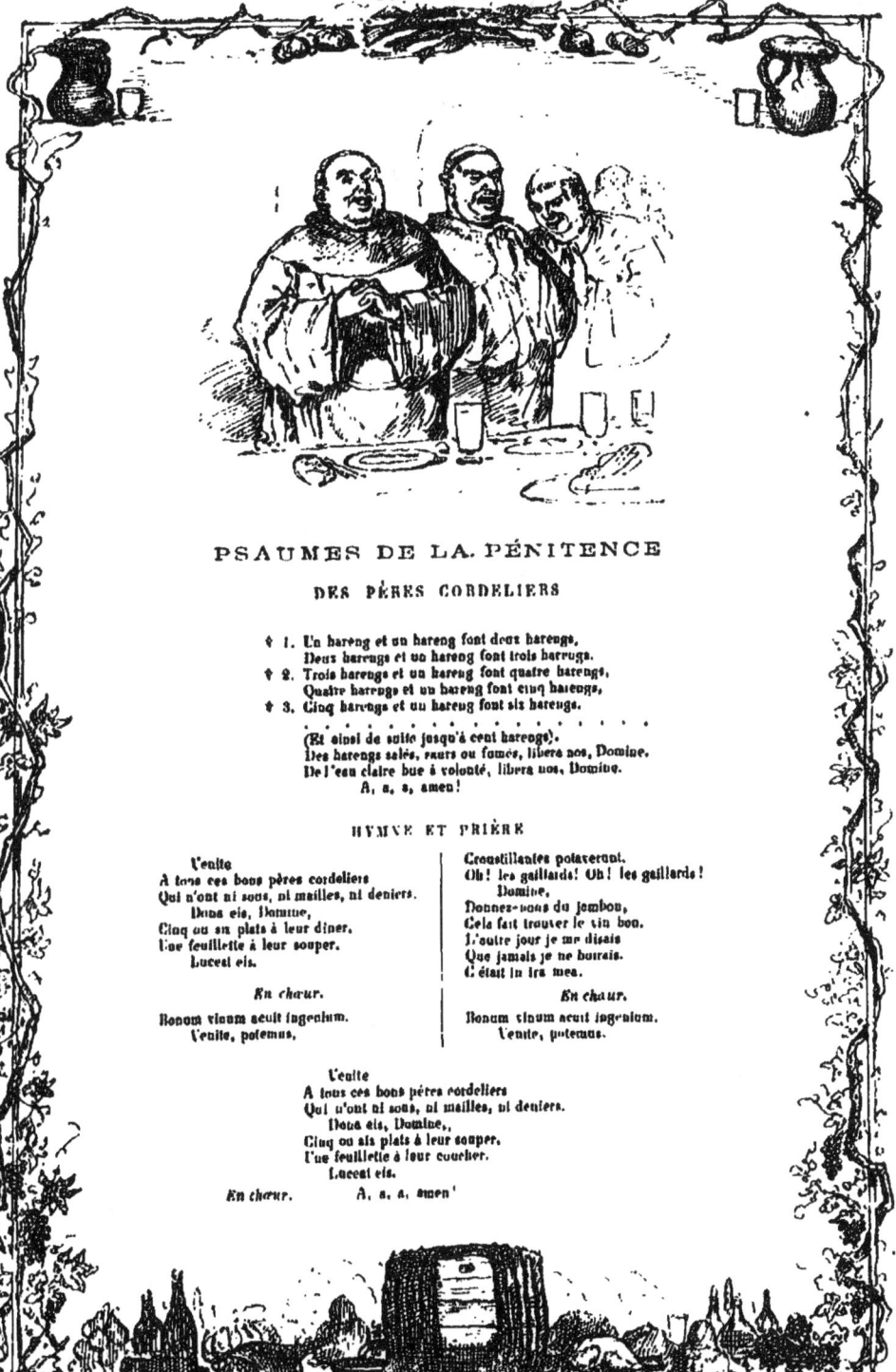

PSAUMES DE LA PÉNITENCE

DES PÈRES CORDELIERS

☦ 1. Un hareng et un hareng font deux harengs,
Deux harengs et un hareng font trois harengs.
☦ 2. Trois harengs et un hareng font quatre harengs,
Quatre harengs et un hareng font cinq harengs.
☦ 3. Cinq harengs et un hareng font six harengs.

(Et ainsi de suite jusqu'à cent harengs).
Des harengs salés, saurs ou fumés, libera nos, Domine.
De l'eau claire bue à volonté, libera nos, Domine.
A, a, a, amen !

HYMNE ET PRIÈRE

Venite
A tous ces bons pères cordeliers
Qui n'ont ni sous, ni mailles, ni deniers.
Dona eis, Domine,
Cinq ou six plats à leur dîner,
Une feuillette à leur souper.
Luceat eis.

En chœur.

Bonum vinum acuit ingenium.
Venite, potemus.

Croustillantes potaverunt.
Oh ! les gaillards ! Oh ! les gaillards !
Domine,
Donnez-nous du jambon,
Cela fait trouver le vin bon.
L'autre jour je me disais
Que jamais je ne boirais.
C'était in ira mea.

En chœur.

Bonum vinum acuit ingenium.
Venite, potemus.

Venite
A tous ces bons pères cordeliers
Qui n'ont ni sous, ni mailles, ni deniers.
Dona eis, Domine,
Cinq ou six plats à leur souper,
Une feuillette à leur coucher.
Luceat eis.

En chœur.   A, a, a, amen !

Il n'y a plus ni moines, ni templiers, ni cordeliers à Beaune, mais il y a encore de bons citoyens, gais francs buveurs et bons vivants, qui ont la fourchette vigoureuse et *qui boivent sec*.

CE QU'ON ENTEND PAR BOIRE SEC

A ce propos, on se demandait l'autre jour à Dijon d'où venait cette locution : Buvons sec! L'opinion générale était que boire sec signifiait évidemment boire et sécher son verre, de façon qu'il n'en reste pas une goutte, et que le dernier rubis puisse être mis sur l'ongle.

— Cette explication ne me satisfait pas complétement, nous dit M. Paul Guillemot.

C'est alors le verre qui est sec, et non pas ce que l'on boit.

Une longue expérience m'a appris que l'eau a pour propriété de mouiller l'objet sec sur lequel il lui a plu de tomber. L'objet qui reçoit ou contient de l'eau cesse donc d'être sec et passe à l'état d'objet mouillé. Or, l'expression bien ancienne et bien connue de *mouiller* son vin répond à l'action de verser de l'eau sur ce vin.

Le vin qui n'a pas reçu d'eau n'est donc pas mouillé; or, ce qui n'est pas mouillé est sec.

Donc, *boire sec,* c'est boire et ne pas mettre la moindre goutte d'eau dans son vin, de crainte de le mouiller.

Puis répéter hardiment et plusieurs fois l'expérience.

* *

L'explication de M. Guillemot a paru satisfaire tout le monde, d'autant plus qu'il nous a permis de boire sec, à sa santé, de son excellent chambertin, qui vient d'atteindre dernièrement sa grande majorité.

CORTON, POMARD, VOLNAY, MONTRACHET

Je n'ai pas voulu quitter ce bon pays sans visiter les derniers grands crus de la Côte-d'Or; je tenais à visiter le Corton particulièrement. Dans les mers de Chine, durant un intéressant voyage qui date de quelques années, j'avais fait avec ce vin merveilleux une connaissance, dans des conditions que je n'oublierai pas et qui m'ont donné de toute façon le désir de continuer cette connaissance. Un jeune officier de marine, M. le comte de Mandat de Grancey, en avait apporté à bord une petite provision, qui avait fait on ne peut mieux avec lui le voyage, et lui rappelait la patrie absente.

Nous avons bu avec lui à bord, et de grand cœur, à la santé de la France.

Les Mandat de Grancey sont propriétaires du cru de *Charlemagne* et des *Chaumes,* qui font partie des cuvées hors ligne du climat de Corton et près desquels se trouve leur vieux et héréditaire château de Grancey.

l'endangeuse au climat de Corton.

Un frère du brillant officier de marine, qui commandait en 1870 le bataillon de la Côte-d'Or, est mort héroïquement à la bataille de Champigny, à la tête des braves Bourguignons de son pays.

Les cœurs vigoureux et les âmes fortes ne poussent-ils pas, comme les bons vins, sur les bons terroirs?

Signalons encore, dans ce climat, le *clos du roi Corton,* et les *renardes Corton,* qui occupent aussi le premier rang dans le pays.

A *Pernant*, à *Savigny*, nous avons parcouru le cru remarquable des *Vergelesses*.

A Pommard, le *clos de la Mousse*, les *teurons*, les *arvelets* et le clos *Marey-Monge*, à cette famille heureuse qui a posé les jalons les plus précieux de sa fortune dans les différents climats de la Côte-d'Or.

Volnay, remarquable par les crus hors ligne des *Caillerets* et des *Champaux*.

Meursault, si renommé par ses vins blancs des *Perrières* et ses rouges *santenots*.

Les *santenay*.

Et enfin *Chassagne* et *Puligny*, sur le territoire desquels se trouve ce fameux vin de *Montrachet*.

Presse de M. Bourgeois, à Beaune, pour les montrachet et les volnay.

Cet admirable vin blanc est le premier des vins blancs de la Bourgogne, de même que le château-yquem est le premier vin blanc du Bordelais. Laissons la palme indécise entre eux, disent les enthousiastes; constatons seulement que tous deux sont les premiers vins blancs du monde entier.

« O montrachet! divin montrachet! s'écriait jadis M. de Cussy, dans un
« élan d'enthousiasme, le premier, le plus fin des vins blancs que produit
« notre riche France, toi qui es resté pur et sans tache entre les mains de
« ton honorable propriétaire, M. le marquis de la Guiche, je te salue avec
« admiration! »

C'est encore au marquis actuel de la Guiche qu'appartient la plus importante partie de ce cru exceptionnel.

Notre ami et excellent guide M. Bourgeois, de Beaune, est chargé de conduire et mener à bien une des parties qui ne sont pas à la famille de la Guiche.

Le ciel, le terroir, les cépages, l'exposition, ont fait avant lui, certes, d'excellente besogne; mais comme il sait bien ajouter les soins intelligents qui la complètent!

Au-dessus du clos célèbre se trouvent les *chevaliers montrachet,* en dessous les *bâtards montrachet,* qui, en raison de leur exposition, bien que présentant des qualités analogues, les possèdent à des degrés bien inférieurs

Après avoir admiré ce joyau de Montrachet, qui est l'un des plus brillants, sinon le plus éclatant des joyaux de la Côte-d'Or, qu'ajouterai-je de plus? Rien, sinon que ce prestigieux voyage en ce coin béni de la France, au milieu de toutes ces populations intéressantes, travailleuses, pleines d'intelligence et de courage, me donne le désir de parcourir toutes ces autres régions françaises que vous avez parcourues sans moi, de même que je voudrais vous avoir donné le désir de voir la Côte-d'Or, que j'aurais si bien voulu voir avec vous.

A bientôt.

Christian DE K.

Coteau de Montrachet.

CLASSIFICATION DES PRINCIPAUX VINS DE LA COTE-D'OR
D'APRÈS L'AVIS DES EXPERTS LES PLUS AUTORISÉS

VINS ROUGES

Hors ligne :
- Romanée-Conti, — à Vosne.
- Chambertin, — à Gevrey.
- Clos-Vougeot,
- Richebourg, } à Vosne.
- La Tâche,

Têtes de cuvées n° 1 :
- Musigny, — à Chambolle.
- Romanée-Saint-Vivant, — à Vosne.
- Le Clos Saint-Georges, — à Nuits.
- Le Corton, — à Aloxe.
- Les Bonnes-Mares, } à Morey.
- Le Clos du Tart,

Têtes de cuvées n° 2 :
- Arvelets et Rugiens, — à Pommard.
- Beaumonts, — à Vosne.
- Boudots, Cailles, Cras, Murger, Porrets, Pruliers, Thorey et Vaucrains, — à Nuits.
- Cailleret et Champans, — à Volnay.
- Clavoillon, — à Puligny.
- Clos-Margeot, — à Chassagne.
- Clos-Tavannes et Noyer-Bart, — à Santenay.
- Corton, — à Aloxe (une partie).
- Échezeaux, — à Flagey.
- Feves et Greves, — à Beaune.
- Ferrière, — à Fixin.
- Santenot, — à Meursault.

VINS BLANCS

Hors ligne :
- Montrachet, — à Puligny.

Premières cuvées :
- Chevalier-Montrachet, } à Puligny.
- Bâtard-Montrachet,
- Charmes, Combettes, Genevrières, Goutte d'or, — à Meursault.
- Charlemagne, — à Pernant.

CONCLUSION

Nous nous sommes retrouvés en novembre, à jour dit, comme il était convenu, en cet aimable cabaret du boulevard, qui avait servi de point de départ à notre voyage. Nous nous sommes communiqué réciproquement nos notes et croquis, et nous les avons groupés sans façon et sans autre ordre précis que celui de notre fantaisie, heureux chacun d'avoir parcouru des contrées si variées et si merveilleuses, d'avoir pris sur le fait ces populations si vigoureuses, si travailleuses, si énergiques; d'avoir assisté à tout ce travail, à toutes ces préoccupations qui engendrent la richesse de notre pays, qui emploient l'activité et la vie de plus de sept millions d'habitants en France et qui fournissent à ses revenus une part de quatre cents millions environ.

La vigne est la principale richesse de la France, et c'est peut-être elle aussi qui est l'origine de toutes les autres, c'est-à-dire de sa verve artistique, du charme de son travail et de la netteté de son goût.

Nous l'avons suivie avec un intérêt toujours croissant partout où elle commande l'attention, principalement par ses exceptionnels produits, honneur de la France au dehors.

Mais l'humble vigne qui court sur tous les coteaux du centre de la France, en Auvergne, en Anjou, dans le Maine, en Touraine, en Brie, en Beauce, et même aux environs de Paris, a droit aussi à notre reconnaissance et à nos hommages ; c'est elle qui abreuve et réchauffe le travailleur, l'ouvrier, le petit commerçant, le public en un mot, et partout où elle croît, elle féconde le sol et enrichit le propriétaire et l'ouvrier.

Un double espace serait nécessaire pour décrire tous les pays merveilleux où croît cette vigne modeste, source de tant de bienfaits.

Ce sera pour nous du moins une récompense que d'avoir signalé, parce que nous les avons vus avec le plus vif intérêt, tous les points culminants où elle domine en maîtresse et en bienfaitrice.

Puissions-nous donner l'idée de continuer ce voyage et faire qu'à l'aide des moyens si précieux de locomotion dont on dispose actuellement, on connaisse enfin la France, que nous ne connaissons guère jusqu'ici, que les étrangers connaissent peut-être mieux que nous; cette France, plus faite pour être un champ de travail, de richesse et de prospérité, que pour être ce qu'on en a fait trop, hélas! de nos jours : un champ clos de politique et de luttes stériles!

* * *

Nous avons vu l'armée des travailleurs, nous avons vu l'ennemi qui les menace, le phylloxera, ennemi plus terrible que tous ceux que nous avons eus jusqu'ici.

Comment cet ennemi sera-t-il vaincu? Nous l'ignorons encore ; mais il le sera, nous en avons l'espoir.

Salut à la vigne française!

Et répétons ce que nous disions au commencement de ce livre :

Buvons avec ses vins à la santé de la vigne!

C'est boire à la santé de la France!

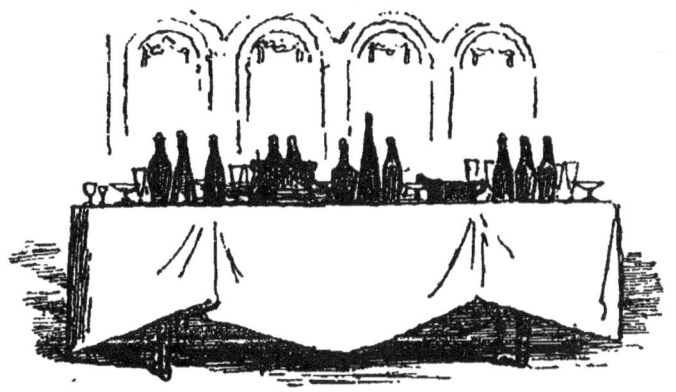

TABLE DES MATIÈRES

	Pages
Avant-propos.	1

PREMIÈRE PARTIE

La vigne.	3
De la soif. — L'eau et le vin	9
Un peu d'histoire.	16
Quels étaient les crus les plus estimés jadis.	20
Classification des vins.	23
De la mesure. — La gaieté et l'ivresse.	31
Thomas l'Ours. Grandeur et décadence. Souvenirs d'atelier.	46
Les flacons et les verres. — Bourgogne et Bordeaux.	58
Simples conseils à la maîtresse de maison.	69
Le service.	71
Le vin et la bière. — Cafés, cabarets, caboulots et mannezingues.	76
Le caveau.	81
De la prééminence des vins.	83
L'art de la dégustation et les dégustateurs	85
Conseils aux buveurs	91
Personnages de la pièce.	94

DEUXIÈME PARTIE

VOYAGES, IMPRESSIONS ET DÉCOUVERTES

A Monsieur Arthur Z..., rue du Faubourg-Saint-Honoré, Paris.	121
Bordeaux.	125
Le Musée Gremailly.	143
Un comice à Saint-Émilion.	153
Légende de la maison Guadet et des environs.	159
Saint-Émilion. — Histoire et légende.	162
Un coup d'œil sur le Saint-Émilion, Libourne, Lussac, etc.	171
Une vendange en Médoc. — 4 octobre 1876. *A Mademoiselle E. Louise de P..., au château de X..., près Tain (Drôme).*	181
Une consultation aux pressoirs.	200
La soirée.	202
Château-Laffitte. — Octobre 1876. *A Monsieur Christian de K..., à Dijon (Côte-d'Or).*	218
Le Clos-Vougeot. — *A Monsieur A. d'A..., à Pauillac (Médoc).* De Dijon (Côte-d'Or), octobre.	230
Les vendanges au château de Z... — *A Monsieur Pierre de X..., avenue des Champs-Élysées, Paris.* (Médoc), le 3 octobre.	249
Au château d'Issan. Cantenac, octobre.	265
Ce que c'est qu'un cru bourgeois.	279
Château-Margaux. — Premier grand cru.	294
Château-Latour. — Premier grand cru.	301
Château-Hautbrion. — Premier grand cru.	303
Une exploitation au Médoc. — La terre, les défrichements, les cépages, les fumures, etc., etc. — Château-Lahouringue.	309
Les pays blancs du Bordelais. — *A Monsieur Arthur Z..., rue du Faubourg-Saint-Honoré, à Paris.*	329
Le Clos Saint-Robert.	337
Château-Yquem. — Grand premier cru (Sauternes).	345
Château de la Tour-Blanche. — Premier cru (Sauternes).	357
Château-Guiraud.	359
Château-Peyraguey.	361
Les grandes années des vins de Bordeaux. — La jeunesse, la maturité et la vieillesse.	369
Aux Pyrénées. — Le Madiran, le Peyriguère.	376
Pau. — Le Jurançon.	386
Les Charentes. — Cognac, Jarnac, etc., etc.	394
L'esprit-de-vin, l'eau-de-vie.	403
Jarnac.	407
La légende de saint Nicolas de Bassac.	416
Le pays de la fine champagne.	421
Le travail et la manipulation des eaux-de-vie.	433
Les grandes maisons à Cognac.	441
Le phylloxera détruit et la vigne régénérée par l'emploi naturel de la potasse, à la fois insecticide et engrais. (Procédé de M. Rexès.)	446
La vigne dans le Midi. — Agen, Auch, Montauban, Toulouse.	449
Montauban.	452

TABLE DES MATIÈRES.

Carcassonne. — *A mon ami Alphonse Cabrié, de Carcassonne.*	461
Le pays du bleu.	472
Remèdes proposés contre le phylloxera.	483
Les Pyrénées-Orientales.	486
Les vendanges aux Pyrénées.	499
Fabrication et falsification des vins.	507
La Champagne et le champagne chez lui. — *Jean de R... à Monsieur A. d'A..., rue du Faubourg-Saint-Honoré, Paris.*	513
Dom Pérignon.	522
Une promenade dans une grande maison de champagne, à Reims.	528
Grandes maisons de Reims. — Cliquot, Rœderer, Pommery, G. H. Mumm, etc. — *Du même au même.*	553
La villa Moët, à Épernay. — *Du même au même.*	563
La vigne en Champagne. — Cuvées hors ligne, cépages, vendanges. — *Du même au même.*	566
Les côtes du Rhône. — *A Mademoiselle Jeanne de X..., à Pauillac (Médoc).*	571
Saint-Péray, Valence. — *De la même à la même.*	574
Tain, l'Hermitage, Chassis, Saint-Georges	582
Légende et histoire de l'Hermitage.	586
La Bourgogne. — Les vignes de Mâcon et du Beaujolais. — *M. Christian de K... à M. A. d'A..., à Paris.*	601
Mâcon.	604
La Côte-d'Or.	607
Plants et cépages, le pinot et le gamet.	611
Côte de Nuits, Gevrey, Chambertin.	612
Gevrey, Chambertin.	614
Musigny.	617
Une vieille chronique de Vougeot.	618
Vosne, la Romanée-Conti, Romanée-Saint-Vivant, la Tâche, Richebourg.	620
Comment on fait le vin en Bourgogne.	624
Côte de Beaune.	632
Les vins de Beaune.	647
Conclusion.	655

PARIS. TYPOGRAPHIE DE E. PLON ET Cⁱᵉ, 8, RUE GARANCIÈRE.

Contraste insuffisant

NF Z 43-120-14